Adam Grant

Hidden Potential –
Die Wissenschaft des Erfolgs

ADAM GRANT

HIDDEN POTEN-TIAL

Die Wissenschaft des Erfolgs

Wie man über sich hinauswächst

Aus dem amerikanischen Englisch
von Marlene Fleißig und Violeta Topalova

Mit zahlreichen Schwarz-Weiß-Abbildungen

PIPER

Mehr über unsere Autorinnen, Autoren und Bücher:
www.piper.de

Von Adam Grant liegt im Piper Verlag vor:
Think Again – Die Kraft des flexiblen Denkens

Unser Versprechen für mehr Nachhaltigkeit
• Klimaneutrales Produkt
• FSC®-zertifiziertes Papier
• Hergestellt in Europa

FSC www.fsc.org
MIX
Papier | Fördert gute Waldnutzung
FSC® C014496

ISBN 978-3-492-07291-5
2. Auflage 2024
Die Originalausgabe erschien 2023 unter dem Titel
Hidden Potential – The Science of Achieving Greater Things
bei Viking, New York

Satz: Tobias Wantzen, Bremen
Gesetzt aus der Scala
Litho: Lorenz & Zeller, Inning am Ammersee
Druck und Bindung: GGP Media GmbH, Pößneck
Printed in Germany

Zur Erinnerung an Sigal Barsade,
die in jedem Menschen sein Potenzial erkannte.

Inhalt

Prolog

Rosen, die aus Rissen im Beton sprießen

Did you hear about the rose that grew
from a crack in the concrete
Proving nature's law is wrong it
learned 2 walk without having feet
Funny it seems but by keeping its dreams
it learned 2 breathe fresh air

»The Rose That Grew from Concrete«, Tupac Shakur[1]

An einem kühlen Frühlingswochenende des Jahres 1991 kamen in einem Hotel außerhalb von Detroit einige der herausragendsten jungen Denker der Vereinigten Staaten zusammen. Stimmengewirr erfüllte den Saal, während die Schüler die ihnen zugewiesenen Plätze einnahmen. Doch sobald die Schachuhren gestartet wurden, herrschte vollkommene Stille. Allein das Ticken war zu hören, und niemand ließ die schwarzen und weißen Felder auf dem Schachbrett aus den Augen – hier, beim nationalen Schachturnier der Mittelstufe.

In den vergangenen Jahren hatten Teams von noblen Privatschulen und Eliteschulen den Wettbewerb dominiert, die über die Mittel verfügten, Schach in den Stundenplan zu integrieren. Titelverteidiger war die Dalton School, eine Eliteschule in New York City, die bereits dreimal in Folge nationale Siege errungen hatten.

Dalton war eine Kaderschmiede, sozusagen ein olympisches Trainingszentrum für Schach. Jeder Vorschüler nahm ein Halbjahr lang am Schachunterricht teil, und jeder Erstklässler hatte ein ganzes Jahr lang Schachunterricht. Die talentiertesten Schüler qualifizierten sich für diesen Unterricht vor und nach dem regulären Schulunterricht bei einem der besten Schachlehrer des Landes. Daltons Ass im Ärmel war das Wunderkind Josh Waitzkin, dessen Lebensgeschichte nur zwei Jahre später die Grundlage für den Kinofilm *Das Königsspiel – Ein Meister wird geboren* bildete. Zwar traten Josh und ein anderer Starspieler in diesem Jahr nicht an, doch Dalton hatte trotzdem eine beachtliche Mannschaft mitgebracht.

Die Raging Rooks[2] hingegen sah niemand als ernsthafte Konkurrenz an. Als dieses Team sichtlich nervös das Hotel betrat, schnellten die Köpfe herum, denn die Spieler hatten mit ihren wohlhabenden weißen Gegnern nur wenig gemein.

Die Raging Rooks waren ziemlich mittellose People of Color: sechs Schwarze, ein Latino und ein asiatischer Amerikaner. Die Jungs kamen aus Vierteln, in denen Drogen, Gewalt und Kriminalität zum Alltag gehörten. Die meisten von ihnen wuchsen bei nur einem Elternteil auf; sie wurden von Müttern, Tanten oder ihren Großmüttern aufgezogen, die über ein Einkommen verfügten, mit dem man in Dalton nicht einmal das Schulgeld hätte bezahlen können.

Die Raging Rooks waren Acht- und Neuntklässler, die auf die Junior High School 43 gingen, eine öffentliche Mittelschule in Harlem. Im Gegensatz zu ihren Gegnern der Dalton School konnten sie weder zehn Jahre Schachunterricht vorweisen noch die Teilnahme an mehreren Turnieren. Einige von ihnen hatten erst in der sechsten Klasse gelernt, Schach zu spielen. Der Mannschaftskapitän Kasaun Henry hatte im Alter von zwölf Jahren damit angefangen und im Park mit einem Drogendealer Partien gespielt.

Bei den nationalen Meisterschaften dürfen die Teams ihre höchste Punktzahl mitnehmen und die anderen Partien annullieren. Mannschaften mit so vielen Spielern wie Dalton können so bis zu sechs Spielstände unbewertet lassen. Die Raging Rooks hingegen hatten gerade genug Spieler, um überhaupt antreten zu können. Jede Partie würde zählen, es gab kein Sicherheitsnetz. Um überhaupt eine Chance zu haben, mussten sie also

Spitzenleistung erbringen. Und in der Tat legten sie gut vor. Ihr schwächster Spieler brachte schon früh einen Gegner zu Fall, der im Ranking Hunderte von Punkten vor ihm stand. Der Rest des Teams wuchs über sich hinaus und setzte Gegner schachmatt, die weitaus erfahrener waren. Als es ins Halbfinale ging, nahmen die Rooks unter den 63 Teilnehmenden den dritten Platz ein. Und auch sie hatten, obwohl sie noch nicht so lange spielten, eine Geheimwaffe mitgebracht. Ihr Trainer war ein junger Schachmeister namens Maurice Ashley, ein etwa 25-jähriger jamaikanischer Einwanderer. Und Maurice war auf einer Mission: das Klischee Lügen zu strafen, dass PoC-Kids nicht intelligent seien. Er wusste aus Erfahrung, dass Talent zwar gleichmäßig verteilt ist, dass aber keine Chancengleichheit herrscht. Maurice konnte Potenzial erkennen, wo andere es übersehen hatten. Wie es der Rapper Tupac schrieb, wollte er die Rosen aus dem Beton sprießen lassen.

In der vorletzten Runde der Landesmeisterschaften musste Maurice jedoch mit ansehen, wie sein Team ins Straucheln geriet. Nachdem Kasaun erst in Führung gegangen war, patzte er und konnte gerade noch ein Remis erzielen. Ein anderer Spieler stand kurz vor dem Sieg, als sein Gegner seine Dame schlug und die Partie für sich entschied. Daraufhin brach er in Tränen aus und verließ fluchtartig den Saal. Ein weiteres Spiel hatte einen so holprigen Start, dass Maurice es sich nicht länger mit anschauen konnte und den Spielbereich verlassen musste. Am Ende der Runde waren die Raging Rooks vom dritten auf den fünften Platz abgerutscht.

Maurice erinnerte sein Team daran, dass sie nur ihre Entscheidungen kontrollieren konnten, nicht ihre Ergebnisse. Um den Rückstand aufzuholen, würden die Raging Rooks ihre vier Endspiele gewinnen und beten müssen, dass die Spitzenteams ihrerseits verlieren. Aber egal was nun passieren würde: Sie gehörten bereits zu den Besten des Landes. Sie brauchten das Turnier nicht zu gewinnen, um als Sieger der Herzen zu gelten, hatten sie doch bereits alle Erwartungen übertroffen.

Schach gilt als ein Spiel der Genies. Die besten jungen Spieler sind meist Wunderkinder mit dem nötigen Grips, sich Spielzüge zu merken, schnell Szenarien zu analysieren und mehrere Züge vorauszudenken. Wer also ein Schachteam mit großen Erfolgsaussichten aufbauen will, wird es wohl so machen wie die Dalton School: sich eine Reihe von kleinen Genies schnappen und sie im frühen Alter einer intensiven Ausbildung unterziehen.

Maurice tat jedoch das Gegenteil: Er fing an, ein paar Mittelschüler zu unterrichten, die zufällig interessiert waren und Zeit hatten; einer davon war sogar der Fiesling der Klasse. Die meisten von ihnen zählten nicht zu den besten Schülern, und sie wurden nicht aufgrund einer besonderen Schachbegabung ausgewählt. »In unserem Team gab es keine Stars«, erzählte Maurice.

In der letzten Runde des Turniers gelang es jedoch den Raging Rooks, sich zu behaupten. Zwei Spieler setzten ihre Kontrahenten schachmatt, und Kasaun schlug sich wacker gegen einen viel höher eingeschätzten Gegner. Selbst wenn er überraschend die Partie für sich entscheiden würde, wussten die Rooks, dass es wahrscheinlich nicht ausreichen würde, denn das erste Spiel in dieser Runde war unentschieden ausgegangen.

Einige Minuten später hörte Maurice am anderen Ende des Korridors lautes Rufen – »Mr Ashley, Mr Ashley!« Kasaun hatte das unmöglich Erscheinende vollbracht und nach einem langen Kampf im Endspiel Daltons Spitzenmann geschlagen. Zur Überraschung aller waren die führenden Teams ins Straucheln geraten und hatten den Raging Rooks den Weg zum Sieg geebnet. Die Spieler klatschten sich ab, umarmten sich und jubelten: »Gewonnen! Gewonnen!«

Zwei Jahre zuvor waren die armen Kids aus Harlem blutige Anfänger, nun waren sie Landesmeister. Dabei ist die größte Überraschung nicht die Tatsache an sich, dass die Außenseiter gewonnen haben, sondern weshalb sie gewonnen haben. Und die Fähigkeiten, die sie entwickelt hatten, würden ihnen irgendwann einmal mehr einbringen als den ersten Platz bei einem Schachturnier.

In jedem Menschen steckt ein verborgenes Potenzial. Dieses Buch bietet eine Anleitung, wie wir es freisetzen können. Es ist eine weitverbreitete Überzeugung, dass es einem in die Wiege gelegt wird, Großes schaffen zu können, und man die dafür erforderlichen Fähigkeiten nicht erwerben kann. So feiern wir Schüler mit natürlicher Begabung in der Schule, als Sportler geborene Athleten und mit Genie gesegnete Musiker. Man muss jedoch kein Wunderkind sein, um Spitzenleistungen zu erbringen. In diesem Buch möchte ich aufzeigen, wie wir *alle* Großartiges vollbringen können.

Als Organisationspsychologe habe ich einen Großteil meiner Forschungsarbeit damit verbracht zu untersuchen, was uns dazu bringt, uns weiterzuentwickeln. Was ich dabei herausgefunden habe, dürfte einige Ihrer grundlegenden Annahmen über das Potenzial in jedem von uns infrage stellen. In einer bahnbrechenden Studie versuchten Psychologen den Ursprung des außergewöhnlichen Talents[3] von Musik- und Kunstschaffenden sowie von wissenschaftlichen Genies und Sportgrößen zu ergründen. Dazu führten sie umfangreiche Interviews mit 120 Probanden, zum Beispiel mit Bildhauerinnen, die den Guggenheim-Preis verliehen bekommen haben, mit international gefeierten Konzertpianisten, preisgekrönten Mathematikerinnen, bahnbrechenden Neurowissenschaftlerinnen, Olympiaschwimmerinnen und höchst erfolgreichen Tennisspielern sowie mit ihren Eltern, Lehrern und Trainern. Das verblüffende Ergebnis war, dass nur eine Handvoll dieser Erfolgsmenschen auch wirklich Wunderkinder gewesen waren.

Unter den Bildhauerinnen wurde nicht eine einzige im Kunstunterricht der Grundschule als besonders talentiert in diesem Bereich identifiziert. Einige der Pianisten hatten vor ihrem neunten Geburtstag bereits große Wettbewerbe gewonnen, aber der Rest schien nur im Vergleich zu ihren Geschwistern oder Nachbarn begabt. Und obwohl die Mathematikerinnen und Neurowissenschaftlerinnen in der Regel gute Leistungen in der Grund- und Mittelschule aufwiesen, taten sie sich nicht unter anderen guten Schülern in ihrer Klasse hervor. Kaum eine der Schwimmerinnen stellte von Anfang an Rekorde auf, die meisten gewannen lokale Wettkämpfe, aber keine regionalen oder nationalen Meisterschaften. Und ein Großteil der Tennisspieler verlor die ersten Turniere und brauchte mehrere Jahre, um zu den besten der Region aufzusteigen. Wenn ihre Coaches sie hervorhoben, dann nicht wegen einer ungewöhnlichen Begabung, sondern wegen ihrer ungewöhnlichen Motivation. Und diese war nicht angeboren, sondern wurde in der Regel von einem Lehrer oder Trainer entfacht, der dafür sorgte, dass das Lernen Spaß machte. »Dinge, die jeder Mensch auf der Welt lernen kann, können *fast* alle Menschen lernen«, schlussfolgerte der leitende Psychologe der Studie, *»vorausgesetzt* man verfügt über die entsprechenden [...] Lernbedingungen.«

Jüngste Erkenntnisse untermauern noch einmal die Tatsache, wie wichtig die Bedingungen für das Lernen sind. Um ein neues Konzept der Mathematik, der Naturwissenschaften oder einer Fremdsprache zu erlernen, sind in der Regel sieben oder acht Übungseinheiten erforderlich. Diese Anzahl der Wiederholungen ergab sich im Durchschnitt bei Tausenden Lernenden, von der Grundschule bis zum College. Natürlich gab es auch Schüler, die mit weniger Übung hervorragende Leistungen erbrachten. Aber es war nicht so, dass sie schneller lernten; sie verbesserten sich im selben Tempo wie ihre Altersgenossen.[4] Der Unterschied bestand darin, dass sie zur ersten Übungseinheit mehr Wissen mitbrachten. Einige Lernende fühlten sich dadurch gepusht, dass sie den entsprechenden Stoff bereits beherrschten. Anderen brachten die Eltern im Vorfeld schon etwas bei, oder sie hatten sich selbst vorbereitet und so einen Vorsprung. Was wie ein Unterschied bei der natürlichen Begabung aussieht, ist oft ein Unterschied hinsichtlich der Chancen und der Motivation.

Wenn wir unser Potenzial einschätzen, begehen wir den Kardinalfehler, uns auf Ausgangspunkte zu beschränken, also die Fähigkeiten, die unmittelbar sichtbar sind. In einer Welt, die sich darauf versteift hat, dass es so etwas wie ein Naturtalent gibt, halten wir diejenigen für besonders vielversprechend, die sofort herausstechen.[5] Aber es gibt große Unterschiede unter denen, die Spitzenleistungen erbringen, hinsichtlich ihrer anfänglichen Begabung. Wenn wir Menschen nur danach beurteilen, was sie an Tag eins können, bleibt ihr Potenzial im Verborgenen.

Anhand des Ausgangspunkts einer Person lässt sich nicht prognostizieren, was sie einmal leisten wird. Wenn man die entsprechenden Chancen und die Motivation zum Lernen hat, kann jeder Großes vollbringen. Es geht beim Potenzial nicht darum, wo man anfängt, sondern darum, wie weit man kommt. Wir müssen uns weniger auf die Ausgangspunkte und mehr auf den zurückgelegten Weg konzentrieren.

Abb. 1

Für jeden Mozart, der schon von Kindesbeinen an bekannt ist, gibt es viele Bachs – Spätzünder, die langsam aufsteigen. Sie kommen nicht mit geheimen Superkräften zur Welt; die meisten ihrer Gaben sind die Früchte harter Arbeit. Menschen, die Spitzenleistungen erbringen, sind meist nicht einfach nur von der Natur gesegnet, sondern hegen und pflegen das, was ihnen gegeben wurde.

Diesen Aspekt und seinen Einfluss außer Acht zu lassen verheißt nichts Gutes, denn so unterschätzen wir, wie viel Boden wir gutmachen können und welche Vielzahl an Talenten sich aneignen lässt. Die Folge ist, dass wir uns einschränken – ebenso die Menschen in unserem Umfeld. Wir machen es uns in unserer kleinen Komfortzone bequem und verpassen große Chancen. Wir übersehen, was in anderen steckt, und schlagen den Möglichkeiten die Tür vor der Nase zu. Wir bringen die Welt um Großes. Wenn wir über uns hinauswachsen, können wir unser Potenzial ausschöpfen und Höchstleistungen erbringen. Aber Fortschritt ist nicht nur ein Mittel, um Exzellenz um der Exzellenz willen zu erreichen. Besser zu werden ist an und für sich schon eine gute Leistung, und ich will zeigen, wie wir besser darin werden können, besser zu werden.

In diesem Buch geht es nicht um Ambitionen, sondern um die Aspiration. Wie es die Philosophin Agnes Callard ausdrückt: Ambition ist das Ergebnis, das du erreichen willst. Aspiration ist der Mensch, der du zu werden hoffst.[6] Es geht nicht darum, wie viel Geld du verdienst, wie viele wohlklingende Titel du verliehen bekommst oder welche Preise du anhäufst. Diese Statussymbole sind ein schlechter Ersatz für Fortschritt. Was zählt, ist nicht, wie hart man arbeitet, sondern in welchem Maß man sich entwickelt. Und Entwicklung erfordert weitaus mehr als das entsprechende Mindset – es beginnt mit einer Reihe von Eigenschaften, die wir normalerweise übersehen.

DIE RICHTIGEN VORAUSSETZUNGEN

Ende der 1980er-Jahre, also in jener Zeit, als die Raging Rooks in Harlem mit Schach begannen, wagte der Bundesstaat Tennessee ein kühnes Experiment. An 79 Schulen, von denen viele finanziell nicht gut dastanden, wurden über 11 000 Kinder – von der Vorschule bis in die dritte Klasse – nach dem Zufallsprinzip in verschiedene Klassen eingeteilt. Eigentlich ging es darum, herauszufinden, ob kleinere Klassen bessere Lernmöglichkeiten boten. Ein Wirtschaftswissenschaftler namens Raj Chetty fand jedoch heraus, dass, indem sowohl Schüler als auch Lehrer nach dem Zufallsprinzip einer Klasse zugewiesen worden waren, auch etwaige andere Einflüsse untersucht werden konnten.

Chetty ist weltweit einer der bedeutendsten Ökonomen und Fellow der renommierten Genieförderung MacArthur Foundation. Seine Forschungsarbeit legt nahe, dass hervorragende Leistungen weniger von unseren natürlichen Talenten abhängen, als wir vielleicht denken.

Das Experiment in Tennessee lieferte jedenfalls ein verblüffendes Ergebnis. Chetty konnte vorhersagen, wie erfolgreich die Kinder im Erwachsenenalter sein würden, nur indem er sich ihre Vorschulbetreuung anschaute. Im Alter von 25 hatten die Probanden, die von erfahrenen Pädagogen betreut worden waren, ein weitaus höheres Einkommen als die anderen in ihrer Untersuchungsgruppe.

Betreuung durch erfahrene Erzieher*innen in Relation zu höherem Verdienst im Erwachsenenalter.

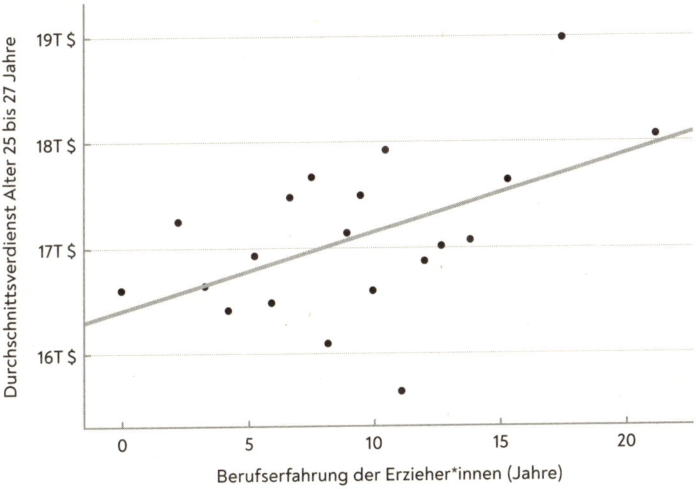

Abb. 2

Chetty und sein Team schätzten, dass jeder Schüler später bei seinen ersten Jobs ein um 1000 Dollar höheres Jahreseinkommen vorweisen könnte, wenn man einen unerfahrenen Vorschullehrer durch einen erfahrenen ersetzen würde.[7] Bei einer Gruppe mit 20 Schülern könnte ein überdurchschnittlich guter Vorschullehrer ihnen ein zusätzliches Lebenseinkommen von 320 000 Dollar einbringen.*

Die Vorschulbildung ist aus vielerlei Gründen wichtig, aber ich hätte nie gedacht, dass die Lehrkräfte noch Jahrzehnte später eine so deutliche Auswirkung auf die Gehälter ihrer ehemaligen Schüler hätten. Die meisten Erwachsenen erinnern sich kaum noch an die Anfänge ihrer Schulzeit. Warum haben die Vorschullehrkräfte einen so langen Schatten geworfen? Die intuitive Antwort lautet, dass effektive Lehrkräfte den Kindern helfen, kognitive Fähigkeiten zu entwickeln. Bildung in jungen Jahren schafft die Grundlage, um Zahlen und Wörter zu verstehen. Und ja, Kinder mit erfahreneren Lehrkräften schnitten nach ihrer Vorschulzeit besser in Mathematik- und Lesetests ab. Doch im Laufe der folgenden Jahre holten ihre Altersgenossen auf. Um herauszufinden, was die Kinder aus der Vorschulzeit bis ins

* In ihrer folgenden Studie mit über einer Million Kindern stellten Chetty und sein Team fest, dass erfahrenere Lehrkräfte einen größeren Mehrwert einbrachten, gemessen an der Verbesserung der Prüfungsergebnisse ihrer Schüler im Laufe der Jahre. Für Schüler, die zwischen der dritten und der achten Klasse effektive Lehrer hatten, war eine College-Laufbahn wahrscheinlicher; sie bezogen höhere Gehälter und sparten mehr für den Ruhestand. Wenn ein effektiver Lehrer die Schule verließ, litten seine Schüler im folgenden Jahr darunter: Die Wahrscheinlichkeit, dass sie aufs College gehen würden, sank. Die Qualität der Lehrkräfte ist der Studie zufolge für den künftigen Erfolg von Frauen besonders wichtig – unter anderem, weil bei besserer Ausbildung die Wahrscheinlichkeit einer sehr frühen Schwangerschaft deutlich geringer ausfällt. Eine Lehrkraft, deren Schüler später vom Gehaltsniveau her zu den untersten fünf Prozent gehörten, durch einen durchschnittlichen Lehrer zu ersetzen würde im Schnitt das nicht abgezinste Lebenseinkommen einer Klasse um 1,4 Millionen Dollar erhöhen. Falls Sie je in die Verlegenheit kommen sollten, den Beweis dafür zu liefern, dass Lehrkräfte unterbezahlt sind, können Sie diese Zahlen heranziehen. (Siehe hierzu: Raj Chetty, John N. Friedman und Jonah E. Rockoff, »Measuring the Impacts of Teachers II: Teacher Value – Added and Student Outcomes in Adulthood«, *American Economic Review* 104, Nr. 9 (2014): S. 2633–2679.)

Erwachsenenalter prägte, schaute sich das Team um Chetty eine weitere mögliche Erklärung an. In der vierten und achten Klasse bewerteten die Lehrer ein paar andere Eigenschaften ihrer Schüler. Hier ein Beispiel:

- Proaktiv: Wie oft hat der Schüler die Initiative ergriffen und Fragen gestellt, sich freiwillig gemeldet, in Büchern recherchiert und sich an die Lehrkraft gewandt, um außerhalb des Unterrichts zu lernen?
- Prosozial: Wie gut kam das Kind mit Gleichaltrigen aus und arbeitete mit ihnen zusammen?
- Diszipliniert: Wie erfolgreich hat das Kind aufgepasst – und dem Drang widerstanden, den Unterricht zu stören?
- Entschlossen: Wie regelmäßig hat sich das Kind einer herausfordernden Aufgabe gestellt, mehr als vorgegeben gearbeitet und angesichts eines Hindernisses weitergemacht?

Verhaltensnoten in der 4. Klasse
in Relation zu höherem Verdienst im Erwachsenenalter

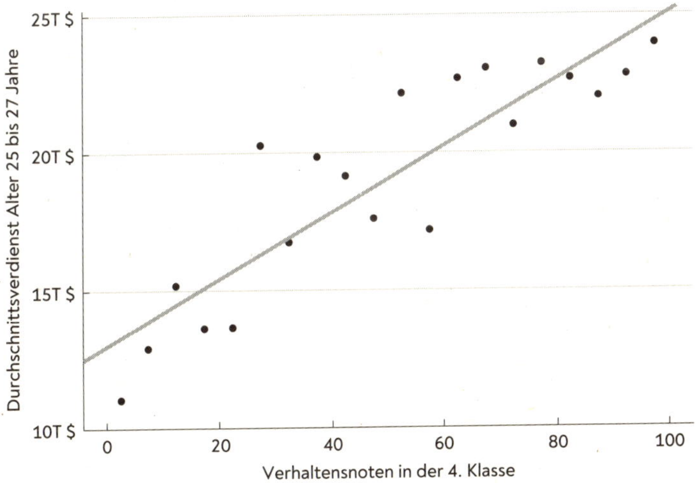

Abb. 3

Wenn die Kinder einen erfahreneren Lehrer in der Vorschule hatten, bewerteten auch die Lehrkräfte der vierten Klasse sie in all diesen Kategorien hoch. Ebenso die Lehrkräfte in der achten Klasse. Die Fähigkeiten, proaktiv, prosozial, diszipliniert und entschlossen zu sein, blieben den Kindern länger erhalten und erwiesen sich letztlich als wirksamer als erste Mathematik- und Lesekenntnisse. Als Chetty und sein Team das Einkommen von Erwachsenen anhand von Daten aus ihrem vierten Lebensjahr vorhersagten, waren die Bewertungen dieser Verhaltensweisen 2,4-mal so wichtig wie die Mathematik- und Leseleistungen in standardisierten Tests.

Finden Sie das nicht auch sehr überraschend? Wenn man eine Prognose für das Einkommenspotenzial von Viertklässlern aufstellt, sollte man also wirklich weniger auf die objektiven Mathematik- und Sprachfähigkeiten als auf die subjektive Einschätzung ihrer Verhaltensmuster durch Lehrkräfte schauen. Und obwohl viele Menschen diese Verhaltensweisen als angeboren betrachten, wurden sie anscheinend im Kindergarten vermittelt. Unabhängig von der Ausgangssituation dieser Kinder hatte es etwas mit der Aneignung dieser Verhaltensweisen zu tun, wie erfolgreich sie Jahrzehnte später sein würden.

EINE FRAGE DES CHARAKTERS

Eigenschaften wie diszipliniert oder prosozial zu sein nannte Aristoteles Tugenden.[8] Den Charakter beschrieb er als aus einer Reihe von Grundsätzen bestehend, die sich die Menschen aneignen und durch bloße Willenskraft umsetzen. Früher war das auch meine Auffassung von Charakter. Ich dachte, es ginge darum, sich einem klaren Moralkodex zu verpflichten. Aber es ist mein Job, die Ideen, über die sich die Philosophen so gern die Köpfe zerbrechen, zu prüfen und weiterzuentwickeln. Und in den letzten zwei Jahrzehnten haben die Informationen, die ich gesammelt habe, mich dazu veranlasst, diese Ansicht zu überdenken. Ich sehe Charakter jetzt weniger als eine Frage des Willens, sondern vielmehr als eine Reihe von Fähigkeiten an.

Charakter bedeutet mehr, als nur Prinzipien zu haben. Es ist eine erlernte Fähigkeit, nach unseren Prinzipien zu leben. Charakterstärken bringen einen Menschen, der sonst immer nur alles aufschiebt, dazu, eine Frist für jemanden einzuhalten, der ihm wichtig ist. Sie lassen eine schüchterne Person den Mut finden, sich gegen eine Ungerechtigkeit zur Wehr zu setzen, und halten den Klassenfiesling davon ab, sich vor einem wichtigen Spiel mit seinen Mannschaftskameraden zu prügeln. Diese Fähigkeiten sind es, die gute Pädagogen im Kindergartenalter fördern – und die dann von guten Coaches ausgebaut werden.

Als Maurice Ashley seine Schachmannschaft für den nationalen Wettbewerb zusammenstellte, gehörte ein Schüler namens Francis Idehen nicht zu den besten der acht Spieler. Doch Maurice wählte ihn aufgrund seines Charakters trotzdem aus. »Es gab noch einen anderen, der ein großartiger Schachspieler war«, erläuterte Francis, »aber er hatte nicht die emotionale Selbstregulierung entwickelt, die Maurice für wichtig hielt.« Und als die Raging Rooks in der vorletzten Runde zurückfielen, zückte Maurice Ashley kein Buch mit geheimen Schachtricks, er verlor auch kein Sterbenswörtchen über Strategie. »Ich habe sie an die Disziplin erinnert«, betonte er – etwas, das sie seit zwei Jahren gemeinsam geübt hatten. Ihre Charakterstärken fielen auch dem legendären Schachtrainer Bruce Pandolfini auf, der mehrere seiner Schützlinge bis zu nationalen und Weltmeisterschaften gebracht hatte. Er traute seinen Augen kaum, als die Raging Rooks den Sieg einfuhren:

> Nichts konnte sie aus der Ruhe bringen. Die meisten Kids, die unter Druck stehen, hetzen sich ein bisschen oder zeigen ihre Gefühle, aber sie nicht. Sie ließen sich Zeit und wahrten beim Spielen ein absolutes Pokerface. Ich habe noch nie Kinder in diesem Alter gesehen, die so cool bleiben konnten. Sie waren wie Profis.

Die Springer auf dem Schachbrett waren trojanische Pferde, mit denen Maurice eine Ladung Charakterstärken eingeschmuggelt hatte. Und das war es, was den Raging Rooks letztendlich half, ihre Gegner zu besiegen. »Er hat uns immer Lebensweisheiten vermittelt, ohne dabei zu dick aufzutragen«, sagte Francis. »Es ging weniger um die Ausführung eines Schachplans als um Selbstverständnis und Selbstbeherrschung. Für mich war das ein absolutes Schlüsselerlebnis.«

Maurice hatte den Wert der Charakterstärken auch für sich selbst entdeckt. Als er noch klein war, bekam er mit, wie seine Mutter alles aufgab, um in die USA auszuwandern, während seine Großmutter in Jamaika zurückblieb, um ihn und seine Geschwister aufzuziehen. Als sie es ein Jahrzehnt später endlich nach New York schafften, wussten sie, dass man nicht abwarten sollte, dass das Glück an die Tür klopft. Dazu würden sie erst einmal eine eigene Tür bauen müssen.

Nachdem Maurice in der Bibliothek seiner Highschool zufällig auf ein Buch über Schach gestoßen war, beschloss er, der Schulmannschaft beizutreten. Schnell merkte er jedoch, dass er nicht gut genug war. Also gab er alles, um sich zu verbessern, und wurde irgendwann Kapitän seines Collegeteams. Als man ihm anbot, für 50 Dollar die Stunde Schach an Harlemer Schulen zu unterrichten, sagte er sofort zu.

Wenn Sie heute jemanden in der Schachwelt nach Maurice fragen, wird er Ihnen sagen, dass er ein genialer Stratege ist. Wenn Sie mitten im Spiel rochieren, anstatt Ihren Läufer zu bewegen, kann er Ihnen vorhersagen, wie viele Züge er noch brauchen wird, um Sie schachmatt zu setzen, und ob Sie dabei Ihre Dame verlieren werden. Er hat zehn Spiele simultan gespielt und hat sie alle gewonnen – mit verbundenen Augen. Und dieser Mann glaubt, dass Charakter mehr zählt als Talent.

Unbestreitbar lernen Kinder und Anfänger Schach schneller, wenn sie schlauer sind, aber der Faktor Intelligenz ist nahezu zu vernachlässigen, wenn man sich die Leistung von Erwachsenen und fortgeschrittenen Spielern anschaut.[9] Beim Schach – wie in der Vorschule – verflüchtigen sich die frühen Vorteile der kognitiven Fähigkeiten im Laufe der Zeit. Im Schnitt muss man über 20 000 Stunden gewissenhaft üben, um Schachmeister zu werden; für den Großmeister sind mehr als 30 000 Stunden erforderlich.[10] Um sich zu verbessern, braucht es Proaktivität, Disziplin und die Entschlossenheit, sich mit historischen Partien und neuen Strategien auseinanderzusetzen. Charakterstärken helfen Ihnen nicht nur, Höchstleistungen zu erbringen – sie befördern Sie in noch luftigere Höhen. Wie der Wirtschaftsnobelpreisträger James Heckman in seinem Forschungsreview[11] schloss, Charakterstärken »sagen den Erfolg im Leben voraus und generieren ihn«. Aber sie entstehen nicht im Vakuum, unabdingbar sind die Möglichkeit und Motivation, sie zu fördern.

RÜSTZEUG

Wenn man von »Förderung« spricht, sind in der Regel die kontinuierlichen Investitionen gemeint, die Eltern und Lehrkräfte in die Entwicklung und Unterstützung von Kindern und Studenten stecken. Doch ihnen zu helfen, ihr Potenzial voll auszuschöpfen, erfordert etwas ganz anderes. Es bedarf einer konzentrierten, temporären Form der Unterstützung, die sie darauf vorbereitet, ihr eigenes Lernen und ihre Entwicklung zu lenken. In der Psychologie spricht man hier von Scaffolding.[12]

Im Bauwesen ist ein Gerüst, im Englischen »scaffold«, eine temporäre Konstruktion, die es den Arbeitern ermöglicht, eigentlich unerreichbare Höhen zu erklimmen. Sobald das Gebäude steht, wird das Gerüst wieder abgebaut. Von diesem Zeitpunkt an steht das Gebäude selbstständig. Und so ähnlich ist es auch beim Lernen. Eine Lehrkraft oder ein Trainer gibt erste Hilfestellung, dann wird die Unterstützung beendet. Der Grundgedanke besteht darin, die Verantwortung an Sie zu übergeben, damit Sie Ihren eigenen unabhängigen Lernansatz entwickeln können. Genau das hat Maurice Ashley den Raging Rooks ermöglicht. Er etablierte temporäre Strukturen, um ihnen die Möglichkeit und Motivation zum Lernen zu geben.

Als Maurice anfing, Schach zu unterrichten, beobachtete er bei anderen Lehrern, wie sie alle Figuren aufstellten, um die Standarderöffnungszüge zu lehren: Königsbauer zwei Felder nach vorne, gefolgt vom Springer zwei Felder nach vorne und ein Feld diagonal. Doch Maurice war klar, dass das Lernen von Regeln langweilig sein konnte, und er wollte nicht, dass die Kinder das Interesse verlieren. Als er also das erste Mal einer Gruppe von Sechstklässlern das Spiel vorstellen sollte, zäumte er das Pferd von hinten auf. Er stellte ein paar Figuren auf und begann mit dem Endspiel; er zeigte seinen Schülern verschiedene Möglichkeiten, ihre Gegner schachmatt zu setzen. Diese Struktur war ein Element seines Gerüsts.

Ein beliebtes Sprichwort lautet: Wo ein Wille ist, ist auch ein Weg. Doch dabei vergessen wir gern, dass manche, wenn sie den Weg nicht sehen, aufhören, von ihrem Ziel zu träumen. Und wir müssen ihnen helfen, ihrem Willen den Weg zu zeigen. Scaffolding kann genau das leisten. Indem Maurice das Spiel in umgekehrter Reihenfolge lehrte, weckte er bei seinen Schülern die Entschlossenheit. Sie sahen, wie man einen König in die Enge treiben konnte – und somit auch einen Weg zum Sieg. Sobald sie diesen Weg kannten, waren sie bereit zu lernen. »Man kann den Kids ja nicht sagen, jetzt lernen wir mal Geduld, Entschlossenheit und Standhaftigkeit, weil sie dann sofort einschlafen«, erläuterte Maurice und fügte lachend hinzu. »Stattdessen sagst du: ›Dieses Spiel macht Spaß. Los geht's, ich werde dich schlagen.‹ Du stachelst sie ein bisschen an und appellierst an ihren Kampfgeist. Sie setzen sich hin, beginnen das Spiel zu lernen, sind angefixt, und wenn sie eine Partie verlieren, wollen sie gewinnen.« Schon bald lag Kasaun Henry, der später Mannschaftskapitän der Raging Rooks werden sollte, nachts wach, stellte sich die 64 Felder eines Schachbretts an seiner Zimmerdecke vor und spielte ganze Partien im Kopf durch.

Maurice nutzte das Scaffolding auch, damit die Spieler sich gegenseitig bei ihrer Weiterentwicklung unterstützten. Er brachte ihnen kreative Arten bei, einander Techniken zu vermitteln. Sie zeichneten Cartoons über Schachzüge, schrieben Science-Fiction-Geschichten über Schachpartien und nahmen Rap-Songs darüber auf, wie man das Zentrum des Schachbretts kontrolliert. Sie lernten, ein im Grunde einsames Spiel als prosoziale Teamarbeitsübung zu begreifen. Wenn ein Spieler bei den nationalen Meisterschaften weinte, dann nicht, weil er verloren hatte; er war am Boden zerstört, weil er seine Mannschaftskameraden in Bedrängnis gebracht hatte.

Als die Spieler zu einem Team zusammenwuchsen, nahmen sie nach und nach die Motivationsarbeit und die Möglichkeit, zu lernen, selbst in die Hand. Sie vereinbarten, jeden Zug auf Spielberichtsbögen festzuhalten, damit die ganze Gruppe aus begangenen Fehlern lernen konnte. Es ging ihnen nicht darum, der klügste Spieler im Raum zu sein, denn es war schließlich ihr Ziel, dass alle in diesem Raum klüger wurden.

Im Jahr zuvor hatten es die Raging Rooks bei ihrer ersten nationalen Meisterschaft geschafft, in die oberen zehn Prozent vorzustoßen, obwohl ihnen aus Geldgründen nur wenige Spieler zur Verfügung standen. Als Maurice das Ziel formulierte, im folgenden Jahr zu gewinnen, ergriffen die Spieler selbst die Initiative. Sie verfügten nun über die Fähigkeiten und die notwendige Willensstärke. Also veranstalteten sie ihr eigenes behelfsmäßiges Schachcamp, verbrachten den Sommer damit, zu üben und Bücher zu lesen. Sie überredeten Maurice, sie während des Sommers zu trainieren. Sie hatten das Steuer übernommen.

In einer idealen Welt wären die Schüler für eine solche Chance nicht auf einen einzigen Lehrer angewiesen. Das von Maurice geschaffene Gerüst war ein Ersatz für ein kaputtes System.* Eine Mutter erzählte ihm, dass ihr, als sie ihren Sohn beim

* Es ist empirisch nachgewiesen worden, dass Charakterstärken für Menschen, die aus benachteiligten Verhältnissen kommen, von größerer Bedeutung sind. Oder wie Maurice es formulierte: »Strukturelle und kulturelle Unterdrückung steigern die Notwendigkeit, über Fähigkeiten zu verfügen, die durch Charakterbildung erlernt werden. Man muss stark sein, wenn man seit Generationen Druck aushalten muss.« (Siehe hierzu: Zainab Faatimah Haider und Sophie von Stumm, »Predicting Educational and Social-Emotional Outcomes in Emerging Adulthood from Intelligence, Personality und Socioeconomic Status« *Journal of Personality and Social Psychology* 123, Nr. 6 (2022): S. 1386–1406.)

Spielen sah, bewusst wurde, dass sie nicht an ihn geglaubt hatte. Maurice half nicht nur seinen Spielern, ihr Potenzial auszuschöpfen, er brachte auch ihre Eltern und Lehrer dazu, es zu erkennen.

Nur wenige von uns haben das Glück, einem Lehrer wie Maurice Ashley zu begegnen. Wir haben nicht immer Zugang zu den idealen Mentoren, und unsere Eltern und Lehrer sind nicht immer in der Lage, uns im erforderlichen Maß zu unterstützen. Mein Ziel ist es, Ihnen ein tragfähiges Gerüst zu bieten.

Dieses Buch setzt sich aus drei Teilen zusammen. Im ersten Teil geht es um bestimmte Charakterstärken, die uns erlauben, Großes zu vollbringen. Sie werden von einem Profiboxer lesen, der sich die Grundlagen der Architektur aneignete, von einer Frau, die der Armut entkam, indem sie sich in einen menschlichen Schwamm verwandelte, und von ein paar anderen, die sich in der Schule mit gewissen Unterrichtsstoffen schwertaten und heute zur weltweiten Elite gehören.

Im zweiten Teil geht es darum, wie man Strukturen aufbauen kann, um motiviert zu blieben. Selbst jemand, der über sehr ausgeprägte Charakterstärken verfügt, ist nicht vor Burn-out, Zweifel oder Stagnation gefeit. Um wirklich gut zu verdienen, müssen Sie jedoch kein Workaholic sein; Sie müssen nicht bis zur Erschöpfung arbeiten. Wie man sich ein Stützgerüst baut, um die Dynamik am Laufen zu halten, werde ich Ihnen am Beispiel eines Musikers zeigen, der sich eine provisorische Stütze gesucht hat, um mit einer Behinderung umzugehen. Außerdem werde ich Ihnen schildern, wie ein Trainer dazu beitrug, aus einem unscheinbaren Sportler einen Starathleten zu machen, und ich werde Ihnen von einer Gruppe Offiziersanwärtern berichten, an die niemand glaubte, die aber schließlich alle Erwartungen übertrafen. Sie werden erfahren, warum zu jedem Training ein spielerisches Element gehört, wieso sich im Kreis zu drehen manchmal der beste Weg ist, um voranzukommen, und warum es nicht ratsam ist, sich ohne Unterstützung an seinem eigenen Schopf aus dem Schlamassel zu ziehen.

Im dritten Teil geht es darum, Systeme zu etablieren, um Chancen in größeren Dimensionen zu denken. Oftmals werden zu Unrecht gerade den Menschen Chancen verbaut, die mit den größten Schwierigkeiten zu kämpfen hatten; gerade ihnen sollte unsere Gesellschaft Unterstützung gewähren. Auf jeden Außenseiter, der den Durchbruch schafft, nachdem er unterschätzt oder übersehen wurde, kommen Tausende, die nie eine Chance erhalten. Sie werden hier erfahren, wie man Schulen, Teams und Institutionen so gestaltet, dass sie Menschen mit Potenzial wirklich fördern. Ein Blick auf ein kleines Land, das über eines der erfolgreichsten Bildungssysteme der Welt verfügt, wird Ihnen zeigen, wie wir jedem Kind helfen können weiterzukommen. Anhand einer der unwahrscheinlichsten Rettungsaktionen in der Menschheitsgeschichte wird deutlich werden, was nötig ist, damit Gruppen mehr sind als die Summe ihrer Teile. Und um herauszufinden, wie wir fehlerhafte Auswahlprozesse wieder korrigieren, vermittle ich Ihnen einen Blick hinter die Kulissen der NASA-Auswahlverfahren und der Zulassungsprüfungen von Eliteuniversitäten. Wenn wir Systeme verändern, die Menschen vorzeitig abschreiben, lassen sich Bedingungen für Außenseiter und Spätzünder verbessern.

Es ist mir ein Anliegen, verborgenes Potenzial freizusetzen, weil ich mangelnde Förderung selbst erlebt habe. Meine größten Leistungen habe ich in Bereichen vollbracht, in die ich mit einem erheblichen Mangel an Talent gestartet war. Dank hervorragender Lehrer bin ich als ehemals schlechtester Taucher meiner Schule schließlich einer der besten des Landes geworden, und ich versage nicht mehr bei kleinen Vorträgen, sondern bekomme Standing Ovations auf der TED-Bühne. Hätte ich mein Potenzial nach meinen frühen Misserfolgen beurteilt, hätte ich aufgegeben. Was ich auf diesem Weg gelernt habe, hat mir geholfen, mir mein eigenes Gerüst für künftige, in luftigen Höhen liegende Ziele zu bauen. Und daher möchte ich den Nebel darum lichten, wie wir über unsere vermeintlichen Grenzen hinausgehen können.

Als Sozialwissenschaftler habe ich zunächst die Daten studiert: randomisierte Experimente, Verlaufsstudien und Metaanalysen (Studien über Studien), die kumulierte Ergebnisse quantifizieren. Erst dann habe ich mich meinen persönlichen Einschätzungen zugewandt und Geschichten gesucht, um der Forschung Leben einzuhauchen. Ich habe Menschen getroffen, die von ihrem Ausgangspunkt aus weit gekommen sind und ihr verborgenes Potenzial entdeckt haben, und zwar in verschiedensten Settings: unter Wasser und unter der Erde, auf den höchsten Berggipfeln und im Weltraum. Ich wollte erfahren, wie sie so lange Wege zurückgelegt hatten, indem sie sich selbst oder andere verwandelten – und manchmal die Welt um sie herum.

Genau dies haben die Raging Rooks getan. Ihr Erfolg hat dazu beigetragen, dem Schach eine größere Popularität zu verschaffen. Seit ihrem Überraschungserfolg hat sich Schätzungen von Lehrern zufolge der Anteil von People of Colour bei nationalen Turnieren vervierfacht. Maurice spricht mittlerweile auf internationalen Bühnen über Schach als Charakterübung, und die Bewegung, die er mit angestoßen hat, bietet jetzt Schachprogramme in finanziell schlecht gestellten Schulen in ganz Amerika an. Eine gemeinnützige Schachorganisation hat in Eigenregie über eine halbe Million Kinder unterrichtet. Und es gibt keinen Grund zu glauben, dass diese Magie auf das Schachspiel beschränkt sein sollte.[13] Wenn zufälligerweise der Debattierclub Maurice' Leidenschaft gewesen wäre, würde er wohl Schüler dazu anleiten, bei Diskussionen Gegenargumente vorherzusehen und an den besten Kontern zu feilen. Es geht nicht um die Aktivität an sich, sondern um die Lektionen, die du lernst. Oder wie Maurice es formuliert: »Die Leistung liegt im Wachsen.«

Maurice hat seinen Schülern Chancen eröffnet und sie motiviert, sodass die Raging Rooks ihre Charakterstärken über das Schachspiel hinaus anwenden konnten. Die Disziplin, die sie an den Tag legten, um nicht auf kurzfristige Lösungen auf dem Schachbrett hereinzufallen, half ihnen auch dabei, nicht in den Sog von Bandenkriminalität und Drogen zu geraten. Die Entschlossenheit und Proaktivität, die sie dafür aufbrachten, sich Muster einzuprägen und Züge vorauszusehen, kam ihnen auch beim Lernen für Prüfungen zugute. Die sozialen Fähigkeiten, die sie beim gemeinsamen Üben und durch gegenseitige Kritik erlernten, machten sie zu idealen Teamplayern und selbst zu Mentoren.

Den meisten Spielern ist es gelungen, ihren ehemals ärmlichen Verhältnissen zu entwachsen. Jonathan Nock kam aus einer miesen Gegend und wurde dort auf einem Basketballplatz überfallen. Heute ist er Softwareentwickler und hat ein Unternehmen für Cloud-Lösungen gegründet. Francis Idehen musste auf seinem Schulweg aufpassen, nicht in Messerstechereien oder Schusswechsel zu geraten. Mittlerweile hat er sein Studium der Wirtschaftswissenschaften an der renommierten Universität Yale abgeschlossen, gefolgt vom Master of Business Administration (MBA) in Harvard, und er kann in seinem Lebenslauf die Stelle als Leiter der Finanzabteilung des größten US-Versorgungsunternehmens sowie den Posten als Chief Operating Officer (COO) eines Investmentunternehmens vorweisen. Kasaun Henry, der einst kein Dach über dem Kopf hatte und von einem Gangster angeworben wurde, hat heute drei Masterabschlüsse; er ist ein preisgekrönter Filmemacher und Komponist. »Schach hat meinen Charakter entwickelt«, sagt Kasaun, »Schach hat meine Konzentrationsfähigkeit und meinen Fokus verbessert [...] Schach hat etwas in mir entfacht. Als hätte jemand einen Stern in mir zum Leuchten gebracht, der mein ganzes Leben lang weiterbrennen wird.«

Und nicht nur die individuellen Karrieren wurden durch das Schachspielen befördert, es motivierte die Raging Rooks auch dazu, anderen neue Möglichkeiten zu verschaffen. Charu Robinson lebte damals in unmittelbarer Nähe von vier Drogenhöhlen; mehrere seiner Freunde wurden ermordet, einige verbüßten Gefängnisstrafen. Nachdem er einen von Daltons besten Spielern bei den nationalen Meisterschaften 1991 geschlagen hatte, erhielt er ein Vollstipendium für die Dalton School. Charu studierte Kriminologie und wurde Lehrer. Er wollte weitergeben, was er gelernt hatte.

1994 bekniete der Direktor einer anderen Mittelschule in Harlem, die drei Blocks entfernt von der Junior High School 43 lag, Maurice, deren Dark Knights zu coachen. In den folgenden zwei Jahren gewannen ihre Jungen- und Mädchenteams zweimal hintereinander die nationalen Meisterschaften. Zu diesem Zeitpunkt war Maurice bereit für den nächsten Schritt auf seiner Mission, Geschichte zu schreiben. Er nahm eine Auszeit vom Coaching, um sein eigenes Spiel zu verbessern. Im Jahr 1999 wurde Maurice der erste afroamerikanische Schachgroßmeister. Gleichzeitig gewannen die Dark Knights mit einem neuen Trainer ihren dritten nationalen Titel. Ihr Assistenztrainer war Charu Robinson, der in Schulen in der ganzen Stadt unzählige Kinder im Schach unterrichtete. Die Raging Rooks waren nicht nur einzelne Rosen, die aus den Rissen im Beton wuchsen, sie bearbeiteten den Boden, damit viele weitere Rosen erblühen konnten. Wenn wir uns große Denker, Macher und Führungskräfte anschauen, konzentrieren wir uns oft nur auf deren Leistung. Das führt dazu, dass wir die Menschen bewundern, die am meisten erreicht haben; dabei übersehen wir jedoch diejenigen, die unter schlechten Voraussetzungen Großes geleistet haben. Das wahre Maß für ihr Potenzial ist nicht die Höhe des Gipfels, den sie erreicht haben, sondern wie weit sie auf dem Weg dorthin geklettert sind.

TEIL I

CHARAKTER-STÄRKEN

Besser werden beim Besserwerden

Ende des 19. Jahrhunderts stellte William James, der Gründervater der Psychologie in den USA, eine kühne Behauptung auf: »Im Alter von dreißig Jahren erstarrt der Charakter wie Gips und wird nie wieder weich.«[1] Kinder können demnach ihren Charakter also noch entwickeln, Erwachsene haben Pech gehabt.

Vor Kurzem hat ein Team von Sozialwissenschaftlern ein Experiment gestartet, um diese Hypothese zu überprüfen. Als Probanden wählten sie 1500 Unternehmensgründer in Westafrika – Frauen und Männer, altersmäßig in den Dreißigern, Vierzigern und Fünfzigern –, die kleine Start-ups in den Bereichen Produktion, Dienstleistung und Handel führten. Sie wiesen die Unternehmensgründer zufällig einer von drei Untersuchungsgruppen zu. Eine Gruppe fungierte als Kontrollgruppe, ihre Mitglieder gingen wie gewohnt ihrer Arbeit nach. Die beiden anderen erhielten ein besonderes Training: Sie erlernten eine Woche lang neue Konzepte, analysierten sie in Fallstudien anderer Unternehmer und wendeten sie mithilfe von Rollenspielen und Reflexionsübungen auf ihr eigenes Geschäft an. Der Unterschied bestand darin, ob sich die Fortbildung auf kognitive Fertigkeiten oder Charakterstärken konzentrierte.

Die Gruppe, deren kognitive Fähigkeiten im Vordergrund standen, erhielt eine von der Entwicklungsbank Internationale Finanz-Corporation (IFC) angebotene Businessfortbildung. Diese umfasste Schulungen zum Thema Finanzwesen, Buchhaltung, Personalwesen, Marketing und Preisgestaltung, und die Unternehmer wandten das Erlernte an, um Aufgaben zu lösen und günstige Geschäftslagen zu sondieren. Die Gruppe, bei der es um die Förderung des Charakters ging, nahm an einem von Psychologen konzipierten Kurs teil, der zum Ziel hatte, die Eigeninitiative zu steigern. Die Probanden beschäftigten sich mit den Themen Proaktivität, Disziplin und Entschlossenheit und übten, diese Eigenschaften in die Tat umzusetzen.

Das Charaktertraining zeigte Wirkung.[2] Nachdem die Unternehmensgründer nur fünf Tage mit dem Erwerb dieser Fähigkeiten verbrachten, stiegen die Gewinne ihrer Unternehmen um durchschnittlich 30 Prozent in den folgenden zwei Jahren – fast das Dreifache dessen, was die Gruppe der Probanden, deren kognitive Fähigkeiten gefördert wurden, als Gewinnsteigerung verbuchen konnte. Finanz- und Marketingwissen dürften die Gründer natürlich in die Lage versetzt haben, günstige Geschäftslagen zu nutzen; diejenigen hingegen, die sich mit den Themen Proaktivität und Disziplin befasst hatten, waren in der Lage, sich die Erfolgschancen zu erarbeiten. Sie hatten gelernt, Marktveränderungen zu antizipieren, anstatt auf sie zu reagieren. Sie hatten mehr kreative Ideen entwickelt und eine größere Anzahl neuer Produkte eingeführt. Bei finanziellen Engpässen gaben sie nicht auf, sondern zeigten sich resilient und einfallsreich beim Versuch, Kredite aufzunehmen.

Dies ist ein Beleg dafür, dass Charakterstärken uns Großes vollbringen lassen können. Die Studie zeigt aber auch, dass es nie zu spät ist, sie zu entwickeln. William James war ein sehr kluger Mann, aber in diesem Fall lag er total daneben. Der Charakter härtet nicht aus wie Gips, er bleibt formbar.

Charakter wird oft mit Persönlichkeit verwechselt, doch handelt es sich hierbei um unterschiedliche Facetten. Die Persönlichkeit ist Ihre Veranlagung, Ihr grundlegender Instinkt dafür, wie Sie denken, fühlen und handeln. Charakter hingegen ist Ihre Fähigkeit, Ihre Werte über Ihren Instinkt zu stellen.

Die eigenen Prinzipien zu kennen bedeutet nicht unbedingt, zu wissen, wie man nach ihnen lebt – besonders in Stresssituationen oder unter Druck. Es ist leicht, proaktiv und entschlossen zu sein, wenn alles gut läuft. Die wahre Charakterprüfung besteht vielmehr darin, ob es Ihnen gelingt, zu diesen Werten zu stehen, wenn Sie starkem Gegenwind ausgesetzt sind. Ihre Persönlichkeit zeigt sich an der Art, wie Sie an einem typischen Tag reagieren, Ihr Charakter daran, wie Sie es an einem schwierigen Tag tun.

Sie sind Ihrer Persönlichkeit jedoch nicht unterworfen, sie ist lediglich eine Neigung. Charakterstärken ermöglichen es Ihnen, diese Neigung zu überwinden und Ihren Prinzipien treu zu bleiben. Nicht die Wesenszüge sind es, die hier von Bedeutung sind, sondern wie man sie einsetzt. Wo auch immer Sie heute stehen, nichts hält Sie davon ab, Ihre Charakterstärken weiterzuentwickeln.

Wie man sich verbessert

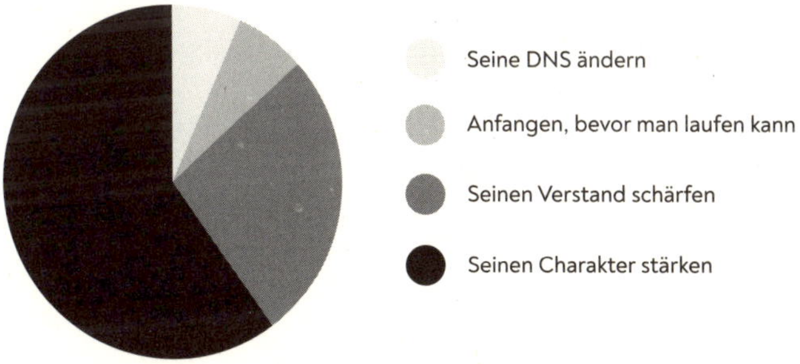

Abb. 4

Viel zu lange wurden Charakterstärken wie Proaktivität und Entschlossenheit als sogenannte Soft Skills abgetan.[3] Der Begriff kam Ende der 1960er-Jahre auf, als Psychologen zu einer Neuausrichtung der Ausbildung der US-Armee hinzugezogen wurden, damit nicht nur Panzerfahren und der Umgang mit Waffen auf dem Lehrplan standen. Man hatte erkannt, wie wichtig die menschlichen Eigenschaften waren, und legte mehr Wert auf Führungs- und Teamfähigkeiten, die es den Gruppen ermöglichten, mehr als die Summe ihrer Teile zu sein, sodass die Truppen sicher und gesund nach Hause zurückkehrten. Man suchte einen Begriff, um die beiden unterschiedlichen Arten von Fertigkeiten zu unterscheiden – und traf eine eher unglückliche Wahl. Mit Panzern und Waffen umgehen zu können fassten die Psychologen unter »hard skills«, harten Fähigkeiten, zusammen, denn die Waffen waren aus Stahl und Aluminium. Die weichen Fähigkeiten, die »soft skills«, waren die »wichtigen berufsbezogenen Fähigkeiten, die wenig oder kaum Interaktion mit Maschinen beinhalten«. Dabei handelte es sich um die sozialen, emotionalen und Verhaltensfähigkeiten, die Soldaten benötigen, um in jeder Rolle erfolgreich zu sein. Man nannte sie lediglich weich, weil sie nichts mit hartem Metall zu tun hatten. Dieser Definition folgend, ist auch Finanzwissen ein Soft Skill. Ein paar Jahre später empfahlen die Psychologen die Abschaffung des Begriffs: Eine Fähigkeit als weich zu bezeichnen klang schwach, und die Soldaten wollten stark sein. Sie erkannten nicht, dass gerade Charakterstärke ihre größte Kraftquelle sein könnte.

Wenn es unsere kognitiven Fähigkeiten sind, die uns von Tieren unterscheiden, dann sind es unsere Charaktereigenschaften, die uns über Maschinen stellen. Computer und Roboter können heute Autos bauen, Flugzeuge lenken, Kriege führen, Geld verwalten, Mandanten vor Gericht vertreten, Krebs diagnostizieren, und sie führen auch Herzoperationen durch. Mehr und mehr kognitive Fähigkeiten werden automatisiert, wir befinden uns mitten in einer Charakterrevolution. Der technologische Fortschritt stellt Interaktion und Beziehungen in den Vordergrund, denn diese Fähigkeiten sind es, die uns menschlich machen und daher beherrscht werden müssen.

Wenn wir Erfolg und Glück als unsere wichtigsten Lebensziele angeben, frage ich mich, warum der Charakter nicht ganz oben auf der Liste steht. Was wäre, wenn wir alle so viel Energie in die Förderung unsere Charakterstärken investieren würden, wie wir sie für unsere Karriere aufbringen? Stellen Sie sich vor, wie die USA aussehen würden, wenn die Unabhängigkeitserklärung jedem Bürger das Recht auf Leben, Freiheit und eben nicht, wie es im Originaltext heißt, das Streben nach Glück, sondern nach Charakterstärke einräumen würde.

Bei meiner Untersuchung der Charaktereigenschaften, die verborgenes Potenzial freisetzen können, habe ich bestimmte wichtige Formen von Proaktivität, Entschlossenheit und Disziplin identifiziert. Große Entfernungen zu überwinden erfordert den Mut, die richtige Dosis an Unangenehmem auszuhalten, sowie die Fähigkeit, die richtigen Informationen aufzunehmen, und den Willen, die richtigen Unvollkommenheiten zu akzeptieren.

1 Raus aus der Komfortzone

Wie wir uns mit den unangenehmen Seiten des Lernens anfreunden

Der Charakter kann sich nicht in einem Zustand der Ruhe und Gelassenheit entwickeln. Nur wenn man Prüfungen und Leid erfährt, kann die Seele gestärkt, der Weitblick geschärft, Ehrgeiz geweckt und Erfolg erzielt werden.

Helen Keller, Schriftstellerin[1]

Als Sara Maria Hasbun[2] ihre Superkraft entdeckte, war sie zunächst ganz allein damit. Dann stolperte sie über eine ganze Community von anderen, denen es ähnlich ging. Im Jahr 2018 machte sie sich auf eine Reise um die Welt, um sie zu treffen. Oberflächlich betrachtet hatten diese Menschen wenig gemeinsam. Sie stammten aus ganz unterschiedlichen Ländern und hatten unterschiedliche Berufe. Es war eine gemeinsame Mission, die genauso ungewöhnlich war wie ihre Begabung, die sie zusammengeführt hatte.

Als Sara Maria sich in ihrer neuen Gemeinschaft zurechtfand, nahm sie sich vor, sich den Leuten als Unternehmerin aus Kalifornien vorzustellen, und zwar in der jeweiligen Sprache. In Bratislava grüßte sie also auf Slowakisch: *Ahoj, volám sa Sara Maria!* In Fukuoka wandte sie sich auf Japanisch an ihr Gegenüber: *Konnichiwa! Watashi no namae wa Sara Maria desu!* Und als sie während der Pandemie in China gestrandet war, leistete sie Freiwilligenarbeit bei der Gehörlosengemeinschaft in Peking und begrüßte die Menschen in chinesischer Gebärdensprache.

Das klingt jetzt vielleicht nur nach einem Gag, aber Sara Maria beherrschte mehr als nur die einfachen Begrüßungsformeln. Auf einer Reise traf sie sich mit einem irischen Ingenieur namens Benny Lewis.[3] Innerhalb einer Stunde wechselten sie in ihrer Unterhaltung zwischen Mandarin, Spanisch, Französisch, Englisch und der nordamerikanischen Gebärdensprache hin und her.

Sara Maria und Benny sind polyglott, sie können in vielen Sprachen sprechen und denken. Sara Maria beherrscht fünf Sprachen fließend und kann sich in vier weiteren Sprachen verständigen. Benny Lewis beherrscht sechs Sprachen und hat ebenfalls Kenntnisse in vier anderen. Wenn sie beim jährlichen Treffen der Polyglotten zusammenkommen und über die fünf Sprachen, die sie gemeinsam haben, hinausgehen wollen, müssen sie nicht lange suchen. Sara Maria findet normalerweise immer jemanden, der mit ihr auf Koreanisch und Indonesisch plaudert und ihr hilft, an ihrem rudimentären Kantonesisch, Malaiisch oder Thailändisch zu feilen (weniger Glück hat sie, wenn sie jemanden sucht, um ihre Kenntnisse der nicaraguanischen Gebärdensprache aufzufrischen). Es ist nur eine Frage der Zeit, bis Benny einen Freund findet, der mit ihm auf Deutsch, Irisch, Esperanto, Niederländisch, Italienisch, Portugiesisch oder, ja, in der »Star Trek«-Sprache Klingonisch quatschen kann.

Das Beeindruckende an diesen Polyglotten ist nicht nur ihr großes Wissen, sondern ihre Lerngeschwindigkeit. In weniger als zehn Jahren lernte Sara Maria sechs Sprachen von Grund auf. In der Zwischenzeit lebte Benny nur ein paar Monate in Tschechien und sprach schon passabel die Landessprache; er verbrachte drei Monate in Ungarn und konnte sich dort mit den Menschen unterhalten. Er brauchte drei weitere Monate, um ägyptisches Arabisch zu lernen (während er in Brasilien lebte), sowie fünf Monate in China, um auf einem mittleren Niveau zu kommunizieren und ein einstündiges Gespräch ausschließlich auf Mandarin zu führen.

Ich habe immer gedacht, dass dieses Talent eine Laune der Natur sei, dass die Polyglotten mit einer außergewöhnlichen Fähigkeit zur Welt kommen, die sich dann offenbart, wenn sie die Gelegenheit haben, eine neue Sprache zu lernen. Einer meiner Zimmergenossen am College sprach sechs Sprachen und nutzte seine linguistischen Fähigkeiten oft, um neue Redewendungen zu erfinden. Mein persönlicher Favorit, der beschrieb, wenn jemand seinen Ballast bei dir ablud, lautete: »Hör auf, mich zu koffern.« Ich war immer erstaunt, wie schnell er sich neue Sprachen aneignete und wie problemlos er zwischen ihnen hin- und herspringen konnte.

Als ich Sara Maria und Benny kennenlernte, dachte ich zunächst, dass sie genauso ticken – und lag damit total daneben.

Als Kind dachte Benny, dass er nicht einmal eine zweite Sprache beherrschen würde. In der Schule hatte er elf Jahre Irisch- und fünf Jahre Deutschunterricht, konnte aber in keiner der beiden Sprachen eine Unterhaltung führen. Nach dem College zog er nach Spanien, doch nach einem halben Jahr konnte er immer noch kein Spanisch sprechen. Mit 21 Jahren beherrschte er lediglich Englisch und war drauf und dran, aufzugeben: »Ich habe mir immer wieder gesagt, dass mir wohl das Sprachgen fehlt.«

Auch Sara Maria hatte einen holprigen Start. Obwohl sie sechs Jahre lang Spanisch lernte, beherrschte sie danach nur ihre Muttersprache. Sie war sich sicher, dass sie das Zeitfenster für den Spracherwerb verpasst hatte. Ihr Vater stammte zwar aus El Salvador, doch als Kind kam sie nicht häufig mit dem Spanischen in Berührung, denn er sprach ausgezeichnet Englisch.

> Das war die Sprache, die wir zu Hause verwendeten. Als ich an der Highschool Spanisch lernte, war ich wirklich erstaunt, wie schwer es mir fiel [...] Es ist angeblich eine der für Englischmuttersprachler am einfachsten zu lernenden Sprachen [...], aber ich hatte wirklich damit zu kämpfen. Sogar meine Lehrer an der Highschool konnten kaum glauben, dass ich nicht in der Lage war, es zu lernen. [...] Ständig sprach mich jemand auf Spanisch an, und es fühlte sich furchtbar an, nicht antworten zu können. [...] Warum

konnte ich diese Sprache nicht lernen, wenn so viele Menschen um mich herum so mühelos andere Sprachen zu lernen schienen?

Nachdem Sara Maria jahrelang ihren Vater um Hilfe bei den Hausaufgaben gebeten hatte, versuchte er ihr schonend beizubringen, dass sie wohl niemals Spanisch würde sprechen können; aber in den USA würde sie es ohnehin nicht brauchen. Sie könne das also ruhig aufgeben und ihre Zeit auf etwas verwenden, das eher ihren Fähigkeiten entsprach.

Viele Menschen würden gern eine neue Sprache lernen, glauben aber, dass es eine zu lange Reise bis zum Ziel ist. Einige, wie Benny, kommen zu dem Schluss, dass ihnen einfach die natürlichen Voraussetzungen dazu fehlen. Andere, wie Sara Maria, glauben, dass sie ihre Chance verpasst haben – wenn sie als Kleinkinder mit dem Lernen begonnen hätten, hätten sie die Sprache vielleicht erlernt. Es gibt jedoch immer mehr Belege dafür, dass der Rückgang der Geschwindigkeit des Spracherwerbs[4] um das 18. Lebensjahr herum nicht biologisch bedingt ist, sondern auf einem Defekt in unserem Bildungssystem beruht.

Polyglotte Menschen beweisen, dass es möglich ist, bis ins hohe Alter neue Sprachen zu erlernen. Als ich online auf Sara Maria und Benny stieß, wusste ich sofort, dass ich ihren Methoden auf den Grund gehen musste, sie waren schließlich professionelle Lernende. Ich war erstaunt, dass es, als sie schließlich ihre erste Fremdsprache lernten, nicht daran lag, dass sie eine kognitive Blockade überwunden hatten. Stattdessen hatten sie eine Motivationshürde genommen: Sie hatten begonnen, sich damit wohlzufühlen, sich unwohl zu fühlen.

Wenn man sich mit dem Unbehagen anfreundet, kann das verborgenes Potenzial in vielen verschiedenen Arten des Lernens freisetzen. Den Mut aufzubringen, sich dem Unangenehmen zu stellen, ist eine charakterliche Fähigkeit – eine besonders wichtige Form der Entschlossenheit. In dreierlei Hinsicht bedarf es Mut: die bewährten Methoden aufzugeben, sich in den Ring zu stellen, bevor Sie sich bereit fühlen, und mehr Fehlversuche zu machen, als andere es überhaupt probieren. Der beste Weg, um sich weiterzuentwickeln, besteht darin, das Unbehagen anzunehmen, zu suchen und zu verstärken.

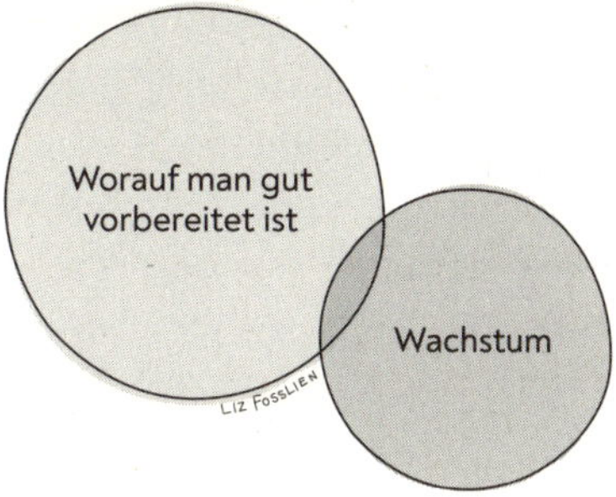

Abb. 5

STILFRAGE

Eine gängige Lehrmethode in den Schulen hat viele Lernende davon abgehalten, sich in unangenehme Situationen zu begeben. Sie entstand als gut gemeinte Lösung für ein allgegenwärtiges Problem im US-amerikanischen Bildungssystem. Jahrzehntelang wurden viele Schulen betrieben wie Fabriken, und Schüler wurden wie austauschbare Teile in der Massenproduktion von jungen Denkern behandelt. Obwohl sie alle über unterschiedliche Stärken verfügten, mussten sie dasselbe Wissen durch dieselben standardisierten Unterrichtseinheiten und Lektionen aufnehmen.

In den 1970er-Jahren stellte dann eine neue Denkweise das Bildungssystem auf den Kopf. Die Grundannahme bestand darin, dass die Schwierigkeiten der Schüler darauf zurückzuführen seien, dass die Unterrichtsmethoden nicht auf ihren Lernstil zugeschnitten waren, also auf die kognitiven Funktionen, die sie dazu befähigten, Informationen am besten aufzunehmen und abzuspeichern. Verbale Lerntypen mussten neue Lerninhalte zum Beispiel lesen und aufschreiben. Für visuell Lernende hingegen war es essenziell, den Stoff in Form von Bildern, Diagrammen und Tabellen präsentiert zu bekommen. Auditive Lerntypen müssen die Inhalte hören, und kinästhetisch Lernende müssen den Stoff erleben, indem sie ihn mit Körperbewegungen nachspielen.

Die Theorie der Lerntypen erfreute sich großer Beliebtheit. Eltern waren begeistert, dass ihre Kinder in ihrer Individualität anerkannt wurden, Lehrkräfte genossen die Freiheit, ihre Methoden zu variieren und ihr Material persönlich abzustimmen.

Lernstile gehören heute fest zur Lehrerausbildung und zum Schülerleben dazu. Weltweit glauben 89 Prozent der Lehrkräfte, dass sie ihren Unterricht an die Lernstile der Schüler anpassen sollten.[5] Ich habe von Studierenden auch schon gehört, dass sie Podcasts Büchern vorzögen, weil sie auditive Lerntypen seien. Und vielleicht haben Sie sich ja entschieden, dieses Buch selbst zu lesen, weil Sie sich als verbale oder visuell Lernende identifizieren.

Da wäre nur ein klitzekleines Problem: An den Lerntypen ist nichts dran. Als ein Expertenteam eine umfassende Überprüfung jahrzehntelanger Forschungsarbeit über Lernstile vornahm, fanden sie erschreckend wenig, was diese Theorie stützte.[6] In kontrollierten Experimenten mit speziellen Unterrichtseinheiten[7] und Verlaufsstudien über ein Halbjahr[8] schnitten Schüler und Erwachsene bei Prüfungen nicht besser ab, wenn ihre Lehrkräfte oder Lerngewohnheiten ihren Fähigkeiten oder Vorlieben angepasst waren. »Die Faktenlage rechtfertigt nicht die Einbeziehung von Lerntypeinschätzungen in die allgemeine pädagogische Praxis«, schlussfolgern die Forschenden. »Der Kontrast zwischen der enormen Popularität des Lerntypansatzes für den Bildungsbereich und dem Fehlen belastbarer Evidenz für ihren Nutzen ist […] auffällig und beunruhigend.«

Natürlich wollen wir beim Lernen auch nicht zum starren Modell zurück, das Schulen zu Lernfabriken umfunktioniert. Aber man sollte den Menschen auch nicht die schubladenhafte Vorstellung von Lerntypen aufzwingen. Natürlich haben Sie möglicherweise noch immer eine bevorzugte Art, sich neues Wissen und Fertigkeiten anzueignen. Aber jetzt wissen wir, dass Ihre

Vorliebe nicht festgelegt ist, und nur auf Ihre Stärken zu setzen bringt Sie um die Möglichkeit, bei Ihren Schwächen aufzuholen.[9]

Die Art und Weise, wie Sie lernen möchten, ist diejenige, die Ihnen am angenehmsten vorkommt, aber nicht unbedingt die Art, wie Sie am besten lernen. Manchmal lernt man sogar besser in dem Modus, in dem man sich am unwohlsten fühlt, denn dann muss man härter arbeiten. Das ist die erste Form von Mut: sich zu trauen, Unannehmlichkeiten auszuhalten und den eigenen Lernstil über den Haufen zu werfen.

Sehr gut illustriert das ein Beispiel aus dem Comedybereich. Die ersten Stand-up-Performances des Comedians Steve Martin in den Sechzigern waren ein absoluter Flop.[10] Bei einer Show stand ein Zwischenrufer tatsächlich auf und warf sein Glas Rotwein nach ihm. »Ich war kein Naturtalent«, räumte der Comedian ein. Das sah man in den ersten Kritiken seiner Shows genauso. Ein Kritiker bezeichnete Martin als »einen der schwerwiegendsten Buchungsfehler in der Geschichte von Los Angeles«.

Wenn man darüber nachdenkt, wie große Künstler zu solchen heranreifen, scheint es ganz logisch, dass sie durch Zuhören, Beobachten und Ausprobieren lernen. So auch Steve Martin. Er hörte sich das Material anderer Leute an, studierte ihre Eigenheiten, mischte einige seiner eigenen Geschichten hinein und versuchte dann, diesen Mix rüberzubringen. Trotz der unzähligen Stunden Vorbereitung waren seine Auftritte jedoch schwach. Eines Abends blieben ganze fünf Minuten die Lacher aus ... und weitere fünf Minuten ... und weitere. Während der gesamten 20 Minuten, die er sich auf der Bühne einen abschwitzte, wurde nicht einmal gekichert. Zuhören, Beobachten und Ausprobieren reichten nicht aus, damit er sich weiterentwickelte. Der einzige Zugang zur Comedy, den Steve abgeschrieben hatte, war das Schreiben selbst. Es war nicht seins, er hasste das Schreiben, weil es ihm nicht in den Schoß fiel: »Es war schwer, so dermaßen schwer.«

Wenn Sie auch so über das Schreiben denken, sind Sie nicht allein. Sogar einige der besten Autoren, die ich kenne, tun alles, um sich vor dem Schreiben zu drücken.* Viele kennen das: Sie prokrastinieren, wenn sie sich aus ihrer Komfortzone bewegen. Der Blogger Tim Urban beschreibt es so, dass in solchen Situationen unser Gehirn von einem Affen[11] gekapert wird, der nur auf sofortige Belohnung aus ist und sich bloß für Dinge interessiert, die einfach sind und schnell gehen – der sich immer für Spaß entscheidet und nicht für die notwendige harte Arbeit. Alles, was man für seine Zeit vorzuweisen hat, ist ein tiefes Gefühl der Unzulänglichkeit und des Leerlaufs, das Selbstwertgefühl ist ausgebrannt und zu einem Aschehäufchen der Scham zusammengeschrumpelt.

Oftmals wird Prokrastination mit Faulheit in Verbindung gebracht. Aber in der Psychologie spricht man hier nicht von einem

* Wenn das Schreiben nicht Ihre bevorzugte Art des Lernens ist, mündet vermutlich bereits die Vorstellung, Ihre Gedanken zu Papier zu bringen, in eine Schreibblockade. Wie Steve Martin einmal witzelte: »Schreibblockade ist ein hübsches Wort, das sich ein Jammerlappen mal ausgedacht hat, um eine Ausrede zum Trinken zu haben.« Es gibt einen Grund, warum wir nicht über eine Tanzblockade sprechen oder eine Tischlerblockade. Eine Schreibblockade ist eigentlich eine Denkblockade: Man steckt fest, weil man nicht weiß, was man sagen will. Manche Romanautoren laufen sich warm, indem sie Sätze aus ihren Lieblingsbüchern abtippen. Ich bringe mein Gehirn in Schwung, indem ich einige E-Mails beantworte; es sind gewissermaßen Aufwärmübungen, um in Fahrt zu kommen. Wenn das Schreiben zu einer regelmäßigen Routine wird, fließen die Worte genauso aufs Papier, wie sie ausgesprochen werden. Psychologen haben im Rahmen einer randomisierten Studie herausgefunden, dass Probanden, die man eine feste Schreibzeit in ihren Tag integrieren ließ, viermal so viel Output hatten; nur 15 Minuten pro Tag reichten aus, um diesen Fortschritt zu erzielen. Und jetzt gibt es Chatbots mit künstlicher Intelligenz (KI), die einem dabei helfen. In ersten Experimenten wurde festgestellt, dass die zufällige Zuweisung von Tools wie ChatGPT und Bing an Fachleute sowohl die Qualität als auch die Quantität ihres Schreibens steigerte – vor allem bei schlechten Schreibern –, indem sich der Aufwand von der groben Skizzierung auf die Ideenfindung und Überarbeitung verlagert. (Siehe hierzu: Robert Boice, *Professors as Writers: A Self-Help Guide to Productive Writing* (Oklahoma: New Forums, 1990; Shakked Noy und Whitney Zhang, »Experimental Evidence on the Productivity Effects of Generative Artificial Intelligence« *SSRN*, 1. März 2023.)

Hier sei im Übrigen angemerkt, dass ich kein einziges Wort dieses Buches mithilfe von KI geschrieben habe – wobei das natürlich genau das ist, was Ihnen eine KI vermutlich sagen würde.

Zeitmanagementproblem, sondern von einem Emotionsmanagementproblem.[12] Wenn Sie prokrastinieren, vermeiden Sie nicht den Erfolg; Sie unterdrücken die unangenehmen Gefühle, die die Aktivität in Ihnen auslöst. Früher oder später merkt man jedoch, dass dadurch auch das angestrebte Ziel aus dem Blickfeld gerät.

Eine Zeit lang prokrastinierte Steve Martin lieber, statt seine eigenen Witze aufzuschreiben. Warum sollte er sich hinsetzen, um etwas zu tun, was er hasste, wenn es doch so viel mehr Spaß machte, sich das Material anderer Leute auszuleihen und auf der Bühne zu improvisieren. Sein Belohnungsaffe hatte das Ruder übernommen. Nach einigen Jahren, in denen er sich als Stand-up-Künstler abmühte, musste er sich, wie er einräumte, der schrecklichen Offenbarung stellen, dass er, wenn er als Komiker erfolgreich sein wollte, alles selbst würde schreiben müssen.

Steve Martin wagte sich also aus seiner Komfortzone. Er würde lernen, Witze zu schreiben. Als er hörte, dass eine Varieté-Show nach jungen Textern suchte, reichte er Material ein, das am Ende jedoch herausgeschnitten wurde. »Ich hatte keine Ahnung vom Schreiben«, erzählte er mir.[13] Der Chefautor wollte ihm trotzdem eine Chance geben. Er hatte Steve Banjo spielen sehen, fand ihn schrullig und bezahlte ihn aus eigener Tasche. Als man ihn damit beauftragte, ein Intro zu schreiben, war er wie gelähmt. Seine Schreibblockade war so schlimm, dass er, nachdem er es nicht geschafft hatte, auch nur ein einziges Wort niederzuschreiben, seinen Mitbewohner anrief und nach einem Witz fragte. Es reichte aus, um ihn einzustellen.

In den folgenden Jahren schrieb Steve tagsüber für das Fernsehen und trat abends als Stand-up-Comedian auf. Das Schreiben war mühsam, aber er gewöhnte sich daran. Seine Auftritte floppten aber weiterhin. Sein Agent riet ihm: »Bleib beim Schreiben.« Allerdings übersah er dabei, dass Steve Martin sich durch das Schreiben als Künstler weiterentwickelte. Wenn er auf der Bühne frei sprach, geriet er leicht ins Schwafeln. Auf dem Papier war er gezwungen, präzise zu sein. Der schmerzhafte Prozess, sein Material niederzuschreiben, lehrte ihn, seinen Humor auf das Wesentliche zu reduzieren, »denn es geht nur um das nackte Fleisch der Dinge«, erinnert er sich. »Der bloße Aufbau eines Witzes hat es an sich, dass er nicht zu ausgeklügelt sein darf.« Erst als er die Unannehmlichkeiten des Schreibens in Kauf nahm, entwickelte er seine Fähigkeiten, Killerpointen wie diese abzuliefern:

> Ich habe letztes Jahr ein Drehbuch eingereicht, und das Studio hat nicht ein Wort geändert. Nein, halt, ich sollte vielmehr sagen, sie haben ein Wort nicht geändert.[14]

Mitte der 1970er-Jahre war Steve Martin einer der beliebtesten Stand-up-Comedians der USA. Auf seinen Tourneen waren riesige Arenen bis auf den letzten Platz ausverkauft, sein Comedy-Album brachte Platin ein, und am Samstag führte er Stand-up-Comedy bei *Saturday Night Live* auf. Währenddessen entdeckte er seine Neigung zum Schreiben, was ihm auch den Weg für seine Schauspielkarriere ebnete. Denn ohne seine neu entdeckten Schreibfähigkeiten hätte er nie das Drehbuch für den Film *Reichtum ist keine Schande* geschrieben und eine der Hauptrollen übernommen. Es war sein Durchbruch.

Ich sehe immer wieder, dass Menschen vor dem Schreiben zurückschrecken, weil es ihnen einfach nicht liegt. Sie übersehen dabei, dass Schreiben mehr ist als ein Kommunikationsmittel, es ist ein Lernwerkzeug. Schreiben zeigt Wissens- und Logiklücken auf und zwingt Sie, Annahmen auszudrücken und Gegenargumente zu berücksichtigen. Unklares Schreiben ist ein Zeichen für unklares Denken – oder wie Steve selbst witzelte: »Manche Leute können gut mit Worten umgehen, und andere ... ähm, nix gut Worte.«

Das bedeutet nicht, dass jeder, der das Schreiben hasst, es trotzdem tun sollte. Die Lehre, die wir daraus ziehen, lautet vielmehr, dass wir, wenn wir unangenehme Lerntechniken meiden, die uns nicht in den Schoß fallen, unsere eigene Entwicklung einbremsen. Oder wie es der große Psychologe Ted Lasso ausdrückt: »Wenn es angenehm ist, machst du es falsch.«[15] Und das war es, was unsere Polyglotten erkennen mussten, um Sprachen zu lernen.

IN DEN RING TRETEN

Fans der Lerntypentheorie würden behaupten, dass verbales Lernen sich gut für den einen und auditives gut für den anderen eignet. Aber beim Lernen geht es nicht immer darum, die richtige Methode für sich zu finden, sondern oft eher darum, die richtige Methode für die jeweilige Aufgabe zu entdecken.

Das veranschaulicht auf faszinierende Weise ein Experiment, bei dem man Studierenden gute 20 Minuten Zeit gab, um einen wissenschaftlichen Artikel durchzuarbeiten. Die eine nach dem Zufallsprinzip ausgewählte Hälfte sollte ihn lesen, die andere zuhören. Die Zuhörenden hatten mehr Spaß als die Lesenden, aber als sie zwei Tage später zu dem Artikel befragt wurden, zeigte sich, dass sie weniger gelernt hatten.[16] Die Zuhörenden erreichten bei diesem Test 59 Prozent, die Lesegruppe 81 Prozent.

Obwohl Zuhören oft mehr Spaß macht, vertieft man durchs Lesen sein Verständnis und kann sich Dinge besser merken. Während das Zuhören das intuitive Denken fördert, aktiviert Lesen eher die analytische Verarbeitung.[17] Das gilt fürs Englische genau wie fürs Chinesische. Wenn man Probanden Quizfragen, Rätsel oder Puzzle schriftlich vorlegte, zeigten sie ein besseres logisches Denkvermögen, als wenn sie dieselben Quizfragen mündlich beantworteten. Wenn man einen gedruckten Text vor sich hat, wird man ganz von allein am Anfang eines Absatzes langsamer, um den Hauptgedanken zu verarbeiten; Absatzumbrüche und Überschriften gliedern die Informationen in mundgerechte Happen.[18] Wenn Sie nicht an einer Leseschwäche oder Lernstörung leiden, die das Verstehen erschwert, gibt es nichts Besseres als Lesen, um das kritische Denken zu fördern.*

* Wenn Sie Ihre soziale und emotionale Intelligenz verbessern wollen, sollten Sie wahrscheinlich eher auf akustische als auf visuelle Reize achten. Studien haben ergeben, dass man mit geschlossenen Augen anhand der Stimme eines Freundes oder Fremden ihre Emotionen genauso gut einschätzen kann, als wenn man sie sähe. Ständig interpretieren wir Mimik und Körpersprache falsch. Der Tonfall aber gibt einen genaueren, unverfälschten Hinweis auf die Gefühle der Menschen. Dass wir Schwierigkeiten damit haben, die Gefühle aus ▸

Das Erlernen einer Fremdsprache erfordert eine andere Herangehensweise. In der Schule lernte Sara Maria Hasbun Vokabeln und Grammatik mit Lehrbüchern und ihren dicken Karteikartenstapeln. Ihr Sprachunterricht beinhaltete kaum mündliche Übungen, und sie fühlte sich nicht bereit, in der Fremdsprache zu reden, solange sie nicht einen großen Wortschatz beherrschte. Weil sie Angst vor dummen Aussagen hatte, vermied sie unangenehme Situationen und blieb bei ihrer Muttersprache.

Am College wählte sie als Hauptfach Linguistik und stellte fest, dass ihre Vorstellung vom Sprachenlernen ungefähr so war, wie ein paar Bücher über Klavier oder Eiskunstlauf zu lesen und dann zu erwarten, dass man Konzerte spielen konnte wie Clara Schumann oder einen dreifachen Axel ausführen wie Kristi Yamaguchi. Aber egal, wie sehr Sie sich konzentrieren, Sie können den spanischen Akzent nicht sehen, kein Diagramm davon vor dem inneren Auge visualisieren oder ihn durch einen interpretativen Tanz festigen. Wenn Sie Spanisch verstehen wollen, müssen Sie es mit ihren eigenen Ohren hören. Wenn Sie es sprechen wollen, müssen Sie üben, indem sie die Worte laut sagen.

Metaanalysen von mehreren Dutzend Experimenten haben gezeigt, dass Schüler und Erwachsene eine ihnen neue Sprache besser verstehen und sprechen können, wenn ihnen nach und nach beigebracht wurde, sie aktiv zu nutzen und nicht nur zu verstehen.[19] Sie lernten auch besser mit dem didaktischen Konzept

▸ geschriebenen Nachrichten herauszulesen, liegt daran, dass der Tonfall fehlt, nicht daran, dass man keine begleitende Mimik sieht. Das gilt auch beim Entlarven einer Lüge. Wenn man herausfinden will, ob ein Verdächtiger die Wahrheit sagt, sind verbale Hinweise zuverlässiger als nonverbale Signale. Ein Lächeln bedeutet nämlich nicht unbedingt, dass der Verdächtige vertrauenswürdig ist; vielleicht ist er nur berauscht davon, mit der Lüge davonzukommen. Zu den aussagekräftigen Warnsignalen gehören eine zittrige Stimme, ein Anstieg der Tonlage und Ungereimtheiten in den Geschichten. (Siehe hierzu: Michael W. Kraus, »Voice-Only Communication Enhances Empathic Accuracy«, *American Psychologist* 72, Nr. 7 (2017): S. 664–654; Aldert Vrij, Pär Anders Granhag und Stephen Porter, »Pitfalls and Opportunities in Nonverbal and Verbal Lie Detection«, *Psychological Science in the Public Interest* 11, Nr. 3 (2010): S. 89–121.)

»Umgedrehter Unterricht«[20], mit dem sie herausgefordert wurden, vor der Stunde Vokabeln zu lernen und dann während des Unterrichts in Unterhaltungen anzuwenden. Es ist nicht nur so, dass man etwas sofort wieder vergisst, wenn man es nicht anwendet – »use it or lose it« –, sondern man schafft es vielleicht gar nicht erst zu beginnen. Und es reicht nicht aus, einfach nur die minimalen Unannehmlichkeiten zu akzeptieren, sobald sie sich einstellen. Überraschenderweise ist es noch besser, aktiv nach dem Unangenehmen zu suchen. Sara Maria hat genau das getan, indem sie nach Madrid gezogen ist, um dort Englisch zu unterrichten, und sich bewusst dafür entschied, bei einer Familie zu leben, die nur Spanisch sprach. Am Ende des Sommers beherrschte sie die Sprache fließend. Sie erkannte, dass sie, wenn sie sich weiter wohl mit dem Unwohlsein fühlen könnte, jede Sprache lernen würde.

Als ich mit Sara Maria über ihren Durchbruch sprach, ging

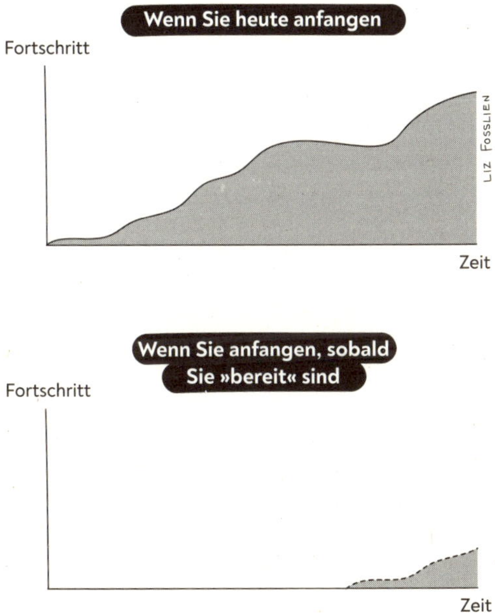

Abb. 6

mir ein Licht auf. Angenehmes Lernen ist ein Paradoxon. Man kann sich nicht wirklich wohl mit einer Fertigkeit fühlen, solange man sie nicht ausreichend geübt hat, um sie zu beherrschen. Doch das vorherige Üben ist unangenehm und wird daher oft vermieden. Den Lernprozess zu beschleunigen erfordert eine zweite Form von Mut: sich zu trauen, das Wissen zu nutzen, noch während man es erwirbt.

ANGENEHM UNANGENEHM

In einem smarten Experiment haben die Psychologinnen Kaitlin Woolley und Ayelet Fishbach Hunderte von Teilnehmenden an Impro-Comedy-Kursen untersucht und ihnen nach dem Zufallsprinzip verschiedene Aufgaben zugewiesen. Diejenigen, die am längsten durchhielten – und die kreativsten Risiken eingingen –, ermutigten die beiden Psychologinnen dabei nicht etwa, sich auf das Lernen zu konzentrieren. Stattdessen stellte man ihnen die Aufgabe, sich absichtlich Unangenehmem auszusetzen. »Ihr Ziel ist es, sich unwohl und ungeschickt zu fühlen [...] das ist ein Zeichen dafür, dass die Übung funktioniert«, hieß es in der Aufgabenstellung. Sobald sie Unbehagen als ein Zeichen für Entwicklung sahen, waren sie motiviert, ihre Komfortzone zu verlassen.[21]

Ähnliches hat sich auch in der Politik bewährt. Wir in den USA versuchen normalerweise, Demokraten und Republikaner aus ihren Echokammern zu holen, indem wir sie auffordern, sich neue Informationen zu beschaffen. Aber die Forschung hat gezeigt, dass Parteiträger, wenn man sie dazu brachte, sich auf Unangenehmes einzulassen, eher geneigt waren, mal einen Artikel aus einer anderen politischen Richtung herunterzuladen.*

* Auch für Gruppen ist es wichtig, sich aus ihrer Komfortzone zu wagen. Bei einer Reihe von Experimenten, die von der Managementwissenschaftlerin Katherine Phillips durchgeführt wurden, kam heraus, dass Gruppen, in denen Teilnehmende unterschiedlicher Ethnien vertreten waren, kreativere Lösungen präsentierten und klügere Schlussfolgerungen zogen als homogene Gruppen. Und obwohl sich diese Gruppen besser schlugen, hielten sie ihre Lösungen für ▸

Wenn Unbehagen ein Zeichen für Fortschritt ist, will man nicht davor weglaufen, sondern man trachtet danach, sich weiterzuentwickeln.

Sieben Monate vor ihrer Hochzeit beschloss Sara Maria, ihren zukünftigen Ehemann und seine Familie auf der Feier mit einem Toast in deren Muttersprache Kantonesisch zu überraschen. Das kam ihr unheimlich vor – und daher aufregend. Sie verfasste einen Entwurf auf Englisch und beauftragte einen Privatlehrer damit, den Text zu übersetzen und für sie aufzunehmen. Diese Aufnahme wanderte in ihre Playlist; sie hörte sich den Toast so oft an, bis sie ihn auswendig konnte, und sagte ihn sich auf dem Weg zum Supermarkt auf. Ihrem Verlobten erzählte sie nichts davon. Da sie wusste, dass ihre Schwiegereltern nach der Rede ihr Kantonesisch würden testen wollen, fing sie an, ihr Gehirn zu »spammen«, wie sie es nannte. Sie hörte Podcasts auf Kantonesisch und sah sich Filme in der Sprache an. Heimlich übte sie täglich mit einem Privatlehrer, zu sprechen. Sie ließ sich auf die Peinlichkeit ein, sich mit unpassenden Worten vorzustellen und ihren Monolog mit phonetischen Fehlern vorzutragen. In ihren Albträumen schnürte sich ihr die Kehle

▸ schlechter – Vielfalt war ihnen unangenehm. Ironischerweise war dieses Unbehagen einer der Gründe für ihren Erfolg. Es zwang sie zu systematischem Denken und intensiver Vorbereitung; sie fühlten sich gedrängt, sich deutlicher zu erklären und aufmerksamer zuzuhören. Wie Kathy Phillips und ihr Team abschließend feststellten, kann das Akzeptieren von unangenehmen Gefühlen dabei helfen, dass sich »aus gefühlsbedingtem Unbehagen kognitive Geistesgaben ergeben«. (Siehe hierzu: Katherine W. Phillips, Katie A. Liljenquist und Margaret A. Neale, »Is the Pain Worth the Gain? The Advantages and Liabilities of Agreeing with Socially Distinct Newcomers«, *Personality and Social Psychology Bulletin* 35, Nr. 3 (2009): S. 336–350; Samuel R. Sommers, »On Racial Diversity and Group Decision Making: Identifying Multiple Effects of Racial Composition on Jury Deliberations«, *Journal of Personality and Social Psychology* 90, Nr. 4 (2006): S. 597–612; Denise Lewin Loyd, Cynthia S. Wang, Katherine W. Phillips und Robert B. Lount Jr., »Social Category Diversity Promotes Premeeting Elaboration: The Role of Relationship Focus«, *Organization Science* 24, Nr. 3 (2013): S. 757–772; Katherine W. Phillips und Robert B. Lount, »The Affective Consequences of Diversity and Homogeneity in Groups«, in *Research on Managing Groups and Teams,* Ausgabe 10, Hg. Elizabeth A. Mannix und Margaret A. Neale (Bingley, UK: Emerald, 2007).)

zu, und sie stotterte, aber sie erinnerte sich immer wieder daran, dass sich unwohl zu fühlen und Fehler zu machen ein Zeichen dafür war, dass sie lernte. Die Hochzeitsrede lief schließlich wunderbar, Sara Maria hatte es geschafft, alle neun Töne des Kantonesischen korrekt auszusprechen. Hinterher scherzte sie mit der Großmutter ihres Mannes, die nur Kantonesisch sprach, und ihre Schwiegereltern sagten ihr, wie viel es ihnen bedeute, dass sie sich die Zeit nahm, um ihre Kultur zu ehren, indem sie ihre Sprache lernte.

Sie müssen wirklich nicht warten, bis Sie eine ganze Bibliothek intus haben, um mit der Kommunikation zu beginnen. Ihre geistige Bibliothek erweitert sich beim Kommunizieren. Als ich Sara Maria fragte, wie man am besten loslegt, sagte sie, sie warte nicht mehr mit dem Sprechen, bis sie ein Grundniveau an Fähigkeiten erreicht habe. Sie fängt an Tag eins zu reden an – Unbehagen hin oder her. »Ich versuche immer, alle zu überzeugen, mit dem Sprechen anzufangen«, erklärt sie mir. »Einfach ein paar Worte auswendig lernen, ein kurzer Monolog, in dem Sie sich vorstellen und erklären, warum Sie die Sprache lernen.«

Dieser Ratschlag war für Benny Lewis lebensverändernd. Während seiner Zeit in Spanien kaufte er eine spanische Ausgabe von Tolkiens *Der Herr der Ringe* und setzte sich mit einem Wörterbuch hin, um diese Geschichte, die er liebte, zu übersetzen. Er brauchte eine Woche für die erste Seite. Fehlten also noch weitere 700. Nach sechs Monaten, in denen er kein Spa-

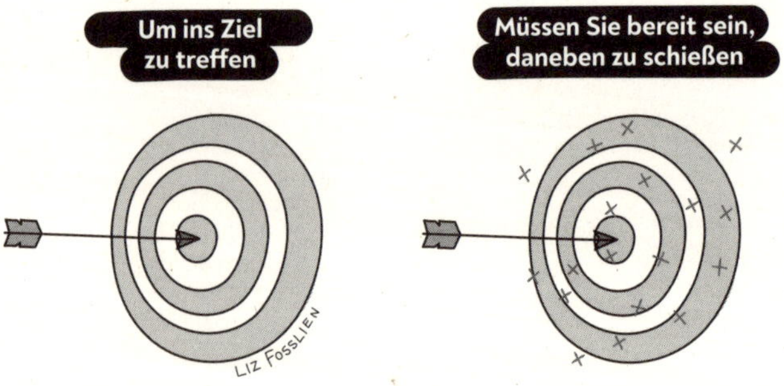

Abb. 7

nisch gelernt hatte, wurde ihm klar, dass er alles versucht hatte, außer die Sprache zu sprechen. Das erforderte eine dritte Form von Mut: nicht nur das Unbehagen anzunehmen und sich ihm zu stellen, sondern es auch noch zu verstärken, indem man sich traut, noch mehr Fehler zu machen.

SICH AUF DIE ZUNGE BEISSEN

Ich bin mal mit meinem Cousin nach Costa Rica gereist. Als wir nach einer langen Wanderung in ein Restaurant einkehrten, lachte ihn der frisch gepresste Orangensaft an. Als er seine Bestellung auf Spanisch aufgab, brach die Bedienung in Gelächter aus. Statt um *jugo de naranja* hatte er um *fruto de periódico* gebeten, ein Glas Zeitungsfrucht.

Als Sie zum ersten Mal versucht haben, eine andere Sprache zu sprechen, haben Sie vermutlich einen Anflug von Angst verspürt. Sie könnten sich mit den Ihnen fremden Wörtern blamieren, einen Fauxpas begehen und andere in Verlegenheit bringen. Meine Frau Allison zum Beispiel hat in der Highschool Japanisch gelernt, und die Abschlussprüfung beinhaltete einen Klassenausflug in ein Restaurant, um auf Japanisch zu bestellen. Sie hatte so viel Angst, Fehler zu machen und die Prüfung nicht zu bestehen, dass sie krankmachte. Hier kommt der Mut ins Spiel: um eine Sprache zu üben, müssen Sie sich trauen, viele Fehler zu machen – je mehr, desto besser.

Sara Maria glaubt, dass dies einer der Gründe ist, warum Kinder Fremdsprachen schneller lernen als Erwachsene.[22] Ja, sie profitieren von einer besseren neuronalen Plastizität (ein sich entwickelndes Gehirn kann schneller Verbindungen schaffen als ein bereits entwickeltes) und sind weniger durch Vorwissen beeinflusst (also noch nicht auf grammatische Regeln festgelegt). Aber sie sind auch weitgehend immun dagegen, sich vor Peinlichkeiten zu fürchten und vor dem Unbehagen, Fehler zu machen. Kinder halten sich nicht mit der Kommunikation zurück, sie fangen an zu plappern, sobald sie ein paar neue Wörter kennen. Sie haben keine Angst davor, als dumm angesehen oder verurteilt zu werden. Sie lieben Zeitungsfrüchte.

Die Vorstellung, Fehler zu machen, ist für schüchterne Menschen besonders gruselig. Schüchternheit ist die Angst vor negativer Bewertung in sozialen Situationen, und Benny Lewis kannte das nur allzu gut. Als Teenie wusste er nicht, wie er sich in sozialen Kontexten verhalten sollte. Auf Partys zog er sich in eine Ecke zurück und spielte auf dem Handy. Im Sprachunterricht meldete er sich nicht, um teilzunehmen. Als er nach Spanien zog, mied er verängstigende Situationen und hielt sich an Menschen, die seine Muttersprache sprachen.

Bei der Behandlung von Phobien setzen Therapeuten auf zwei verschiedene Methoden der Expositionstherapie: die systematische Desensibilisierung und die Reizüberflutung. Bei der systematischen Desensibilisierung[23] wird der Patient zunächst einer geringen Reizdosis ausgesetzt, mit der Zeit wird die Bedrohung schrittweise verstärkt. Wer zum Beispiel Angst vor Spinnen hat, soll zuerst ein Bild von einer Spinne malen und sieht dann ein echtes Exemplar in einem geschlossenen Käfig auf der anderen Seite des Raumes. Bevor man dann mit den Weberknechten in der Badewanne auf Tuchfühlung geht, lernt man, in weniger bedrohlichen Situationen seine Angst zu bewältigen. Beim Flooding, der Reizüberflutung, macht man das genaue Gegenteil.[24] Ein Therapeut könnte dabei dem Patienten ein Krabbeltier auf den Arm setzen. Der dreht vielleicht durch, aber nachdem er die Tortur unbeschadet überstanden hat, schmilzt die Todesangst dahin.

Die Expositionstherapie reduziert das Unbehagen, indem sie es verstärkt. Ein extremes Beispiel findet sich in der Pilotenausbildung. Zu den kritischsten Situationen beim Lenken eines Flugzeugs gehört der sogenannte Strömungsabriss. Dabei trudelt die Maschine auf den Boden zu, meist, wenn der Pilot den Anstellwinkel zur umströmenden Luft zu steil wählt oder bei zu geringer Fluggeschwindigkeit. Der Strömungsabriss ist für 15 Prozent der Abstürze im kommerziellen Luftverkehr verantwortlich und für fast ein Viertel der Abstürze im privaten Flugverkehr. Ein Albtraum für Piloten, sich vorzustellen, wie ihr Flugzeug vom Himmel fällt.

In der Ausbildung durchläuft man zunächst eine systematische Desensibilisierung in einem Flugsimulator. Der Simulator kann einen damit vertraut machen, wie ein Strömungsabfall funktioniert und sich anfühlt – was man mit seinen Händen macht, wie der Horizont aussieht, wenn das Flugzeug zu fallen beginnt. Aber wenn man dann im echten Cockpit sitzt, wird irgendwann der Moment kommen, in dem der Flugausbilder eine gruselige Anweisung gibt: die Geschwindigkeit verringern und die Nase hochziehen, bis das Flugzeug abfällt.

Diesen Teil der Ausbildung kann man nur durch absolutes Flooding erleben. Ihrer Amygdala ist es egal, wie viele Male Sie im Flugsimulator saßen oder dass da mehrere Tausend Meter Luft unter Ihnen sind, die Ihnen genug Zeit geben, den Kurs zu korrigieren. Sie sind in einem riesigen, schweren Metallkäfig gefangen und trudeln Nase voraus mit hoher Geschwindigkeit Richtung Erde. Und es gibt nichts, was einen Menschen auf den puren Horror vorbereiten könnte, ein Flugzeug absichtlich wie einen Stein in die Tiefe stürzen zu lassen.

Wenn Sie in den USA einen Pilotenschein machen wollen, müssen Sie nachweisen, dass Sie einen Strömungsabriss meistern und Ihr Flugzeug sicher landen können. Effektive Trainingsprogramme sind bewusst so konzipiert, dass sie neue und unerwartete Bedrohungen beinhalten. Es gibt Hinweise darauf, dass dieses Überraschungsmoment unabdingbar ist.[25] Wenn das Strömungsabriss-Training zu einer vorhersehbaren Routine wird, erfüllt es nicht mehr seinen Zweck, Piloten auf echte Notfälle vorzubereiten. Man kann nicht auf alles vorbereitet sein, wenn man nicht alles trainiert hat. Piloten lernen, mit unangenehmen Situationen umzugehen, indem sie sie verstärken, und indem sie sie meistern, eignen sie sich neue Fähigkeiten an.

Das Unbehagen zu intensivieren war auch für Benny Lewis ausschlaggebend, um neue Sprachen zu lernen. Um seine Schüchternheit zu überwinden, begann er mit der systematischen Desensibilisierung: Er brachte sich in leicht unangenehme Situationen. Er motivierte Fremde, ihn anzusprechen, indem er einen Koboldhut aufsetzte und bei Konzerten einen Partylaserpointer zum Tanzen dabeihatte. Er gewöhnte sich daran, Interaktionen zu initiieren, indem er bei lauten Veranstaltungen das Ohrstöpselverteilen übernahm und mit Leuten in Bars anstieß. Nach weiteren sechs Monaten in Spanien sprach er gut Spanisch und zog dann nach Italien, um seine nächste Sprache zu lernen. Es war nur eine Frage der Zeit, bis aus ihm ein professioneller Sprachknacker wurde. Sein Ziel war es, in wenigen Monaten in einer neuen Sprache Gespräche führen und mit Fremden kommunizieren zu können – und anderen beizubringen, das Gleiche zu tun. Und so entdeckte er das Flooding für sich, auch wenn er selbst es als »soziales Fallschirmspringen« bezeichnet.

Wenn Benny in einem neuen Land ankommt, nimmt er sich vor, jede Person, die sich in seiner Nähe befindet, für länger als fünf Sekunden anzusprechen. Doch anstatt mit Small Talk zu beginnen, macht er einen größeren Sprung, um eine aussagekräftige Reaktion zu erhalten.* Einmal traf er jemanden aus Valencia, wo er damals in Spanien gewohnt hatte, und stimmte spontan ein Lied aus der Region an. Als er in ein Hostel in Brasilien eincheckte, erzählte er dem Rezeptionisten von seinen Erfahrungen als überarbeiteter und unterbezahlter Rezeptionist in Rom.

»Einer der größten Fehler, den ich bei Sprachlernenden beobachte, besteht darin, zu glauben, dass es beim Sprachenlernen um den Erwerb von Wissen geht«, betont Benny. »Das stimmt

* Obwohl wir oft beim Small Talk bleiben, um Unannehmlichkeiten zu vermeiden, sind tiefgründige Gespräche erstaunlich nett. Sieben Studien ergaben, dass sich die Menschen glücklicher, verbundener und weniger unbehaglich als erwartet fühlen, wenn sie ernstere Unterhaltungen führen. Als ich mit dem Bus von Boston nach Mexiko fuhr, nachdem meine Spanischkenntnisse über die Jahre eingerostet waren, hatte ich angenehmere Gespräche und konnte viel besser üben, wenn ich anstatt »Qué haces?« – also: Was machst du? – zu »Qué te encanta hacer?« wechselte – also: Was machst du gerne? (Siehe hierzu: Michael Kardas, Amit Kumar und Nicholas Epley, »Overly Shallow? Miscalibrated Expectations Create a Barrier to Deeper Conversation«, *Journal of Personality and Social Psychology* 122, Nr. 3 (2022): S. 367–398.)

nicht! Beim Erlernen einer neuen Sprache geht es darum, eine Kommunikationsfähigkeit zu entwickeln.«

Lernen wird oft als Prozess des Erkennens und Korrigierens verstanden, um Fehler zu vermeiden. Benny ist jedoch der Ansicht, dass man sich beim Sprachenlernen nicht darum bemühen sollte, möglichst wenig Fehler zu machen, sondern möglichst viele. Und er hat völlig recht damit. Viele Untersuchungen haben gezeigt, dass Lernende, wenn sie neue Informationen erhalten und man sie vorher auffordert, nach dem Zufallsprinzip falsch zu raten, bevor man ihnen die richtige Antwort liefert, später bei Prüfungen seltener Fehler machen. Wenn wir ermutigt werden, Fehler zu machen, machen wir am Ende weniger Fehler.[26] Und die Fehler aus der Anfangsphase helfen uns, uns an die richtige Antwort zu erinnern – und motivieren uns, weiter zu lernen.

Wenn Benny bereit ist, eine neue Sprache zu lernen, setzt er sich ein ehrgeiziges Ziel: mindestens 200 Fehler pro Tag zu

Mehr Fehler machen

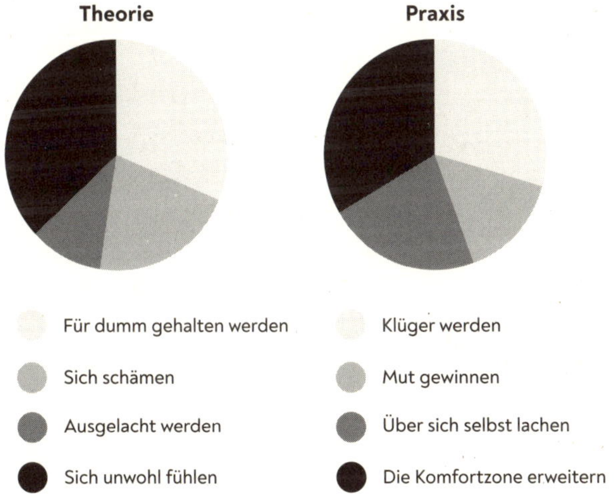

Abb. 8

machen. An der Anzahl der Fehler misst er seine Fortschritte. »Je mehr Fehler du machst, desto schneller wirst du dich verbessern und desto weniger wird es dich stören«, resümiert er seine Erfahrung. »Das beste Mittel dagegen, dass es einem unangenehm ist, Fehler zu machen, ist, *noch mehr Fehler* zu machen.«

In dieser Hinsicht hat sich Benny schon in einige seltsame Situationen gebracht. Er hat sich mit dem falschen Geschlecht vorgestellt; ein anderes Mal hat er behauptet, er fühle sich zu einem Bus hingezogen, und er hat schon mal jemandem versehentlich ein Kompliment für seinen schönen Hintern gemacht. Aber er verzagt deswegen nicht, denn sein Ziel ist es, Fehler zu machen. Selbst wenn er danebenliegt, wird er meist gelobt, dass er es überhaupt versucht. Und das motiviert ihn, es weiter zu versuchen.

In der Psychologie spricht man hier auch vom »erlernten Fleiß«. Wenn man für seine Anstrengungen gelobt wird, nimmt das Gefühl dieser Anstrengungen selbst immer stärker sekundäre Belohnungseigenschaften an.[27] Anstatt sich dazu bringen zu müssen weiterzumachen, fühlt man sich davon angezogen.

Die Idee, beim Fremdsprachenlernen vom ersten Tag an zu sprechen, hat mein Denken über das Lernen verändert. Sie können von Tag eins an programmieren, unterrichten und coachen. Sie müssen sich nicht erst wohlfühlen, bevor Sie Ihre Fähigkeiten ausprobieren können. Das Wohlfühlen kommt mit dem Üben.

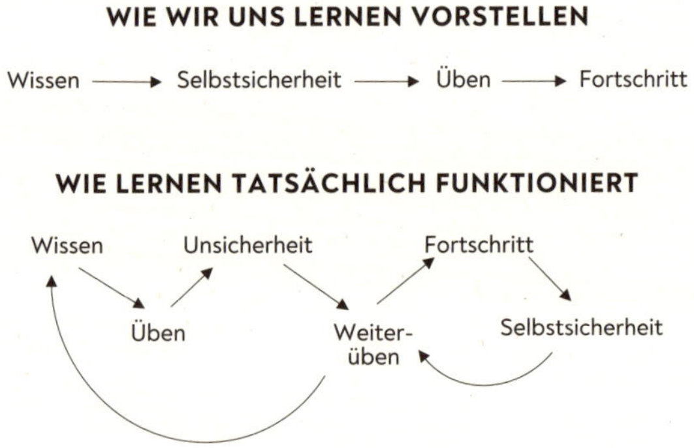

Abb. 9

Vor ein paar Jahren entdeckte Sara Maria Hasbun, dass jemand koreanische Serien auf dem Netflix-Konto ihrer Familie angeschaut hatte. Es war ihr Vater. Nachdem er sie in Südkorea besucht hatte, war er begeistert von der koreanischen Kultur und begann heimlich, Koreanisch zu lernen. Mit seinen 77 Jahren arbeitet er sich schnell durch Vokabeln und Grammatik, und Sara Maria kann ihn unterrichten. »Er hatte bereits Grundkenntnisse der Sprache. Er hat viel geschrieben und gelesen«, sagt sie. »Aber er war wirklich nervös, wenn es ums Sprechen ging. Jetzt ist er endlich an dem Punkt, an dem wir ein wenig reden können.«

Sara Maria hat eine Firma für Sprach- und Übersetzungsdienstleistungen gegründet. Sie glaubt, dass es, solange man bereit ist, sich ein wenig unwohl zu fühlen, nie zu spät ist, etwas zu lernen. Und sie ist auch davon überzeugt, dass Mut ansteckend sein kann. Wenn wir warten, bis wir uns für eine neue Herausforderung bereit fühlen, stellen wir uns ihr vielleicht nie. Der Tag, an dem wir aufwachen und uns auf einmal bereit fühlen, kommt vielleicht niemals. Wir werden erst bereit sein, wenn wir trotzdem den Sprung ins kalte Wasser wagen.

2 Menschliche Schwämme

Wie wir etwas aufnehmen und uns anzupassen lernen

Es ist nicht die intellektuellste der Arten,
die überlebt;
es ist nicht die stärkste [...]
die Art, die überlebt, ist diejenige, die sich
am besten anpassen kann.

Leon C. Megginson[1]

Vor einer halben Milliarde Jahre wüteten die Naturgewalten auf unserem Planeten. Vulkane spuckten Asche in die Luft, Phosphor gelangte in die Ozeane. Riesige Gletscher entstanden, und die Sauerstoffwerte sanken zunächst ab und stiegen dann an.[2] Über drei Viertel aller Arten starben. Es war eines der ersten und schlimmsten Massenaussterbeereignisse der Geschichte – verheerender noch als das, dem die Dinosaurier zum Opfer fielen.

Seltsamerweise gab es aber zumindest eine Spezies, die nicht nur überlebte, sondern regelrecht gedieh. Ganze Wälder von Meeresschwämmen wuchsen und breiteten sich aus. Lange bevor »SpongeBob«-Memes das Internet bevölkerten, beherrschten die Schwämme die Ozeane.[3] Als Forschende die Meeresschwämme entdeckten, hielten sie sie zunächst für Pflanzen. Oft sehen sie auch aus wie Sträucher; sie sind fast völlig ortsfest und haben kein Gehirn, keine Nerven, Organe oder Muskeln. Doch sie leben nicht vom Sonnenlicht, sondern nehmen Nahrung auf wie Tiere. Heute weiß man, dass Meeresschwämme zu den ältesten Tieren der Erde gehören.[4]

Wenn Sie jetzt an einen Meeresschwamm denken, kommt ihnen vielleicht so etwas wie ein Küchenschwamm in den Sinn, der alles um sich herum aufsaugt. Aber Meeresschwämme nehmen nicht nur passiv Nahrung und Sauerstoff auf; geschickt filtern sie giftige Stoffe und ungesunde Partikel aus.[5] Ihre Geißeln, die wie winzige Härchen aussehen, erzeugen Strömungen, mit denen sie Nährstoffe einfangen und Bakterien ausstoßen können. Sie nehmen Wasser durch ihre Außenwände auf und stoßen es durch eine Art Miniaturmund aus. Sie können sogar Schleim durch ihre Poren ausniesen.[6] Manche Meeresschwämme können über 2000 Jahre alt werden.[7] Obwohl ihre Körper weich und porös sind, verfügen sie über eine stabile und langlebige Skelettstruktur.[8]

Wenn Schwämme durch starke Strömungen beschädigt oder von Raubtieren gefressen werden, treiben sie nicht unbedingt davon und sterben. Einige Arten können sich mithilfe einer Überlebenskapsel[9] regenerieren. Dabei handelt es sich um Zellen, die die Entwicklung eines neuen Schwamms ermöglichen, sobald sich die Bedingungen verbessern. Diese Fähigkeit, zu absorbieren, zu filtern und sich anzupassen, ermöglicht es Schwämmen, zu wachsen und zu gedeihen.

Auch für Menschen ist das sehr wichtig. Wie ein Schwamm zu sein ist mehr als nur eine Metapher. Es ist eine Charaktereigenschaft, eine Form der Proaktivität, die unerlässlich ist, um das verborgene Potenzial auszuschöpfen. Besser zu werden hängt nicht von der Menge an Informationen ab, mit denen Sie sich beschäftigen, sondern von der Qualität dessen, was sie aufnehmen. Wachstum hat weniger damit zu tun, wie hart man arbeitet, als damit, wie gut man lernt.

DAS VERHÄLTNIS ZWISCHEN LEISTUNG UND ERFOLG STEIGERN

Mellody Hobson war das jüngste von sechs Kindern einer alleinerziehenden Mutter in Chicago, und im Rückblick bezeichnet sie ihre Kindheit als stressig.[10] Oft konnte ihre Mutter die Rechnungen nicht bezahlen. Manchmal wuschen sie sich, indem sie

Wasser auf einer Kochplatte erhitzten und es dann in die Wanne kippten. Wenn Mellody aus der Schule kam, war oft der Strom abgestellt oder das Telefon abgeschaltet worden. Während ihre Mutter mit dem Schuldenstand kämpfte, brach die Finanzkrise über die Welt herein. Die Familie verlor nicht nur die Grundversorgung, ihr Auto wurde beschlagnahmt, und sie mussten nach einer Zwangsräumung immer wieder umziehen.

Mellody hatte sich in den Kopf gesetzt, an einer Ivy-League-Universität zu studieren. Anfangs lag sie jedoch hinter ihren Mitschülern zurück. Als sie in die erste Klasse kam, fiel es ihr schwer, sich zu konzentrieren und im Unterricht mitzukommen; sie konnte auch nicht lesen. Also wurde sie in eine Förderklasse eingeteilt.

Heute ist Mellody Mitgeschäftsführerin eines erfolgreichen Investmentunternehmens und Vorstandsvorsitzende von Starbucks. Das Nachrichtenmagazin *Time* führt sie auf seiner Liste der 100 einflussreichsten Personen. Und sie hat es nicht nur geschafft, in Princeton zu studieren; bald schon wird sie als erster Schwarzer Mensch Namensgeberin eines Colleges sein.

Wenn man herumfragt, wie Mellody das geschafft hat, hört man schnell von ihrer legendären Arbeitsmoral. Als sie in der Grundschule war, hatte einmal der Schulbus eine Panne. Während ihre Mitschüler darauf warteten, abgeholt zu werden, ging Mellody zu Fuß zur Schule. In der Highschool fuhr sie lauter Einsen ein, war im Vorstand der Schülervertretung, gestaltete das Jahrbuch mit, war ehrenamtlich als Schatzmeisterin und Vizepräsidentin des Antidrogenclubs tätig und gab Grundschülern Nachhilfe.

Mellodys Aufstieg klingt nach einer typisch US-amerikanischen Aufstiegsgeschichte – vom Tellerwäscher zum Millionär. Der Soziologe Max Weber führte Anfang des 20. Jahrhunderts außergewöhnliche Leistung auf die protestantische Arbeitsethik zurück.[11] Er argumentierte, dass vor der Reformation die Arbeit ein notwendiges Übel gewesen sei. Dank Luthers Einfluss im Verlauf des 16. Jahrhunderts wurde sie zu einer Berufung.[12] Ein guter Protestant zu sein ging mit der moralischen Verpflichtung einher, der Gesellschaft durch produktive Arbeit zu dienen.[13] Entschlossenheit und Disziplin wurden zu Tugenden, Müßiggang und Verschwendungssucht zu Lastern. Das mag der Grund sein, warum sich heute so viele Menschen der Religion des Stresses und des Durchhaltevermögens verschrieben haben. Die Entfernung, die wir zurücklegen, hängt jedoch weniger von unserer Arbeit ab als von den Früchten, die sie trägt.

Kürzlich führten die Wirtschaftswissenschaftler Sascha Becker und Ludger Wößmann eine ausführliche Untersuchung der Auswirkungen der Reformation durch: Hatte sie tatsächlich einen Einfluss auf die Errungenschaften der Bevölkerung? Ihre Forschungsergebnisse zeigen, dass mit der Verbreitung des protestantischen Glaubens ganze Länder ein größeres Wirtschaftswachstum verzeichneten.[14] Aber das lag nicht unbedingt daran, dass die Menschen plötzlich härter gearbeitet hätten.

Die meisten Gebiete, in denen sich der Protestantismus durchsetzte, waren vorher katholisch gewesen. Damals hatten die Katholiken die Deutungshoheit über die Bibel, und normalerweise vernahm man die Lehren der Heiligen Schrift mündlich bei den Predigten in der Kirche. Mit Martin Luther änderte sich das: Er verfasste die erste einflussreiche deutsche Bibelübersetzung und trat dafür ein, dass jede Schule an jedem Ort die Kinder das Lesen der Heiligen Schrift lehren sollte. Das bedeutete, dass die Menschen erst einmal lesen lernen mussten. Sobald sie dies beherrschten, hatten sie Zugang zu einer ganzen Welt an Informationen. Sie konnten auch alles andere viel schneller lernen. Becker und Wößmann argumentieren, dass der Katalysator der Reformation weniger die Arbeitsmoral als vielmehr die Alphabetisierung war.

Schauen Sie sich dazu die beiden Diagramme über den Anteil der Protestanten in verschiedenen Ländern ab 1900 an. Oben sehen wir das Bruttoinlandsprodukt pro Kopf, unten die Alphabetisierungsrate. Mit Ausnahme von einigen Ausreißern in Skandinavien (mehr dazu später), sind die positiven Korrelationen nahezu identisch:

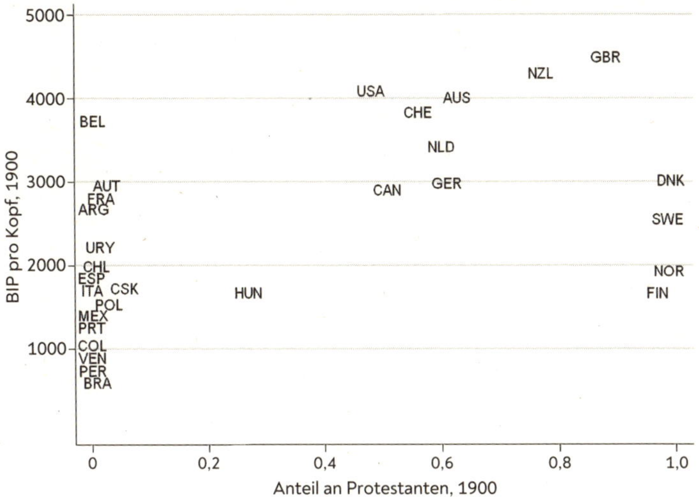

Abb. 10

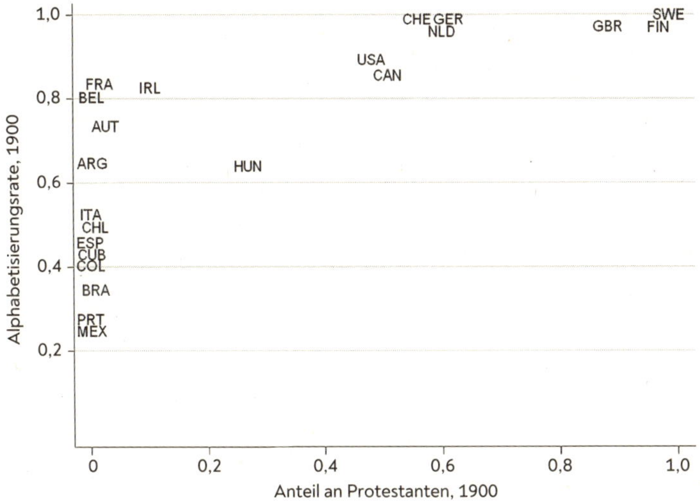

Abb. 11

Die Länder mit einer geringen Anzahl von Protestanten wie Brasilien, Italien und Mexiko haben tendenziell ein niedrigeres Wirtschaftswachstum und eine geringere Alphabetisierungsrate. Die reformierten Länder – von Deutschland über Großbritannien bis Schweden – tendierten zu einem höheren Wirtschaftswachstum und einer besseren Alphabetisierung.

Natürlich ist es unmöglich, aus diesen Korrelationen einer kleinen Auswahl von Ländern, die sich in unzähligen Punkten unterscheiden, kausale Schlüsse zu ziehen. Becker und Wößmann stützen sich daher auf vorhandene Daten aus rund 450 preußischen Stadt- und Landkreisen. Das Zentrum der Reformation verorteten sie in der Lutherstadt Wittenberg. Vor der Reformation machte es keinen Unterschied für den Fortschritt in Bildung und Wirtschaft eines Landkreises, ob er in der Nähe von Wittenberg oder weit davon entfernt lag. Doch die Gemeinden, die näher an Wittenberg lagen, wurden wahrscheinlicher vom Protestantismus beeinflusst, sodass die Ökonomen in ihrer Studie beleuchten konnten, ob das ihre Entwicklung beeinflusst haben könnte.

Das Ergebnis: Je näher die Gemeinden am Zentrum der protestantischen Bewegung lagen, desto höher waren ihre Durchschnittseinkommen – und desto höher fiel auch die Alphabetisierungsrate aus. Und nachdem man Letztere herausrechnete, hing die Einkommenshöhe nicht mehr von der Entfernung von Wittenberg ab. In der Nähe der Wiege des Protestantismus zu leben und das damit verbundene höhere Einkommen lassen sich also eindeutig auf die Verbesserung der Lese- und Schreibfähigkeiten zurückführen.*

* Obwohl weiter darüber diskutiert wird, ob, wo und wann die Reformation das Wirtschaftswachstum beförderte, herrscht Einigkeit darüber, dass es weltweit nicht der einzige Faktor war, der zu einer besseren Lese- und Schreibfähigkeit führte. (Siehe hierzu: Sascha O. Becker, Steven Pfaff und Jared Rubin, »Causes and Consequences of the Protestant Reformation«, *Explorations in Economic History* 62 (2016): S. 1–25; Felix Kersting, Iris Wohnsiedler und Nikolaus Wolf, »Weber Revisited: The Protestant Ethic and the Spirit of Nationalism«, *The Journal of Economic History* 80, Nr. 3 (2020): S. 710–745; Federico Mantovanelli, »The Protestant Legacy: Missions and Literacy in India«, CEPR Discussion Paper Nr. 913309, November 2018; Davide Cantoni, »The Economic Effects of the Protestant Reformation: Testing the Weber Hypothesis in the German Lands«, *Journal of the European Economic Association* 13, Nr. 4 (2015): S. 561–598.) Es gibt beispielsweise Forschungsergebnisse dazu, dass Anfang des 20. Jahrhunderts mit dem Bau von Bibliotheken in Städten sich das Bildungsniveau der Kinder verbesserte; sie konnten eher kommerziell orientierte, sicherere und prestigeträch- ▸

Daraus kann man einige Schlüsse ziehen. Den Fortschritt, den wir normalerweise darauf zurückführen, dass härter gearbeitet wurde, kann man tatsächlich eher mit einer intelligenteren Arbeitsweise verbinden. Kognitive Fähigkeiten reichen nicht aus, um etwas zu lernen, aber sie sind notwendig. Grundlegende Lese- und Schreibkenntnisse ermöglichen es, Charaktereigenschaften effektiver zu nutzen, proaktiv zu sein und mehr und schneller zu lernen. Der Wohlstand wächst, wenn Menschen eher in der Lage sind, neue Ideen aufzunehmen und alte auszusortieren.

Kognitive Fähigkeiten, die unser Aufnahmevermögen und Verständnis verbessern, sind der Grundstein dafür, uns in einen Schwamm zu verwandeln. Und je mehr wir uns den Schwämmen annähern, desto besser sind wir gerüstet, Großes zu erreichen. Eigeninitiative bringt einen sehr viel weiter. Und genau diesen Weg hat Mellody Hobson eingeschlagen.

PROAKTIV UND ENTWICKLUNGSORIENTIERT

In der zweiten Klasse lernte Mellody Lesen. In dem Schuljahr gewann sie einen Kurzgeschichten-Wettbewerb; als Preis erhielt sie eine Ausgabe des Kinderbuchs *Wilbur und Charlotte*. Obwohl der Umfang des Buches für sie eine Herausforderung bedeutete, war sie fest entschlossen, es ganz zu lesen und die Bedeutung der ihr unbekannten Wörter zu erschließen.

▸ tigere Arbeitsverhältnisse annehmen. (Siehe hierzu: Ezra Karger, »The Long-Run Effect of Public Libraries on Children: Evidence from the Early 1900s«, *Soc Ar* xiv (2021): e8k7p.) Zudem gibt es eine Studie über US-Städte, die von dem Philanthropen Andrew Carnegie finanzierte öffentliche Bibliotheken zugesagt bekamen und vorläufige Baugenehmigungen erhielten. Der Bau der Bibliothek zahlte sich in den folgenden zwei Jahrzehnten aus. (Siehe hierzu: Enrico Berkes und Peter Nencka, »Knowledge Access: The Effects of Carnegie Libraries on Innovation«, *SSRN*, 22. Dezember 2021.) Die Patentraten stiegen um acht bis 13 Prozent – vor allem in den Technologiebereichen, die die Bibliotheken abdeckten –, und auch die Anzahl von Frauen und Migranten in der Forschung nahm zu. Alphabetisierung ist kein Allheilmittel, aber sie kann einen beim Lernen unterstützen.

Ihr Verlangen, die Worte und die Welt um sich herum regelrecht aufzusaugen, nahm mit fortschreitendem Alter zu. Dies brachte ihr schließlich sogar ein von John Rogers initiiertes Sommerpraktikum ein; er war der Gründer einer der größten von Minderheiten geführten Investmentfirmen der USA. John las gewöhnlich am Samstagmorgen bei McDonald's Zeitung, und Mellody traf sich dort mit ihm, obwohl sie bereits gefrühstückt hatte. Diese Begegnung führte dazu, dass sie die Mechanismen des Aktienmarkts genauestens studierte. »Als sie das Investmentfieber erst einmal gepackt hatte, wusste sie bald genauso viel über Warren Buffett wie ich«, sagte John. »Sie wollte unbedingt alles über diese Welt in Erfahrung bringen. Sie war ein Schwamm.«

Das war auch das Erste, was mir an Mellody auffiel. Ich traf sie zum ersten Mal vor zehn Jahren, als ich eingeladen wurde, vor einer Gruppe VIPs einen Vortrag über meine Forschungsarbeit zu halten. Als ich den Raum betrat, erkannte ich mehrfach mit dem Oscar ausgezeichnete Filmemacher und Tech-Milliardäre. Von allen Zuhörern war Mellody diejenige, die die meisten Fragen stellte – und sie war die Einzige, die sich Notizen machte. Beim Sammeln und Verarbeiten von Informationen machte ihr keiner etwas vor. Sie war nicht nur neugierig, sondern von Enthusiasmus getrieben, und sie verfügte über ein ungewöhnliches Maß an dem, was man in der Sozialwissenschaft Absorptionsfähigkeit nennt. Dabei handelt es sich um die Fähigkeit, neue Informationen zu erkennen, zu bewerten, aufzunehmen und anzuwenden.[15] Sie beruht auf zwei grundlegenden Angewohnheiten. Zum einen geht es darum, wie Sie Informationen aufnehmen: Reagieren Sie einfach auf Sachverhalte, mit denen Sie in Berührung kommen, oder gehen Sie proaktiv vor, um sich neue Kenntnisse, Fähigkeiten und Perspektiven anzueignen?[16] Zum anderen ist es entscheidend, welches Ziel Sie beim Filtern der Informationen verfolgen. Geht es Ihnen darum, Ihr Ego zu streicheln oder sich wirklich weiterzuentwickeln?[17]

Lediglich auf äußere Anreize zu reagieren und sich von seinem Ego leiten zu lassen führt auf jeden Fall dazu, dass nichts

Neues in den Kreislauf eingespeist wird, dass man also in seiner schützenden Blase verharrt. So schränkt man seinen Zugang zu neuen Informationen ein und blockt jeden Input ab, der das eigene Image bedroht. Diese Dünnhäutigkeit führt letztendlich zu einem Dickschädel.

Wenn man hingegen proaktiv und egogetrieben ist, öffnet einem das die Tür zu mehr Informationen. Man ist dann kein passiver Konsument mehr, sondern sucht aktiv das Feedback. Negative Rückmeldungen werden allerdings aussortiert, weil sie zu unangenehm sind. Solche Menschen sind unempfänglich für konstruktive Kritik – wie Teflon, nichts bleibt hängen.

		Informationsziel	
		Ego	**Weiterentwicklung**
Informationsaufnahme	**reaktiv**	Dickschädel	Lehm
	proaktiv	Teflon	Schwamm

Die Wahrscheinlichkeit, dass man etwas lernt, ist bei reaktionsfähigen, entwicklungsorientierten Menschen höher. Immer auf Erkenntniszuwachs aus zu sein macht einen formbar wie Lehm. Solche Menschen werden oft als gelehrig oder lernfähig gepriesen. Sie machen sich keine Sorgen darüber, ob Kritik ihr Ego verletzen könnte, sondern stellen sich dem Unbehagen und verinnerlichen jeden Input, der ihnen bei ihrer Weiterentwicklung dienlich sein könnte. Das Problem ist, dass sie nicht nach Informationen suchen, die über das hinausgehen, was leicht zugänglich ist. Sie machen keine großen Fortschritte, bis jemand sich ihrer annimmt und sie formt. Ihre Entwicklung hängt von der Führung durch andere ab, sie lernen selten aus eigener Initiative.

Ideal ist es, wenn Menschen proaktiv und entwicklungsorientiert sind; dann werden sie zu Schwämmen. Sie ergreifen konsequent die Initiative, um ihre Fühler auszustrecken und sich anzupassen. Diese Charaktereigenschaft ist besonders nützlich, wenn die Zeichen gegen einen stehen – so wie es auch einer Gruppe junger Sportler in Afrika erging.

DER GROSSE WURF

Julios Yego wuchs in einer ländlichen Gegend in Kenia auf, wo es weder Elektrizität noch Autos gab. Als Kind maß er sich gern mit seinem Bruder, wer einen Stock weiter werfen konnte.[18] Im Highschool-Alter träumte er davon, ein großer Speerwerfer zu werden. Aber er hatte keinen Zugang zu den entsprechenden Anlagen, zu guten Trainingsroutinen oder den wichtigsten Geräten. Julius hatte nicht einmal einen Trainer – er übte allein und trainierte sich, so gut es ging, selbst. Er hatte viele Nachteile gegenüber seinem größten Konkurrenten.

Ihab Abdelrahman wuchs in einem armen ägyptischen Dorf in einer sportdesinteressierten Familie auf.[19] Bis er 17 war, hatte er nur Fußball gespielt. Als ein Lehrer ihn ermutigte, es mit dem Speerwurf zu versuchen, gewann er den ersten Wettbewerb, an dem er teilnahm. Nur zwei Jahre später qualifizierte er sich für die Juniorenweltmeisterschaft und gewann eine Silbermedaille.

Auf den ersten Blick hatten Julius und Ihab viele Gemeinsamkeiten. Beide stammten aus afrikanischen Gemeinschaften, in denen die Möglichkeiten begrenzt waren und der Sport einen Zugang zu einem besseren Leben bedeutete. Beide liebten Fußball, bevor sie zur Leichtathletik und zum Speerwurf wechselten. Aber körperlich hieß es hier: David gegen Goliath. Speerwurf ist ein Kraftakt. Schon früh schwärmte ein Spitzentrainer von Ihab als einem der besten, die er je gesehen habe. Er sei groß und stark und habe eine natürliche Begabung fürs Werfen, hob er hervor. Ihab war mit seiner Körpergröße von 1,90 Meter und einem Körpergewicht von 96 Kilo für diesen Sport gemacht. Julius Yego verfügte nicht über diese körperlichen Vorteile. Er war nur 1,70 groß und brachte 84 Kilo auf die Waage; darüber hinaus war er kein Naturtalent. Wenn er Ihab besiegen wollte, musste er sich jedoch in eines verwandeln.

Im Jahr 2010, nach sieben Jahren Training, trat Julius bei den Afrikameisterschaften endlich gegen Ihab an – und holte Bronze. Aber Ihab gewann die Goldmedaille, und selbst sein schlechtester Wurf segelte weiter als die besten von Julius.

Im folgenden Jahr, bei den Panafrikanischen Spielen, bückte sich Julius nach seinem Metallspeer, begab sich in den Startbereich, nahm Anlauf und schleuderte schließlich an der Abwurflinie den Speer in die Luft. Im letzten Moment des Abwurfs stolperte Julius, doch konnte er sich gerade noch rechtzeitig fangen, um zu sehen, wie sein Speer fast die Länge eines Fußballfelds weit flog. Es war nicht nur seine persönliche Bestleistung, sondern ein neuer afrikanischer Rekord. Ihab kam auf den fünften Platz, und Julius gewann die Goldmedaille. Dieses Mal reichte sein schlechtester Wurf, um Ihabs besten zu überbieten. David hatte Goliath gestürzt.

Schauen Sie sich Julius' Entwicklung im Vergleich zu Ihab und den anderen Finalisten des Speerwerfens bei den Juniorenweltmeisterschaften 2008, die dann jährlich weiter am Wettbewerb teilnahmen, an. Mit der Zeit verlangsamte sich ihre Ent-

Persönliche Bestleistung Speerwurf

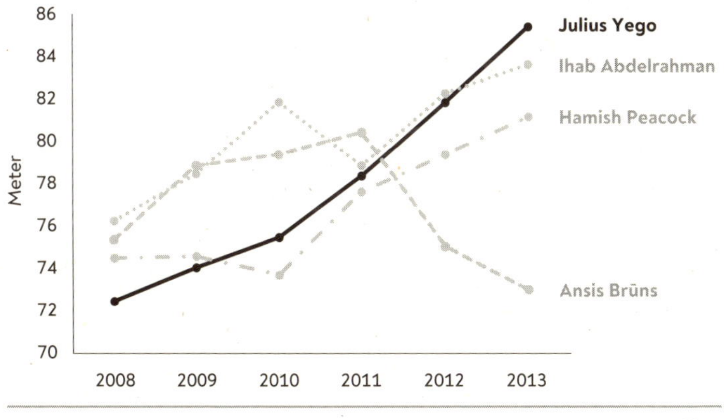

Abb. 12

wicklung, sie stagnierte oder war sogar rückläufig. Im gleichen Zeitraum hatte Julius mehr geschafft, als sich nur stetig zu verbessern; er hatte sogar seine Verbesserungsrate erhöht.

Ihab war durchaus empfänglich für Coaching. Nachdem er ein Stipendium für ein Training in Finnland erhalten hatte – einem Land, das weltweit als ein Zentrum des Speerwurfs bekannt ist –, arbeitete er mit einem dortigen Toptrainer. Er nahm dessen Ratschläge an und konnte seine Technik und seine Geschwindigkeit verbessern. Aber er hatte eher etwas von Lehm als von einem Schwamm. Sein Ansatz war reaktiv, nicht proaktiv. Als er von der ägyptischen Regierung keine weitere Förderung erhalten konnte, um noch einmal nach Finnland zu reisen, ergriff er nicht die Initiative, sich selbst weiter etwas beizubringen. Er stellte das Training ein und nahm es erst nach einer fünfmonatigen Pause wieder auf.

Im Gegensatz dazu verließ sich Julius bei seiner sportlichen Entwicklung ganz auf seine Eigeninitiative. Wenn er gefragt wurde, wer sein Trainer sei, verwies er auf YouTube. 2009 ging Julius in ein Internetcafé und begann, sich Videos von Spitzenspeerwerfern anzuschauen. Er analysierte deren Fähigkeiten und konnte sich selbst coachen. »Mein Training veränderte sich vollkommen«, erläutere Julius. »Speerwurf erfordert Technik, Kraft, Beweglichkeit und Geschwindigkeit, und ich hatte viele dieser Aspekte zuvor nicht beachtet.«

2015 gewann Julius die Weltmeisterschaft im Speerwurf. Sein Wurf über 92,72 Meter war der weiteste Wurf seit 1999, nur zwei Menschen hatten jemals einen Speer weiter geschleudert. Abgesehen von einigen Monaten Training in Finnland war Julius Autodidakt. Er hatte sich aktiv um die Informationen bemüht, die er brauchte, um sich zu steigern. Seine Methodik war jedoch unkonventionell geblieben. Im Gegensatz zu den anderen Athleten stolperte er nach dem Abwurf gern mal und landete auf dem Bauch, die Füße nach oben geklappt, als machte er sich für den Breakdance-Move »The Worm« bereit. Er hatte alles absorbiert, was er sah, filterte heraus, was nicht zu seinem einzigartigen Stil passte, und feilte an seinem Abwurf, um der beste der Welt zu werden.

Julius kam 2016 mit großen Hoffnungen auf einen Olympiasieg nach Rio de Janeiro. Aufgrund einer Leistenverletzung konnte er die letzten beiden Würfe der Finalrunde nicht mehr absolvieren. Seine 88,24 Meter reichten jedoch aus, um ihm eine olympische Silbermedaille zu sichern.

Do it yourself kann sich für bestimmte Arten des Lernens bewähren. Wenn Sie eine relativ mechanische Aktivität wie den Speerwurf ausführen, können Sie große Fortschritte machen, wenn Sie sich objektive Techniken aneignen. In vielen Lebensbereichen kann man jedoch nur zum Schwamm werden, wenn man weitaus subjektivere Handlungsempfehlungen von anderen bekommt. Wie ich schon früh in meiner Karriere gelernt habe, bekommt man manchmal aber überhaupt gar kein Feedback – und Rückmeldungen einzufordern ist schwieriger als gedacht.

DER UNSCHÖNEN WAHRHEIT AUF DEN GRUND GEHEN

Mein Körper sagte es mir laut und deutlich: *Du gehörst nicht hierher.* So wie ich mir mit verkrampftem Magen das Hemd vollschwitzte, hatte ich hier auf der Bühne nichts zu suchen. Ich war schüchtern und introvertiert; allein mich in einem Kurs zu melden verursachte mir Bauchschmerzen. In Zeiten, als es bei Telefonen noch keine Rufnummernanzeige gab, war ich sogar nervös, wenn ich den Hörer abnehmen sollte.

Als Doktorand hatte ich mich entschlossen, meine Angst vor dem Sprechen in der Öffentlichkeit zu überwinden. Ich hatte keine Zeit, zunächst nur einen Zeh ins flache Wasser der Expositionstherapie zu halten; ich sprang gleich ins tiefe kalte Wasser – Flooding im wahrsten Sinne des Wortes. Freiwillig meldete ich mich, eine Reihe von Gastvorträgen in den Studiengängen meiner Freunde zu halten. Ich brauchte ihren Input, um zu lernen. Als ich diese Freunde jedoch danach um ein Feedback bat, wichen sie mir mit vagen Komplimenten aus – *interessanter Inhalt, enthusiastischer Vortrag.*

Mit hilfreichem Feedback rücken die meisten Menschen nur zögerlich heraus. Selbst unseren Freunden sagen wir ungern, dass sie etwas zwischen den Zähnen hängen haben. Wir verwechseln dabei Höflichkeit mit Freundlichkeit. Höflich zu sein bedeutet, Feedback zurückzuhalten, um jemandem ein gutes Gefühl zu geben. Freundlich zu sein bedeutet, offen darüber zu sprechen, wie die Person sich in Zukunft verbessern kann. Es ist durchaus möglich, direkt und gleichzeitig taktvoll zu sein: *Ich hoffe, das ist dir jetzt nicht peinlich, aber ich denke, dass es dir viel peinlicher wäre, wenn dir keiner sagen würde, dass du da Brokkoli zwischen den Zähnen hast.*

Wenn Sie eine Präsentation beginnen, wissen Sie, dass Sie ein Problem haben, wenn Sie mit »Guten Morgen!« anfangen und mehrere Leute antworten: »Guter Punkt!« Damit meine Studierenden sich trauten, etwas zu sagen, teilte ich anonyme Feedbackbögen aus. Ich wollte ein Schwamm werden: Ich wollte alles von der Zuhörerschaft aufsaugen, was ich konnte, und herausfiltern, was nicht nützlich war. Allerdings ging ich die Sache leider vollkommen falsch an.

Die Studierenden nahmen mich auseinander: *Sie atmen wie Darth Vader.* Damals bewarb ich mich gerade für meine erste Anstellung an einer Spitzenuniversität, und der Einstellungsausschuss lehnte mich ab. Niemand nannte mir den Grund, bis Monate später ein Kollege endlich reinen Tisch machte. *Ihnen fehlt das Selbstbewusstsein, um den Respekt unserer Studierenden zu gewinnen.* Im darauffolgenden Jahr, als ich meinen ersten Vortrag vor Führungskräften der US-Luftwaffe hielt, machten mich die Offiziere fertig. *Ich habe aus dieser Sitzung nichts mitgenommen, aber ich denke, der Vortragende nimmt ein paar nützliche Erkenntnisse mit.* Das war ein Crashkurs in Demoralisierung durch nutzlose Kritik.

Menschen können leicht Kritiker oder Beifallspender sein, schwerer ist es, sie dazu zu bringen, dass sie dein Coach werden. Ein Kritiker sieht deine Schwächen und greift deine schlechtesten Eigenschaften an. Ein Beifallsspender sieht deine Stärken und feiert deine besten Eigenschaften. Ein Coach sieht dein

Potenzial und hilft dir, eine bessere Version deiner selbst zu werden.

Wenn ich also die Kunst des öffentlichen Redens beherrschen wollte, brauchte ich einen besseren Filter. Ich beschloss, meine Kritiker und Beifallsspender zu Trainern zu machen. Früher hatte ich das versucht, indem ich direkt nach Feedback gefragt habe. Aber Untersuchungen ergaben, dass das ein Fehler war.

Statt um Feedback zu bitten, sollten Sie lieber um Rat fragen.[20] Feedback beschränkt sich nämlich meist auf eine Beurteilung, wie gut man beim letzten Mal abgeschnitten hat. Bei Ratschlägen liegt der Fokus darauf, es beim nächsten Mal besser machen zu können. Im Rahmen von Experimenten reicht diese einfache Veränderung aus, um spezifische Vorschläge und konstruktiven Input zu erhalten.* Anstatt sich bei der Frage aufzuhalten, was Sie falsch gemacht haben, kann ein Ratschlag Ihnen zu der Einsicht verhelfen, was Sie richtig machen können.

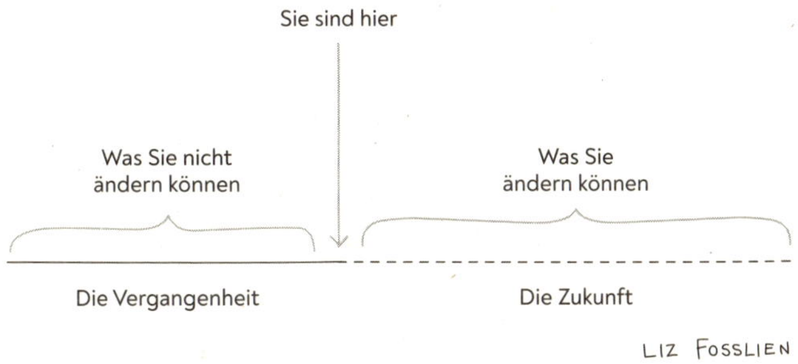

Abb. 13

* Wer jetzt denkt, dadurch Unsicherheit auszustrahlen, dem sei gesagt, dass sich Rat einzuholen nicht bedeutet, dass es einem an Überzeugung fehlt. Vielmehr zeugt es von Respekt vor der Kompetenz der betreffenden Person. Wenn Sie sich an jemanden wenden, wird diese Person Sie weit eher für fähiger halten. *Du bist ein Genie! Du bist zu mir gekommen!* (Siehe hierzu: Katie A. Liljenquist, *Resolving the Impression Management Dilemma: The Strategic Benefits of Soliciting Advice*, Northwestern University ProQuest Dissertations Publishing (2010): 3402210.)

Ich habe meine üblichen Feedbackfragen durch eine einfache Bitte um Ratschläge ersetzt.* *An welchem Punkt könnte ich etwas besser machen?* Plötzlich bekam ich nützliche Tipps. *Fangen Sie nicht mit einem Witz an, wenn Sie nicht sicher sind, dass er ankommt.* Das Publikum war nicht immer empfänglich für meinen trockenen Humor, und das darauf folgende peinliche Schweigen hat meine Angst nur noch verstärkt. *Beginnen Sie mit einer persönlichen Geschichte – das lässt Sie menschlich wirken.* Ich wollte, dass es um das Publikum geht, nicht um mich, aber so distanzierte ich mich von ihnen, anstatt eine Verbindung aufzubauen.

Nachdem ich zehn Jahre geübt hatte, erhielt ich die Einladung, einen TED-Vortrag zu halten. Mein Einstieg war die Anekdote, wie ich blöderweise nicht in das Unternehmen Warby Parker investiert hatte. Ich schaffte es ganze 42 Sekunden, mit der Pointe meines ersten Witzes zu warten – der Lacher erntete. Ein Gag, den ich später einbaute, ging daneben, und man kann an einigen Stellen hören, wie nervös ich war. Aber alles in allem lief der Vortrag gut. In den folgenden fünf Jahren wurde ich noch dreimal zu einem TED-Talk eingeladen, und Darth Vader hatte nur einen Kurzauftritt.

* Wenn man sich gerade eine neue Fähigkeit aneignet, ist es nicht immer hilfreich, um Rat zu fragen. Psychologische Untersuchungen haben ergeben, dass Neulinge eher Lob als Kritik suchen und darauf hören. Bei Profis ist das Gegenteil der Fall; sie sind eher auf Verbesserungsvorschläge als auf Ermutigung aus und nehmen diese an. Das gilt nicht nur für das Lernen, sondern auch für die Motivation. Wenn Sie ein Anfänger sind, spornt es Sie an, eine Stärke zu entdecken; dies wird Sie motivieren, mehr Zeit in die Tätigkeit zu investieren. Mit zunehmender Erfahrung gelangen Sie zur Gewissheit, dass Sie hervorragende Leistungen erbringen können. An diesem Punkt suchen Sie nach Informationen, nicht nach Bestätigung. Was Sie zum Handeln antreibt, ist die Erkenntnis, dass Sie noch nicht die erhofften Fortschritte gemacht haben, denn Sie wollen ja lernen, wie Sie diese Lücke schließen können. (Siehe hierzu: Stacey R. Finkelstein und Ayelet Fishbach, »Tell Me What I Did Wrong: Experts Seek and Respond to Negative Feedback«, *Journal of Consumer Research* 39, Nr 1 (2012): S. 22–38; Ayelet Fishbach, Tal Eyal und Stacey R. Finkelstein, »How Positive and Negative Feedback Motivate Goal Pursuit«, *Social and Personality Psychology Compass* 48, Nr. 10 (2010): S. 517–530; Ayelet Fishbach, Minjung Koo und Stacey R. Finkelstein, »Motivation Resulting from Completed and Missing Actions«, *Advances in Experimental Social Psychology* 50 (2014): S. 257–307.)

Nach jedem Vortrag, den ich halte, frage ich die Veranstalter, was ich besser machen könnte. Das erinnert mich daran, dass nicht alle Ratschläge von der gleichen Qualität sind, und je mehr Tipps man erhält, umso wichtiger ist das Filtern. Aber woher wissen Sie, welchen Quellen man vertrauen kann?

MÖGE DIE QUELLE DER MACHT MIT EUCH SEIN[21]

Mellody Hobson war begeistert, als sie schließlich bei ihrer Collegebewerbung sowohl von Harvard als auch von Princeton angenommen wurde. Um sie zu ködern, lud Princeton sie zu einem Frühstück mit hochrangigen Absolventen ein. Sie saß neben dem ehemaligen Basketball-Star und US-Senator Bill Bradley, und sie löcherte ihn mit Fragen. Bradley war ganz begeistert von ihrer Neugierde und wurde schließlich ihr Mentor.

Eines Tages gab Bill Mellody beim Mittagessen ein strenges Feedback. In seiner Zeit als Basketballer habe er miterlebt, wie talentierte Spieler alle Bälle selbst spielen wollten, anstatt sie weiterzugeben. Und Mellody neige dazu, ihr Umfeld zu dominieren, und wenn sie nicht aufpasse, würde sie zu so einer Egospielerin werden. Mellody spürte, wie ihr die Tränen kamen.

Es ist kein Fehler, Kritik persönlich zu nehmen. Das zeigt, dass man die Sache ernst nimmt. Wenn man dann bestürzt reagiert, ist dies kein Zeichen von Schwäche oder gar Defensivität – solange einem das Ego beim Lernen nicht im Wege steht.

Wenn man ein Schwamm werden will, geht es darum, zu entscheiden, welche Informationen man aufnehmen will und welche man herausfiltert. Wichtig ist auch, ein Gespür dafür zu entwickeln, welchen Trainern man vertrauen kann. Ich gliedere Vertrauenswürdigkeit gern in drei Komponenten auf: Fürsorge, Glaubwürdigkeit und Vertrautheit.

Wenn man der betreffenden Person egal ist, wenn die nötige Fürsorge fehlt, hat sie es nicht verdient, dass Ihnen ihre Reaktion wichtig ist. Wenn diese Person nicht qualifiziert ist, den Sachver-

Welchen Quellen können Sie trauen?

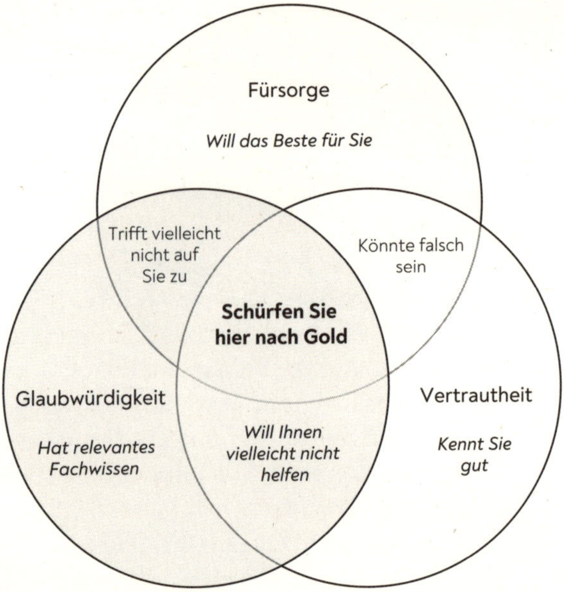

Abb. 14

halt zu beurteilen, oder Ihnen nicht nahe genug steht, um Ihr Potenzial zu kennen, können Sie ihre Ansichten getrost ignorieren und ihr das Gegenteil beweisen. Wenn diese Person jedoch zu erkennen gegeben hat, dass Sie ihr wichtig sind und sie sich mit Ihrem Fachgebiet und Ihren Fähigkeiten auskennt, dann liefert sie Ihnen Informationen, die Sie weiterbringen können. Das bedeutet nicht, dass Sie jegliche konstruktive Kritik von dieser Person akzeptieren müssen. Sie müssen auch nicht damit einverstanden sein, um daraus etwas zu lernen. Wenn Sie zu verstehen versuchen, was die Reaktionen ausgelöst hat, könnte das aber dabei helfen, beim nächsten Mal anders zu reagieren.

Als Mellody die Warnung von Bill Bradley verarbeitete, sich nicht wie eine Egospielerin zu verhalten, ging ihr auf, dass niemand ein Anrecht auf Feedback oder Ratschläge hat. Sie dachte sich: *Wenn ich jetzt weine, wird er mir nie wieder ein Feedback geben.* Und ihr wurde bewusst, dass er sich die Zeit für diese strengen Worte nahm, weil er an ihr Potenzial glaubte und ihr bei ihrer Entwicklung helfen wollte. Es gab auch keinen Zweifel an Bills Glaubwürdigkeit; als ehemaliger Basketballspieler und auch als Politiker kannte er sich mit Egospielern bestens aus. Aufgrund des Mentorenverhältnisses bestand auch die nötige Vertrautheit zu Mellody, um ihre Stärken und Schwächen einschätzen zu können.

Statt also zu weinen, bemühte sich Mellody um Tipps, was sie besser machen könnte. Sie entdeckte, dass den Ball nicht weiterzugeben weniger einer Schwäche als einer überstrapazierten oder falsch eingesetzten Stärke entsprach. Mit ihrer Aufnahmefähigkeit konnte sie die ganze Luft aus einem Raum saugen, und mit ihrem Lernenthusiasmus konnte sie, ohne es zu bemerken, andere zum Schweigen bringen. Und sie lernte, darauf zu achten, wie sich ihr Wissensdurst äußerte.

Da Mellody so konstruktiv reagierte, war Bill sehr motiviert, sie weiter zu protegieren, und ihre Verbindung wurde enger. Einige Jahre später machte er sie mit dem Gründer von Starbucks bekannt, der sie dann in den Vorstand des Unternehmens holte. Als Mellody heiratete, war Bill es, der sie zum Altar geleitete. Mellody nannte ihn den Vater, den sie nie hatte.

Viele Menschen können von konstruktiver Kritik nicht profitieren, weil sie überreagieren oder nicht hinreichend nachbessern. Mellody nahm sich vor, genau das Gegenteil zu tun: Sie sagte sich, dass wahre Meister sich anpassen. Sie würde sich nicht dabei im Wege stehen, Interesse an anderen zu zeigen, und ihre Aufnahmefähigkeit nutzen, um Fragen zu stellen und mehr über sie zu erfahren. Genau wie ihre Coaches es getan hatten, wollte sie Menschen helfen, sich zu entwickeln, indem sie ihnen eine liebevolle Strenge entgegenbrachte. Für diese Stärke wurde sie bekannt. Mellody galt bald schon als ein Vorstandsmitglied, das die anderen dazu brachte, grundlegend und intensiv über die Dinge nachzudenken, und als eine Mentorin, die nicht zögerte, die Wahrheit zu sagen. Ich kann das bezeugen, denn kürzlich saß Mellody zufällig im Publikum, als ich einen Vortrag hielt. Als anschließend die restliche Zuhörerschaft allgemeines Lob aussprach, wusste ich, dass ich auf sie und ihr Feedback zählen konnte. Und als ich sie diesbezüglich ansprach, hatte sie Anmerkungen vorbereitet. Meine wichtigste Erkenntnis war, dass ich bei meinen Vorträgen entschiedener auf den roten Faden achten musste, damit die Zuhörenden am Ball blieben. Mellody war nicht nur da, um etwas aufzunehmen und sich zu informieren, sie wollte sicherstellen, dass auch das Publikum in der Lage war, etwas mitzunehmen und für sich anzuwenden. Und das führt uns zu einer der meiner Meinung nach besten Eigenschaften von Schwämmen.

Irgendwann im Verlauf der Evolution verästelte sich der Stammbaum der Meeresschwämme weiter.[22] Wir sind keine Nachfahren der Schwämme, aber das hat sie nicht davon abgehalten, gute Vorfahren zu sein.

Ich habe einiges über Meeresschwämme gelesen und erfuhr zu meiner großen Freude, dass sie noch eine bemerkenswertere Eigenschaft haben als ihre Aufnahmefähigkeit – nämlich die Fähigkeit, etwas zu schaffen. Meeresschwämme scheiden nicht nur Giftstoffe aus, sie produzieren auch lebensschützende und -fördernde Biochemikalien mit antibakteriellen, antiviralen und entzündungshemmenden Eigenschaften.[23] Gewisse Substanzen eines Meeresschwamms, der in der Karibik heimisch ist, versprachen sogar einen Durchbruch bei der Behandlung von HIV, Herpes und Leukämie. Aus einem japanischen Meeresschwamm wurde ein Wirkstoff für die Chemotherapie entwickelt, der die Zellteilung blockiert und so Frauen mit fortgeschrittenem Brustkrebs mehr Lebenszeit verschafft. Und ein Peptid aus einem antarktischen Meeresschwamm wirkt vielversprechend bei der Behandlung von Malaria.

Trotz dieser jüngsten Erkenntnisse ist es möglich, dass die Meeresschwämme vor etwa einer halben Milliarde Jahren bereits viel mehr zur Entwicklung allen Lebens beigetragen haben.[24] Über Jahrzehnte war es die gängige Meinung in der Wissenschaft, dass die neuen Tierarten durch den Sauerstoff in den Ozeanen entstanden waren. Die jüngsten Erkenntnisse legen jedoch nahe, dass Meeresschwämme bei diesem Prozess einen nicht unerheblichen Beitrag geleistet haben. Durch die Ausfilterung organischer Stoffe aus dem Meerwasser sorgten auch sie dafür, dass die Ozeane mit Sauerstoff angereichert wurden, was die Entwicklung der Tiere ermöglichte. Das bedeutet, dass Schwämme die Entwicklung komplexer Lebewesen gefördert haben könnten. Ohne Schwämme gäbe es uns Menschen vielleicht nicht.

Ein Schwamm zu sein ist nicht nur eine proaktive, sondern auch eine prosoziale Fähigkeit. Wenn man es richtig macht, geht es nicht nur um die Aufnahme von Nährstoffen, die unser Wachstum fördern. Es geht auch darum, Nährstoffe freizusetzen, damit andere wachsen können.

3 Perfekt sein ist nicht alles

Die richtige Balance zwischen fehlerhaft und makellos finden

There is a crack, a crack in everything
That's how the light gets in
Leonard Cohen[1]

Als Tadao Ando von dem Erdbeben erfuhr, das seine Heimat Japan erschüttert hatte, befand er sich gerade auf der anderen Seite der Erde in Europa. Mit schwerem Herzen eilte er zum Flughafen und nahm den ersten Flug zurück in die Heimat. Auf dem Schiff, das ihn nach Kobe brachte, zählte er die Sekunden. Nicht nur die Sorge um sein eigenes Haus lag ihm auf der Seele, sondern auch die um die Sicherheit seiner Stadtgemeinschaft. Für sie hatte er einige Gebäude entworfen, unter anderem einen Wohnkomplex an einem steilen Abhang und einen buddhistischen Tempel.

Ando hatte allen Grund, besorgt zu sein, denn er hatte keine klassische Architektenausbildung absolviert. Er war 1940 in ärmlichen Verhältnissen geboren und von seiner Großmutter in einem *nagaya* aufgezogen worden – einem kleinen einstöckigen Reihenhaus aus Holz. In den eisigen Wintern, in denen sie wegen der undichten Fenster schrecklich froren, entfloh Ando oft in die kleine Schreinerei auf der anderen Straßenseite. Dort verbrachte er unzählige Nachmittage und Abende damit, Holzboote zu schnitzen, Glas zu blasen und mit Metall zu arbeiten. Er träumte davon, selbst Gebäude zu entwerfen.

Da Ando die finanziellen Mittel fehlten, um eine Universität zu besuchen, beschloss er, sich selbst Architektur beizubringen. Während er sich mit Nebenjobs über Wasser hielt, studierte er die Bauwerke in der näheren Umgebung. Er lieh sich von Freunden Bücher über Architektur aus und eignete sich Wissen über die Evolution von Materialien, Bautechniken und Stilen an. Seine Zeichenkünste schulte er, indem er Blaupausen und Gebäudeskizzen so oft abpauste, bis die Seiten schwarz waren.

Endlich hatte Ando sich selbst so viel beigebracht, dass er eine Architektenlizenz erwerben durfte. Als das Erdbeben 1995 Kobe erschütterte, hatte er dort bereits Dutzende Gebäude entworfen – auf einer aktiven Bruchlinie. Nachdem die letzten Nachbeben abgeklungen waren, hatten in dieser Tragödie mehr als 6000 Menschen ihr Leben verloren. Ganze Viertel waren zerstört worden, und mehr als 200 000 Gebäude lagen in Trümmern.

Nach seiner Ankunft begutachtete Ando niedergedrückt und entsetzt das Ausmaß der Zerstörung. Er wagte sich auf Straßen vor, in denen gewaltige Risse klafften und wand sich zwischen immer noch brennenden Stromleitungen hindurch. Er kletterte auf die Trümmer zehnstöckiger Hochhäuser, die in sich zusammengefallen waren. Erstaunlicherweise war jedoch kein einziges der 35 von ihm entworfenen Gebäude eingestürzt, und als er sie auf Schäden überprüfte, fand er nicht einen sichtbaren Riss.

Tadao Ando ist der einzige Architekt, der jemals mit den vier prestigeträchtigsten Architekturpreisen ausgezeichnet wurde. Er ist bekannt als Meister des Lichts und des Betons und wird wegen seiner bahnbrechenden minimalistischen und äußerst stabilen Bauwerke verehrt – Wohnhäuser, Tempel und Museen –, die mit der sie umgebenden Natur in eine spannende Wechselbeziehung treten. Seine Gebäude gelten als erdbebensicher, und seine Entwürfe werden als visuelle Haikus bezeichnet.

Als ich darüber nachdachte, was große Architekten auszeichnet, fiel mir als erste Qualität Perfektionismus ein. Ein ästhetisch ansprechendes Meisterwerk zu schaffen – ganz zu schweigen von einem erdbebensicheren Gebäude – erfordert enorme Sorgfalt und Detailtreue. Wenn man nicht penibel darauf ach-

Abb. 15 a

Abb. 15 b

Abb. 15 c

Abb. 15 d

Abb. 15 e

Abb. 15 f

tet, alle Elemente korrekt zu entwerfen, wirkt das Design mangelhaft, und die Gebäude könnten einstürzen. Aber dann erfuhr ich, dass kompromisslose Architekten vor allem eines können müssen: Kompromisse eingehen. Und wie ich wieder und wieder hörte, konnte das niemand besser als Tadao Ando.

Ando wird wegen seiner Fähigkeit gerühmt, aus begrenztem Raum mit limitiertem Budget das Bestmögliche herauszuholen. Und das kann er nur schaffen, weil er Perfektionismus rigoros ablehnt. Er weiß, dass wir in manchen Bereichen etwas lockerer vorgehen müssen, um in anderen diszipliniert arbeiten zu können. Zu seinen Eigenheiten gehört ein feines Gespür dafür, wann das Bestmögliche erreichbar ist und wann er sich mit gut genug zufriedengeben muss. Für ihn bedeutet das oft, Stabilität und Design in den Vordergrund zu stellen, und bei Komfort und Wohnlichkeit Kompromisse einzugehen. Sein Stil lässt in puncto Form keine Wünsche offen, weist der Funktion aber einen untergeordneten Stellenwert zu.

Als Ando sein zweites Haus entwarf, war das gesamte Baugrundstück nur knapp 19 Quadratmeter groß. Und diese begrenzte Fläche bedeutete, dass Perfektion auch dann unmöglich gewesen wäre, wenn er sie angestrebt hätte. Tadao Ando musste sich für ein Design entscheiden, das ein paar fundamentale Mängel aufwies. Er baute eine winzige Betonbox ohne Fenster – nur im Dach befand sich ein Oberlicht. »Nachdem ich die Mindestanforderungen an Belüftung, Beleuchtung und Sonneneinstrahlung erfüllt hatte«, erzählte Ando, »war ich der Meinung, dass der Bewohner die Frage nach der Funktionalität selbst beantworten sollte.«

Um von einem Schlafzimmer ins andere zu gelangen, musste man durch einen nicht überdachten Innenhof gehen und sich den Elementen aussetzen. An Regentagen musste man in sei-

Abb. 16

nem eigenen Zuhause einen Regenschirm bei sich tragen. Als das Projekt für einen Architekturpreis vorgeschlagen wurde, schrieb ein Preisrichter: »Der Preis sollte an den mutigen Bewohner gehen, der in dieser Umgebung leben und überleben kann.«[2]

Ando akzeptierte diese Mängel, weil er nicht bereit war, seine Vision von urbaner Guerilla-Architektur zu opfern. Er wollte mitten in der Stadt eine gut designte, stabile Oase schaffen. Durch die Betonwände, die das Hausinnere von der Außenwelt abschirmten, beschützte er das Heim vor Hässlichkeit und Unruhe. Durch den zum Himmel geöffneten Innenhof verband er das Haus mit der schlichten Erhabenheit der Natur. Trotz aller Abstriche in Sachen Komfort gewann Andos Reihenhaus einen wichtigen Architekturpreis und brachte seine Karriere ins Rollen.

Normalerweise bringen wir ästhetische und technische Meisterschaft mit dem Streben nach makellosen Resultaten in Verbindung. Aber nachdem ich die Gewohnheiten großartiger Designer, Tänzer und Turmspringer eingehend studiert hatte, bin ich zu der Einsicht gelangt, dass es bei der Freisetzung von verborgenem Potenzial nicht darum geht, Perfektion anzupeilen. Fehler zu tolerieren ist nicht nur Anfängersache, sondern gehört auch dazu, wenn man bereits Experte oder sogar schon ein Meister ist. Persönliche Entwicklung bedeutet vor allem, besser zu begreifen, welche Fehler akzeptabel sind und welche nicht.

WAS EINSERSCHÜLER FALSCH MACHEN

In meiner Jugend sagte meine Mutter oft, es sei ihr egal, welche Noten ich mit nach Hause bringen würde. Solange ich mein Bestes gebe, sei sie so oder so stolz auf mich. Aber dann fügte sie hinzu: »Aber wenn du keine Eins bekommst, weiß ich, dass du nicht dein Bestes gegeben hast.« Sie sagte es mit einem Lächeln, aber ich nahm ihre Worte bitterernst: Ich durfte mich also nie mit weniger als dem perfekten Ergebnis zufriedengeben.

Es ist eine Sache, sich um Erfolg zu bemühen und zu versuchen, möglichst selten zu scheitern. Ich schätze mal, auch Ihnen wäre es nicht besonders recht, wenn Ihr Herzchirurg damit zufrieden wäre, seine Arbeit ganz angemessen zu erledigen. Perfektionismus bedeutet jedoch, seine Erwartungen bis ins Unendliche hochzuschrauben. Ich rede hier nicht von dem Satz »Mein größter Fehler ist, dass ich zu perfektionistisch bin«, der in Bewerbungsgesprächen gern zum Einsatz kommt. Das, wovon ich spreche, ist viel extremer.[3]

Perfektionismus ist das Verlangen danach, makellos zu sein und keinerlei Defekte aufzuweisen: keine Fehler, keine Mängel, kein Versagen. Wie zum Beispiel mein Kommilitone im College, der so stolz auf sein perfektes Ergebnis beim Scholastic Assessment Test (SAT), dem amerikanischen Studierfähigkeitstest, war, dass seine E-Mail-Adresse *IGot1600* lautete. Wie die Leute, die ihren perfekten Notendurchschnitt aus der Schule noch ein Jahrzehnt nach dem Abschluss in ihrem Lebenslauf und ihrem LinkedIn-Profil zur Schau stellen. Wie die Freunde, die online das perfekte Leben zu führen scheinen und ihre körperlichen und emotionalen Narben voller Scham verbergen.

Es gibt eindeutige Beweise dafür, dass der Hang zum Perfektionismus in den USA, Großbritannien und Kanada seit Jahren immer größer wird. Die sozialen Medien haben daran sicherlich einen großen Anteil, aber der Anstieg begann schon in den

Abb. 17

1990er-Jahren – ein ganzes Jahrzehnt vor den ersten perfekt inszenierten Bildern auf Instagram.[4] In einer immer stärker auf Konkurrenz und Wettbewerb ausgerichteten Welt werden Kinder von ihren Eltern mehr und mehr unter Druck gesetzt, perfekt zu sein, und ernten harsche Kritik, wenn sie deren Erwartungen nicht erfüllen.[5] Sie lernen, ihren Selbstwert danach zu beurteilen, möglichst wenige Unzulänglichkeiten an den Tag zu legen. Jeder Fehler ist ein Schlag für ihr Selbstbewusstsein.[6] Das habe ich selbst erlebt.

Als ich in der fünften Klasse ein Quiz über große Entdecker gewann, machte ich mir danach schwere Vorwürfe, weil ich eine Frage falsch beantwortet hatte. Wie hatte ich nur vergessen können, dass der Seeweg nach Indien nicht von Magellan, sondern von Vasco da Gama entdeckt worden war? Als ich die Endrunde eines »Mortal Kombat«-Video-Game-Turniers erreichte und eine Freikarte auf Lebenszeit für das örtliche Kino gewann, feierte ich nicht. Den dritten Platz bekommt der zweite Verlierer. Als ich in einer Mathearbeit Stufenbester wurde, war ich enttäuscht. Nur 98 von 100 Punkten? Nicht gut genug.

Perfektionisten sind hervorragend darin, unkomplizierte Probleme zu lösen, die ihnen vertraut sind. Schulische Höchstleistungen erbringen sie vor allem in Multiple-Choice-Tests, bei denen es nur eine richtige Antwort gibt, oder bei Fragen, die es ihnen erlauben, auswendig gelernte Fakten wiederzugeben. Ein Satz über Michelangelos Verwendung von mit Pietra Serena eingefasstem Marmor in seinen architektonischen Werken hat sich an dem Wochenende, an dem ich im ersten Studienjahr für eine Abschlussprüfung büffelte, unauslöschlich in mein Gedächtnis eingebrannt, aber ich weiß bis heute nicht, was er eigentlich bedeutet.

Die reale Welt ist weitaus vielschichtiger. Verlässt man den vorhersehbaren, kontrollierbaren Kontext akademischer Prüfungen, kann der Wunsch, unbedingt die »richtige« Antwort zu finden, leicht nach hinten losgehen. Eine Metaanalyse ergab, dass Perfektionismus und Höchstleistungen am Arbeitsplatz im Allgemeinen ganz und gar nicht korrelierten. Perfektionisten waren, wie mehrere Studien ergaben, nicht besser darin, die ihnen zugewiesenen Aufgaben zu erfüllen, als ihre nicht perfektionistischen Kollegen.[7] Manchmal waren sie sogar schlechter. Die Fähigkeiten und Neigungen, die Menschen zu den Besten ihrer Highschool oder ihres Seminars an der Universität machen, sind ihnen offenbar nach dem Abschluss nicht mehr unbedingt nützlich.

Diejenigen, die sich zu Meistern ihres Fachs entwickeln, fangen häufig mit weniger herausragenden Schulleistungen an. Eine Studie über Bildhauer von Weltrang ergab, dass die meisten durchschnittliche Schüler gewesen waren. Zwei Drittel verließen die Highschool mit einem guten bis befriedigenden Notendurchschnitt.[8] Ein ähnliches Muster zeigte sich bei einem Vergleich zwischen den einflussreichsten amerikanischen Architekten mit Kollegen, die es nicht geschafft hatten, dem Berufsfeld ihren Stempel aufzudrücken. Die herausragenden Architekten waren nur selten großartige Studenten gewesen und hatten die Universität größtenteils mit einem nur »guten« Abschluss beendet.[9] Ihre perfektionistischen Kollegen hatten zwar brillante Noten, entwarfen später aber deutlich weniger brillante Gebäude.

Die Forschungsergebnisse legen nahe, dass Perfektionisten bei ihrem Streben nach makellosen Resultaten dazu tendieren, drei Fehler zu machen:[10] Erstens verbeißen sie sich in unwichtige Details. Sie sind so sehr damit beschäftigt, die richtige Lösung für winzige Probleme zu finden, dass sie gar nicht merken, welches die wirklich wichtigen Probleme sind, die es zu lösen gilt. Sie sehen den Wald vor lauter Bäumen nicht. Zweitens vermeiden sie Situationen, die ihnen nicht vertraut sind, und schwierige Aufgaben, an denen sie scheitern könnten. Das führt dazu, dass sie keine neuen Fähigkeiten entwickeln, sondern nur die weiter verfeinern, die sie bereits erworben haben. Drittens kritisieren sie sich unbarmherzig, wenn sie Fehler machen, was es ihnen erschwert, aus diesen Fehlern zu lernen. Sie begreifen nicht, dass eine kritische Bewertung der eigenen Fehler nicht dazu dient, ihr Handeln in der Vergangenheit zu bemängeln; sie dient der Weiterentwicklung.

Die Perfektionismus-Spirale

Abb. 18

Wäre Perfektionismus ein Medikament, würde der Beipackzettel uns auf die häufigsten Risiken und Nebenwirkungen aufmerksam machen: *Warnung: Kann die persönliche Entwicklung mindern.* Perfektionismus hält uns in einer Spirale aus Tunnelblick und Fehlervermeidung gefangen: Er hindert uns daran, größere Probleme zu erkennen, und beschränkt uns darauf, sehr begrenzte Fähigkeiten immer weiter zu verbessern.

Auch wenn Sie sich selbst nicht für perfektionistisch halten, haben Sie diese Tendenz bei Aufgaben, die Ihnen wichtig sind, sicher schon gespürt. An den Projekten, die uns wirklich am Herzen liegen, würden wir alle am liebsten so lange feilen und basteln, bis das Ergebnis unseren Vorstellungen entspricht. Wer weit kommen will, muss jedoch erkennen, dass Perfektion eine Fata Morgana ist – und lernen, die richtigen, also akzeptable Fehler und Mängel zu tolerieren.

BETON DER MÖGLICHKEITEN

Einer Legende nach suchte ein junger Mann einmal einen Meister auf, um von ihm die japanische Teezeremonie zu erlernen. Der Meister prüfte ihn, indem er ihn bat, einen Garten zu jäten. Der junge Mann riss das Unkraut aus und rechte die Blätter zusammen, bis das Gelände blitzsauber war. Als er sein makelloses Werk betrachtete, erkannte er, dass ihm etwas fehlte. Er ging zu einem Kirschbaum und schüttelte ihn so lange, bis ein paar Blütenblätter zu Boden fielen. Dass er die Schönheit des Unvollkommenen erkannt hatte, bewies, dass er bereit war, selbst ein Meister zu werden.

Diese Legende reicht ins 16. Jahrhundert zurück, als die japanische Teezeremonie eine grundlegende Wandlung erfuhr: Makellose Gefäße wurde durch angestoßene Schalen ersetzt. Man trank nun aus Keramik, die alt und verwittert war. Diese Praxis wurde Wabi-Sabi genannt.

Wabi-Sabi ist die Kunst, die Schönheit im Unvollkommenen zu ehren.[11] Nicht, indem man absichtlich etwas Fehlerhaftes erschafft. Vielmehr geht es darum, zu akzeptieren, dass Fehler unvermeidlich sind – und zu erkennen, dass auch etwas Unvollkommenes wundervoll werden kann. Dies gehört für Tadao Ando zu den wichtigsten Themen, sowohl in seinem architektonischen Schaffen als auch in seinem Leben. Er ist ein Antiperfektionist, der mit Bedacht entscheidet, was er gut machen will.

Fragt man Ando nach seiner Schulzeit, wird man erfahren, dass er kein guter Schüler war. Es machte ihm überhaupt nichts aus, schlechte Noten zu bekommen. Trotz seiner Leidenschaft für die Architektur war er nicht einmal in dem Architekturkurs, den er in der Oberschule belegte, besonders gut. Selbst wenn er sich die Studiengebühren hätte leisten können, wären seine Noten nicht gut genug gewesen, um ihm einen Studienplatz in Architektur zu sichern. Er wurde Profiboxer.

Dass Ando sich mit Unvollkommenheit sehr wohlfühlte, verdeutlichte sich im Boxring noch mehr. In einem Kampf gibt es so etwas wie eine makellose Performance nicht – er würde auf jeden Fall getroffen werden. Wenn er gewinnen wollte, durfte er sich nicht verkriechen, sich vor seinen Schwächen verstecken oder Herausforderungen vermeiden. Seine Gegner würden kräftig auf ihn einprügeln, also musste er sich nicht auch noch selbst herabsetzen. Wenn er seinen Kopf und sein Gesicht schützen wollte, musste er seinen Körper exponieren und einige Schläge einstecken. »Beim Boxen muss man Risiken eingehen und sich in Gefahr begeben, wenn man seine Fähigkeiten voll ausnutzen und am Ende das Match gewinnen will«, erklärt Ando. »Neue Bauprojekte erfordern dieselbe Einstellung. [...] Den Schritt ins Unbekannte zu wagen ist essenziell wichtig.«

Nach zwei Jahren gab Ando das Boxen wieder auf. Er begann, sich im Selbststudium Architektur beizubringen und entwickelte seine Vision weiter. Er wollte nicht nach Perfektion streben, sondern »voll und ganz Akzeptables« entwerfen. Also entschied er sich, für Wände Beton als Baustoff zu verwenden – ein Material, das seine Kollegen mieden, weil es ästhetisch nicht sehr ansprechend war. Ando fühlte sich von der Stabilität und der »komplexen Rauheit« des Betons angezogen. Und da er bei seinen ersten Projekten nicht über das nötige Budget verfügte, um den Beton zu verputzen, ließ er ihn einfach unverputzt.

Der nackte Beton wurde Andos Markenzeichen. An jeder Wand finden sich sichtbare Unvollkommenheiten. Man sieht die Nahtlinien und Löcher, die nur teilweise mit Mörtel gefüllt sind. Um sicherzustellen, dass der rohe Beton nicht von der Schönheit der Umgebung ablenkte, glättete er ihn sorgfältig so lange, bis er sich wie Seide oder Kaschmir anfühlte. Wie ein Handwerker erzählt, wollte Ando, dass der Beton so lange »verdichtet wurde, bis er wie Butter aussah«. Der Baustoff war visuell zwar weiterhin unvollkommen, wurde aber akzeptabel, sobald er sich vollkommen glatt anfühlte.

Abb. 19

Die ikonischen Betonwände kommen in der Kirche des Lichts, einem der bekanntesten Bauwerke von Tadao Ando, besonders gut zur Geltung. Er verankerte das Design auf einem Element, das die meisten Architekten als einen offensichtlichen Makel bezeichnen würden: die Spalten in der Stirnwand. Sie dienen allerdings einem beeindruckenden Zweck, denn sie bewirken einen Lichteinfall in Form eines Kreuzes. Zugleich strömte aber auch, wie die Auftraggeber bemängelten, kalte Luft durch die offenen Spalten, sodass Ando einen Kompromiss einging und Glasscheiben einbaute. Er hofft immer noch darauf, sie eines Tages entfernen zu dürfen, und verweist scherzend darauf, dass der Satz »Bitte die Scheiben drinlassen«, derjenige ist, den er bei seinen Besuchen in der Kirche von den Priestern am häufigsten hört.

Wabi-Sabi ist eine Charakterstärke. Sie verleiht die Disziplin, die eigene Aufmerksamkeit von unmöglichen Idealen weg- und auf erreichbare Standards hinzulenken – und diese Standards dann nach und nach zu justieren. Aber die Schönheit im Unvollkommenen zu finden ist nicht immer leicht. Als ehemaliger Perfektionist weiß ich das aus Erfahrung.

AUF DER SUCHE NACH DEN RICHTIGEN UNVOLLKOMMENHEITEN

Nachdem ich beinahe einen ganzen Sommer lang nur in der Wohnung gesessen und Computerspiele gespielt hatte, zerrte mich meine entnervte Mutter schließlich zum örtlichen Schwimmbad. Am Rande des Beckens sah ich auf dem Sprungturm einen Bademeister mit ungewöhnlicher Anmut auf dem Brett entlangschreiten. Am Ende angelangt, holte er Schwung, sprang hoch in die Luft, vollführte in gehockter Haltung blitzschnell zwei Saltodrehungen und tauchte dann ohne einen Spritzer ins Wasser ein. Ich war zutiefst beeindruckt.

Den Rest des Sommers verbrachte ich damit, ein paar einfache Sprünge zu lernen, und als ich im Herbst in die Highschool kam, meldete ich mich fürs Wasserspringen an. Der Teamcoach Eric Best sollte später mehrere olympische Medaillengewinner trainieren. Eric sagte mir, er habe eine gute und eine schlechte Nachricht. Die schlechte Nachricht: Fürs Turmspringen brauche man Anmut, Beweglichkeit und Sprungkraft. Ich würde watscheln wie Frankensteins Monster, könnte meine Zehen nur mit gebeugten Knien berühren und spränge weniger hoch als seine Großmutter. Oh! Und was war noch mal die gute Nachricht?

Es gab eine: Eric war es egal, wie ungeeignet ich war. Er würde niemanden abweisen, der Wasserspringen lernen wollte. Dieser Nischensport zog ohnehin hauptsächlich Sportler an, die nicht groß, schnell oder stark genug waren, um sich in Mainstream-Sportarten hervorzutun. Er prophezeite mir, dass ich, wenn ich mich anstrengte, in meinem letzten Highschool-Jahr bei den Staatsmeisterschaften antreten würde.

Seine Worte beflügelten mich. Obwohl ich damals nur Anfängersprünge beherrschte, war ich fest entschlossen, alles richtig zu machen. Wenn Eric zum Training einer anderen Sprungart übergehen wollte, bettelte ich immer: »Noch einen!«

Am Ende des Trainings musste Eric mich aus dem Wasser zerren. Ich wollte erst aufhören, wenn mein Sprung völlig fehlerlos war.

Wassersprünge werden aufgrund eines perfekten Ideals bewertet, und von dieser Punktzahl werden alle Fehler abgezogen. Man büßt Punkte ein, wenn man sich zu wenig oder zu stark dreht, zu nah am Brett oder zu weit weg vom Brett ins Wasser eintaucht, die Zehen nicht berührt oder streckt – und natürlich gibt es auch Abzüge für die kleinsten Spritzer. Jeder Springer strebt den perfekten Absprung an – den perfekt gehechteten Salto, das perfekte Eintauchen.

Meiner Meinung nach hätte mein Perfektionismus mir eigentlich einen Vorteil verschaffen müssen, stattdessen erwies er sich als Hindernis. Ich verbrachte Stunden damit, mein Eintauchen völlig spritzerfrei zu gestalten, hätte mich aber lieber dem viel größeren Problem widmen sollen, meine ziemlich kraftlosen Absprünge zu verbessern. Zu diesem Fokus auf die falschen Probleme kam hinzu, dass ich immer wieder den Sprung verweigerte.

Ich bereitete mich vor, nahm Anlauf, stoppte dann aber kurz vor dem Absprung am Ende des Sprungbretts. Eine lange Liste von Entschuldigungen hatte ich dafür parat: Ich war zu weit nach vorn oder nach hinten gebeugt. Ich war entweder zu schnell oder zu langsam und im Rhythmus nicht synchron mit den Schwingungen des Sprungbretts. Ich war zu weit links oder rechts. Kurz gesagt, ich war die Prinzessin auf der Erbse und fand nie die richtige Position.

Abb. 20

Meine Verweigerungshaltung war besonders schlimm, wenn es darum ging, neue Sprünge auszuprobieren. Bei einer Trainingseinheit lief ich eine volle Dreiviertelstunde auf dem Brett hin und her, ohne einen einzigen Sprungversuch zu machen. Durch dieses Einfrieren auf dem Sprungbrett vergeudete ich nicht nur Zeit, sondern verhinderte auch, dass ich Fortschritte machte. Ich schaffte es nicht, die schwierigen Sprünge zu lernen, sondern verbesserte nur meine Anfängersprünge mehr und mehr. Ich musste meinen Perfektionismus überwinden.*

Aber wie sollte das funktionieren? Perfektionisten kennen keine andere Art zu leben. Selbst wenn man nicht perfektionistisch veranlagt ist, kann es schwierig sein, die richtigen Prioritäten zu setzen, zu wissen, was man vernachlässigen kann, wann man aufhören sollte und wie man unvermeidliche Fehler akzeptiert.

Es gibt zahlreiche wissenschaftliche Erkenntnisse, die belegen, dass eine Weiterentwicklung nicht durch Perfektionis-

* Perfektionisten neigen auch stärker zu mentalen Blockaden. Denken Sie nur daran, wie die Turnerin Simone Biles in Tokio mitten im Sprung die Orientierung verlor. Turner und Wasserspringer nennen es »Twisties«, Trampolinspringer »Lost Move Syndrome« und Golfer »Yips«, wenn der Körper plötzlich routinierte Bewegungen, die das Gehirn sonst automatisch initiiert, nicht mehr ausführen kann. Erste Studien deuten darauf hin, dass diese mentale Blockade häufiger bei Perfektionisten vorkommt, bei denen hoher Performancedruck in Verbindung mit Angststörungen den Autopiloten deaktiviert und das Muskelgedächtnis verzerrt. (Siehe hierzu: Jenn Bennett, Michael Rotherham, Kate Hays, Peter Olusoga und Ian Maynard, »Yips and Lost Move Syndrome: Assessing Impact and Exploring Levels of Perfectionism, Rumination, and Reinvestment«, *Sport and Exercise Psychology Review* 12, Nr. 1 (2016): S. 14–27; Melissa Catherine Day, Joanna Thatcher, Iain Greenlees und Bernadette Woods, »The Causes of and Psychological Responses to Lost Move Syndrome in National Level Trampolinists«, *Journal of Applied Sport Psychology* 18 (2006): S. 151–166; Jenn Bennett und Ian Maynard, »Performance Blocks in Sport: Recommendations for Treatment and Implications for Sport Psychology Practitioners«, *Journal of Sport Psychology in Action* 8, Nr. 1 (2017): S. 60–68.) Mir passierte das einmal bei einem Sprung, den ich schon seit Jahren beherrschte – eine anderthalbfache Schraube. Statt mit dem Kopf voran einzutauchen, knallte ich in die falsche Richtung blickend mit dem Rücken aufs Wasser – ich hatte völlig unbewusst und unabsichtlich statt anderthalb zwei Schrauben gemacht. Ich war zwar nur unsanft im Wasser gelandet, aber beängstigend war es trotzdem.

mus, sondern durch hohe persönliche Standards begünstigt wird.[12]

Das wird oft als Ratschlag interpretiert, nicht mehr der Beste sein zu wollen, sondern stattdessen sein Bestes zu geben. Persönliche Bestleistungen anzustreben ist jedoch keine gute Alternative. In Hunderten von Experimenten hat sich gezeigt, dass Probanden, die dazu aufgefordert werden, ihr Bestes zu geben, schlechter abschneiden – und weniger lernen – als diejenigen, die man zufällig schwierigen Aufgaben mit einem spezifischen Ziel zuteilt.[13]

»Tu dein Bestes« ist nicht die beste Medizin gegen Perfektionismus. Sie lässt das Ziel zu vage erscheinen, um alle Kräfte darauf auszurichten und an Schwung zu gewinnen. Man weiß nicht, was genau man erreichen soll und ob man schon messbare Fortschritte gemacht hat. Perfektionismus wird am besten im Keim erstickt, wenn man ein eindeutiges, schwer zu erreichendes Ziel vor Augen hat. Dabei richtet sich die Aufmerksamkeit auf die wichtigsten Handlungsschritte, und man merkt auch, wann es genug ist.

Eric sagte mir, dass Kommentatoren, die bei Wettkämpfen von perfekten Zehn-Punkte-Sprüngen schwärmten, sich völlig falsch ausdrückten. Den perfekten Sprung gibt es nicht. Sogar im olympischen Regelwerk steht die Zehn nicht für Perfektion – sondern für eine Spitzenleistung. Er brachte mir die Kunst des Wabi-Sabi bei.

Diese Lektion saß: Ich musste gar nicht perfekt sein, sondern mir nur ein klares, anspruchsvolles Ziel setzen. Eric arbeitete mit mir daran, mir für jeden Sprung ein Ziel zu setzen, das nur geringfügig außerhalb meiner momentanen Fähigkeiten lag. Bei meinem einfachsten Sprung, einem gehechteten Kopfsprung, begannen wir damit, 6,5 Punkte anzupeilen. Bei meinem komplizierten Salto vorwärts mit Schraube musste ich hingegen nur fünf Punkte erreichen. Und wenn ich einen neuen Sprung lernte, war alles okay, was mehr als null Punkte war. Mit anderen Worten: kein Fehlschlag, weil ich den Sprung durchgeführt hatte. Jedes Mal, wenn ich aus dem Wasser kam, gab Eric mir eine Note. Dann sagte er mir, was ich ändern sollte, und erinnerte mich daran, dass es sich falsch anfühlen musste, wenn ich der richtigen Ausführung näherkommen wollte.

Ich hörte auf, auf den richtigen Absprung zu warten, und sprang sofort, wenn es sich gut genug anfühlte. Ich hörte auf, schwierige Sprünge zu meiden, und begann, meine Leistungen zu verbessern – nach ein paar Jahren machte ich doppelte Saltos mit voller Schraube und Kopfsprung am Ende. Ich hörte auf, mich für meine Fehler in der Vergangenheit zu beschimpfen, und konzentrierte mich auf die Fortschritte, die ich seitdem gemacht hatte. Meist. Bei unserem Mannschaftsessen wurde mir der »Hätte ich nur«-Preis verliehen. Meine Mannschaftskameraden hatten einen Cartoon gezeichnet, der mich unter einer Sprechblase zeigte, in der stand: »Hätte ich nur meinen linken kleinen Zeh beim Eintauchen besser durchgestreckt, dann wären es nicht 8, sondern 8,5 Punkte geworden!«

Ich war immer noch frustriert, wenn ich das Gefühl hatte, nicht mein Bestes gegeben zu haben. Eric stellt Springern, die einen schlechten Tag haben, immer zwei Fragen: Hast du es geschafft, dich besser zu fühlen als heute Morgen? Hast du es geschafft, dass sich jemand anders besser fühlt? Falls eine Antwort Ja lautet, war es für Eric ein guter Tag. Sein Nachname ist zwar Best, aber ihm geht es nur darum, dass alles besser wird.

Ich lernte, dass es – auch wenn ich mit meinen Sprüngen nicht zufrieden war – nichtsdestotrotz eine Version von mir gab, die mit meiner Leistung zufrieden sein konnte. Auch diese Technik finde ich sehr hilfreich, um Perfektionismus loszuwerden. In der Psychologie wird sie als mentale Zeitreise bezeichnet.[14] Ja, das gibt es wirklich.

Je besser man wird, desto höher werden die Erwartungen und die Anforderungen, die man an sich stellt, und desto weniger bemerken wir kleinere Fortschritte. Fortschritt lässt sich nur würdigen, wenn wir uns daran erinnern, wie unser vergangenes Ich unsere aktuellen Leistungen betrachten würde. Wenn Sie vor fünf Jahren gewusst hätten, was Sie heute leisten können, wären Sie dann nicht extrem stolz gewesen?

Der 14-Jährige, der kaum einen Salto schaffte, wäre extrem beeindruckt von den Fortschritten, die ich nach nur so wenigen Jahren gemacht hatte. Ich begann, mir Videoaufnahmen von meinen Anfängen als Wasserspringer anzuschauen. Das ließ meine Scham zerschmelzen und zeigte mir, wie sehr ich mich weiterentwickelt hatte. Sich selbst zu ohrfeigen macht einen nicht stärker, sondern hinterlässt nur blaue Flecken. Gut zu sich selbst zu sein bedeutet nicht, die eigenen Schwächen zu ignorieren. Es bedeutet, sich selbst die Erlaubnis zu erteilen, aus vergangenen Enttäuschungen zu lernen. Wir wachsen, indem wir unsere Unzulänglichkeiten annehmen, und nicht dadurch, dass wir uns für sie bestrafen. Das sollte sich für uns nicht richtig anfühlen.

Perfektionisten haben oft Angst davor, dass ein einziges Scheitern sie zu einem Verlierer machen wird.[15] Acht Studien sind jedoch anderer Meinung: Andere bewerten Ihre Kompetenz nicht anhand einer einzelnen Performance. In der Psychologie wird diese Projektion übertriebener Auswirkungen Overblown Implications Effect genannt.[16] Wenn man ein ungenießbares Gericht kocht, halten andere einen nur selten für einen grundsätzlich schlechten Koch. Hat man einmal den Finger vor der Linse gelassen, gilt man nicht sofort als mieser Fotograf. Die Leute wissen, dass dies nur ein Schnappschuss ist, der einen einzelnen Augenblick abbildet.

Tatsächlich ist es so, dass Menschen stärker auf die Höhepunkte als auf die Tiefpunkte blicken, wenn sie die Leistungen einer Person beurteilen.[17] Selbst wenn Serena Williams zweimal einen Ball ins Aus schlägt, würde man an ihrem Aufschlag sofort erkennen, wie großartig sie ist. Nachdem Steve Jobs mit Apple Lisa einen schlimmen Flop produziert hatte, galt er trotzdem weiterhin als Visionär, der den Mac erfunden hatte. Und wir feiern Shakespeare wegen seiner Meisterwerke (wie *Hamlet* und *König Lear)* als Genie und verzeihen ihm die eher mittelmäßigen Stücke (aus meiner Sicht *Timon von Athen* und *Die lustigen Weiber von Windsor)*. Ihre Mitmenschen beurteilen Ihr Potenzial anhand Ihrer besten Momente, nicht Ihrer schlimmsten.

Wäre es nicht schön, wenn Sie sich selbst gegenüber genauso großzügig wären?

Beim Wasserspringen stieß ich irgendwann eindeutig an meine Grenzen. Ich schaffte es nie auch nur in die Nähe der olympischen Auswahl. Allerdings gelang es mir, meine eigenen Ziele zu übertreffen. Vor dem Ende der Highschool landete ich auf der All-American-Bestenliste und qualifizierte mich zweimal für die nationalen Auswahlwettkämpfe zur Jugendolympiade. Mein stolzester Moment war jedoch, als Eric mir sagte, ich sei weitergekommen als alle anderen talentlosen Springer, die er jemals trainiert habe. Ich hatte begriffen, dass sich Erfolg nicht daran messen lässt, wie nahe man der Perfektion kommt, sondern daran, wie viele Hindernisse man auf dem Weg dorthin überwinden muss.

THE SHOW MUST GO ON

Im Sport lassen sich Spitzenleistungen relativ objektiv beurteilen. Beim Wasserspringen gibt es verschiedene Schwierigkeitsgrade und ein Regelwerk dafür, wie die Ausführungen zu bewerten sind. Aber in vielen anderen Bereichen wird Erfolg viel subjektiver eingeschätzt. Wat dem einen sin Uhl, ist dem andern sin Nachtigall. Das macht es schwierig, zu entscheiden, welche Unvollkommenheiten akzeptiert werden sollten.

Im Sommer 2002 strömten mehr als tausend Menschen in ein Theater in Chicago, um die Premiere eines Tanzmusicals mitzuerleben. Während des ersten Akts blickten die Zuschauer so unglücklich und verwirrt drein, dass die Schöpferin Angst hatte, in der Pause würden alle gehen. In einer vernichtenden Kritik nannte der Theaterkritiker Michael Phillips das Stück »anstrengend … chaotisch … irrsinnig disparat … schlecht durchdacht«.

Das Stück *Movin' Out* war von Twyla Tharp konzipiert und geschaffen worden, die vor allem dafür bekannt war, dass sie Balletts für Mikhail Baryshnikov – und die Tanzszenen in Filmen wie *Hair* und *Amadeus* – choreografiert hatte. Sie hatte sich ein »zweistündiges Tanzspektakel« zu Billy-Joel-Songs ohne jeglichen Dialog ausgedacht. Und sie hatte die 8,5 Millionen Dollar Produktionskosten aus eigener Tasche finanziert, in der Hoffnung, dass das Stück ein auch für die Tänzer profitabler Hit werden würde – eine Berufsgruppe, die in der darstellenden Kunst viel zu wenig geschätzt wird.[18]

Die große Broadway-Premiere stand kurz bevor, aber die vernichtende Kritik ließ Tharp daran zweifeln, dass das Stück überhaupt eine Zukunft hatte. »Es war ein echtes Glücksspiel. Ich wusste nicht, ob ich oder jemand anders das Stück noch retten konnte.« Sie wusste nicht, ob sie die Handlung neu konzipieren, Dialoge einführen, Figuren weiterentwickeln oder Songs entfernen sollte. Alle Änderungen, die sie vornahm, mussten von den Tänzern gelernt und geprobt werden.

Nur einen Monat nach der katastrophalen Premiere stellte Tharp am Ende der Laufzeit in Chicago eine überarbeitete Version der Show vor. Der Kritiker Michael Phillips, der noch einmal gekommen war, zeigte sich angenehm überrascht davon, wie viel sich verändert hatte. »Weitreichende Änderungen [...] haben eine klarere, lohnenswertere Show« zum Ergebnis, die »oft mitreißend« sei, schrieb er. »Tharps Änderungen könnten dem Stück bessere Chancen am Broadway verschaffen.« Sie hatte keine perfekte Performance choreografiert, aber die Makel überschatteten die Stärken nicht länger – dank ihrer schnellen Kehrtwende.

Die Kehrtwende ist im Silicon Valley, wo oft der Grundsatz gilt, dass fertig besser als perfekt ist, ein beliebtes Konzept. Um Produkte möglichst schnell iterieren und verbessern zu können, sind die Unternehmer und Ingenieure angewiesen, ein Minimum Viable Product (ein minimal brauchbares Produkt) zu entwickeln. Aber Exzellenz unterliegt einem höheren Standard: Für mich bedeutet das, ein Minimum Lovable Product (ein minimal liebenswertes Produkt) anzustreben.

Um eine minimal liebenswerte Show zu kreieren, musste Twyla Tharp erst einmal herausfinden, was den Leuten daran nicht gefiel. Sie musste zum Schwamm werden, wusste aber nicht, welchen Kritikern und welchen Kommentaren sie trauen sollte. Sie musste die wichtigsten Reaktionen absorbieren und sich dementsprechend anpassen, und den unwichtigen Rest ausfiltern. Ihr Sohn Jesse erstellte ein Raster, in dem er die ausführlichsten Kommentare nach Themen anordnete.

Neueste Forschungen legen nahe, dass man am besten beurteilen kann, wie viel Wert auf das Urteil anderer Leute gelegt werden sollte, wenn man nach Konvergenzen zwischen ihnen sucht.[19] Wenn eine Person etwas anprangert, kann das Geschmackssache sein, aber wenn zwölf Zuschauer sich unabhängig voneinander über dasselbe beschweren, dann ist es wahrscheinlich auch objektiv betrachtet ein Problem. Dies nennt man Beurteilerübereinstimmung.

Twyla Tharp und ihr Sohn dachten sich einen Filter aus, um die Spreu vom Weizen zu trennen. Sie beschlossen, dass alle Bedenken, die von mehr als zwei Kritikern unabhängig voneinander geäußert worden waren, nicht mehr als Geschmackssache gelten konnten, sondern ein Qualitätskontrollproblem darstellten. »Die Kritiker erwiesen sich als extrem nützlich«, erinnert sich Tharp. »Gott segne ihre spitzen Zungen.«

Das Raster ergab, dass die meisten Beschwerden sich auf den ersten Akt bezogen und nicht auf den zweiten. Tharp wollte zu vieles auf einmal. Eine Zuschauerin war so überwältigt von den verschiedenen Stimulationsquellen, dass sie sich bei einem Song die Augen und beim nächsten die Ohren zuhalten musste. Tharp musste den Karren aus dem Dreck ziehen, und ihr lief die Zeit davon. »Ich brauchte keine perfekte Lösung für jedes einzelne Problem, aber ich brauchte funktionierende Lösungen – und zwar schnell.«

EIN MINIMUM LOVABLE PRODUCT

Um die Show perfekt zu machen, hätte Tharp zurück ans Reißbrett gehen und zwischen die Songs und Tänze Dialoge einfügen müssen. Aber sie war keine Perfektionistin – sie strebte nach Exzellenz, nicht nach Makellosigkeit. Um ein minimal liebenswertes Produkt zu schaffen, musste sie nur die Story vereinfachen, die Figuren deutlicher hervorheben und die Erwartungen des Publikums managen. Und das tat sie, indem sie ein Element hinzufügte, das Musicalfans sehr vertraut sein dürfte: einen Prolog.

Dem Stück einen Prolog voranzustellen bedeutete, dass sie innerhalb weniger Tage eine neue Eröffnungsnummer choreografieren musste. Anstatt sich in höchster Eile ein völlig neues, perfektes Arrangement auszudenken, entnahm sie etwas ihren eigenen Archiven. Ihrem Bühnenbildner fiel auf, dass es zwischen dem Rhythmus einiger Billy-Joel-Stücke und einem Tanz, den Tharp Jahrzehnte zuvor für eine andere Show kreiert hatte, eine auffällige Ähnlichkeit gab. Tharp brauchte nur ein paar Stunden, um die recycelte Choreografie ihren zwei Dutzend Tänzern beizubringen. Nun hatte sie eine visuell umwerfende Eröffnungsnummer, die die Figuren einführte. Im folgenden Frühling wurde *Movin' Out* für zehn Tony Awards nominiert, und Twyla Tharp gewann die Auszeichnung für die beste Choreografie. Sie hatte Wabi-Sabi entdeckt: Das Publikum und die Zuschauer waren sich einig darin, dass ein Tanzmusical auch mit einer etwas dürftigen Handlung ein wunderschönes Erlebnis sein konnte.

Herauszufinden, welche Unvollkommenheiten behoben werden sollten, muss nicht immer ein Wettrennen gegen die Zeit sein. Heutzutage legt Twyla Tharp ihr Schicksal nicht länger in die Hände von Kritikern mit spitzen Zungen. Wenn sie ein neues Projekt begonnen hat, lädt sie ein paar Leute dazu ein, ihr Stück während der Probenzeit zu rezensieren. Sie helfen ihr dabei, die Probleme zu erkennen und zu lösen, die ihr selbst nicht auffallen, weil sie die dafür nötige Distanz nicht hat. Sie empfiehlt allen, sich eine Jury zu suchen, die uns bei der Qualitätskontrolle hilft. Mein System basiert noch auf meiner Zeit als Wasserspringer.

Nachdem ich das Turmspringen aufgegeben hatte, fehlte mir die Klarheit, mit der ich damals wusste, wo genau auf der Skala von Scheitern bis Exzellenz meine Performance angesiedelt war. Also beschloss ich, alle ersten Fassungen von Artikeln oder Buchkapiteln ein paar Kollegen zu schicken, deren Urteil ich vertraute.

Seit mehr als einem Jahrzehnt setze ich nun bei allen Projekten, die mir am Herzen liegen, diese Jurys ein. Sie fungieren nicht als permanente Stützpfeiler, sondern als bedarfsbasierte Gerüste. Ich betrachte sie als eine Art Pop-up-Workshop. Für jedes Projekt hole ich mir eine andere Mischung aus fünf bis sieben Experten und Außenseitern ins Boot, deren Fähigkeiten sich ergänzen. Die Gruppe bildet sich, verändert sich je nach Relevanz und löst sich auf, wenn das Projekt beendet ist.

Als Erstes bitte ich weder um Feedback noch um Ratschläge. Ich bitte um eine Note. Die Jurymitglieder sollen meine Arbeit unabhängig voneinander auf einer Skala von null bis zehn bewerten. Es hat noch nie jemand eine Zehn gegeben. Dann frage ich, wie ich der Zehn näher kommen könnte.

Mein Ziel unterscheidet sich je nach meinen Fähigkeiten und danach, wie wichtig die Aufgabe ist. Für ein großes Projekt wie dieses Buch setze ich mir zwei Ziele: ein Wunschziel (neun) und ein akzeptables Resultat (acht).[20] Wenn ich von allen Seiten eine Acht bekomme, dann weiß ich, dass ich mit meinem Fortschritt zufrieden sein kann. *Aber hätte ich nur meinen linken kleinen Zeh bei diesem Satz besser durchgestreckt …*

Eine eindeutige Note zu bekommen ist für mich nicht nur eine Information – es motiviert mich. Wenn mehrere Jurymitglieder mir weniger als eine Sieben geben, bringt es sie dazu, mich zu coachen, und mich bringt es dazu, mich coachen zu lassen. Ich weiß, dass hier kleinere Verbesserungen nicht ausreichen werden – in diesem Fall ist eine grundlegende Überarbeitung fällig, und ich will die Lücke schließen. Nichts spornt mich so sehr an wie eine 4,5 für eine erste Fassung. So kann ich mich besser auf das Feedback und die Ratschläge vorbereiten, die folgen werden. Meine persönlicher Lieblingskommentar: »Nicht gerade ein Schmöker.« Dann überarbeite ich den Text so lange, bis mir alle Preisrichter mindestens eine Acht und manche sogar eine Neun geben. Das ist minimal liebenswert. Ich habe akzeptiert, dass es im Leben genauso läuft wie beim Wasserspringen: Wenn man einmal das Glück hat, eine Zehn zu bekommen, bedeutet das nicht, dass man eine perfekte Leistung abgeliefert hat. Eine Spitzenleistung ist es aber allemal.

Wir müssen aber aufpassen, dass wir dem Urteil der Preisrichter nicht zu viel Bedeutung beimessen. Etliche Studien zeigen, dass Perfektionisten sich oft auf das Urteil Dritter verlassen, wenn es darum geht, Exzellenz zu definieren.[21] Das Streben danach, vor anderen möglichst fehlerlos zu wirken, erhöht das Risiko für Depressionen, Angststörungen, Burn-out und andere psychische Probleme.[22] Es kostet einen hohen Preis, wenn man unbedingt gesellschaftlich anerkannt sein will. In 105 Studien mit mehr als 70 000 Probanden erwies sich, dass es das Wohlbefinden beeinträchtigt, wenn man nach außen gerichtete Ziele wie Beliebtheit und öffentliches Auftreten wichtiger nimmt als nach innen gerichtete Ziele wie Weiterentwicklung und Verbundenheit.[23] Das Streben nach Anerkennung ist ein Fass ohne Boden: Man ist nie zufrieden mit dem Status, den man erreicht hat.[24] Wenn eine externe Bewertung allerdings die eigene Entwicklung fördern kann, lohnt es sich durchaus, auf sie zurückzugreifen.

Letztendlich bedeutet Exzellenz nicht nur, die Erwartungen anderer zu erfüllen, sondern vor allem, den eigenen Ansprüchen gerecht zu werden. Schließlich ist es unmöglich, es allen recht zu machen. Die Frage ist nur, ob Sie es den richtigen Leuten recht machen. Im Zweifelsfall ist es immer besser, andere zu enttäuschen, als sich selbst zu enttäuschen.

Bevor Sie etwas, das Sie geschaffen haben, in die Welt setzen, sollten Sie sich einem letzten Richter stellen: sich selbst. Wenn Sie der Welt nur dieses eine Werk hinterlassen würden, wären Sie dann stolz darauf?

Diese Frage stellt sich Tadao Ando regelmäßig. »Was andere von meiner Arbeit halten«, sei nicht seine »wichtigste Motivation«, sagt er. »Das ist mein Wunsch, mich selbst zufriedenzustellen und immer wieder neu herauszufordern.«

Nach dem Erdbeben, das Kobe erschüttert hatte, wollte Ando

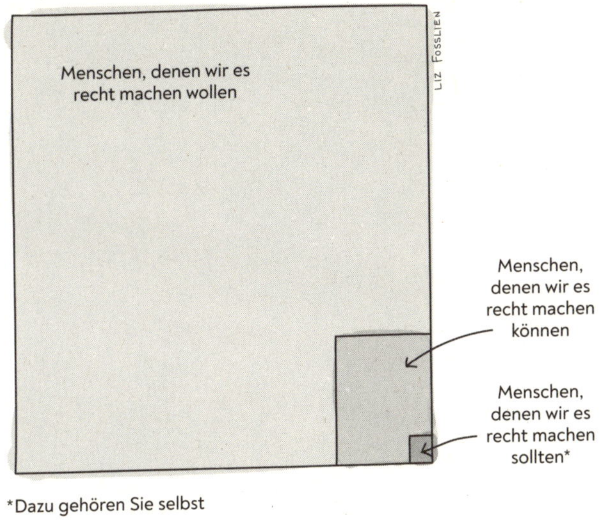

Abb. 21

die Kunstwerke der Vergangenheit bewahren und neue Hoffnung für die Zukunft wecken. Also entwarf er ein am Wasser gelegenes Kunstmuseum mit Blick auf die Berge. Auf dem Vorplatz steht eine von ihm selbst geschaffene Skulptur: ein riesiger grüner Apfel. »Im Leben ist es besser, grün hinter den Ohren zu bleiben – je grüner, desto besser«, sagt Ando. »Der grüne Apfel ist ein Symbol der Jugend.« Tadao Ando ist inzwischen über 80 Jahre alt, und seine Jugendlichkeit spiegelt sich in seinem fortwährenden Bedürfnis, sich weiterzuentwickeln.

Danach zu streben, grün hinter den Ohren zu bleiben, heißt, sich der konstanten Entwicklung und der Unfertigkeit zu verschreiben. Ein unreifer, grüner Apfel ist noch nicht vollendet – er ist unvollständig und unvollkommen. Und das ist es, was ihn erst schön macht.

TEIL II

STRUKTUREN DER MOTIVATION

Scaffolding: Wie wir mit den richtigen Hilfsmitteln Hindernisse überwinden können

Auf dem Weg zu jedem Ziel sind Hindernisse unvermeidlich. Wenn wir auf äußere Barrieren stoßen, verlangt uns dies oft innerlich einiges ab. Der Alltagstrott beginnt uns zu langweilen, und irgendwann sind wir ausgebrannt. Stagnation entmutigt uns. Wir scheitern an schwierigen Aufgaben, sind niedergeschlagen, zweifeln und fragen uns, ob wir uns wieder aufrappeln können. An Fortschritt wagen wir nicht mehr zu denken.

Charakterstärken allein reichen nicht immer aus, um große Entfernungen zurückzulegen. Vielen neuen Fähigkeiten liegt keine Bedienungsanleitung bei, und für steilere Hügel bräuchten wir oft einen Seilzug. Diesen Seilzug können wir uns selbst bauen, und zwar in Form von Gerüsten – temporären Stützstrukturen, die es uns ermöglichen, Anhöhen zu erklimmen, die wir allein nicht erreichen könnten. Sie helfen uns dabei, die Resilienz zu entwickeln, die für das Überwinden von Hindernissen notwendig ist – Hindernisse, die uns zu überwältigen drohen und unsere Entwicklung hemmen.

Wenn Psychologen Resilienz in Experimenten studieren, kreieren sie oft überwältigende Erlebnisse dadurch, dass sie den Probanden aufwühlende Videoclips zeigen. Denken Sie an die letzte aufregende Szene, die sie im Fernsehen oder im Kino gesehen haben. Ihre Lieblingsfigur wird im Weltraum geköpft – oder im Upside Down von Demo-Fledermäusen gefressen. Wenn Sie darauf wie meine Kinder (oder meine Frau) reagieren, dann gehen ihnen diese Szenen wieder und wieder durch den Kopf und verfolgen Sie noch lange, nachdem der Abspann vorbei ist. Vielen Dank, liebe Duffer Brothers! Psychologen haben jedoch herausgefunden, dass es möglich ist, diese unerwünschten Flashbacks mit einer speziellen Art von Gerüst zu verhindern.

Anfangs nahm ich an, dass es sich dabei um eine Art Therapie handeln würde – entweder eine, bei der man den Clip wieder und wieder anschauen musste, um sich systematisch zu desensibilisieren (Konfrontationstherapie), oder eine, die dabei helfen würde, die Szene so zu reframen, dass sie einem keine Angst mehr einjagte (kognitive Neubewertung). Aber ich täuschte mich. Das Gerüst, das Psychologen anbieten, um Resilienz zu verstärken, ist das Spiel Tetris. Ja, Tetris.

Nach einem besonders beängstigenden Filmausschnitt haben Probanden in den darauffolgenden Wochen durchschnittlich ungefähr sechs oder sieben verstörende Flashbacks. Wenn man sie jedoch direkt nach der Szene ein paar Runden Tetris spielen lässt, halbiert das die Zahl der Flashbacks in der darauffolgenden Woche.[1] Irgendwie beschützt es uns vor Intrusionen (Zwangsgedanken) und aversiven Emotionen, wenn wir geometrische Blöcke drehen, bewegen und an der richtigen Stelle fallen lassen.

Um eines klarzustellen: Tetris kann weder Suchtverhalten beenden noch eine posttraumatische Belastungsstörung (PTBS) heilen. Ein Spiel ist kein Ersatz für therapeutische oder pharmakologische Interventionen. Aber der Effekt konnte von unterschiedlichen Forschungsteams wiederholt werden.[2] Zunächst fand ich das Ganze einfach nur faszinierend, aber als ich mich tiefer in die Sachlage einarbeitete, erkannte ich schließlich, dass der Tetris-Effekt vier wichtige Elemente des Scaffolding verdeutlicht.

Erstens: Diese Gerüste werden meist von anderen bereitgestellt. Mir selbst wäre es nie in den Sinn gekommen, mich mit einigen Partien Tetris vor unerwünschten Gedanken zu schützen – die Idee wurde von Experten mit relevanter Erfahrung auf diesem Gebiet formuliert. Wenn die Umstände uns zu überwältigen drohen, bleibt uns nicht nur der Blick in unser Inneres, sondern wir können uns auch an Mentoren, Lehrer, Coaches, Vorbilder oder Kollegen wenden. Die Gerüste, die sie uns bieten, werden sich je nach Art der sich uns stellenden Herausforderung immer anders anfühlen und darstellen, aber sie alle haben denselben Effekt: Sie richten uns wieder auf und helfen uns auf die Sprünge.

Zweitens: Scaffolding ist auf das Hindernis zugeschnitten, das uns im Weg steht. Dass Psychologen Tetris empfehlen, liegt daran, dass das Spiel einen speziellen Nutzen bietet: Es verändert den Modus, wie unser Gehirn mentale Bilder konstruiert. Hirnscans deuten darauf hin, dass Tetris unerwünschte Bilder dadurch blockiert, dass es unsere visuell-räumlichen Schaltkreise aktiviert – wir sind zu sehr damit beschäftigt, fallende Formen aufzuräumen, um der Bedrohung durch verstörende Bilder unsere Aufmerksamkeit zu schenken.[3] Andere Spiele, wie zum Beispiel Wissensspiele, reduzieren die Flashbacks nicht. Tetris ist als Gerüst deshalb effektiv, weil es uns hilft, eine bestimmte Herausforderung zu umgehen.

Drittens: Scaffolding ist nur zu einem bestimmten Zeitpunkt nützlich. Es bringt überhaupt nichts, Tetris zu spielen, bevor man den Videoclip anschaut – denn zu dem Zeitpunkt gibt es noch keine Bilder, die ausgeschaltet werden müssen.[4] Das Gerüst wird erst nach der verstörenden Szene nützlich, und die kritische Periode scheint ungefähr die nächsten 24 Stunden zu umfassen.[5] Wartet man länger, so hat sich die Erinnerung an die

Szene bereits verfestigt, und man muss sie erst reaktivieren, bevor man sie mithilfe von Tetris blockieren kann.

Viertens: Scaffolding ist zeitlich begrenzt. Man braucht keine lebenslange Tetris-Therapie, um sich von einem Horrorfilm zu erholen. Zehn Minuten zu spielen reicht aus, um die Erinnerungskonsolidierung zu stören und Flashbacks zu verhindern. Hat man die Unterstützung erhalten, die man gebraucht hat, ist man nicht länger von ihr abhängig – man kann auch ohne sie weitermachen.

Da die Art von Scaffolding, die wir brauchen, sich von Tag zu Tag ändert, werden wir zu unterschiedlichen Zeiten von unterschiedlichen Quellen bei unterschiedlichen Herausforderungen Unterstützung finden. Ein Coach oder Mentor kann uns vielleicht zeigen, wie ein unüberwindlich scheinender Block seitwärts gedreht und zu einer Treppe gemacht werden kann. Ein Kollege oder Protegé kann uns vielleicht darauf hinweisen, dass das fehlende Puzzlestück gleich hinter der nächsten Ecke liegt. Und es ist gut möglich, dass wir zusammenarbeiten müssen, um den nächsten Level zu erreichen, wenn die Umstände sich gegen uns verschworen zu haben scheinen.

Viel zu oft haben wir das Gefühl, dass unsere Fehler sich zu einem Berg auftürmen, während sich das, was wir bisher geleistet haben, in Luft auflöst. Mit der richtigen Unterstützung im richtigen Moment können wir Hindernisse im Rahmen unserer Entwicklung überwinden. Um zu lernen, wie man diese Stützstrukturen errichtet, habe ich mit Menschen gesprochen, die trotz extremer körperlicher und seelischer Herausforderungen außergewöhnlich weit gekommen sind. Bergsteiger, Musiker, Soldaten und Sportler, die entgegen aller Wahrscheinlichkeit Erfolg hatten, haben die Art, wie ich Scaffolding betrachte, verändert. Man muss kein Sportfan sein, um ihre Erkenntnisse zu schätzen – sie lassen sich auf alle Bereiche des Lebens anwenden.

Scaffolding setzt verborgenes Potenzial frei, indem es uns dabei hilft, Pfade zu beschreiten, die wir ohne Gerüst gar nicht sehen könnten. Es befähigt uns dazu, im Alltagstrott Motivation zu finden, angesichts von Stillstand neuen Schwung zu bekommen und Schwierigkeiten und Zweifel in Quellen der Stärke zu verwandeln.

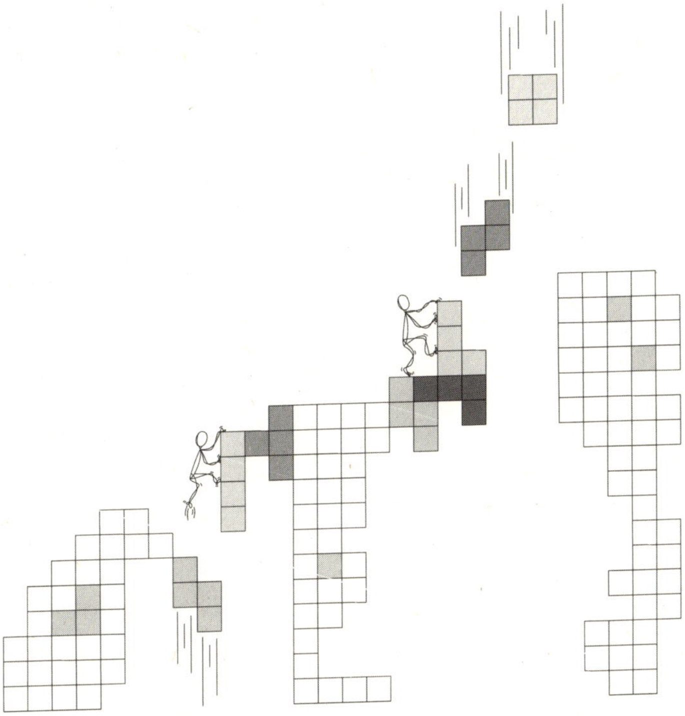

@RESEARCHDOODLES BY M. SHANDELL

Abb. 22

4 Farbe in den Alltag bringen

Leidenschaft und Praxis vereinen

Es sind weder Arbeit noch Spiel,
weder Zielstrebigkeit noch Ziellosigkeit,
die uns befriedigen, sondern der Tanz
zwischen ihnen.

Bernard DeKoven[1]

Als Evelyn Glennie ihrer Bewerbung den letzten Schliff gab, hatte sie Schmetterlinge im Bauch.[2] Seit ihrer Kindheit auf einem Bauernhof in Schottland träumte sie davon, Musikerin zu werden. Sie wurde von dem Rhythmus der Geräusche um sie herum angezogen: dem Rattern des Traktors, dem tiefen Brummen der Kühe, dem Klirren aus der Schmiede, dem Rauschen der Bäume im Wind. Nachdem Evelyn vier Jahre lang an ihren Schlagzeugkünsten gearbeitet hatte – Klavier spielte sie schon wesentlich länger –, war sie bereit.

Evelyn war noch Teenager, aber sie bewarb sich bei einem der renommiertesten Konservatorien Großbritanniens. Die Royal Academy of Music akzeptierte nur die Allerbesten. Unter anderem hatten hier Elton John und Annie Lennox ihren Abschluss gemacht. Als Evelyn in London vorspielte, hatte sie 20 Minuten, um ihre Fähigkeiten unter Beweis zu stellen. Sie spielte die Ouvertüre der Oper *Wilhelm Tell* auf der Pauke, verschiedene Stücke auf der Snaredrum und dem Xylofon und eine Sonate von Mozart auf dem Klavier.

Die Royal Academy of Music lehnte sie ab. Viele Experten des Aufnahmegremiums äußerten deutliche Bedenken; sie hielten Evelyn nicht für fähig genug und kamen letztendlich zu dem

Schluss, dass sie es niemals schaffen würde, als Profimusikerin Karriere zu machen.

Nur knapp ein Jahrzehnt später wurde Evelyn die erste Vollzeit-Soloperkussionistin der Welt. Normalerweise strömt das Publikum nicht in die Konzerte von Perkussionisten. Drummer bleiben im Orchester und in Bands im Hintergrund, wie Ringo, der nie aus dem Schatten von John und Paul treten konnte. Aber Evelyn war so talentiert, dass sie auf ihren Welttourneen regelmäßig 100 ausverkaufte Konzerte pro Jahr gab.

Evelyn Glennie hat bisher drei Grammy Awards gewonnen, als beste klassische Soloinstrumentalistin, für die beste Kammermusikdarbietung und das beste Klassik-Cross-over-Album. Sie ist mit Björk aufgetreten, hat in der *Sesamstraße* gespielt und wurde von Queen Elizabeth II. in den Ritterstand erhoben. 2015 gewann sie als erste Perkussionistin den Polar Music Prize – das musikalische Gegenstück zum Nobelpreis – und befand sich damit in der illustren Gesellschaft von Elton John, Yo-Yo Ma, Paul McCartney, Joni Mitchell, Paul Simon, Bruce Springsteen und Stevie Wonder.

Als die Royal Academy of Music entschied, dass Evelyn wahrscheinlich nicht dazu fähig sein würde, Profimusikerin zu werden, hatten die Juroren damit nicht ganz unrecht. Physisch gesehen hatte sie kein musikalisches Gehör – sie konnte Musik eigentlich überhaupt nicht hören. Die erste und beste Soloperkussionistin der Welt ist beinahe vollständig taub.

Evelyns Gehör war seit ihrem achten Lebensjahr immer schlechter geworden. Als sie zwölf Jahre alt war, konnte sie kaum noch verstehen, was die Leute sagten, die mit ihr sprachen. Ein Ohrenarzt diagnostizierte eine degenerative Erkrankung des Hörnervs und sagte ihr, sie könne unmöglich weiter Musik machen. Es sei zu schwierig – und der Weg, der vor ihr lag, zu weit.

Evelyns Gehörlosigkeit bereitete ihr außerordentliche Schwierigkeiten bei ihrer musikalischen Ausbildung. Sie quälte sich jedoch nicht stundenlang freudlos mit Tonleitern herum. Ron Forbes, der Schlagzeuglehrer an ihrer Schule, zwang sie nicht dazu, langweilige Übungsstunden zu absolvieren. Sie arbeiteten gemeinsam daran, ein Gerüst für sie zu schaffen, mit dem sie den Lernprozess genießen konnte.

In Evelyns erster Unterrichtsstunde fragte Ron sie, wie sie Musik machen wollte, ohne diese zu hören. Sie musste sich einen ganz anderen Lernstil aneignen. Sie erklärte, dass sie die verschiedenen Tonhöhen zwar nicht mit den Ohren hören konnte, die Vibrationen aber in ihren Armen, ihrem Bauch, ihren Wangenknochen und ihrer Kopfhaut spürte. Sie begann, ihren ganzen Körper als riesiges Ohr zu begreifen. Während Ron die Pauke spielte, legte Evelyn ihre Hände an die Wand und lernte, unterschiedliche Tonhöhen mit bestimmten Körperteilen zu assoziieren. Einige höhere Töne hallten in ihrem Gesichts- und Halsbereich wider. Die tieferen Töne klangen hauptsächlich in ihren Beinen und Füßen nach. Sie begann, barfüßig zu üben, um die Vibrationen intensiver spüren zu können.

Zu Beginn jeder Stunde stürzte sich Evelyn mit Feuereifer in die Herausforderung, die Klänge zu erspüren. Als sie allmählich besser wurde, verkleinerte Ron die Intervalle. Dies war wie der nächste Level eines Videospiels: Bald konnte sie nur mithilfe ihrer Fingerspitzen immer genauer Töne unterscheiden. Und Ron befeuerte ihren Enthusiasmus in der Folgezeit noch mehr, indem er sie vor neue Herausforderungen stellte, die sie meistern musste. »Siehst du dieses Stück von Bach? Glaubst du, du kannst es auf einer Snaredrum spielen?«, fragte er sie.

»Für mich gab es nie eine Trennung zwischen Spaß und harter Arbeit«, erzählte mir Evelyn. »Ich war wie ein Schwamm.« Schließlich entwickelte sie ihre eigenen Versionen von Bachs Musik im zeitgenössischen Perkussionsstil.

Wir hören oft, dass wir lange unermüdlich immer wieder dasselbe üben müssen, um unsere Fähigkeiten zu steigern. Aber die beste Art, verborgenes Potenzial freizusetzen, besteht nicht darin, sich jeden Tag durch den immer gleichen Trott zu quälen. Der beste Weg ist, den Alltagstrott in eine Quelle täglicher Freude zu verwandeln. Es ist kein Zufall, dass im Bereich der Musik Üben immer gleichzeitig auch Spielen bedeutet.

Wenn man auf einem Gebiet ein Meister werden will, reicht es nicht, als Ausnahmetalent geboren zu werden. Niemand kann von Geburt an »Amazing Grace« auf dem Dudelsack spielen, ein perfekt fluffiges Omelette surprise aus dem Ofen ziehen, mit sieben Bällen gleichzeitig jonglieren oder Worte wie Onomatopoesie und Mayonnaise richtig buchstabieren. Wer sich eine Fähigkeit aneignen will, muss üben.

Seit die Vorstellung, dass man nach 10 000 Übungsstunden auf jedem beliebigen Gebiet Experte werden kann, die Welt im Sturm erobert hat, sind Coaches, Eltern und Lehrer von einer bestimmten Form des Übens fasziniert. Deliberate Practice, also die reflektierte Praxis, ist die strukturierte Wiederholung einer Aufgabe, um die Leistung zu steigern, und basiert auf klaren Zielen und sofortigem Feedback. Wie viel tatsächlich benötigt wird, ist aber wesentlich nuancierter, als die 10 000-Stunden-Theorie uns glauben machen möchte.

Wissenschaftliche Untersuchungen haben gezeigt, dass die tatsächliche Stundenzahl, die erforderlich ist, um exzellente Leistungen auf einem bestimmten Gebiet zu erbringen, von Mensch zu Mensch und von Tätigkeit zu Tätigkeit stark variiert. Eindeutig klar ist jedoch, dass Deliberate Practice besonders gut funktioniert, wenn vorhersehbare Aufgaben mit geregelten Bewegungsabläufen trainiert werden sollen – zum Beispiel einen Golfschläger schwingen, einen Zauberwürfel lösen oder Geige spielen.[3] Sogar Wunderkinder müssen oft stundenlang wie besessen üben. Mozarts Vater, ein Geiger, stellte für seinen Sohn einen so strikten Proben- und einen derart anstrengenden Konzertplan auf, dass ein Biograf es »bedingungslose Sklaverei« nannte.[4] Aber ein so fanatisches Übungsregime fordert seinen Preis. Mozart schrieb im Alter von noch nicht mal 20 Jahren in seinen Briefen, wie ausgelaugt er sich fühlte, und gestand, seine Finger würden schmerzen, weil er so viele Rezitative komponieren müsse.[5] Etwa zehn Jahre später schrieb er, er sei müde wegen der vielen Konzertauftritte.[6] Es gibt durchaus Anlass zu der Vermutung, dass Mozart nicht wegen, sondern trotz seines zwanghaften Übens ein erfolgreicher Musiker wurde.

Wissenschaftliche Studien zeigen, dass von ihrer Arbeit besessene Menschen zwar länger arbeiten als ihre Kollegen, aber trotzdem keine besseren Leistungen erbringen als sie.[7] Wahrscheinlicher ist, dass sie irgendwann sowohl körperlich als auch geistig völlig ausgebrannt sind. Die Monotonie der Deliberate Practice birgt in hohem Maß das Risiko, einen Burn-out zu erleiden – oder einen Bore-out. Ja, das Bore-out-Syndrom ist tatsächlich ein psychologischer Fachbegriff. Während Burn-out die emotionale Erschöpfung bezeichnet, die sich einstellt, wenn man zu lange zu viel tun muss, ist Bore-out die emotionale Abstumpfung, die sich einstellt, wenn man dauerhaft unterstimuliert ist.[8] Deliberate Practice ist zwar notwendig, um Großes zu erreichen, aber wir sollten nicht so übereifrig sein, dass wir dem Training jede Freude nehmen und es in eine obsessive Plackerei verwandeln.

In einer Studie über Konzertpianisten, die vor ihrem vierzigsten Geburtstag internationalen Ruhm erlangten, waren nur wenige von ihrer Kunst besessen. Die meisten hatten als Kinder anfangs nur rund eine Stunde täglich Klavier geübt. Sie wurden weder von Sklaventreibern noch von Komissköppen aufgezogen; ihre Eltern reagierten einfach begeistert auf die Musikleidenschaft ihrer Kinder. Im Teenageralter steigerten sie nach und nach ihr tägliches Übungspensum, aber es wurde nie zu einer Besessenheit oder einer lästigen Pflicht. »Sie übten, weil sie sich für das interessierten, was sie taten«, erklärt die Psychologin Lauren Sosniak, und »weil sie gern mit ihrem Lehrer zusammenarbeiteten«.[9]

Ausnahmemusiker werden nur selten durch zwanghafte Besessenheit angetrieben. Was sie beflügelt, ist das, was Psychologen harmonische Leidenschaft nennen.[10] Harmonische Leidenschaft bedeutet, Freude am Lernprozess zu empfinden statt dem Druck ausgesetzt zu sein, ein bestimmtes Ziel zu erreichen. Man übt nicht länger unter dem Damoklesschwert der Pflichterfüllung. *Ich sollte lernen. Ich sollte üben.* Man wird in ein Netz

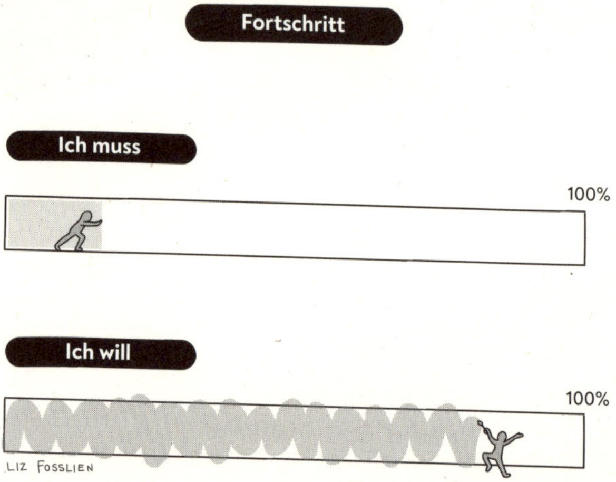

Abb. 23

des Verlangens gezogen. *Ich will lernen. Ich freue mich aufs Üben.* Das macht es einfacher, den Flow zu finden: Man ist schnell völlig absorbiert; die Welt um einen herum versinkt, und man wird eins mit seinem Instrument. Statt das Leben zu beherrschen, wird das Üben zu einer Bereicherung.

Leidenschaft ist aber nicht nur in der Musik wichtig. In 127 Studien mit mehr als 45 000 Probanden[11] mündete Beharrlichkeit mit größerer Wahrscheinlichkeit in Höchstleistungen, wenn auch Leidenschaft mit im Spiel war.*

Die Frage ist nur, wie man es schafft, sein Training mit ebendieser Leidenschaft zu füllen. Wie lässt sich das Gerüst bauen, das dafür nötig ist? Meine Lieblingsantwort lautet: Deliberate Play, also reflektiertes Spiel.

* Meine Kollegin Nancy Rothbard hat herausgefunden, dass die negativen Auswirkungen langer Arbeitszeiten davon abhängen, wie man sich damit fühlt. Ein erhöhtes Risiko für Depressionen, Schlafstörungen, Bluthochdruck und erhöhten Cholesterinspiegel geht damit einher, wenn Menschen aus Besessenheit bis tief in die Nacht hinein arbeiten. Dies trifft jedoch nicht zu, wenn sie es aus Leidenschaft tun. Es gibt außerdem noch Hinweise darauf, dass Besessenheit für größere Konflikte zwischen Arbeitsleben und Privatleben sorgt: Man schafft es kaum, nach der Arbeitszeit abzuschalten, um sich dem Privatleben unbeschwert zuwenden zu können, was zum Burn-out beiträgt. Im Gegensatz dazu wird har- ▶

Deliberate Play ist eine strukturierte Aktivität, die dazu dient, die Aneignung von Fähigkeiten angenehm zu machen.[12] Sie verbindet Elemente der Deliberate Practice mit freiem Spiel.[13] Wie freies Spiel soll Deliberate Play Spaß machen, allerdings ist es so strukturiert, dass es nicht nur erholsam, sondern auch lernfördernd und herausfordernd ist. Es bricht komplexe Aufgaben in einfachere Einzelelemente auf, anhand derer man eine bestimmte Fähigkeit verbessern kann.

Als ich Evelyn Glennie nach ihrem Übungsregime fragte, sagte sie, die meiste Zeit verbringe sie mit Deliberate Play. Sobald sie sich langweilt, wechselt sie das Instrument und wendet sich immer wieder neuen Schlaginstrumenten zu. »Wenn ich versuche, das Interesse an einer neuen Marimbafon-Technik nicht zu verlieren, übertrage ich sie auf ein Schlagzeug«, sagt sie. Diese Abwechslung bricht die Monotonie auf und bewahrt ihr die harmonische Leidenschaft. »Bei mir gibt es überhaupt keine Routine«, erklärt sie lachend. »Das hört sich zu sehr nach Geiselhaft an.«

Beim Deliberate Play wird das Üben oft überraschend und abwechslungsreich gestaltet. Das kann sich in der Lernweise, den Lernmitteln, den gesetzten Zielen und den Menschen, mit denen interagiert wird, niederschlagen. Abhängig von der Fähigkeit, die ausgebildet werden soll, kann das Deliberate Play die Form eines Spiels, eines Rollenspiels oder einer Improvisationsübung annehmen.

Als ich anfing, mich mit der Forschung zum Deliberate Play zu beschäftigen, öffnete mir das die Augen, und ich erkannte,

▸ monische Leidenschaft mit größerer Zufriedenheit und einer gesunden Work-Life-Balance in Verbindung gebracht; es ist einfacher, verschiedene Prioritäten miteinander in Einklang zu bringen, wenn man nicht unter konstantem Arbeitsdruck steht. (Siehe hierzu: Lieke L. Ten Brummelhuis, Nancy P. Rothbard und Benjamin Uhrich, »Beyond Nine to Five: Is Working to Excess Bad for Health?«, *Academy of Management Discoveries* 3, Nr. 3 (2017): S. 262–283; Robert J. Vallerand, Yvan Paquet, Frederick L. Phillipe und Julie Charest, »On the Role of Passion for Work in Burnout: A Process Model«, *Journal of Personality* 78, Nr. 1 (2010): S. 289–312.)

dass es möglich war, jegliche Form des Übens mit harmonischer Leidenschaft zu erfüllen. Ich fragte mich, ob ich damit auch den Alltagstrott in traditionelleren Formen der Berufsausbildung transformieren könnte. In einem Experiment mit medizinischem Fachpersonal fanden meine Kollegen und ich heraus, dass es deutlich weniger Burn-out-Fälle gab, nachdem wir sie dazu animiert hatten, etwas Deliberate Play in ihre besonders anstrengenden Aufgaben zu integrieren.[14] Eine Krankenschwester der Allergologie begann, sich ihren jungen Patienten als »Nurse Quick Shot« vorzustellen, wodurch diesen ein guter Teil ihrer Angst genommen wurde. Sie ließ sie bei den Injektionen ihre Zeit stoppen, und bei ihrem nächsten Besuch fragten die Kinder sofort nach Nurse Quick Shot und forderten sie heraus, ihren bisherigen Rekord zu unterbieten.

Es gibt inzwischen eine Bewegung, die Deliberate Play in die berufliche Weiterbildung integrieren will. Medizinische Hochschulen bieten heute Kurse für Impro-Comedy an, um in die herausfordernde Aufgabe, nonverbale Hinweise korrekt zu interpretieren, etwas Leichtigkeit zu bringen.[15] In einer Übung, »Fremdsprachiger Film«, beobachten Studenten ihre Kommilitonen, während diese Kauderwelsch von sich geben, und sie versuchen, anhand ihrer Gestik und Mimik herauszufinden, was ihre Worte bedeuten. Die Studenten berichten, dass Deliberate Play ihnen nicht nur Spaß bringt, sondern sie auch zu besseren Ärzten macht – und die bisherigen Forschungsergebnisse sind sehr ermutigend.[16] Nachdem ein Kommunikationskurs an der pharmakologischen Fakultät mit solchen Impro-Sessions erweitert wurde, schnitten die Studenten bei Patientenuntersuchungen deutlich besser ab.[17] Sie konnten die Hauptbeschwerden der Patienten besser identifizieren und standen ihren Ängsten und Sorgen empathischer gegenüber.

Diese Vorteile sind aber bei Weitem nicht nur auf das Gesundheitswesen beschränkt. In einigen Vertriebsseminaren ließ man die Studenten zu Lernzwecken in die Rollen von Verkäufer und Kunden schlüpfen.[18] In einer Übung brachte der Kunde eine Schachtel mit in den Raum, und der Verkäufer musste fragen, was sich darin befand. Ziel war es, das Gespräch drei Minuten lang am Laufen zu halten, ohne zu stocken. Im Lauf des folgenden Monats sollten diese Studenten Tickets für eine Profi-Sportmannschaft verkaufen, und diejenigen, die an dem Rollenspiel teilgenommen hatten, verkauften 43 Prozent mehr Tickets als die Kontrollgruppe, die sich aus Studenten zusammensetzte, die dieses Training nicht abgeschlossen hatten. Außerdem hatte ihnen der Kurs auch besser gefallen.

Das Gerüst für das Deliberate Play wird häufig von einem Lehrer oder Coach aufgebaut, aber man kann auch allein echte Fortschritte machen. Wenn man lernen will, beim Klavierspielen besser vom Blatt zu lesen, könnte man ein Spiel daraus machen, beim ersten Lesen möglichst viele richtige Noten zu treffen und diese Anzahl dann von Probe zu Probe zu steigern. Wenn Sie Scrabble spielen und schneller Anagramme erkennen wollen, könnten Sie üben, indem Sie zufällig einige Plättchen ziehen und testen, wie viele Wörter Sie innerhalb einer Minute legen können.

Deliberate Play ist vor allem im Sport sehr beliebt geworden. Es gibt zahlreiche Beweise dafür, dass Sportler, die sich früh auf eine einzelne Sportart festlegen, schnell ihren Leistungshöhepunkt erreichen und dann innerhalb kurzer Zeit ausbrennen.[19] Das einseitige Training, dem sie sich seit ihrer frühen Jugend unterzogen haben, erhöht ihr Risiko, körperlich oder psychisch zu erkranken.[20] Mit Deliberate Play ist es einfacher, sich die Freude am Sport zu bewahren und langfristig höhere Leistungen zu erzielen.

Im Sport wird das Deliberate Play meist um die Unterkomponente eines Wettkampfs oder Matchs herum aufgebaut.[21] Im Tennis kann man beispielsweise seine Aufschläge verbessern, indem man sich dazu herausfordert, möglichst viele Aufschläge in Folge zu schaffen. Erfolg kann bedeuten, einen Gegner zu besiegen, sich selbst zu übertreffen oder sein Tempo zu steigern. Man zählt nicht, wie viele Trainingsstunden man absolviert hat, sondern verfolgt seine Fortschritte. Das Ergebnis ist kein Symbol des Sieges, sondern eine Messlatte des Fortschritts.

In einem kleinen Experiment in Brasilien verglichen Sportpsychologen Deliberate Play und Deliberate Practice als Strategien, um jungen Sportlern Basketball beizubringen.[22] Einige der Sportler verbrachten mehr als die Hälfte ihrer Trainingszeit mit Deliberate Practice. Ihre Trainer brachten ihnen in speziellen Übungseinheiten Dribbeln, Abgeben und Wurftechniken bei, gaben regelmäßig Feedback und trainierten mit und ohne Verteidiger.

Die anderen Sportler verbrachten beinahe drei Viertel ihrer Trainingszeit mit Deliberate Play. Um ihre Fähigkeiten zu entwickeln, dachten sich die Trainer Spiele aus, anstatt rigoros zu üben. Manchmal war ein Spieler auf dem Feld, der abgeben, aber nicht schießen durfte. Gelegentlich spielten sie in benachteiligten Positionen – einer gegen zwei, oder drei gegen vier. Einige Monate später prüften die Psychologen das Basketballverständnis und die Spielkreativität beider Gruppen, indem sie ihre Fähigkeiten maßen, in offene Positionen auf dem Feld vorzudringen und Ballwechsel durchzuführen, die von den Verteidigern nicht abgefangen werden konnten. Die größten Fortschritte hatte die Gruppe gemacht, in der Deliberate Play – nicht Deliberate Practice – an der Tagesordnung gewesen war.

Da Deliberate Play harmonische Leidenschaft nährt, können mit dieser Trainingsform Bore-out und Burn-out vermieden werden. Auf den ersten Blick erinnert die Praxis zwar sehr an Spielifikation, aber sie unterscheidet sich grundlegend von der Anwendung spieltypischer Elemente in einem spielfremden Kontext. Spielifikation ist oft nur ein Taschenspielertrick – der Versuch, eine langweilige Aufgabe ein bisschen aufzuhübschen. Der Sinn der Übung besteht darin, einen Dopaminausstoß anzubieten, der von der Langeweile ablenkt oder die Erschöpfung im Zaum hält. Natürlich kann eine Bestenliste dazu animieren, trotz aller Langeweile weiterzuarbeiten, aber das reicht nicht, um einen zu überlisten, auf einmal eine Routine zu mögen, die man eigentlich hasst.*

Beim Deliberate Play wird die Aufgabe selbst so umgestaltet, dass sie sowohl motivierend als auch entwicklungsfördernd wird. Das beste Beispiel für dieses Prinzip, das mir je begegnet ist, hat sich ein Basketballtrainer ausgedacht.

Training ohne Spiel

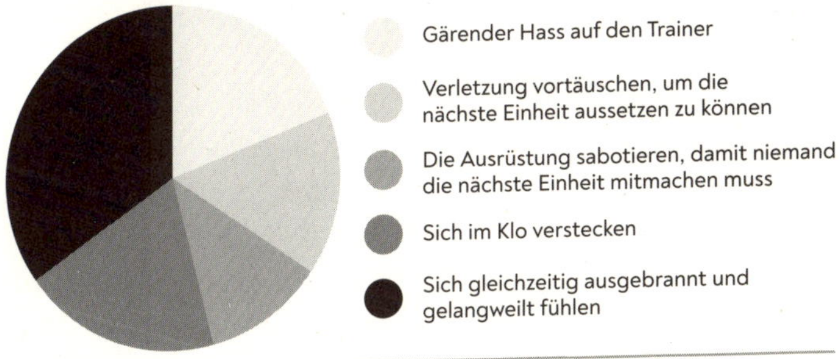

Abb. 24

AUS DER ÜBUNG

Als ich zum ersten Mal etwas über Brandon Paynes Trainingsphilosophie las, musste ich ihn sofort anrufen.[23] Als Junge, der in einem Vorort von Charlotte, Virginia aufgewachsen war, träumte Brandon nur von Basketball. Als Sohn eines Basketballtrainers lernte er die Grundlagen schon sehr früh. Nachdem er unzählige Nachmittage, Abende und Wochenenden damit verbracht hatte, in seiner Einfahrt Körbe zu werfen, wurde er ein Scharfschütze, der für seine Dreipunktwürfe und sausend schnellen Freiwürfe bekannt wurde. Als er dann sein Studium an der Wingate University begann, hoffte er, sofort in die Basket-

* Vor Kurzem habe ich erfahren, dass die ersten Laufbänder eigentlich als Folterinstrumente erfunden wurden. Im frühen 19. Jahrhundert mussten britische Gefangene täglich ungefähr sechs Stunden lang auf die Speichen eines großen Rades treten, mit dem Wasser gepumpt oder Mühlen angetrieben wurden. Ein Wachmann schrieb, »der Schrecken liege« nicht in der »Schwierigkeit«, sondern in der »monotonen Eintönigkeit« dieser Arbeit. (Siehe hierzu: Conor Heffernan, »The Treadmill's Dark and Twisted Past«, https://www.ted.com/talks/conor_heffernan_the_treadmill_s_dark_and_twisted_past.)

ballmannschaft aufgenommen zu werden. Allerdings ergab sich da ein Problem. Wenn Brandon auf dem Spielfeld in eine Lücke vorstoßen wollte, waren seine Gegner immer schneller dort als er. Wenn er nach einer Seite antäuschte und dann in die andere Richtung dribbelte, blieben sie ihm auf den Fersen. Irgendwann stagnierte Brandons Spiel, und man sagte ihm, seine Basketballkarriere sei vorbei. »Ich war am Boden zerstört«, erinnert er sich wehmütig. »Es gibt kein schlimmeres Gefühl, als wenn dir jemand sagt, es ist aus, obwohl du immer noch gern spielst.«

Obwohl Brandon das Basketballspielen liebte, trainierte er nur gern, wenn er seine Wurffertigkeiten verbessern wollte. Um Verteidiger hinter sich zu lassen und selbst an den Korb zu kommen, hätte er aber an seiner Geschwindigkeit und Beweglichkeit arbeiten müssen. »Ich war in diesem Bereich kein Naturtalent«, gesteht er, »und habe nicht alles getan, was nötig gewesen wäre, um mich zu verbessern.« Nötig gewesen wären Sprints, um sein Tempo zu steigern, Dehnübungen, um seine Beweglichkeit, und Drills, um seine Beinarbeit zu verbessern.

Brandon verlegte sich aufs Basketballtraining. Jetzt musste er andere Sportler dazu animieren, dasselbe Training zu absolvieren, vor dem er selbst sich immer gedrückt hatte. Sie verabscheuten die extrem anstrengenden Sprints über das gesamte Feld, bei denen ihnen die Lunge brannte, und sie hassten die eintönigen, endlosen Beinarbeit-Drills, bei denen sie vor Langeweile fast eingingen. Wie Brandon warfen auch sie gern Körbe. Aber diese harmonische Leidenschaft schwappte nicht auf die langweiligen Übungen über – im Gegenteil, im Vergleich wirkten sie nur noch langweiliger. Die Freude daran, Körbe zu werfen, machte das Grauen vor den endlosen Dribbelübungen nur noch größer.

Die Leidenschaft für eine Aufgabe kann dazu führen, dass wir die weniger aufregenden Aufgaben, die wir aber ebenfalls erledigen sollten, vernachlässigen.[24] Zu diesem Verhaltensmuster habe ich mit meiner ehemaligen Studentin Jihae Shin geforscht. In einer Studie mit koreanischen Einzelhandelskaufleuten fanden wir heraus, dass sie ungeliebte Aufgaben umso schlechter erledigten, je mehr ihnen ihre Lieblingsaufgaben gefielen. Wir replizierten diesen Effekt in einem Experiment, in dem wir den Probanden die langweilige Aufgabe gaben, Namen und Telefonnummern aus dem Telefonbuch abzuschreiben. Sie machten dabei mehr Fehler, wenn wir sie davor interessante YouTube-Videos anschauen ließen. Der Kontrast zwischen den beiden Aufgaben machte die Datenübertragung nur noch öder.

Im Training geht es immer um die Verbesserung mehrerer Fähigkeiten, und nur sehr selten gefallen einem ausnahmslos alle Trainingseinheiten. Brandon begann nach Möglichkeiten zu suchen, alle Elemente des Trainings mit harmonischer Leidenschaft zu füllen. Er konnte zwar nicht bewirken, dass die Drills mit weniger Schmerzen verbunden waren, aber es gelang ihm, das Training mit mehr Freude zu füllen. Anstatt die Spieler durch die härtesten Übungsformen zu prügeln, wollte er das Training so umgestalten, dass es ihnen Spaß machen würde. »Ich wollte ein System entwickeln, das keinen Spieler in die Falle geraten lassen würde, in die ich selbst getappt war«, erinnert sich Brandon. Er wollte das Gerüst bauen, mit dessen Hilfe Sportler ihr volles Potenzial ausschöpfen konnten, indem er ihre Liebe für das Spiel ansprach.

2009 eröffnete Brandon ein Trainingszentrum für Basketballspieler. Eines Tages begegnete er einem jungen NBA-Spieler, dessen Schwächen allen Talentscouts sofort aufgefallen waren. Einer schrieb, der Junge sei »durch seine körperlichen Einschränkungen limitiert«. Ein anderer klagte: »Er ist zu klein und zu schwach, und das kann er auch nicht durch Beweglichkeit oder Sportlichkeit ausgleichen […] Er wird wahrscheinlich nie ein Star werden, weil er einfach nicht kraftvoll genug spielt.«

Brandon erkannte in diesem Spieler einige seiner eigenen Schwächen wieder und gab ihm seine Visitenkarte. Am nächsten Morgen begannen sie, zusammen zu trainieren. In seiner ersten Spielzeit nach dem Training mit Brandon stellte der Spieler einen neuen NBA-Rekord für die meisten Dreipunktewürfe auf. Ein paar Jahre später wurde er in zwei aufeinanderfolgenden Spielzeiten zum wichtigsten Spieler der NBA ernannt. Sein Name ist Stephen Curry.[25]

EIN GANZ NEUES SPIEL

Stephen Curry gilt gemeinhin als bester Schütze der NBA-Geschichte. Es heißt, Curry habe für den Dreipunktewurf dasselbe getan, was Michael Jordan für den Slam Dunk getan hat – er revolutionierte den Sport mit seiner Treffsicherheit. Die beiden Rekordhalter vor Curry brauchten mehr als 1300 Spiele, um ihren Rekord aufzustellen. Curry überholte sie nach nur 789 Spielen.

Obwohl auch Stephen Currys Vater NBA-Spieler war, bot ihm keine gute College-Basketballfakultät ein Stipendium an. Nach der Highschool wurde er extrem unterschätzt: Auf einer Fünf-Sterne-Skala bewertete man ihn als Rekruten nur mit drei Sternen. Im Sommer vor seinem letzten Schuljahr schaute sich der Basketballtrainer des Davidson College ein Spiel mit ihm an. »Er war furchtbar. Er verschoss den Ball ins Publikum, er ließ Pässe fallen, er verdribbelte sich und traf fast nie den Korb«, erinnert sich der Trainer. »Aber während des Spiels gab er kein einziges Mal einem Schiedsrichter oder einem Mannschaftskameraden die Schuld daran. Er feuerte alle von der Ersatzbank aus an […], und er wich nie einer Konfrontation aus. Das beeindruckte mich.«

Dies war nicht das erste Mal, dass sich Stephen Currys Charakterstärke zeigte. Als er als kleiner Junge beim Training der Mannschaft seines Vaters dabei sein durfte, fiel einem Spieler auf, dass er »wie ein kleiner Schwamm […] alle sich bietenden Informationen aufsaugte«. In der Highschool war er trotz seiner Probleme immer fest entschlossen, seine Mannschaft zu unterstützen, und diszipliniert genug, um nie die Beherrschung zu verlieren. Wissenschaftliche Studien legen jedoch nahe, dass besonders disziplinierte Menschen tatsächlich nur einen sehr kleinen Teil ihrer Disziplin einsetzen. Meine Kollegin Angela Duckworth hat herausgefunden, dass diese Menschen sich nicht mit purer Willensstärke durch anstrengende Situationen pushen, sondern vielmehr die Situation ändern, um sie weniger anstrengend zu machen.[26]

Ein eindeutiges Beispiel hierfür findet sich in der Forschung zum Marshmallow-Test[27], der zu den berühmtesten – und oft missverstandenen – Studien in der Geschichte der Psychologie gehört. Sie kennen wahrscheinlich die klassische Variante: Psychologen legten ein Marshmallow auf einen Teller und sagten den vierjährigen Probanden, dass sie zwei Marshmallows bekommen würden, wenn sie den ersten nicht sofort, sondern erst ein paar Minuten später verspeisten. Vorschulkinder, die es schafften, das Marshmallow nicht gleich zu verputzen, weil sie auf die größere Belohnung warten wollen, erzielten als Teenager höhere Ergebnisse beim Scholastic Assessment Test (SAT) – ein Ergebnis, das man vor Kurzem replizieren konnte.[28]

Als ich zum ersten Mal Videoaufnahmen vom Marshmallow-Test anschaute, erwartete ich, ein paar Vorschülern mit eiserner Willenskraft zu begegnen. Stattdessen sah ich Kids, die sich Gerüste bauten, um ihre Willenskraft gar nicht erst auf die Probe stellen zu müssen. Einige hielten sich die Augen zu oder legten die Hand auf das Marshmallow. Andere setzten sich auf ihre Hände. Einer knautschte das Marshmallow zu einem Ball zusammen und benutzte ihn als Spielzeug. Diese Kinder hatten ihre eigene Form des Deliberate Play improvisiert.* Und genau dasselbe machte Brandon Payne für Stephen Curry.

* Der erste Marshmallow-Test fand unter der Annahme statt, dass Belohnungsverzögerung ein Zeichen von Disziplin ist – der Fähigkeit, langfristige Ziele vor kurzfristige Befriedigung zu stellen. Aber eine vor Kurzem durchgeführte Wiederholung des Tests deutet darauf hin, dass es vielmehr ein Zeichen von sozialer Stabilität sein könnte, auf den zusätzlichen Marshmallow zu warten. Kinder, die in fürsorglicher Umgebung aufwachsen, vertrauen wahrscheinlich stärker darauf, dass die Psychologen ihr Versprechen auf eine Belohnung auch erfüllen werden. Die Kinder, die sich sofort den süßen Mäusespeck in den Mund stopfen, kommen überwiegend aus sozioökonomisch benachteiligten Familien. Wenn man in einer Welt voller Armut und Unsicherheit aufwächst, kann man nicht darauf zählen, die versprochene Belohnung auch tatsächlich zu erhalten. (Siehe hierzu: Laura E. Michaelson und Yuko Munakata, »Same Data Set, Different Conclusions: Preschool Delay of Gratification Predicts Later Behavioral Outcomes in a Preregistered Study«, *Psychological Science* 31, Nr. 2 (2020): S. 193–201; Keith Payne und Pascal Sheeran, »Try to Resist Misinterpreting the Marshmallow Test«, *Behavioral Scientist*, 3. Juli 2018.)

Brandon trainiert Curry inzwischen seit mehr als zehn Jahren. Er erzählte mir, dass er als Erstes das wichtigste Grundprinzip festlegte: »Unsere Work-outs sind niemals langweilig.« Er baute das Gerüst so auf, dass es die schwierigsten Aspekte des Trainings vereinfachte – um Curry dabei zu helfen, Fortschritte zu machen, ohne sich dabei allzu sehr auf pure Disziplin verlassen zu müssen.

Um das Training interessant zu machen und gleichzeitig Currys Technik zu verbessern, entwickelte Brandon eine ganze Speisekarte an Deliberate-Play-Aktivitäten. In Twenty-One muss man in einer Minute 21 Punkte mit Dreipunktewürfen, Jump Shots und Layups (die mit einem Punkt gewertet werden) erzielen. Aber nach jedem Wurf muss man einmal in die Mitte des Feldes und wieder zurück zum Korb sprinten. Bei dieser Übung gerät man schnell außer Atem, und das simuliert die Kraftanstrengung, die ein echtes Spiel mit sich bringt. »Jeder Drill ist ein Spiel«, erklärt Brandon. »Es ist immer ein Wettlauf gegen die Zeit. Man muss immer eine bestimmte Punktzahl erreichen. Wenn du die Punktzahl erreichst und zu langsam warst, hast du trotzdem verloren.«

Der Nachteil dabei, gegen andere anzutreten, ist, dass man auch gewinnen kann, ohne selbst besser zu werden. Vielleicht haben die Gegner einen schlechten Tag, oder man selbst hat einfach Glück. Bei Brandons Form des Deliberate Play gibt es nur einen Gegner, gegen den man antritt: das frühere Ich. Und alle Leistungen, die du erzielst, sind für dein zukünftiges Ich bestimmt. Das Ziel ist nicht, perfekt zu werden, sondern sich zu verbessern. Man kann nur dadurch gewinnen, dass man sich weiterentwickelt.

Ich war davon ausgegangen, dass es ideal wäre, eine Technik so lange zu üben, bis man sich in ihr verbessert hätte, und erst dann zur nächsten überzugehen. Aber statt dieselben Herausforderungen zu wiederholen, setzt Brandon auf Abwechslung. In 20-minütigen Intervallen peitscht er Curry durch verschiedene Trainingseinheiten. Diese Abwechslung steigert nicht nur die Motivation – durch sie lernt man auch besser. Hunderte Experimente haben gezeigt, dass Menschen sich schneller verbessern, wenn sie zwischen unterschiedlichen Trainingsschwerpunkten hin- und herwechseln.[29] Psychologen nennen das Interleaving-Lernen (verschachteltes Lernen), und es funktioniert in den unterschiedlichsten Bereichen – von Mathematik bis Malerei – vor allem, wenn die Fähigkeiten, an denen gearbeitet wird, sich ähneln und komplex sind. Sogar kleine Variationen, wie zum Beispiel immer wieder unterschiedlich dicke Pinsel zu benutzen oder das Gewicht eines Basketballs ein bisschen zu verändern, können einen gewaltigen Unterschied machen.[30]

Deliberate Play ist besonders wertvoll, wenn es darum geht, das öde Sommertraining aufzupeppen. Wenn in manchen Wochen mehrere Spiele stattfinden, fällt es den meisten Sportlern nicht schwer, motiviert zu bleiben. In der Sommerpause verliert man hingegen leicht das Interesse am Training.

Nachdem der angehende Star Luka Dončić völlig außer Form zum Vortraining erschienen war, begann er, mit Brandon zu trainieren. Er verlor gleichzeitig Gewicht und gewann an Schnelligkeit. »Wenn man keine Pickup-Games spielt, sind die Sommer manchmal sehr lang. Die Work-outs werden schnell eintönig, wenn man das nicht aktiv verhindert«, sagte Stephen Curry einem Journalisten. Deliberate Play »erschafft eine spielähnliche Situation, in der du unter Druck stehst«, erläutert er, was bedeutet, dass »du aufmerksam und konzentriert bleiben musst«.

In den zehn Jahren, in denen Curry mit Brandon trainierte, setzte er sein verborgenes Potenzial frei. Was ihm mit seinen knapp 1,90 m Körpergröße und rund 90 Kilo Gewicht an Masse fehlt, wiegt er nun durch seine Genauigkeit und explosive Kraft auf. Er schreibt einen Großteil seiner Verwandlung dem Deliberate Play zu, das Brandon für ihn organisiert – und das sein Training mit harmonischer Leidenschaft erfüllt. Und aufgrund seiner Entschlossenheit holt er das Beste für sich heraus. »Er liebt den Prozess. Das ist etwas, das alle großen Sportler verbindet«, sagt Currys langjähriger Teamchef Steve Kerr. »Es gibt zwar eine Routine [...], aber man genießt jeden Tag. Es liegt eine Leidenschaft darin, und die ist es, die langfristig trägt. Wenn man etwas so liebt wie diese Jungs, dann arbeitet man dafür. Man wird besser und macht einfach weiter.«

Deliberate Play wird Sie zwar nicht unbedingt in einen Leistungssportler verwandeln, aber es kann Ihre Motivation steigern und Ihre Entwicklung beschleunigen. Eines Tages sah ich das Video eines YouTubers, der zwei Stunden täglich Stephen Currys Trainingsregime folgte.[31] Anfangs gelangen ihm nur acht Prozent seiner Dreipunktewürfe. Nach 50 Tagen Deliberate Play hatte er enorme Fortschritte gemacht, und er verzeichnete eine Trefferquote von 40 Prozent.

Es ist eindeutig erwiesen, dass Deliberate Play harmonische Leidenschaft entfachen und bewahren kann. Aber gilt das auch für wirklich lange Zeiträume? Evelyn Glennie ist davon überzeugt – sie setzt die Methode schon seit 50 Jahren ein. Und etwas, das wissenschaftlich erst vor Kurzem bewiesen wurde, weiß sie schon lange: Selbst Deliberate Play sollte nicht jeden Tag den ganzen Tag lang stattfinden. Diese Lektion musste sie auf die harte Tour lernen.

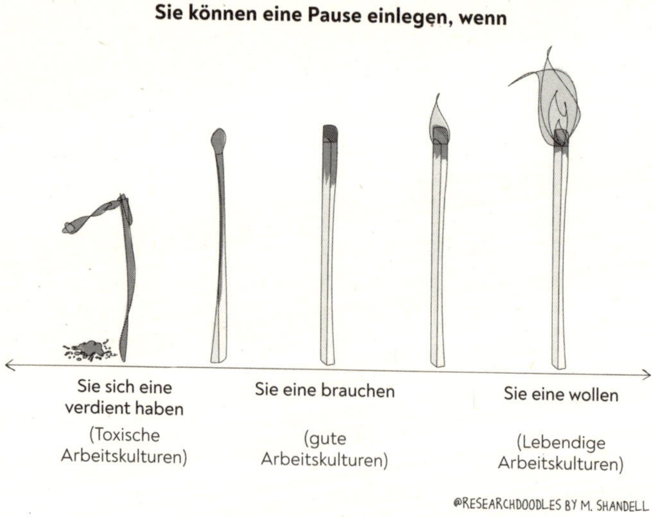

Abb. 25

MACH MAL PAUSE

Ich sah Evelyn zum ersten Mal 2012 in London bei der Eröffnungsfeier der olympischen Sommerspiele live auf der Bühne. Um ein unvergleichliches Crescendo hervorzubringen, sollte sie 1000 Trommler anführen. Sie stand vor einem gigantischen Drumset und begann mit rhythmischen Schlägen, die sich bald zu rasend schnellen Donnerlauten steigerten. Das Stadion knisterte vor Energie. Als später ein Goldmedaillengewinner mit der olympischen Fackel ins Stadion lief, stellte Evelyn der Welt einen neuen Sound vor, auf einem Instrument, das sie selbst mit entworfen hatte: dem Glennie Concert Aluphone. Es sah aus wie eine Reihe pilzförmiger Glocken, und als sie mit vier Schlägeln darauf einschlug, klang es wie die wärmere, heitere Version eines Glockenspiels. Ich wusste damals noch nicht, dass sie mit einer körperlichen Beeinträchtigung lebte – und schon gar nicht, dass sie die Musik, die sie machte, gar nicht hören konnte.

Als Evelyn sich in ihrer Teenagerzeit bei der Royal Academy of Music beworben hatte, konnten die Experten in der Jury schlichtweg nicht glauben, dass ein gehörloses Mädchen Profimusikerin werden konnte. Ihr Werdegang forderte die Academy dazu auf, künftig nicht mehr auf die Beeinträchtigungen von Bewerbern zu achten, sondern einzig und allein auf die Qualität ihrer Performance. Nach ihrer zweiten Bewerbung nahm die Academy Evelyn nicht nur mit Freuden auf – sie änderte auch die Aufnahmeregeln für ganz Großbritannien. Von nun an würden Bewerber ausschließlich aufgrund ihrer musikalischen Fähigkeiten bewertet werden. Ihr körperlicher Zustand würde von nun an keine Rolle mehr spielen.

Als Vollzeitstudentin an der Musikhochschule probte Evelyn unglaublich gern. Anfangs übte sie zwei oder drei Stunden am Tag, aber es dauerte nicht lange, bis sie den Druck verspürte, mehr zu tun. Als sie sah, wie lange ihre Kommilitonen täglich probten, bemerkte sie, dass sich ein Gefühl von Zwang in ihr Gemüt schlich. Sie fragte sich, wie lange sie proben sollte und ob sie ihr Tagespensum erhöhen musste. Sie fing an, morgens eine

Stunde früher aufzustehen, und probte spätabends noch. Aber das Gefühl, zum Proben gezwungen zu werden, saugte den spielerischen Rhythmus aus ihrer Schlagzeugarbeit, und sie sah ihre Kreativität und all ihre Fortschritte mit ihm dahinschwinden. Sie begriff, dass es bei den Proben auch ein Übermaß gab. Um sicherzustellen, dass Musik für sie nicht zu einer lästigen Pflicht wurde, beschloss sie, regelmäßige Pausen zu machen.

Wie sich herausgestellt hat, wirken sich regelmäßige Pausen auf mindestens drei Arten positiv aus. Erstens tragen sie dazu bei, die harmonische Leidenschaft zu erhalten, wenn man sich eine Auszeit vom Üben nimmt. Studien deuten darauf hin, dass sogar Mikropausen von fünf bis zehn Minuten ausreichen, um Müdigkeit zu lindern und neue Energie zu schöpfen.[32] Dabei geht es nicht nur darum, einen Burn-out zu vermeiden: Wissenschaftliche Untersuchungen haben ergeben, dass das Interesse und die Freude an unseren Aufgaben nachlässt, wenn wir abends und am Wochenende arbeiten.[33] Sogar nur daran zu denken, dass gerade Samstag ist, lässt unsere innere Motivation abflauen – uns wird klar, dass wir gerade eigentlich Spaß haben und uns entspannen könnten, anstatt zu arbeiten. Yo-Yo Ma übt täglich höchstens drei bis sechs Stunden Cello und achtet darauf, frühmorgens und am späten Abend nicht zu proben. Chopin drängte seine Schüler dazu, im Sommer nicht mehr als zwei Stunden täglich zu proben.[34]

Zweitens setzen Pausen neue Ideen frei.[35] In meinen eigenen Forschungsarbeiten mit Jihae Shin habe ich herausgefunden, dass Pausen die Kreativität steigern können, wenn man für eine Aufgabe harmonische Leidenschaft empfindet.[36] Das Interesse an der Aufgabe hält sie im Hinterkopf lebendig, und die Wahrscheinlichkeit steigt, dass man dabei neue Möglichkeiten ausbrütet, sie zu framen, und unerwartete Lösungsansätze findet. Lin-Manuel Miranda träumte sich sein Blockbuster-Musical *Hamilton* im Urlaub zusammen, während er auf einer Luftmatratze im Pool lag, mit einer Margarita in der Hand.[37] Aus diesem Grund machten auch Beethoven, Tschaikowsky und Mahler regelmäßig Spaziergänge, die beinahe so lange dauerten wie ihre Arbeitstage.[38]

Drittens vertiefen Pausen das Lernen. In einem Experiment zeigte sich, dass es die Erinnerungsfähigkeit von Schülern um zehn bis 30 Prozent steigerte, wenn sie nach einer Lerneinheit eine zehnminütige Pause einlegten – bei Alzheimer- und Schlaganfallpatienten war der Prozentsatz sogar noch höher.[39] Ungefähr 24 Stunden nach einer Lernerfahrung beginnen die aufgenommenen Informationen, sich aus unserem Gedächtnis zu verflüchtigen – dies ist die Vergessenskurve.[40] Es ist allgemein anerkannt, dass sich diese Vergessenskurve durch zeitlich getaktete Wiederholungen des Gelernten vermeiden lässt, indem man Pausen und Lerneinheiten abwechselt.[41] Anfangs wiederholt man das Gelernte vielleicht einmal pro Stunde und verlängert die Pausen dann allmählich, bis man irgendwann einmal täglich übt.

Besessenheit bringt uns dazu, Pausen als Leerlaufzeiten zu betrachten. Wir hören erst auf, wenn wir uns bis an den Rand der Erschöpfung verausgabt haben – ein Preis, den wir für Exzellenz zu zahlen bereit sind. Mit harmonischer Leidenschaft lässt sich leichter erkennen, dass Pausen uns neuen Treibstoff liefern. Wir ruhen in regelmäßigen Abständen aus, um unseren Energielevel zu stabilisieren und einen Burn-out zu vermeiden.

Entspannung ist keine Zeitverschwendung, sondern eine Investition in unser Wohlbefinden. Pausen sind keine Ablenkung – sie sind Gelegenheiten, unsere Aufmerksamkeit neu auszurich-

Abb. 26

ten und Ideen auszubrüten. Spiel ist kein frivoler Zeitvertreib – es ist eine Quelle der Freude und ein Weg zur Meisterschaft.

Wenn man sich Evelyn heute anschaut, merkt man, dass sie beim Proben dieselbe Freude empfindet, die sie auch ausstrahlt, wenn sie in Konzerten auftritt. Aber sie übt selten länger als 20 Minuten am Stück, bevor sie eine Pause einlegt. »Manchmal will ich mir unbedingt ein paar Schlägel schnappen und einfach Musik machen, aber manchmal denke ich auch: Nein, heute will ich nur hier sitzen und die Wand anstarren. Hin und wieder schreibe ich auch ein bisschen in meinem Notizbuch oder lese ein gutes Buch.«

Wenn sie das Interesse und die Konzentration verliert, hört sie für diesen Tag ganz auf zu spielen, fügt sie hinzu. »Proben ist nur dann sinnvoll, wenn Fortschritt stattfindet. Es geht nicht um Quantität, sondern um Qualität. Man muss eine Veränderung spüren – wenn man den Proberaum verlässt, ist irgendetwas anders geworden als zuvor.«

Vor nicht allzu langer Zeit nahm eine Mutter Kontakt zu Evelyn auf, um sie um Rat zu bitten. Nach einer Reihe Musikprüfungen hatte ihre Tochter das Interesse daran verloren, Geige zu üben. Die Mutter hoffte, Evelyn könne ihre Tochter anspornen und sie dazu motivieren, weiter zu üben.

Stattdessen improvisierte Evelyn für das Mädchen Deliberate Play. Sie schlug ihr vor, ihre Stücke rückwärts zu spielen, sich zehn Möglichkeiten auszudenken, wie man auf keinen Fall Geige spielen sollte, und den Soundtrack ihrer Lieblingsfernsehsendung und die Rufe ihres Lieblingstieres nachzuspielen. Das Mädchen verließ den Proberaum mit strahlendem Gesicht. Vorher war sie in ihrer Übungszeit nur darauf fokussiert gewesen, »eine Prüfungssituation zu bewältigen«, sagt Evelyn. Durch Deliberate Play lernte sie, dass »der wahre Fokus ihre Freude am Spielen sein sollte«. Ohne diese Freude bleibt das gesamte Potenzial verborgen.

5 Raus aus dem Sumpf!

Über Umwege zum Fortschritt

Jede Grenzlinie bezeichnet sowohl einen Anfang als auch ein Ende.

George Eliot[1]

Ab der siebten Klasse wurde er als Phänomen bezeichnet. In seinem zweiten Highschooljahr kamen professionelle Talentsucher zu seinen Baseballspielen. Als Student gewann er eine olympische Bronzemedaille als startender Pitcher für die Mannschaft der USA. Im selben Jahr nahmen ihn die Texas Rangers in der ersten Auswahlrunde unter Vertrag und boten ihm ein Handgeld von mehr als 800 000 Dollar. Er würde seine Karriere an der Spitze der Minor League starten und zweifellos ein oder zwei Jahre später in die Major League aufsteigen. R. A. Dickey hatte eine große Zukunft vor sich. Bis eines Tages alles vorbei war.

Als RA 1996 seinen Vertrag unterzeichnen wollte, fiel einem Teamtrainer auf, dass sein Arm in einem ungewöhnlichen Winkel vom Oberkörper herabhing, und er schlug eine Röntgenuntersuchung vor. RA fehlte ein Band im rechten Ellbogen. Für einen Wurfarm war dieses Gewebestück essenziell wichtig, und dass es RA fehlte, limitierte sein Potenzial beträchtlich. Sein Fastball würde wahrscheinlich nie schnell genug werden. Die Rangers kürzten sein Handgeld auf weniger als 80 000 Dollar und schickten ihn in die unterste Klasse ihres Minor-League-Systems. *Strike one.*

So hatte RA sich seinen Berufseinstieg nicht vorgestellt. Baseball war für ihn der einzige Ausweg aus seinem schwierigen

Leben gewesen.[2] Er war in ärmlichen Verhältnissen in Nashville aufgewachsen, und seit er fünf Jahre alt war, schleppte seine Mutter ihn in die Bars der Stadt mit und trank dort bis zur Sperrstunde. Ein paar Jahre später ließen sich RAs Eltern scheiden, und sein Vater spielte keine große Rolle in seinem Leben mehr. Dieses Gefühl der Verlassenheit weckte in ihm den Drang, der ganzen Welt zu beweisen, was in ihm steckte.

Sieben Jahre lang rackerte RA sich im Minor-League-Baseball ab und hatte das Gefühl, dass er dort die besten Jahre seiner Sportlerlaufbahn vergeudete. Da er keinen blitzschnellen Fastball werfen konnte, schulte er seine Fähigkeit, die Batter auszutricksen, indem er Geschwindigkeit und Drall variierte. Mit Ende 20 bekam er dann endlich seine große Chance: Die Rangers gaben ihm einen Vollzeitplatz in der Major League.

Es dauerte nicht lange, bis RA begriff, dass hier wirklich in einer anderen Liga gespielt wurde. Scouts und Journalisten beurteilten seine Performance und sein Potenzial mit unbarmherziger Ehrlichkeit. Aufbaugegner. Randexistenz. Mittelmaß. Er vergab zu viele Runs und verlor mehr Spiele, als er gewann. Und was das bedeutete, wusste er genau. *Schnee von gestern. Rohrkrepierer.*

In seiner dritten Major-League-Spielzeit bei den Rangers baten seine Manager ihn zu einem offenen Gespräch. Sie sagten ihm, er »trete auf der Stelle«, erinnert er sich, »eine Einschätzung, die ich leider nicht anfechten konnte. Ich trat schon sehr lange auf der Stelle«. Sie versetzten ihn zurück in die Minor League. *Strike two.*

RA war entschlossen, in die Majors zurückzukehren. Während der Zwischensaison warf er unzählige Pitches gegen Betonziegel und hatte in seinem Auto einen Baseball, an dem er während des Fahrens seinen Grip übte. Er trainierte härter als jemals zuvor.

In der folgenden Spielzeit gaben ihm die Rangers eine zweite Chance, und in seinem ersten Spiel stellte er einen neuen Major-League-Rekord auf – allerdings keinen guten. RA vergab sechs Homeruns in nur drei Innings – kein Pitcher hatte jemals so mies gespielt. Die Menge buhte, und die Rangers nahmen ihn aus dem Spiel und verfrachteten ihn zurück in die Minor-League. *Strike three. Und aus.*

Pitcher bringen normalerweise mit Mitte bis Ende 20 ihre besten Leistungen und scheiden dann mit Anfang 30 aus dem Profisport aus.[3] Mit seinen 31 Jahren war es für RA also eindeutig zu spät für ein Comeback. An der Wand, an der er sich den Kopf einrannte, stand schon lange das Menetekel: *Deine Baseballkarriere ist vorbei.*

Wenn man daran arbeitet, sich in einem bestimmten Bereich zu verbessern, ist es extrem frustrierend, auf einmal festzustecken. Statt weiter besser zu werden, stagniert man und bekommt das Gefühl, das Limit der eigenen körperlichen und geistigen Fähigkeiten erreicht zu haben. Da Stagnation das Ende des Wachstums markiert, sieht es so aus, als würde man schnurstracks auf den Verfall zusteuern. *Meine besten Tage liegen hinter mir. Von jetzt an geht's bergab.*

Chirurgen rechnen damit, dass ihre Leistungen stagnieren und nachlassen werden, wenn ihre Sehschärfe und ihre Reflexe schlechter werden. Wissenschaftler rechnen damit, zu stagnieren und schlechter zu werden, wenn ihre Neuronen absterben. Sportler stagnieren irgendwann zwangsläufig und werden weniger leistungsfähig, weil ihre Kraft und Schnelligkeit nachlassen. All das nehmen wir als gegeben hin. Aber die Realität ist weit weniger linear – und viel erbaulicher.

Mit 35 hatte R. A. Dickey endgültig seinen großen Durchbruch. Nachdem er 14 Jahre lang hauptsächlich in der Minor League gespielt hatte, schaffte er es zurück in die Majors. In jenem Jahr machte ihn sein Run Average zu einem der zehn besten Pitcher der gesamten Baseballwelt, und er unterzeichnete einen mit mehreren Millionen Dollar dotierten Multijahresvertrag mit den New York Mets. Von den neun Pitchern, die in der Auswahlrunde besser bewertet worden waren als er, hatten acht ihre Profikarriere bereits beendet, und einer war nie bis in die Majors gekommen. Aber RA hatte gerade erst begonnen, sein verborgenes Potenzial auszuschöpfen.

Der Schlüssel zu seinem späten Triumph war das Scaffolding, das er sich mit der Hilfe von Dritten aufbauen konnte. Es stammte aus vielen verschiedenen Quellen, und es dauerte eine Weile, bis RA alle Teile des Puzzles zusammengesetzt hatte. Aber er wäre nie aus dem Sumpf entkommen, in dem er feststeckte, wenn seine Trainer ihn nicht dazu gebracht hätten, sein Spiel von der Pike auf neu zu lernen.

Auf der Stelle treten ist kein Zeichen dafür, dass alles vorbei ist, genauso wenig wie ein Leistungsplateau bedeutet, dass man bereits am Gipfel angekommen ist. Es sind Signale dafür, dass die Zeit gekommen sein könnte, umzudrehen und eine neue Route zu erkunden. Man steckt meist fest, weil man in die falsche Richtung geht, den falschen Weg eingeschlagen hat oder keinen Treibstoff mehr hat. Neuen Schwung zu finden bedeutet oft, zurückzusetzen und sich einen neuen Pfad auszusuchen – selbst wenn es nicht derjenige ist, den man ursprünglich nehmen wollte. Dieser Pfad kann fremd, kurvenreich und steinig sein. Fortschritt findet nur selten in einer geraden Linie statt. Üblicherweise verläuft er in Schleifen.

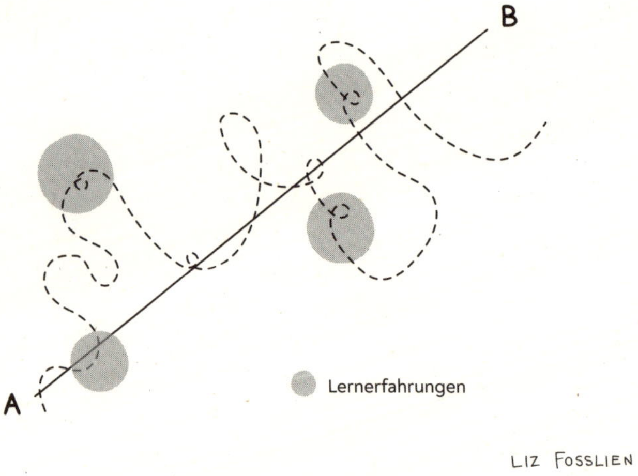

Abb. 27

ZURÜCKSETZEN, UM VORWÄRTSZUKOMMEN

Fähigkeiten werden nicht stetig besser. Sich in etwas zu verbessern ist, wie einen Berg hinaufzufahren. Je höher wir gelangen, desto steiler und unwegsamer wird die Straße, und wir kommen immer langsamer voran. Wenn uns der Schwung ausgeht, bleiben wir stecken. Es reicht nicht, aufs Gas zu drücken – unsere Räder drehen durch, und wir bewegen uns kein Stück weiter.

Als die Kognitionswissenschaftler Wayne Gray und John Lindstedt anhand von Daten, die während der letzten 100 Jahre erhoben wurden, erforschten, was Fortschritt ausmacht, stießen sie auf einen faszinierenden Bogen. Wenn unsere Leistungen stagnieren, werden sie immer erst schlechter, bevor sie sich dann verbessern.[4]

Auf Gebieten, die von Tetris über Golf bis hin zum Auswendiglernen reichen, verbesserten sich die Lernenden erst, nachdem sie sich eine Zeit lang verschlechtert hatten.

Wenn wir uns am Berg verstiegen haben, müssen wir eventuell wieder absteigen, um irgendwann den Gipfel zu erreichen. Wenn wir weit genug zurückgegangen sind, können wir einen anderen Weg finden – einen Pfad, auf dem wir genug Schwung holen können, um ganz nach oben zu gelangen.

Dass dieser Krebsgang notwendig ist, lässt sich oft nur schwer akzeptieren, denn wir müssen unseren aktuellen Plan aufgeben und ganz neu anfangen. Genau das ist es, was den vorübergehenden Einbruch unserer Leistungen bewirkt: Wir beschließen, das bisher Gelernte aufzugeben. Um Fortschritte zu machen, entwickeln wir uns zuerst zurück. »Wenn neue Methoden entwickelt, getestet, verworfen oder akzeptiert werden, lässt die Leistung nach«, erklären Gray und Lindstedt. Es geht wieder aufwärts, nachdem »wir eine neue Methode erfolgreich umgesetzt haben […] und dann unser früheres Leistungsniveau steigern«.

Die richtige Methode zu finden klappt meist nicht beim ersten Versuch. Einige Probeläufe werden sich als Irrwege erweisen: Mit der falschen Strategie drehen wir uns nur im Kreis. Aber selbst wenn wir eine bessere Methode finden, werden wir anfangs schlechter arbeiten, weil uns die Erfahrung fehlt. Diese Rückschritte sind nicht nur normal, sondern in vielen Situationen auch notwendig.

Beim Bedienen der PC-Tastatur wird man bei 30 bis 40 Wörtern pro Minute an seine Grenzen stoßen, wenn man die Tasten suchen muss.[5] Diese Schallmauer lässt sich nicht durchbrechen – egal, wie viel Sie üben. Wer 60 bis 70 Wörter in der Minute schaffen will, muss eine neue Methode ausprobieren: blind schreiben. Das bedeutet aber, zuerst nicht schneller, sondern langsamer zu werden. Es dauert seine Zeit, alle Tasten auswendig zu lernen.

Komplexere Fähigkeiten haben zwangsläufig steilere Lernkurven.[6] Die einfachste Methode, Rubiks Zauberwürfel zu lösen, ist, diesen Schicht um Schicht anzugehen. Man dreht so lange, bis man ein blaues Kreuz an einer Seite hat, rotiert die Ebenen, um die Ecken aufzufüllen und fängt dann mit der nächsten Seite an. Etwa 130 Drehungen später ist man fertig. Will man den Würfel schneller lösen, muss man einige Algorithmen auswendig lernen. Das wird anfangs länger dauern, aber irgendwann braucht man nur noch 60 Drehungen.[7] Für die Umsetzung der neuen Methode muss man sein Muskelgedächtnis neu trainieren – sich von alten Gewohnheiten verabschieden und neue ausbilden.

Zurückweichen muss überraschenderweise aber gar nicht absichtlich erfolgen, um Leistungen langfristig zu verbessern. In einer Studie, die mehr als 28 000 NBA-Spiele umfasste, untersuchten die Wissenschaftler, wie sich Teams schlugen, deren Spitzenspieler wegen Verletzungen eine Zeit lang pausieren mussten.[8] Wie erwartet wurden sie zunächst schlechter. Als dann der Star wieder zurückgekehrt war, gewannen sie sogar noch mehr Spiele als vor seiner Verletzung. Warum half es ihnen langfristig, ihren besten Spieler zu verlieren?

Ohne ihre Stars mussten die Mannschaften zurück ans Reißbrett gehen und neue Methoden entwickeln, um zu gewinnen. Sie verteilten ihre Rollen neu, setzten Ersatzspieler prominenter ein und entwickelten neue Spieltaktiken, um ihre Stärken gewinnbringend zu nutzen. Wenn der Star zurückkam, steigerte sich ihre Trefferquote. Sie waren nicht länger davon abhängig, dass ein Held die gesamte Mannschaft trug.*

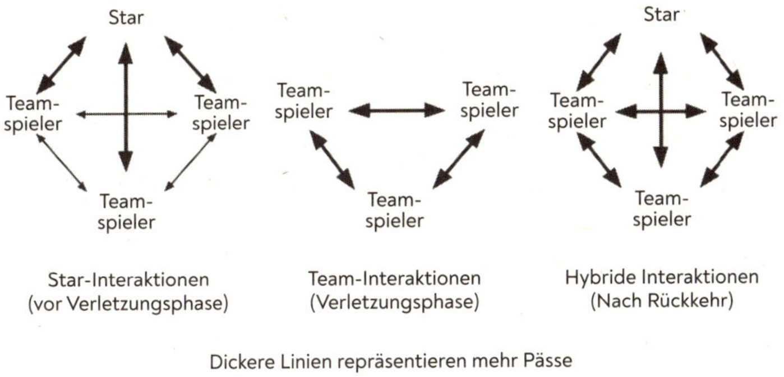

Abb. 28

In Eishockeyteams der National Hockey League, bei denen ein Spieler verletzungsbedingt ausschied, sieht man ein ähnliches Muster. Je entschlossener sie die Mannschaftsaufstellungen änderten, um Spieler mit unterschiedlichen Stärken einzusetzen, desto besser waren ihre Leistungen.[9]

* Die Dauer der Verletzung ist hier entscheidend. Wenn ein NBA-Star nur ein oder zwei Spiele aussetzte, verbesserte sich die Mannschaft nach seiner Rückkehr nicht – offenbar reichten Leistungsdruck und Zeit nicht aus, um neue Rollen anzunehmen und neue Spielabläufe zu trainieren. Wenn der Star zu lange fehlte – also eine ganze Spielzeit oder länger aussetzen musste –, brachte das der Mannschaft ebenfalls keine langfristigen Vorteile. Möglicherweise, weil die Spieler sich an ihre neuen Rollen und Abläufe gewöhnt hatten und ihren Star nach seiner Rückkehr nicht mehr so effektiv einsetzen konnten wie zuvor. Hoffen Sie also nicht zu sehr darauf, dass Ihre Lieblingsmannschaft ihren Star eine Zeit lang vom Spielfeld nimmt. Damit die Vorteile die Nachteile langfristig überwiegen, müsste eine durchschnittliche Mannschaft ihren Star für 15 Spiele verlieren und dann 43 Spiele absolvieren lassen. Nichtsdestotrotz könnte ein neuer Ansatz sinnvoll sein, wenn es darum geht, Stars vom Spielfeld zu nehmen. Normalerweise werden die Belastungen so reguliert, dass Spieler hin und wieder ein Spiel aussetzen, um Verletzungen und Überanstrengung zu vermeiden. Wenn eine Mannschaft aber stagniert, könnte es sinnvoll sein, den Star für einen längeren Zeitraum auf die Ersatzbank zu schicken – und dies als Gelegenheit zu nutzen, die ganze Mannschaft neu aufzustellen.

Eigentlich sollten wir nicht erst bei Extremereignissen wie einer Verletzung anhalten, den Rückwärtsgang einlegen und eine neue Route suchen. Aber ehrlich gesagt: Oft haben wir Angst vor dem Rückschritt. Wir setzen Verlangsamung mit Bodenverlust, Zurückweichen mit Aufgeben und Eine-neue-Route-Suchen mit dem Eingeständnis, vom Kurs abgekommen zu sein, gleich. Wir fürchten, dass wir ins Straucheln kommen könnten, wenn wir auf einmal rückwärtsgehen. Deshalb bleiben wir oft lieber genau dort, wo wir sind – stabil, aber in einer Sackgasse. Es ist nicht angenehm, sich zu verlaufen, aber genau diesem Gefühl müssen wir uns aussetzen.

EIN EHRENWERTER VERSUCH

Den Rückwärtsgang einzulegen führt uns auf ganz neues, unbekanntes Gelände. Wir befinden uns auf einer uns unbekannten Route zu einem Ziel, wo wir noch nie zuvor gewesen sind, und vielleicht können wir den Gipfel anfangs nicht einmal sehen. Um uns nicht völlig zu verirren, brauchen wir Hilfsmittel in Form einiger Navigationsgeräte.

Die schlechte Nachricht: Die perfekte Landkarte gibt es nicht. Niemand hat den Weg für uns aufgezeichnet – vielleicht gibt es nicht einmal eine Straße, die wir benutzen können. Möglicherweise müssen wir uns selbst unseren Weg bahnen und an jeder Kreuzung neu überlegen, welche Abzweigung wir einschlagen wollen.

Die gute Nachricht: Um loszulegen, brauchen wir eigentlich gar keine Landkarte. Wir brauchen nur einen Kompass, damit wir abschätzen können, ob unsere Richtung stimmt.

Einen solchen Kompass können Sie in einem Buch, im Internet oder in einem Gespräch finden – je nachdem, welche Fähigkeit Sie sich aneignen möchten. Ein guter Kompass hilft Ihnen dabei, nicht vom Weg abzukommen, und führt sie in die erwünschte Richtung. Wenn Sie dabei stagnieren, C++ programmieren zu lernen, kann Ihnen eine kurze Onlinesuche den

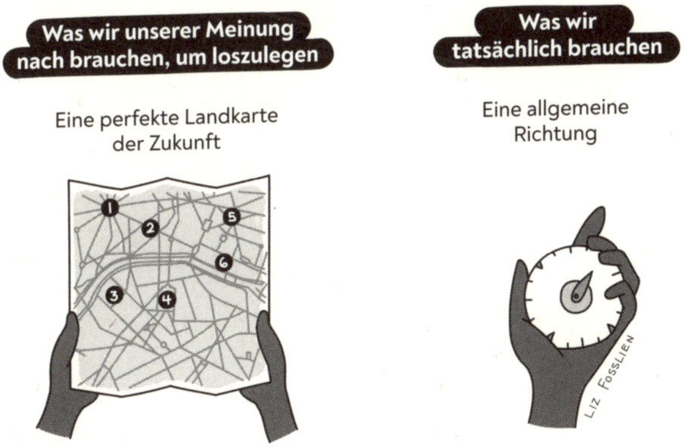

Abb. 29

Kompass liefern, der Sie in Richtung Python-Programmierung steuert. Python ist einfacher zu lernen und eignet sich für viele unterschiedliche Projekte genauso gut wie C++. Wenn Ihre Ölgemälde immer klumpig werden, kann der Kompass ein Gespräch mit einem erfahrenen Maler sein, der Ihnen rät, Ihre Farben mit einem geeigneten Verdünnungsmittel zu mischen. Und wenn Sie als Baseballspieler versuchen, aus dem Sumpf zu klettern, in dem Sie seit Jahren stecken, könnte Ihr Kompass ein Trainer sein, der Ihnen sagt, dass Ihr Fastball zu langsam ist – und Ihnen dann die Richtung zu einer ganz neuen Wurftechnik weist.

So begann R. A. Dickeys Verwandlung. Ich kontaktierte ihn, weil ich noch nie einen Menschen getroffen hatte, der sich nach einer so langen Stagnationsperiode und so vielen Rückschritten so grundlegend verbessert hatte. Wenn irgendjemand wusste, wie man aus einem Sumpf herausfindet, dann musste er der Mann sein, der sich von einem der schlechtesten zu einem der besten Spieler seines Sports entwickelt hatte.

Nach beinahe einem Jahrzehnt als Pitcher in der Minor League musste RA hart kämpfen, um seine Familie zu ernähren und beruflich voranzukommen. Um während der Nebensaison die Rechnungen bezahlen zu können, verkaufte er einen Frühling lang Golfbälle, die er aus alligatorverseuchten Lagunen geklaubt hatte. In diesen zehn Jahren wechselte er mehr als dreißigmal den Wohnort, kam aber partout nicht von der Stelle. Es war, als wäre er in Treibsand geraten: Je verzweifelter er versuchte, sich herauszuziehen, desto schwieriger wurde es.*

Als RA mit 31 zum letzten Mal in die Minor League versetzt wurde, gaben ihm seine Wurftrainer einen Kompass in die Hand und sagten ihm, dass er unbedingt die Richtung ändern müsse: Auf seiner aktuellen Route würde er es niemals wieder zurück in die Majors schaffen. Um seine Karriere zu retten, schickten sie ihn auf einen schmalen, geheimnisvollen Pfad, den vor ihm nur wenige gegangen waren. RA hatte seit Jahren einen seltsamen Pitch im Repertoire, den er gelegentlich warf – er nannte ihn *The Thing*. Seine Trainer erkannten die Art, wie er den Ball hielt: So ähnlich wurde der seltene Knuckleball geworfen. Sie ermutigten RA dazu, ihn zu entwickeln und ihn zum Mittelpunkt seines Spiels zu machen.

Der Knuckleball fliegt im Gegensatz zum Fastball nicht mit brutaler Geschwindigkeit und tödlichem Drall, sondern langsamer und so flach über dem Boden wie nur möglich. Statt die Finger um den Ball zu legen, gräbt man die Nägel von Zeigefinger und Mittelfinger hinein. Dadurch sind die Knöchel beider Finger aufgerichtet, was dem Wurf seinen Namen gegeben hat (Knuckle bedeutet Knöchel). Dieser ungewöhnliche Griff nimmt dem Ball die Rotation und lässt ihn im Zickzackflug durch die

* Laut der Treibsand-Forschung (ja, die gibt es tatsächlich) ist es unmöglich, dass Menschen in Treibsand versinken können. Die Mischung aus Sand, Schlick und Salzwasser gibt beim geringsten Druck nach und zieht uns in die Tiefe – aber unsere Dichte ist zu hoch, und wir sinken höchstens bis zum Bauchbereich ein. Trotzdem ist es schwierig, sich zu befreien: Um nur einen Fuß aus dem Treibsand zu ziehen, braucht man so viel Kraft, wie nötig ist, um ein Auto anzuheben. Um sich zu befreien bewegt man die Beine, damit Wasser eindringen und den Sand um die Beine auflockern kann. Dann legt man sich auf den Rücken, um das eigene Gewicht auf eine größere Oberfläche zu verteilen. Dies verringert den Druck auf den Sand und erhöht den Auftrieb. Danach kann man sich durch Rückenschwimmen befreien. (Siehe hierzu: Roxanne Khamsi, »Quicksand Can't Suck You Under«, *Nature*, 28. September 2005; Asmae Khaldoun, Erika Eiser, Gerard H. Wegdam und Daniel Bonn, »Liquefaction of Quicksand Under Stress«, *Nature* 437, Nr. 7059 (2005): S. 635.)

Luft trudeln. Das bringt Schlagmänner völlig aus dem Konzept.[10]

Abb. 30

Der Knuckleball ist so unberechenbar, dass Catcher übergroße Fanghandschuhe tragen, um ihn zu erwischen. Da er weder besondere Kraft erfordert noch den Arm stark belastet, können Spieler ihn jahrelang einsetzen. Allerdings ist der Knuckleball nicht nur schwierig zu schlagen oder zu fangen, er ist auch enorm schwierig zu werfen – und wie RA herausfinden sollte, noch schwieriger zu beherrschen.

Es gab keine naheliegende Methode, die RA anwenden konnte, um seine Wurftechnik zu entwickeln. Seine Trainer hatten noch nie mit einem Knuckleball-Werfer gearbeitet – sie konnten ihm keine Landkarte geben, weil sie selbst keine hatten. Es gab keine Lehrbücher über den Knuckleball oder YouTube-Tutorials. Sie konnten ihm nur einen Kompass anbieten, der ihn in die Richtung leitete, einen Wurf zu trainieren, bei dem der Ball nicht in der Luft rotierte.

Alles am Knuckleball fühlte sich für RA anfangs verkehrt an. Um zu verhindern, dass der Ball beim Abwurf rotierte, sollte er sein Handgelenk so weit wie möglich steif halten. Seit seiner Kindheit hatte er jedoch gelernt, dass er sein Handgelenk im Moment des Wurfs schnell drehen musste. Fastballs haben Rückwärtsdrall, Sinkers Seitwärtsdrall und Curveballs Topspin. »Ich musste das alles vergessen und die Wurftechnik ganz neu erlernen«, sagte RA. »Ich musste alles dekonstruieren und dann von Grund auf neu aufbauen.« Und es gab keine Garantie dafür, dass diese Mühe sich lohnen würde.

Sich problemlos unwohl zu fühlen gehörte zu RAs größten Charakterfähigkeiten. Aber seine ersten Versuche mit dem Knuckleball liefen alles andere als gut. In dem ersten Minor-League-Spiel, in dem er den Wurf einsetzte, vergab er in sechs Innings zwölf Runs. Nach dem Debakel seines Major-League-Knuckleball-Debüts – dem Spiel, in dem er den absoluten Rekord für vergebene Homeruns aufstellte –, feuerten ihn die Rangers endgültig. Dennoch war er davon überzeugt, dass sein Knuckleball Potenzial hatte. Er wusste nur nicht, wie er es freisetzen sollte.

Der Nachteil an einem Kompass ist, dass er nur die Richtung anzeigt – aber keine Wegbeschreibung mitliefert. Er kann dabei helfen, den falschen Weg aufzugeben und einen besseren Weg zu weisen. Aber um diesen Weg erfolgreich zu beschreiten, braucht man einen Führer.

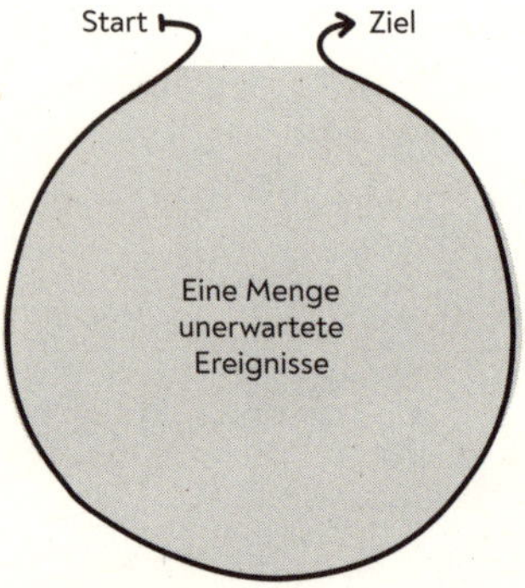

Abb. 31

WER WAS KANN, SOLLTE KEIN LEHRER WERDEN

Wenn wir nicht wissen, ob wir auf dem richtigen Weg zu unserem Ziel sind, bitten wir oft einen erfahrenen Führer, uns den Weg zu zeigen. Es ist ein altbekanntes Mantra: Wer gut sein will, sollte von den Besten lernen. Mach einen Kochkurs bei einem Spitzenkoch. Melde deine Kinder zum Tennisunterricht bei einem Profispieler an. Überzeuge die größte Koryphäe deines Fachgebiets davon, dein Mentor zu werden, und lerne, in ihre Fußstapfen zu treten. Was könnte besser sein, als im ersten Physikseminar Einstein als Lehrer zu haben?

Wie sich herausgestellt hat, eine ganze Menge. In einer cleveren Studie wollten Wirtschaftswissenschaftler herausfinden, ob Studenten von Experten wirklich besser lernen. Sie sammelten Daten über alle Erstsemester der Northwestern University von 2001 bis 2008 und untersuchten, ob Erstsemester, deren Einführungsseminar von hoch qualifizierten Lehrkräften geleitet worden war, in Aufbauseminaren zum gleichen Thema bessere Noten bekamen.

Man sollte annehmen, dass Studenten, die ein Einführungsseminar bei einem Experten, einem erfahrenen Professor oder Privatdozenten, besucht hatten, die Grundlagen besser beherrschen müssten als diejenigen, die bei einem weniger spezialisierten Dozenten gelernt hatten. Die Daten ergaben jedoch genau das Gegenteil: Studenten, die von einem Experten in die Grundlagen eingeführt worden waren, hatten im Aufbauseminar schlechtere Noten. Das Muster trat in allen Fachbereichen auf: Studenten lernten in von Experten unterrichteten Einführungskursen in allen Fächern weniger.[11] Dies galt für alle untersuchten Jahre und für mehr als 15 000 Studenten – unabhängig davon, wie streng das Seminar benotet worden war. Und die Experten waren besonders schlecht darin, Studenten zu unterrichten, die nur über geringe akademische Vorbildung verfügten.*

Wenn man einen neuen Pfad einschlägt, sind, wie sich herausgestellt hat, die größten Experten also oft die schlechtesten Führer. Und das aus mindestens zwei Gründen: Erstens, weil sie bereits einen weiten Weg hinter sich haben – sie sind zu weit gekommen, um sich daran zu erinnern, wie es ist, völlig neu anzufangen. Das nennt man den Fluch des Wissens: Je mehr man

* Diese Analyse legt nahe, dass das Universitätssystem überdacht werden sollte. Im typischen US-amerikanischen Modell müssen Lehrende gleichzeitig Studien veröffentlichen und lehren, und es sollte inzwischen wirklich ein Modell geben, in dem auch Forscher, die keine guten Lehrer sind – und Lehrer, die nicht forschen – untergebracht werden können. Forschen und Lehren sind zwei völlig unterschiedliche Fähigkeiten: Die Korrelation zwischen erfolgreicher Forschung und effektiver Lehre liegt bei null. Die Forscher könnten den Lehrplan auf Anspruch und Vollständigkeit prüfen, und die Lehrer effektive Lehrmethoden entwickeln. (Siehe hierzu: John Hattie und Herbert W. Marsh, »The Relationship between Research and Teaching: A Meta-Analysis«, *Review of Educational Research* 66, Nr. 4 (1996): S. 507–542.)

weiß, desto schlechter kann man sich in Unwissenheit hineinversetzen.[12] Wie die Kognitionswissenschaftlerin Sian Beilock es zusammenfasst: »Wenn man auf seinem Gebiet besser und besser wird, verschlechtert sich oft in gleichem Maße die Fähigkeit, das eigene Wissen zu kommunizieren oder anderen zu helfen, diese Fähigkeit ebenfalls zu erlernen.«[13]

Dies war Einsteins Fluch im Hörsaal. Er wusste zu viel, und seine Studenten zu wenig. Ihm schwirrten so viele Ideen im Kopf herum, dass es ihm schwerfiel, seine Vorlesungen zu strukturieren – geschweige denn, einem Anfänger zu erklären, wie die Schwerkraft das Licht beugt. Als Einstein als aufsteigender Stern am Physikerhimmel mit einem Seminar über Thermodynamik sein Debüt als Professor gab, schrieben sich trotz seines Ruhmes wegen seines schlechten Unterrichts nur drei Studenten bei ihm ein. Diese verstanden oft kein Wort von seinen Ausführungen, und als er im folgenden Semester einen nahezu leeren Hörsaal betrat, brach er den Kurs ab. Einige Jahre später bekam er nur mit Mühe eine neue Professur, da der Rektor der Universität von seinen Lehrkünsten alles andere als begeistert war.[14]

Es heißt oft: *Wer nichts kann, wird Lehrer.*[15] Richtiger wäre allerdings: Wer etwas kann, sollte keine Grundlagen unterrichten. Expertenwissen ist zum großen Teil implizit, nicht explizit. Je näher man der Meisterschaft kommt, desto weniger kann man oft die Grundlagen noch bewusst abrufen.[16] Experimente zeigen, dass es Spitzengolfern und Weinkennern oft schwerfällt, zu beschreiben, mit welcher Technik sie putten oder geschmackliche Eindrücke sammeln – es kann sie sogar aus dem Konzept bringen, wenn man sie nur nach ihrer Herangehensweise fragt, weshalb sie oft den Autopiloten einschalten.[17] Als ich zum ersten Mal einen Spitzenspringer einen viereinhalbfachen Salto vom Turm springen sah, fragte ich ihn, wie er es schaffte, sich so schnell zu drehen. Seine Antwort: »Roll dich einfach zu einer Kugel zusammen.« Experten kennen oft intuitiv die Route, der sie folgen müssen, aber es fällt ihnen schwer, alle Schritte zu beschreiben, die nötig sind, um diesen Weg zu gehen.[18] Ihr Gehirn hat diese Informationen als unnötig entsorgt.

Expertenratschläge können oft frustrieren, statt hilfreich zu sein. Schlimmer noch: Sie können das Gefühl vermitteln, dass man selbst schlichtweg zu beschränkt ist, um Fortschritte zu machen. Als ich mein Studium begann, konnte ich mich nicht entscheiden, ob ich lieber Psychologie oder Physik studieren wollte – beides waren in der Schulzeit meine Lieblingsfächer gewesen. Ich freute mich daher sehr, dass ich es schaffte, ein Seminar bei einem berühmten Astrophysiker zu belegen. Eines Tages verkündete er, das Universum dehne sich aus. Er präsentierte Beweise dafür, dass es sich ausdehnte, konnte aber nicht erklären, wohin diese Ausdehnung eigentlich führte. Meine anfängliche Faszination schlug schnell in Frustration um, und meine Selbstsicherheit löste sich in Luft auf. Ich kam mir komplett inkompetent vor. Der Professor war zwar leidenschaftlich und engagiert, aber er hatte zu viel gelernt – und war schon zu lange kein Anfänger mehr –, um mein Unwissen zu berücksichtigen. Ich belegte nie wieder einen Physikkurs.

Selbst wenn der Experte, den Sie sich ausgesucht haben, Ihnen erklären kann, welchen Weg er genommen hat, heißt das nicht, dass er Ihnen auf Ihrem Weg weiterhelfen kann. Sie haben völlig unterschiedliche Stärken und Schwächen – Ihre Höhen und Tiefen sind ihm unbekannt. Sie gehen zwar in dieselbe Richtung, aber Ihr Ausgangspunkt ist nicht der gleiche. Deshalb ist dem Experten Ihr Weg genauso unbekannt, wie es dessen Weg für Sie ist.

Natürlich kann ein Führer, der Sie gut kennt, Ihnen Informationen geben, die genau auf Sie zugeschnitten sind. Aber so verlockend es auch sein mag, einen vertrauenswürdigen Mentor um seinen weisen Rat zu bitten: Kein einzelner Mensch kennt alle richtigen Wege. Dies zeigt eine Studie über Anwälte, die Partner in einer größeren Kanzlei werden wollten. Wenn sie von einem einzelnen Mentor unterstützt wurden, änderte das nichts an ihren Aufstiegsaussichten.[19] Es gab allerdings andere Vorteile: Anwälte mit einem guten Mentor waren zufriedener und engagierter als ihre Kollegen ohne Unterstützung. Aber die Aussichten auf eine Beförderung stiegen nur bei denjenigen, die sich von mehreren Mentoren beraten ließen. Je vielfältiger ihre Methoden der beruflichen Weiterbildung waren, desto besser. Zu viele Köche verderben allerdings den Brei – zwei bis drei Mentoren reichten völlig aus, um Anwälten den Aufstieg zum Partner zu erleichtern und ihre Karriere nicht stagnieren zu lassen.

Es ist genauso unklug, sich auf einen einzelnen Mentor zu verlassen wie Grundlagen von einem Experten lernen zu wollen. Niemand außer Ihnen weiß, auf welcher Reise Sie sich befinden. Aber wenn man von mehreren Führern Wegbeschreibungen einholt, enthüllt das manchmal Routen, die man selbst gar nicht gesehen hätte. Je weniger erkennbar der Weg und je höher der Gipfel ist, desto mehr Führer sollten Sie nach dem Weg fragen.[20] Die Herausforderung liegt darin, all die erhaltenen Hinweise zu einer Route zusammenzusetzen, die für Sie funktioniert.

SCHREIBEN SIE IHREN EIGENEN REISEFÜHRER

Von verschiedenen Mentoren lernen ist ein iterativer, interaktiver Prozess. Man kann nicht einfach zu jemandem hingehen und sein Wissen anzapfen. Die Informationen warten nicht einfach darauf, dass Sie sie verarbeiten. Wir leben nicht in der Matrix. Mentoren können ihr Wissen nicht einfach für uns zum Download bereitstellen.

Es ist nicht sinnvoll, von einem Führer eine Route zu erwarten, der man mit blindem Vertrauen folgen kann. Vielmehr sollten Sie gemeinsam mögliche Wege finden und erforschen. Und dafür müssen Sie das implizite Wissen ihrer Mentoren explizit machen. Als Schwamm fragen Sie sie um Rat – aber Sie versuchen nicht, ihren Wissensvorrat anzuzapfen, sondern bitten Sie, Ihnen ihre eigene Route zu verraten.

Das Ziel besteht darin, dass Ihre Mentoren Ihnen Wegweiser geben – die wichtigsten Orientierungs- und Wendepunkte ihrer eigenen Aufstiege. Um ihrer Erinnerung an lange vergangene Aufstiegsrouten auf die Sprünge zu helfen, könnten Sie nach den wichtigsten Scheidepunkten im Verlauf ihres Werdegangs fragen. Das könnten Fähigkeiten sein, die sie sich angeeignet, Ratschläge, die sie beherzigt oder ignoriert, oder Veränderungen, die sie angestrebt haben. Es kann auch helfen, wenn Sie ihnen von Ihrer eigenen Route berichten. Wenn sie erfahren, welchen Weg Sie bisher gegangen sind und wo Sie sich gerade befinden, fallen ihnen vielleicht mögliche zielführende Wege ein, an die sie ursprünglich gar nicht gedacht haben.

Die Wegweiser, die Sie erhalten, werden keine exakte Landkarte bilden. Manche gelten nicht für Sie – ein Wegweiser führt vielleicht über einen Bach, aber Ihr Fahrrad ist nun mal leider nicht wassertauglich. Manche gelten eventuell überhaupt nicht mehr – sie führen Sie zu einer gesperrten Straße. Sie müssen eventuell ziemlich oft umkehren, bis Sie den richtigen Weg gefunden haben. Und Ihre Führer kennen wahrscheinlich auch nicht alle Brücken, die erst kürzlich errichtet worden sind.

Fortschritt

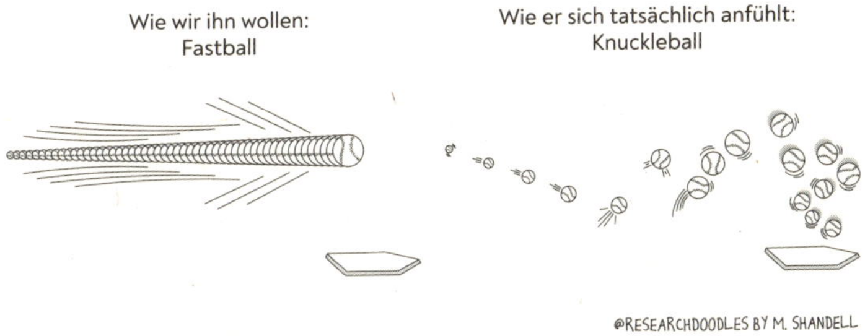

Abb. 32

Als ich R. A. Dickey fragte, wie er seinen Weg gefunden habe, erwähnte er mit als Erstes die vielen Führer, die ihm dabei geholfen hatten. Er hatte keinen einzigen dauerhaften Mentor. Als er seine Reise 2005 begann, war Tim Wakefield der einzige aktive Knuckleball-Werfer in den Majors. Kaum jemand hatte sich an diesem Pitch versucht, und es gab nur ungefähr ein Dutzend Spieler im Ruhestand, die diese Wurftechnik erfolgreich eingesetzt hatten. Es gab nicht den einen Experten, der RA alle Geheimnisse des Knuckleballs enthüllen konnte, und nicht den einen Trainer, der ihm den richtigen Weg zeigen konnte. Er musste zum Schwamm werden und vertrauenswürdige Quellen suchen, die Tipps herausfiltern, die für ihn nicht relevant waren, und seine Herangehensweise dementsprechend anpassen.

Nach vielen Monaten, während denen RA allein an sich gearbeitet hatte, ergriff er die Initiative und suchte sich Mentoren. Der Pfad vor ihm war lang und kurvenreich, also brauchte er unterschiedliche Perspektiven. Er begann, die wenigen noch lebenden Spieler zu kontaktieren, die Knuckleball-Zauberer geworden waren, in der Hoffnung, ein paar Wegweiser zu erhalten. Sie hatten allerdings keine vorgefertigten Lösungen zu bieten, aber sie hatten Ideen, die RA ausprobieren konnte.

2008 überzeugte RA Tim Wakefield vor einem Spiel gegen seine Mannschaft, ihm ein paar Ratschläge zu geben. So einsam ist der Knuckleball-Weg: Ein Spieler ist bereit dazu, seinem Gegner seine Geheimnisse anzuvertrauen, nur um den Pitch am Leben zu erhalten. Nachdem RA ihn beim Pitchen beobachtet und ihm Fragen gestellt hatte, wusste er, welchen Weg er als Nächstes ausprobieren würde: Er musste sicherstellen, dass sein Arm sich bei der Ballabgabe genau mittig an seinem Körper hinab bewegte. Im folgenden Jahr pilgerte er zu dem Hall-of-Fame-Spieler Phil Niekro, dem besten Knuckleball-Werfer aller Zeiten. Niekro fiel auf, dass RA seine Hüften beim Werfen nicht nach vorn kippte, also versuchte er das fortan. Charlie Hough, einen anderen ehemaligen Knuckleball-Werfer, besuchte RA mehrfach. Er lernte, dass er sich, um den Ball drallfrei zu werfen, vorstellen sollte, er stünde in einem Türrahmen und müsste den gesamten Pitch durchführen, ohne dabei den Rahmen zu berühren. Das schränkte die Bewegungsfreiheit seiner Arme so sehr ein, dass er sich irgendwann wie ein Tyrannosaurus Rex vorkam, aber dieser Tipp brachte den entscheidenden Durchbruch.

RA lernte auch, welche Wegweiser er ignorieren sollte. Seine Wurftrainer sagten ihm immer wieder, er solle den Ball langsamer werfen und die 100 km/h nicht überschreiten. So hatten es Wakefield und Hough gemacht. Aber nachdem RA mit verschiedenen Geschwindigkeiten experimentiert hatte, kam er zu dem Schluss, dass seine besten Würfe oft mindestens 128 km/h schnell waren.

Manchmal müssen wir auch selbst Wegweiser aufstellen und unseren eigenen Reiseführer schreiben. Nach vielen Versuchen entdeckte RA, dass er noch etwas Neues lernen musste: Nagelpflege. Um einen guten Knuckleball zu werfen, mussten seine Fingernägel lang genug sein, um den Ball zu greifen, aber trotzdem kurz genug bleiben, um nicht abzubrechen. Er wurde ein wandelndes Nagelstudio.

Nach drei Jahren Fortschrittsschleifen steckte RA nicht mehr im Sumpf fest. Er war auf dem zielführenden Weg, in der Hand einen Reiseführer, den er selbst geschrieben hatte. Aber selbst in diesem fortgeschrittenen Stadium war der Weg noch steinig und uneben. Seine Mentoren hatten ihn davor gewarnt, seine emotionale Reise nicht zu unterschätzen, die genauso herausfordernd sein würde wie die körperliche. Da der Knuckleball nicht so schnurgerade flog wie ein Geschoss, war genaues Zielen unmöglich – RA konnte ihn nur wie einen Schmetterling einfach loslassen. Er würde sich mit einer Unvollkommenheit anfreunden müssen: Seine Performance würde so unberechenbar bleiben wie die Flugbahn des Balls. »Ohne die Leute, die mich von Grund auf verstanden, hätte ich nie so lange daran geglaubt, dass ich irgendwann den Durchbruch schaffen würde«, sagte er mir. »Hoffnung ist der beste Antrieb. Und ich hatte Leute, die mir dabei halfen, diese Hoffnung am Leben zu erhalten.«

Er schätzt, dass er ungefähr 30 000 Knuckleballs gegen Ziegelmauern und Betonwände und in Netze warf, bevor er die Wurftechnik verlässlich im Griff hatte. Es ging so langsam vorwärts, dass er sich fragte, ob er es wirklich noch in die Major League schaffen würde. Es half ihm auch nicht gerade, dass er 2008 noch einen weiteren Negativrekord aufstellte. Vielleicht würde es sein Schicksal sein, als »der Mann, der vier Würfe in einem Inning verschoss«, in die Geschichte einzugehen. »Wenn man sich mit Haut und Haaren in ein Projekt stürzt und so lange keine Ergebnisse sieht, ist das ziemlich entmutigend«, sagte er mir.

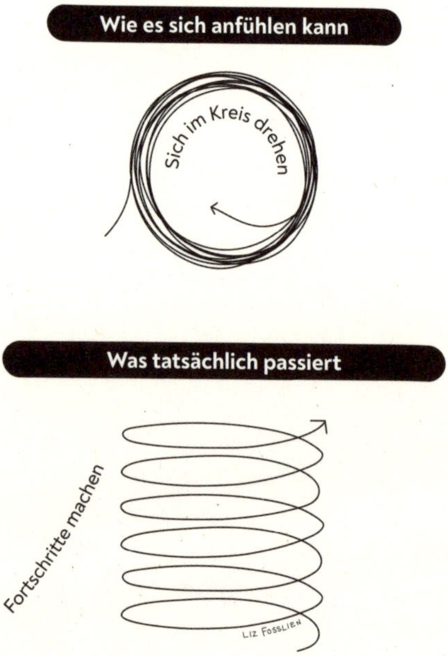

Abb. 33

WENN DER TANK LEER IST

Mutlosigkeit ist ein häufig vorkommendes Hindernis auf dem neuen Weg, den man eingeschlagen hat. Das liegt daran, dass das Zurücksetzen und die Neuorientierung nicht auf geradem Weg zum Gipfel führen. Manchmal hat man auch auf dem richtigen Pfad das Gefühl, festzustecken und auf der Stelle zu treten. Dieser Eindruck ergibt sich, weil der Pfad in einer langen Spirale zum Gipfel führt und man gar nicht merkt, dass man an Boden gewinnt. Man erkennt nicht das Ausmaß des Fortschritts, um die Motivation aufrechtzuerhalten.

Dieses Gefühl hat einen Namen: Languishing (hier: Ermattung), also Leere und Stagnation.[21] Der Begriff wurde von einem Soziologen (Corey Keyes) ins Leben gerufen und von einer Sängerin (Mariah Carey) unsterblich gemacht.

Languishing ist die emotionale Seite des Leerlaufs. Man ist zwar nicht depressiv oder ausgebrannt, fühlt sich aber definitiv schlapp. Jeder Tag ist ein Montag, man schleppt sich durch die Sekunden und sieht die Wochen grau und eintönig verstreichen.*

Während der Arbeit an diesem Kapitel hatte ich Schwierigkeiten damit, den richtigen Rahmen zu finden, um nicht linearen Fortschritt adäquat einzufangen. Ich probierte alles Mögliche aus, aber nichts funktionierte – ein Haus abreißen oder renovieren, einen Tunnel graben, eine Wand durchbrechen, eine Pflanze umtopfen. *Diese Fassung bekam vier von zehn Punkten von meiner Jury – und damit waren sie noch großzügig. Sie dachten sich ein Mantra für mich aus: Rupf die Pflanze aus.* Ich setzte mich wieder und wieder ans Reißbrett. Als mir gar nichts anderes mehr einfiel, belebte ich die Pflanze neu. Meine Jury schickte mir eine Sense.

Nach ein paar Wochen hatte ich mich so oft im Kreis gedreht, dass ich ins Languishing verfiel. Die Ironie, dass ich ausgerechnet in dem Kapitel über Methoden, wie man dem Sumpf entkommt, feststeckte, war mir durchaus bewusst. Ich saß im Metasumpf fest, und das fand ich gar nicht lustig. Als linear denkender Mensch und disziplinierter Autor beginne ich meinen Tag am Rechner normalerweise mit einer klaren Vision. Dass ich jetzt keine hatte, verstörte mich. Ich starrte auf den blinkenden Mauszeiger auf dem leeren Textdokument, bis er sich in

* Ich schrieb 2021 in einem Artikel für die *New York Times* zum ersten Mal über Languishing und nannte es das vernachlässigte mittlere Kind der Psychologie: Die Leere zwischen Depression und Flourishing (Aufblühen). Ich habe noch nie so viele Kommentare bekommen, in denen Leute so begeistert das Fehlen von jeglicher Begeisterung beschrieben. Allerdings meist nur in einem Wort: fad. (Siehe hierzu: Adam Grant, »There's a Name for the Blah You're Feeling: It's Called Languishing«, *The New York Times*, 19. April 2021 und »How to Stop Languishing and Start Finding Flow«, *TED*, 2021.)

meine Netzhaut gebrannt hatte. Dann beschloss ich, die Herkunft des Wortes »Cursor« zu recherchieren*. *Und warum eigentlich »Mauszeiger«? So ein blödes Wort. Ich zeigte ihm den Vogel.* Abends hatte ich das Gefühl, den ganzen Tag verschwendet zu haben – es war extrem frustrierend. Um mich von dem Kapitel abzulenken, blieb ich viel zu lange wach und hing mit meinen Freunden Monica und Chandler ab. *Hallo, abendliche Rache-Prokrastination.*[22] Es half alles nichts. Mein Tank war fast leer.

Bei meinen Untersuchungen zu unserem verborgenen Potenzial ist mir klar geworden, dass Languishing mehr ist als das Gefühl, festzustecken. Es trägt aktiv zum Steckenbleiben bei. Wissenschaftliche Untersuchungen haben gezeigt, dass Languishing die Konzentration stört und die Motivation senkt. Das Ganze wird ein Teufelskreis: Man weiß, dass man etwas tun muss, zweifelt aber daran, dass es etwas nützen wird. Das ist der Punkt, an dem man die Autobahn verlassen und zur nächsten Tankstelle fahren sollte.

EINEN ABSTECHER MACHEN

Wenn ich frage, was nötig ist, um Großes zu erreichen, bekomme ich häufig die Antwort, dass man sich hoch konzentriert in seine Arbeit verbeißen muss. Man muss sich zusammenreißen und alles ausblenden, was Energie kosten oder ablenken könnte. Wer in seinem Job vorankommen will, muss mehr Zeit bei der Arbeit verbringen: früh kommen, spät nach Hause gehen. Stell deine Hobbys hintan … und nimm *auf keinen Fall* ei-

* Falls es Sie interessiert, »Cursor« stammt von dem lateinischen Verb »currere« (rennen) und wird manchmal als »Eilbote« oder »Laufbursche« übersetzt. Ursprünglich war es der Name für den beweglichen Teil eines Rechenschiebers, den sich ein paar Computerpioniere ausborgten. Eine Zeit lang wollten sie den Zeiger »Käfer« nennen, aber Käfer mag ehrlich gesagt niemand. (Siehe hierzu: William K. English, Douglas C. Englebart und Melvyn L. Berman, »Display-Selection Techniques for Text Manipulation«, *IEEE Transactions on Human Factors in Electronics HFE-* 8 (1967): S. 5–15.)

nen Nebenjob an. Du willst schließlich nicht komplett erschöpft und abgelenkt sein.

Die wissenschaftlichen Erkenntnisse stehen dem allerdings entgegen. Eine Abschweifung muss keine Ablenkung sein. Sie kann auch neue Energie liefern.

Eine Studie ergab, dass Menschen nach Abenden, an denen sie sich ihrer Nebenbeschäftigung gewidmet hatten, bessere Leistungen in ihrem regulären Job erbrachten.[23] Was sie am Vorabend erreicht hatten, beflügelte sie am nächsten Morgen. Die Motivationssteigerung machte alle Ablenkungsnachteile mehr als wett.

Hobbys sind ähnlich gewinnbringend. In einer weiteren Studie ergab sich, dass Menschen mit zeitintensiven Hobbys mehr Selbstvertrauen im Beruf entwickelten – aber nur, wenn die Hobbys sich grundlegend von ihrer Arbeit unterschieden.[24] Wenn Sie als Künstler um Inspiration ringen, wird es Ihnen kein Erfolgsgefühl verschaffen, wenn Sie nebenher ein bisschen töpfern. Wenn Sie sich jedoch als Sozialarbeiter oder Buchhalter gelangweilt fühlen, kann ein Keramikprojekt durchaus einen neuen Weg zum Fortschritt darstellen.

Erfolgsgefühl ist der wichtigste von allen bisher untersuchten Faktoren täglicher Motivation.[25] Man kann sich nicht immer dadurch motivieren, dass man sich intensiver mit der Arbeit beschäftigt, die gerade keine verwertbaren Ergebnisse erbringen will. Manchmal kann man sich neuen Schwung holen, indem man einen Abstecher zu einem neuen Zielort macht.

Ein Abstecher ist eine Route abseits der Hauptstrecke, die man nimmt, um neu aufzutanken. Es ist keine Pause, in der man still sitzt und nichts tut. Man verlässt zeitweilig den Kurs, bewegt sich aber weiterhin auf ein neues Ziel zu.

Psychologen haben herausgefunden, dass ein Erfolgsgefühl sich schon nach kleinen Siegen einstellen kann. Viel ist nicht erforderlich, um aufzutanken.[26] Wenn man merkt, dass man vorwärtskommt, auch wenn es nur auf einer Nebenstrecke ist, weiß man wieder, dass Fortschritt möglich ist. Statt sich von der langen Strecke, die noch vor einem liegt, einschüchtern zu lassen, ist man bereit für die nächste Runde.

Als ich mit diesem Kapitel nicht weiterkam, begriff ich, dass ich meinem eigenen Rat folgen musste. Also spielte ich Online-Scrabble – was zu meinen liebsten Hobbys gehört. Nach ein paar Spielen bekam ich *r-a-l-g-n-o-i*. Ich stellte die Buchstaben um, kombinierte sie mit einem freien i auf dem Brett und legte *Original*. Dieser kleine Sieg war der Treibstoff, den ich gebraucht hatte. Jetzt war ich bereit dafür, wieder auf die Hauptstraße zu fahren und weiter an dem Kapitel zu arbeiten.

Als Erstes änderte ich meine Erwartungen. Ich würde nicht das gesamte Kapitel auf einmal angehen. Statt auf die perfekte Landkarte zu warten, würde ich einfach einen Fuß vor den anderen setzen. Die Pflanze ausrupfen und eine bessere, umfassendere Metapher finden (Navigation). Mir ein Schlüsselwerkzeug aussuchen (Kompass). Den Kompass hatte ich bislang gemieden, weil ich überhaupt keinen Richtungssinn habe. Selbst wenn ich eine Kehrtwendung mache, wird irgendwie ein Adam-Umweg daraus, wie meine Schwiegereltern sagen. Nach ein paar kleinen Erfolgen nahm die Sache Fahrt auf. Es würde auch weiterhin Rückschritte geben, aber selbst die würden mir helfen, langfristig vorwärtszukommen. So wie es auch R. A. Dickey erlebt hatte.

Zuerst erzielte RA seine ersten kleinen Erfolge ohne Abstecher. Er maß seinen Fortschritt daran, wie viele Pitches er ohne Drall werfen konnte. Jeder Pitch, der nicht rotierte, steigerte seine Motivation. Nach ein paar Jahren waren nicht mehr nur die Hälfte, sondern rund drei Viertel seiner Knuckleballs richtig gut.

Als die Mets ihn 2010 im Alter von 35 Jahren unter Vertrag nahmen, war RA ein solider Major-League-Pitcher. Aber er hatte seinen persönlichen Gipfel noch nicht erreicht. Wenn sein schneller Knuckleball nicht genügend Haken schlug, erwischten die Schlagmänner ihn. Um weiterhin Fortschritte zu machen, musste er erneut den Tank mit Treibstoff füllen.

RA beschloss, aufzutanken, indem er einen neuen Gipfel bestieg. Und sehr zum Leidwesen seiner Manager meinte er das wortwörtlich.

GIPFELSTÜRMER

Im Winter 2012 beschloss RA, den Kilimandscharo zu besteigen – Afrikas höchsten Berg. Von dieser Herausforderung träumte er schon, seit er als Teenager *Schnee auf dem Kilimandscharo* von Ernest Hemingway gelesen hatte. Sein Abenteuer diente einem guten Zweck – er hatte mehr als 100 000 Dollar gesammelt, um Teenager in Bombay aus der Zwangsprostitution zu retten.

Die Mets versuchten, ihm die Reise auszureden, und schickten sogar einen Brief, der seinen Vertrag für nichtig erklärte, falls er sich verletzen sollte. Doch obwohl sein volles Gehalt für die kommende Saison auf dem Spiel stand, hielt RA unbeirrt an seinem Entschluss fest. In Tansania kletterte er mit einer Bergsteigergruppe sieben Tage lang auf fast 6000 Meter Höhe hinauf und kämpfte gegen die Höhenkrankheit, extreme Erschöpfung und den schneidenden Wind. Als er den Gipfel des höchsten Bergs im Kilimandscharo-Massiv erreichte, schrieb er. »Ich fühle mich kleiner als jemals zuvor. Dieses Gefühl ist unglaublich erhebend.«

In der darauffolgenden Saison absolvierte RA die beste Spielzeit seiner Baseballkarriere. Er wagte sich aus seiner Komfortzone des schnellen Knuckleballs und entwickelte einen extrem langsamen Pitch, der seine Geschwindigkeit während des Flugs änderte. Die Schlagmänner wussten nicht, wann und wohin sie schlagen mussten. Manchmal schlugen sie so weit daneben, dass sie in Gelächter ausbrachen. In dieser Saison bekam er seinen Spitznamen: *The Baffler* (der Verblüffer).

Im reifen Alter von 37 Jahren blühte RA richtig auf. Er schaffte sein erstes All-Star-Game. In zwei aufeinanderfolgenden Spielen vergab er nur einen einzigen Hit und stellte einen Mets-Rekord auf, indem er 32 Scoreless Innings spielte. Er erzielte die meisten Strikeouts der League und gewann als erster Knuckleball-Pitcher überhaupt den Cy Young Award für den besten Pitcher.

»Hat der Kilimandscharo den Mets-Pitcher zu einem All-Star gemacht?«, fragte ein Reporter sich. Das ist eine kontroverse

Frage. Als Sozialwissenschaftler kann ich sie selbstbewusst mit einem definitiven Vielleicht beantworten.

Wissenschaftliche Forschungsarbeiten zu Nebenjobs und Hobbys weisen darauf hin, dass die Bergtour tatsächlich einen Unterschied gemacht haben könnte. Aber es könnte auch reiner Zufall gewesen sein. Als ich aber RA nach seiner Einschätzung fragte, sagte er, ohne zu zögern: »Ich glaube nicht, dass das Zufall war. Für mich war die Tour sehr wichtig. Es hat mir Spaß gemacht, an meine Grenzen zu gehen.«

Die Besteigung des Kilimandscharo war möglicherweise der entscheidende Faktor, der RAs Akku komplett auflud. Für einen wohltätigen Zweck Geld zu sammeln gab ihm ein gutes Gefühl, und sich klein zu fühlen nahm ihm den Erfolgsdruck und spornte ihn zu Größerem an. Die erfolgreiche Gipfelbesteigung steigerte sein Selbstvertrauen beträchtlich. »Es war eine Aufgabe«, erzählt er. »Ich habe das Jahr auf einem afrikanischen Gipfel begonnen und auf dem Gipfel des Baseballsports beendet.«

Für Außenstehende sah es so aus, als hätte sich RAs Erfolg quasi über Nacht eingestellt. Aber das stimmt ganz und gar nicht. RA brauchte sieben Abstiege in die Minor League und sieben Jahre Knuckleball-Training, um über Nacht erfolgreich zu werden. Was wie ein großer Durchbruch aussieht, ist normalerweise die Ansammlung vieler kleiner Siege.*

* Wenn man Samen des Moso-Bambus einpflanzt, kann es sein, dass man monate- oder gar jahrelang gießt, ohne einen Keim zu sehen. Es scheint, als würde nichts passieren, bis die Pflanze eines Tages aus der Erde schießt und in nur ein paar Wochen bis zu sieben Meter hoch wird. In der Zwischenzeit war jedoch viel geschehen: Für Ihr Auge unsichtbar, sprossen Wurzeln aus dem Samen, und er legte Energievorräte ab. Die Pflanze wuchs langsam, aber stetig unter der Erdoberfläche heran. Und damit ist die Pflanzenmetapher doch im Buch. (Siehe hierzu: Zhaohe Yang, Lei Chen, Markus V. Kohnen, Bei Xiong, Xi Zhen, Jiakai Liao, Yoshito Oka, Qiang Zhu, Lianfeng Gu, Chentao Lin und Bobin Liu, »Identification and Characterization of the PEBP Family Genes in Moso Bamboo (Phyllostachys Heterocycla)«, *Scientific Reports* 9, Nr. 1 (2019): 14998; Abolghaseem Emamverdian, Yulong Ding, Fatemeh Ranaei und Zishan Ahmad, »Application of Bamboo Plants in Nine Aspects«, *Scientific World Journal* (2020): 7284203.)

Wenn man auf dem Weg zum Gipfel stecken bleibt, ist es besser, den Rückwärtsgang einzulegen, als im Leerlauf stillzustehen. Auch wenn sich die vielen Kehrtwenden und Umwege anfühlen, als würde man sich im Kreis drehen. Kurzfristig betrachtet, bringt eine gerade Linie schnelleren Fortschritt. Langfristig führen jedoch Kehren zu den höchsten Gipfeln.

Fortschritt ist als Momentaufnahme nur selten sichtbar – er ergibt sich innerhalb eines längeren Zeitraums. Wenn Sie Ihre Aufmerksamkeit nur auf einen speziellen, schwierigen Moment richten, werden Sie sich schnell vorkommen, als würden Sie feststecken. Erst wenn Sie Ihren Blick auf die letzten Wochen, Monate oder sogar Jahre ausweiten, werden Sie zu schätzen lernen, wie weit Sie bereits gekommen sind.

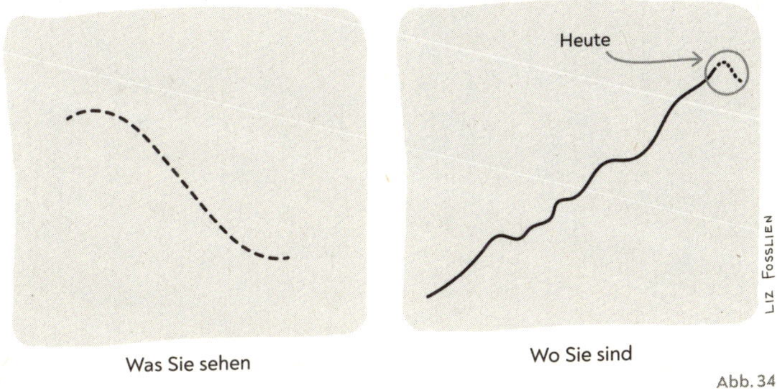

Abb. 34

6 Der Schwerkraft trotzen

Wie wir uns gemeinsam am eigenen Schopf aus dem Sumpf ziehen können

Ich glaube an das Konzept, sich an seinen eigenen Stiefelschlaufen hochziehen zu können. Ich glaube, dass das möglich ist. Schließlich hab ich das einen Typen beim Cirque du Soleil machen sehen.

Stephen Colbert,
Satiriker und Moderator[1]

Die mysteriöse Nachricht erreichte sie alle auf unterschiedlichem Weg. Jeder von ihnen spürte jedoch, wie dringlich sie war. Jesse Arbor steckte mitten in einer Pokerpartie, als ihm jemand sagte, dass unten ein Auto warte, sein Zug würde in 35 Minuten abfahren. Er hatte nicht einmal genug Zeit, um sich ein paar Kleidungsstücke zu schnappen. James Hair war gerade mit einem Schlepper unterwegs, als er an Land zurückgeschickt wurde, um einen großen braunen Umschlag im Empfang zu nehmen. Als er das rote Wachssiegel brach, fand er darin ein Dokument vor. Es war keine Einladung, sondern ein Befehl, sich an einem Ort nördlich von Chicago zu melden.

Dieser Befehl erging an 16 Männer zwischen Mitte 20 und Mitte 30, die aus den unterschiedlichsten Schichten kamen – darunter ein Mechaniker, ein Buchbinder, ein Pförtner, ein Rechtsanwalt und ein Spengler. Es war Januar 1944, und sie hatten keine Ahnung, was auf sie zukommen würde. Mitten im Zweiten Weltkrieg würden sie die Chance bekommen, Geschichte zu schreiben. Sie sollten die ersten Schwarzen Männer sein, die zur Offiziersausbildung bei der US Navy zugelassen wurden.

Beim US-Militär galt die Marine als besonders vorurteilsbehaftet. Noch 25 Jahre zuvor konnten Schwarze sich dort überhaupt nicht verpflichten. Als sich hier schließlich etwas tat, wurden ihnen zunächst nur niedere Tätigkeiten von Köchen oder Schuhputzern zugewiesen. Als Eleanor Roosevelt dann politischen Druck ausübte, wurde es Schwarzen ermöglicht, in die Offiziersränge aufzusteigen, aber viele Führungskräfte hielten sie nicht für intelligent genug, weiße Seeleute zu befehligen.

Als die Männer schließlich mit der Offiziersausbildung anfingen, wurden sie in einer separaten Gruppe ausgebildet, abgesondert von den weißen Matrosen. Sie mussten rassistische Beleidigungen und entwürdigende Kommentare von ihren Ausbildern ertragen. Die Botschaft war klar: Man erwartete von ihnen, dass sie scheiterten.

Einige der Männer hatten zusätzliche Gründe, an sich zu zweifeln. Ein paar von ihnen hatten eine etwas holprige akademische Laufbahn hinter sich. Jesse Arbor war kein guter Schüler gewesen und im Anfängerkurs für Wirtschaftswissenschaften durchgefallen, und Charles Lear hatte es nicht über die zehnten Klasse hinaus geschafft. William »Syl« White verfügte über keinerlei militärische Erfahrung, er hatte gerade seine Grundausbildung abgeschlossen. »Es war anspruchsvoll«, erinnert sich White. »Die Ausbildung zum Offizier hatte etwas von einem Kampf im Dunkeln.«

Hinzu kam, dass sich die USA im Krieg befanden und die Ausbildungszeit um die Hälfte verkürzt war. Die Kandidaten mussten ein ganzes Semester in nur zehn zermürbenden Wochen absolvieren. Jeden Tag standen sie um sechs Uhr morgens auf, um zu marschieren, an acht Unterrichtsstunden teilzunehmen und bis tief in die Nacht zu büffeln. Sie lernten alles über die Seefahrt, Navigation, das Geschützwesen, Gesetze, Seerecht, Erkennung von Flugzeugen, Signalflaggen, Morsezeichen und Überlebensstrategien – und das alles in Rekordzeit.

In einer typischen Offiziersausbildungsklasse bei der Marine bestehen nur drei Viertel der Kandidaten die Prüfung. Die erste Klasse Schwarzer Prüflinge schaffte es jedoch nicht nur komplett, alle 16 bestanden sogar mit Bravour. In Washington war man sofort misstrauisch. Um zu beweisen, dass sie nicht geschummelt oder von Benotungsfehlern profitiert hatten, mussten die Männer einige ihrer Prüfungen wiederholen. Hierbei erzielten sie sogar noch mehr Punkte und erreichten als Gesamtdurchschnitt 3,89 von 4,0. Jahre später würden sie erfahren, dass sie die besten Noten in der Geschichte der Marine erzielt hatten. Ihr Potenzial war nicht länger verborgen.

Dreizehn der Kandidaten wurden schließlich als Offiziere in die Marine berufen.* Als erste Gruppe Schwarzer Männer in den USA, die die goldenen Sterne und Streifen tragen durften, wurden sie als die Goldenen Dreizehn bekannt.[2] Statt der Schwerkraft zu erliegen, die sie zu Boden drücken wollte, widersetzten sich die Goldenen Dreizehn ihr. Wie Samuel Barnes bemerkte: »Wir waren entschlossen, trotz der Last, die man uns auferlegt hatte, erfolgreich zu sein.«

Die Goldenen Dreizehn haben etwas richtig gemacht, was der Rest von uns oft nicht schafft. Angesichts scheinbar unüberwindbarer Hindernisse erliegt man schnell der Versuchung aufzugeben. Es ist einfach zu schwer; alles ist gegen einen oder einfach zu viel. Man hört in solchen Situationen oft, dass man sich am eigenen Schopf aus dem Sumpf ziehen soll. Damit ist gemeint, dass wir introspektiv unsere verborgenen Reserven an

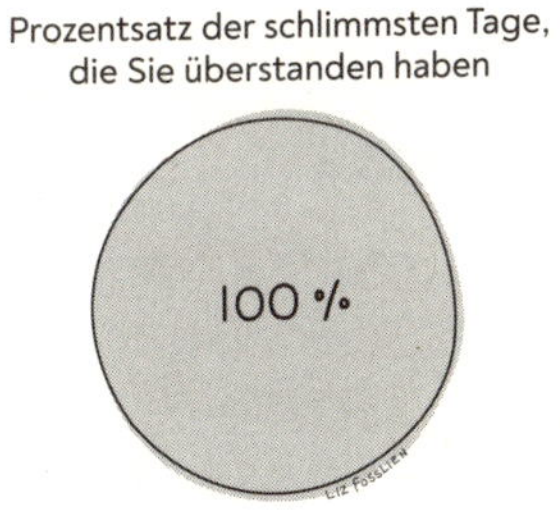

Abb. 35

* Es bleibt unklar, warum drei der ursprünglich 16 Kandidaten – Augustus Alves, J. B. Pinkney und Lewis »Mummy« Williams – nicht einberufen wurden. Es ist auch weiterhin ein Rätsel, warum diese 16 Männer überhaupt erst ausgewählt wurden.

Zuversicht und Know-how aufspüren und ausschöpfen müssen. Dabei sollten wir uns weit eher nach außen wenden und die Ressourcen mit anderen und für andere nutzen, um unser verborgenes Potenzial zu entdecken – und zu steigern. Wenn die Chancen gegen uns stehen, hilft es uns, nicht nur an uns selbst zu denken, um erfolgreich durchzustarten.

EINANDER ETWAS BEIBRINGEN

Wenn wir einer gewaltigen Herausforderung gegenüberstehen, sind Kompetenz und Zuversicht erforderlich. In welchem Maß wir in der Lage sind, unsere Fähigkeiten und Ansprüche zu steigern, hängt zunächst davon ab, wie wir die vor uns liegenden Hindernisse interpretieren. Zahlreiche Hinweise sprechen dafür, dass wir, wenn wir Hürden als Bedrohung ansehen, dazu neigen, uns zurückzuziehen und aufzugeben. Wenn wir sie jedoch als Herausforderungen betrachten, die es zu überwinden gilt, können wir uns der Situation gewachsen zeigen.[3]

Hindernisse als Herausforderungen zu betrachten hängt zum Teil vom eigenen Wachstumsdenken ab, dem Glauben an die eigene Fähigkeit, sich zu verbessern.[4] Die Psychologin Carol Dweck, die dieses Konzept begründete, wies jedoch kürzlich nach, dass dieses Mindset ohne die entsprechenden Rahmenbedingungen wenig nützt. Experimente mit über 15 000 Schülern zeigen, dass die Förderung des Wachstumsdenkens bei Highschool-Schülern deren Noten nur dann verbessert, wenn ihre Lehrkräfte auch ihr Potenzial erkennen und wenn in ihrer Schule eine Kultur vorherrscht, die die Schüler dazu animiert, sich Herausforderungen zu stellen.

Wenn wir nicht das Glück haben, dass andere uns dieses unterstützende Gerüst bauen, dann müssen wir das wohl selbst tun. Und hier kommt wieder die Notwendigkeit ins Spiel, die eigenen Ressourcen zu nutzen, um sich aus einer verfahrenen Situation zu befreien – sich wie der Baron Münchhausen am eigenen Schopf aus dem Sumpf zu ziehen.

Sich selbst aus der Patsche zu helfen wird normalerweise als eine individuelle Fähigkeit angesehen. Man verlässt sich nicht auf die Hilfe anderer. Man *selbst* ist es, der sich *selbstständig* über die Hindernisse hinwegsetzt. Es hat etwas von hemdsärmeligem Individualismus – ein unabhängiger Akt. Aber erst wenn wir uns darauf einlassen, voneinander abhängig zu sein, erlangen wir die Kompetenz und die Zuversicht, Hindernisse zu überwinden. Ich kann das aus meiner eigenen Unterrichtspraxis bestätigen.

Einmal im Wintersemester sagte ich meinen Studierenden an der Wharton School of the University of Pennsylvania, dass die Abschlussprüfung ungewöhnlich schwierig sein würde, und schickte ihnen einige Beispielfragen. Sie gerieten vollkommen in Panik wegen des Multiple-Choice-Teils. Ich hatte sie motivieren wollen, sich den Stoff anzueignen, hatte aber ihr Vertrauen in mich untergraben.

Also erinnerte ich sie daran, dass ich ihnen allen bei der Prüfung die Daumen drückte. Ich versprach ihnen sogar, ihre Noten nach oben zu korrigieren, wenn der Klassendurchschnitt niedrig wäre. Da sie immer noch gestresst waren und zweifelten, wollte ich ihnen etwas entgegenkommen. Wenn sie bei einer der Multiple-Choice-Fragen überhaupt nicht weiterkamen, durften sie den Namen eines Kommilitonen hinschreiben, der die Antwort wissen könnte. Wenn er die Aufgabe richtig löste, würden auch sie dafür Punkte kriegen – die Universitätsversion des Jokers bei *Wer wird Millionär?*.

Ihre Prüfungsergebnisse fielen sehr überraschend aus. Im Vergleich zum vorherigen Jahr war der Klassendurchschnitt um mehrere Punkte gestiegen, und das lag nicht am Joker. In den Folgejahren wurde die Leistung jedes neuen Jahrgangs stetig besser. Ich ging also die Liste der möglichen Erklärungen durch: Nein, der Test war nicht einfacher geworden, und die Studierenden waren auch nicht intelligenter als in den Vorjahren. Schließlich kam ich drauf: Der Joker hatte große Auswirkungen darauf, wie die Studierenden sich vorbereiteten.

Um bei der Prüfung gut abzuschneiden, mussten sie natürlich trotzdem alle Inhalte beherrschen; man konnte nicht einfach, den Stoff aufteilen und dann lernen. Aber wenn sie für die eine Frage Extrapunkte bekommen wollten, mussten sie herausfinden, wer genau was wusste. Anstatt allein zu pauken, entschieden sie sich, gemeinsam zu lernen. Sie begannen, sich in kleinen Gruppen zu treffen, um die grundlegenden Konzepte zusammenzufassen.

Die Studierenden hatten ihr eigenes Unterstützungsgerüst erarbeitet. Ein späterer Jahrgang entwickelte das Ganze sogar noch weiter: Sie erstellten eine riesige Übersicht mit den Inhalten des gesamten Semesters. Ein Student hatte für den Samstagnachmittag einen Raum reserviert und lud den ganzen Kurs ein, das gemeinsame Wissen zusammenzutragen. Andere beteiligten sich mit Textzusammenfassungen, Arbeitshilfen und Übungsquizfragen. Die Studierenden hatten erkannt, dass man sich am besten gegenseitig aus der Patsche helfen konnte.

Es gibt zahlreiche Belege dafür, dass das Lernen mit sachkundigen Kollegen und Kolleginnen einen wachsen lässt. In den US-Geheimdiensten ist der wichtigste Faktor, um vorherzusagen, welche Teams die beste Arbeit leisten werden, wie oft sich die Kollegen und Kolleginnen gegenseitig etwas beibringen und coachen.[5] An medizinischen Fakultäten lernen Studierende genauso viel, wenn sie von Mitstudierenden unterrichtet werden, wie vom Lehrkörper.[6] Kein einziger meiner Studierenden kam zu den Samstagssitzungen als Experte. Sie mussten sich das kollektive Wissen der Gruppe zunutze machen. Und es gibt Grund zu der Annahme, dass sie einen Teil dadurch erwarben, dass sie sich den Lernstoff gegenseitig erklärten.

Lehren ist eine überraschend wirksame Lernmethode. In einer Metaanalyse von 16 Studien erzielten die Schüler, die nach dem Zufallsprinzip als Tutoren für ihre Mitschüler ausgewählt wurden, in den von ihnen unterrichteten Fächern höhere Punktzahlen.[7] Schüler, die Lesen unterrichteten, verbesserten sich im Lesen; diejenigen, die Mathematik unterrichteten, wurden auf diesem Gebiet weitaus besser. Je mehr Zeit sie mit Nachhilfe verbrachten, desto mehr lernten sie. Eine Forschungsgruppe kam daher zu dem Schluss: »Wie die Kinder, denen sie geholfen haben, erwarben die Tutoren ein besseres Verständnis für und eine positivere Einstellung zu den im Programm behandelten Themen.«[8,*]

* Der Tutoreneffekt hilft, eines der größten Rätsel des menschlichen Geistes zu lösen: Warum haben Erstgeborene einen kognitiven Vorteil gegenüber später geborenen Kindern? (Siehe hierzu: Julia M. Rohrer, Boris Egloff und Stefan C. Schmukle, »Examining the Effects of Birth Order on Personality«, *PNAS* 112, Nr. 46 (2015): S. 14 224–14 229, und »Probing Birth-Order Effects on Narrow Traits Using Specification-Curve Analysis« *Psychological Science* 28, Nr. 12 (2017): S. 1821–1832; Rodica Ioana Damian und Brent W. Roberts, »The Associations of Birth Order with Personality and Intelligence in a Representative Sample of U. S. High School Students«, *Journal of Research in Personality* 58 (2015): S. 96–105; Sandra E. Black, Paul J. Devereux und Kjell G. Salvanes, »Older and Wiser? Birth Order and IQ of Young Men«, *CESifo Economic Studies* 57 (2011): S. 103–120; Kieron J. Barclay, »A Within-Family Analysis of Birth Order and Intelligence Using Population Conscription Data on Swedish Men«, *Intelligence* 49 (2015): S. 134–143.) Obwohl es nicht in jeder Analyse auftaucht, zeigen fundierte Studien, dass das älteste Kind in einer Familie tendenziell etwas besser in Intelligenztests abschneidet als die jüngeren Kinder – selbst wenn man die Familiengröße, den sozioökonomischen Status, die Intelligenz der Eltern und eine Vielzahl anderer Faktoren mitbedenkt. Biologische und pränatale Ursachen können wir ausschließen. (Siehe hierzu: Petter Kristensen und Tor Bjerkedal, »Explaining the Relation between Birth Order and Intelligence«, *Science* 316, Nr. 5832 (2007): S. 1717.) Eine Studie mit über 240 000 norwegischen jungen Probanden zeigte, dass Spätgeborene, deren ältere Geschwister im Säuglingsalter sterben – und die damit wie Erstgeborene erzogen werden –, höhere Intelligenzwerte aufweisen. Wenn das älteste Kind also einen Lernvorteil hat, ist dieser auf die Erziehung zurückzuführen, nicht auf die Biologie. Gern wird hier argumentiert, dass die Eltern den Erstgeborenen mehr Zeit und Energie widmen. Die elterliche Aufmerksamkeit mag ein Faktor sein, aber sie erklärt nicht, warum Einzelkinder, die schließlich die meiste ungeteilte elterliche Aufmerksamkeit erhalten, beim Intelligenztest schlechter abschneiden als Erstgeborene mit jüngeren Geschwistern. (Siehe hierzu: Tor Bjerkedal, Petter Kristensen, Geir A. Skjeret und John I. Brevik, »Intelligence Test Scores and Birth Order among Young Norwegian Men (Conscripts) Analyzed within and between Families«, *Intelligence* 35, Nr. 5 (2007): S. 503–514.) Hier kommt der Tutoreneffekt ins Spiel. Wenn man ein Einzelkind ist, kann man nicht Lehrer seiner jüngeren Geschwister werden, und wie bei den Letztgeborenen schränkt das die Entwicklung ein. Wenn Sie der Erstgeborene in einer großen Familie sind, lernen Sie, indem Sie Ihre kleinen Brüder und Schwestern erziehen. Interessanterweise zeichnet sich dieser Vorteil des Lehrens im Alter von zwölf Jahren ab, wenn ältere Geschwister mehr beibringen können und jüngere Geschwister eher bereit sind zu lernen. (Siehe hierzu: Frank J. Sulloway, »Birth Order and Intelligence«, *Science* 316, Nr. 5832 (2007): S. 1711–1712.)

In der Psychologie spricht man hier vom Tutoreneffekt.[9] Er bewährt sich sogar bei Anfängern: Der beste Weg, etwas zu lernen, besteht darin, es zu lehren. Man kann sich etwas besser merken, wenn man es sich ins Gedächtnis ruft, und man versteht es besser, wenn man es erklärt.[10] Dafür muss man nur das Unbehagen akzeptieren, bereits in einer Lehrposition zu sein, bevor man etwas perfekt beherrscht. Selbst wenn man nur gesagt bekommt, dass man etwas lehren wird, fördert dies das eigene Lernen.[11]

Im Grunde ist das eine andere Interpretation des Spruchs »Wer's kann, der tut's; wer's nicht kann, der unterrichtet's«, nämlich: »Wer's noch nicht kann, kann es durch Unterrichten lernen.« Der Historiker Henry Adams wurde zum Experten für mittelalterliche Geschichte, nachdem er zunächst eine Vorlesung zu Henry Cabot Lodge gehalten hatte.[12] Er gestand seinen Studierenden, dass er am Anfang keine Ahnung gehabt hatte und ihnen immer nur eine Lektion voraus war. Die Malerin Georgia O'Keeffe verfeinerte ihre Technik der Abstraktion in Kohle und Aquarell, indem sie Kunstunterricht gab.[13] Der Physiker John Preskill befasste sich mit Quantencomputern, als er sich bereit erklärte, ein Seminar dazu zu halten.[14] Und die Goldenen Dreizehn haben ihre Offiziersprüfungen mit Bravour bestanden, indem sie lehrten, was sie lernen wollten.

UNVERHOFFTES POTENZIAL

Viele Mitglieder der Goldenen Dreizehn hielten es zu Beginn ihrer Ausbildung für unmöglich, sich so viel Wissen in so kurzer Zeit beizubringen. George Cooper drückte es so aus: »Jeder von uns […] sagte: ›Zum Teufel, das ist einfach zu viel.‹« Da nur wenige Führungspersönlichkeiten hinter ihnen standen, fuhren sie am besten damit, sich gegenseitig zu unterstützen. Und das in einer absoluten Ellbogenkultur.

Die Marine ließ normalerweise nicht alle Offizierskandidaten durchkommen, weswegen diese sich meist als Rivalen und nicht als Teamkollegen sahen. Und trotzdem trafen sich die Goldenen Dreizehn in ihrer Kaserne und legten ein prosoziales Versprechen ab: *Alle für einen und einer für alle.* »Wir haben früh entschieden, dass wir entweder alle zusammen untergehen oder gemeinsam schwimmen würden«, sagte Cooper. »Zum Glück kannte sich fast jeder mit zumindest einem der Themen aus.«

Um die riesige Menge an Stoff zu bewältigen, beschlossen die Goldenen Dreizehn, sich aufeinander zu verlassen. Sie würden zu Schwämmen werden, indem sie ihr Wissen zusammentrugen und filterten. Jedes Teammitglied würde seine Expertise an den Rest der Gruppe weitergeben. Als sie ihre Lehrbücher bekamen, gingen sie die Themen durch und warteten, dass irgendjemand »Meins!« rief.

Cooper, Graham Martin und Reginald Goodwin waren gut in Mathematik und übernahmen viele der analytischen Bereiche, zusammen mit John Reagan, der sich auf die technischen Themen konzentrierte. Die Geschichtsfans Samuel Barnes und Dennis Nelson bearbeiteten die Militärgeschichte. Was Lear an offizieller Bildung fehlte, machte er durch Führungsqualitäten sowie Erfahrung in der Seefahrt und Knotenknüpfen wieder wett und war an Alves' Seite. Und da Arbor in der Navigationsausbildung schon weiter war und viel Erfahrung hatte, wandte sich die Gruppe für einen Crashkurs in Morsezeichen an ihn: Er klopfte an die Wand und gab den anderen Tipps fürs Zurückklopfen. Sie bündelten ihre Kräfte.

Üblicherweise hieß es um 22:30 Uhr: »Licht aus!« Doch die Goldenen Dreizehn kauerten mit Taschenlampen im Badezimmer und lernten bis weit nach Mitternacht. Damit das Licht sie nicht verriet, hängten sie die Fenster mit Laken zu.

Dank eines bahnbrechenden Buches von Paul Stillwell, einem Marinehistoriker, der uns den großen Dienst erwies, die Geschichte der Goldenen Dreizehn zu ihren Lebzeiten festzuhalten, habe ich erstmals von ihnen gehört. Als ich Stillwells umfangreiche Interviews nach Geschichten, Zitaten und Einblicken durchforstete, war die offensichtliche Erklärung für ihren Erfolg, dass sie von qualifizierten Kollegen lernen konnten. Dann kam mir der Gedanke, dass sich hier auch der Tutoreneffekt ausgewirkt hatte: Durch die Weitergabe von Wissen wuchs die Kompetenz der Unterrichtenden. Sie arbeiteten zusammen, damit ihre Stiefellaschen etwas aushielten.

Als die erste Rechtsfrage aufkam, wandten sich alle an White, den Anwalt. Doch der erklärte ihnen, dass er sich mit Seerecht nicht auskenne, er müsse das erst nachschlagen. Er eignete sich also die Vorschriften der Marine an, indem er sie die anderen lehrte; zugleich vertiefte er sein Wissen bei den Themen, die er gerade im Ausbildungslager gelernt hatte, indem er auch einige davon den anderen beibrachte. Das Lehren sorgte dafür, dass die Informationen hängen blieben.

Aufgrund seiner Erfahrung als Maschinist war Frank Sublett zusammen mit Dalton Baugh für die Bereiche Mechanik, Geschützwesen und Kessel verantwortlich. Viele der aufkommenden Fragen konnten sie jedoch nicht beantworten. Wenn die den jeweiligen Fächern zugewiesenen Lehrer nicht über das entsprechende Wissen verfügten, durften sie sich auch in anderen versuchen. So hatten sie alle die Möglichkeit, etwas ihnen relativ Neues zu lehren. Sobald sie sich über die beste Erklärung einig waren, ging es ans »Nachbohren«. Sie fragten sich gegenseitig ab, sodass jeder noch mehr Chancen hatte, das soeben erworbene Wissen zu teilen. Als Sublett merkte, dass sie alle etwas beizusteuern hatten, erkannte er, dass »die Männer in unserer Gruppe fähig waren, die Informationen aufzunehmen«. Ihre Stiefel waren robust. Als sie die Prüfung ablegten, hatte jeder von ihnen genug Wissen, um mit Bravour zu bestehen.

UNSERE EIGENEN RATSCHLÄGE BEHERZIGEN

Andere zu unterrichten kann unsere Kompetenz stärken. Unser Selbstvertrauen steigern wir allerdings dadurch, dass wir andere coachen. Wenn wir andere ermutigen, Hindernisse zu überwinden, kann dies dazu beitragen, uns selbst zu motivieren. Ich habe das als Vater selbst erlebt.

Als ich vor meinem ersten TED-Vortrag nervös war, beschloss ich, unsere älteste Tochter um Rat zu fragen. Joanna war damals acht Jahre alt und extrem schüchtern. Sie schlug mir vor, nach einer Person im Publikum Ausschau zu halten, die lächelte und nickte. Nach dem Vortrag konnte ich ihr begeistert berichten, dass mich das strahlende Gesicht in der ersten Reihe ermutigt hatte.

Ein paar Wochen später bekamen meine Frau Allison und ich mit, dass Joanna wegen ihrer Rolle in einer Schulaufführung sehr aufgeregt war. Als sie dann aber die Bühne betrat und uns, die wir im Publikum saßen, in die Augen schaute, breitete sich auf ihrem Gesicht ein strahlendes Lächeln aus – so strahlend wie das unsrige im Publikum. Anstatt sich auf unseren Rat zu verlassen, hatte sie sich an ihren eigenen Tipp erinnert und ihn befolgt. Das war ein Wendepunkt, danach merkten wir, dass sie sich selbst mehr zutraute. Es dauerte nicht lange, bis sie sich freiwillig meldete, Vorträge zu halten, und ihre Lehrer lobten ihr sicheres Auftreten und ihr Selbstvertrauen.

Ich bezeichne das als den Coachingeffekt.[15] Wir trauen uns eher zu, Schwierigkeiten zu überwinden, nachdem wir andere durch sie hindurchgeführt haben. Das ist auch das übereinstimmende Ergebnis von einigen eleganten Experimenten der Psychologin Lauren Eskreis-Winkler. In einer ihrer Versuchsanordnungen erzielten Highschool-Schüler bessere Noten in mehreren Fächern – einschließlich Mathematik –, nachdem sie nach dem Zufallsprinzip jüngeren Schülern mit der Maßgabe zugeteilt worden waren, ihnen Tipps zu geben, wie sie sich motivieren und das Prokrastinieren vermeiden könnten. In einem anderen Experiment verbrachten Mittelschüler mehr Zeit mit den Hausaufgaben, nachdem sie nach dem Zufallsprinzip zugewiesen wurden, jüngeren Schülern motivierende Ratschläge zu geben – anstatt diese von erfahrenen Lehrkräften zu erhalten. Es funktionierte auch bei Menschen, die sich mit dem Sparen schwertaten, mit dem Abnehmen, oder die Probleme hatten, ihr Temperament zu zügeln oder einen Job zu finden. Sie waren motivierter, nachdem sie selbst Ratschläge erteilt hatten, als wenn sie sie erhielten.

Es ist nicht ganz dieselbe Auswirkung wie beim Tutoreneffekt, der zeigt, dass wir dadurch lernen, wenn wir genau das Wissen weitergeben, welches wir erwerben wollen. Der Coachingeffekt verdeutlicht, wie wir die Motivation steigern können, indem wir andere derart ermutigen, wie wir es selbst benötigen. Indem wir uns an die Werkzeuge erinnern, die uns bereits zur Verfügung stehen, steigert das Coaching unser Selbstvertrauen.

Lehren vs. Coachen

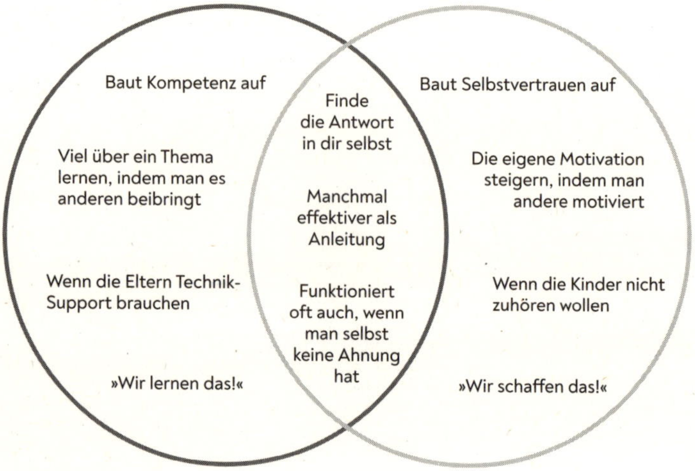

Abb. 36

Coaching ist das Gegenteil von dem, was wir normalerweise tun, wenn wir Hilfe brauchen. In schwierigen Zeiten ist unser erster Instinkt, zum Telefon zu greifen und jemanden um Rat zu fragen. Doch wir sollten besser innehalten und uns die Ratschläge ins Gedächtnis rufen, die wir in der Vergangenheit selbst gegeben haben, oder jemanden anrufen, der sich in einer ähnlichen Situation befindet, und ihm ein paar Vorschläge machen. Wir sollten auf die Ratschläge hören, die wir anderen geben – in der Regel sind das genau die, die wir für uns selbst befolgen müssen.

Bei meinen Recherchen habe ich festgestellt, dass es motivierender ist, zu geben, als zu nehmen.[16] Empfangen ist passiv. Wenn man immer derjenige ist, der gecoacht wird, kommt man in die Lage, sich auf die Anleitung anderer verlassen zu müssen. Geben ist aktiv. Andere zu coachen erinnert Sie daran, dass Sie etwas zu geben haben. Es kann Sie überzeugen, dass Sie in der Lage sind, sich selbst zu helfen, denn Sie haben ja bereits andere unterstützen können.

Den ganzen Winter lang verließen sich die Goldenen Dreizehn beim Coaching und Motivieren aufeinander. Lear kam immer früher, um die Gruppe zu versammeln. Als sie sich damit schwertaten, die Funktionsweise eines Sextanten für die Navigation zu verstehen, motivierte er sie, es weiter zu versuchen, und gab ihnen Tipps zu den Techniken. Das zeigte ihm – und seinen Kollegen –, dass er einen Beitrag leisten konnte.

Beim gegenseitigen Coaching haben die Goldenen Dreizehn nicht nur Ratschläge erteilt und einander ermutigt, sie nahmen sich auch gegenseitig in die Pflicht. »Jeder von uns kam einmal oder vielleicht auch mehrmals an den Punkt, wo er bereit war, das Handtuch zu werfen«, erzählte George Cooper, »und die anderen mussten dann da sein und sagen: ›O nein, Mann, wir müssen das durchziehen.‹« Graham Martin sagte ihnen, dass sie es schaffen mussten, und ließ keine Ausrede gelten. Andere riefen ihre Mitstreiter zur Ordnung, wenn sie abgelenkt waren, und tauschten Tipps aus, wie man konzentriert bleiben kann. Indem sie einander gegenseitig am Schopf aus dem Sumpf zogen, wuchs auch ihr Selbstvertrauen.

Nachdem Paul Stillwell einen Großteil der Goldenen Dreizehn interviewt hatte, konnte er nur staunen: »Selbst ihre härtesten Ausbilder verlangten nicht so viel von ihnen wie sie von sich selbst.« Die schwierige Aufgabe, die vor ihnen lag, war nicht länger eine Bedrohung, sondern eine Herausforderung. Statt dass sich jeder von ihnen selbst in Zweifel zog, glaubten sie an ihre kollektive Fähigkeit. Wie George Cooper es ausdrückte: »Wir waren davon überzeugt, wenn einer von uns es schaffen würde, würden es alle schaffen.«

Die Goldenen Dreizehn hatten einen Weg gefunden, ihr anfänglich mangelndes Selbstvertrauen zu stärken und ihre ungenügenden Kompetenzen auszubauen. Dabei hätten sie angesichts der Zweifel, die die Führungskräfte ihnen entgegenbrachten, so viele Gründe gehabt, sich infrage zu stellen. Wenn andere nicht an deine Fähigkeiten glauben, lässt dich das vielleicht im Sumpf versinken. Nicht respektiert zu werden behindert in hohem Maß die eigene Entwicklung und erfordert eine bestimmte Art von stützendem Gerüst.

Kürzlich bin ich einer Frau begegnet, die diese Herausforderung gemeistert hat. Ich hatte über Jahre immer von ihr als der Rednerin gehört, die die Menge begeistern konnte. Das war, als ich selbst noch keine öffentlichen Auftritte hatte. Als ich sie endlich kennenlernte, brachte sie mir etwas Überraschendes bei, wie man sich weiter motiviert, wenn man einen Berg bezwingen muss.

EIN BERG VON ZWEIFELN

Als Alison Levine nach Luft japste, fragte sie sich, ob sie einen Fehler gemacht hatte.[17] Im Jahr 2002 führte Alison die erste Expedition einer Gruppe von US-amerikanischen Frauen auf den Mount Everest an. Gerade hatten sie den tückischsten Teil des Aufstiegs erreicht, den Khumbu-Eisbruch. Über ihnen: 600 Höhenmeter Eis, das mit der Sonnenwärme zunehmend instabil werden würde. Sie mussten schnell sein, um einen Riss im Eis oder einen plötzlichen Lawinenabgang zu vermeiden.

Aber Geschwindigkeit war nicht Alisons Stärke. Mit ihren knappen 1,62 Metern und 50 Kilo konnte sie keine langen, kräftigen Schritte machen. Sie war Mitte 30 und hatte erst ein paar Jahre zuvor mit dem Bergsteigen angefangen. Als Kind verschlang sie in den schwülen Sommern in Phoenix Bücher über Arktisentdecker und sah sich jeden Bergsteigerfilm an. Sie träumte davon, an Polarexpeditionen teilzunehmen, aber körperliche Einschränkungen hinderten sie daran, sich großer Kälte auszusetzen.

Alison wurde mit einem Loch im Herzen geboren; eine Expeditionskarriere war nichts für sie. Als Teenagerin wurde sie hin und wieder ohnmächtig und hatte ein Dauerabonnement auf die Notaufnahme. Nach mehreren Operationen wurde das Loch schließlich geschlossen, und sie konnte endlich mit dem Bergsteigen beginnen. Aber da war noch ein weiteres großes Hindernis: eine Durchblutungsstörung. Wenn es richtig kalt wird, gelangt kein Blut mehr in ihre Finger und Zehen, sodass sie taub werden und stark erfrierungsgefährdet sind.

Das hat Alison jedoch nicht von ihrer Everest-Expedition abgehalten. Sie verbrachte Monate damit, einen Unternehmenssponsor zu finden und ein Team aus versierten Outdoor-Sportlerinnen zusammenzustellen. Und da waren sie nun also und starrten auf die riesige Spalte in einem Gletscher, die sie nun überqueren mussten. Abzurutschen konnte den Tod bedeuten.

Als Alison ihren Fuß auf die Leiter setzte, rief ihr von hinten ein anderer Bergsteiger zu: »In diesem Tempo schaffst du es nie bis zum Gipfel. Wenn du nicht schneller steigen kannst, solltest du nicht hier sein. Vielleicht solltest du es gut sein lassen und umkehren.« Sie tat ihr Bestes, um ihn zu ignorieren, und ging weiter, langsam, aber sicher.

Sie und ihr Team konnten den Eisbruch schließlich überwinden. Kurze Zeit später wurde ein ganzer Abschnitt der Aufstiegsroute unter einer Lawine verschüttet, und ein anderer Bergsteiger kam gerade so mit dem Leben davon. Das sollte nicht ihre einzige Begegnung mit dem Tod bleiben. Ein Hubschrauber, der das Team durch das Khumbu-Tal geflogen hatte, stürzte während des Rückflugs ab. Es gab keine Überlebenden. Und ein Bergsteiger, den sie im Basislager kennengelernt hatte, war später beim Aufstieg umgekommen. Alison wusste, dass ihr Leben und das ihrer Teamgefährtinnen von unzähligen kleinen Entscheidungen abhingen und von Bedingungen, auf die sie keinen Einfluss hatten.

Die Aufstiegsvorbereitungen dauerten fast zwei Monate, und schließlich erreichten Alison und ihr Team die letzte Etappe der Tour. Dieser Bereich heißt auch »Todeszone«, denn in dieser Höhe können Menschen nicht genug Sauerstoff aufnehmen, um dauerhaft zu überleben. Auch mit zusätzlichem Sauerstoff musste Alison fünf- bis zehnmal tief einatmen, um genug Sauerstoff für einen einzigen Schritt zu haben. Sie arbeiteten sich weiter vorwärts, und endlich war der Gipfel in Sicht.

Doch dann brach ein Sturm los. Heftiger Wind und ein Whiteout machten den weiteren Anstieg unmöglich. Als erstes US-Frauenteam wollten sie den Mount Everest besteigen, doch nun mussten sie umkehren.

Kaum zu Hause angekommen, bombardierte die Presse sie mit Fragen. Glückwunsch, Sie haben es nicht geschafft. Wie hat es sich angefühlt, aufzugeben? Wider besseres Wissen las Alison die Online-Kommentare. Die waren nicht kompetent. Die hatten es nicht verdient, dort zu sein. Sie traf Leute beim Abendessen, die ihren Erfolg kleinreden wollten. Hören Sie auf zu sagen, Sie hätten den Everest bestiegen … Wenn Sie nicht bis zum Gipfel gekommen sind, zählt es nicht. Sie fühlte sich wie eine Null und geriet in eine Spirale aus Selbstzweifeln und Depressionen. Sie hatte das Gefühl, ihr Team, ihren Sponsor und ihr Land im Stich gelassen zu haben. Und die Stimme des Bergsteigers hinter ihr hallte in ihrem Kopf nach. Du bist nicht schnell genug. Sie schwor sich, nie wieder einen Fuß auf den Everest zu setzen.

EINEN FUNKEN ENTFACHEN

Die Erwartungen, die Menschen an uns haben, werden oft zu selbsterfüllenden Prophezeiungen. Wenn andere an unser Potenzial glauben, kann uns das eine Stütze auf dem Weg nach oben sein. Sie sorgen dafür, dass wir anspruchsvollere Ziele anstreben und uns zu höheren Gipfeln aufschwingen wollen. Zahlreiche Experimente haben gezeigt, dass Angestellte generell härter arbeiten und mehr lernen und leisten, wenn Führungskräfte viel von ihnen halten.[18] Wenn Lehrer in der Schule eine hohe Meinung von ihren Schülern haben, werden diese klüger und kriegen bessere Noten – vor allem die, die aus einer benachteiligten Situation heraus starten.[19]

Während hohe Erwartungen uns dabei helfen, immer höher hinauszukommen, ziehen uns geringe Erwartungen runter, als wären unsere Stiefel aus Blei. Man spricht hier auch vom Golem-Effekt: Wenn andere uns unterschätzen, schränkt das unsere Bemühungen und unsere Entwicklung ein.[20] Diese Art von selbsterfüllenden Prophezeiungen zeigt sich besonders deutlich bei stigmatisierten Gruppen, die oftmals mit niedrigen Erwartungen zu kämpfen haben.[21] Die bahnbrechende Forschungsarbeit meines Kollegen Samir Nurmohamed zeigt jedoch, dass es auch ganz anders sein kann, denn manchmal kann man die geringen Erwartungen anderer zu seinem Vorteil wenden.[22] Sie müssen einen nicht unbedingt herunterziehen, im besten Fall kann man sie für sich nutzen.

In einem Experiment ließ Samir die Probanden mit der Computermaus Kreise ziehen. Nachdem sie eine Übungsrunde absolviert hatten, schickte ihnen ein Beobachter eine Nachricht. Einigen Personen wurden nach dem Zufallsprinzip hohe Erwartungen kommuniziert: *Sie werden die anderen bei dieser Aufgabe übertreffen*, oder: *Ich denke, Sie haben das Zeug dazu, sie alle zu schlagen*. Andere konfrontierte man mit niedrigen Erwartungen: *Die anderen werden Sie bei dieser Aufgabe übertreffen*, oder: *Ich glaube nicht, dass Sie das Zeug dazu haben, die anderen zu schlagen*.

Wie sich diese Erwartungen auswirkten, hing davon ab, wer sie formulierte. Hohe Erwartungen führten dazu, dass sich die Probanden mehr anstrengten und bessere Leistungen brachten, wenn sie von jemandem geäußert wurden, der sich mit der Aufgabe auskannte. Wenn dem Beobachter jedoch die Glaubwürdigkeit fehlte, da er nicht über die Aufgabe informiert war, dann kehrte sich der Effekt um: Die Probanden strengten sich dann mehr an und leisteten mehr, wenn ihnen Zweifel entgegengebracht wurden, als wenn man sie ermutigte.

		Glaubwürdigkeit	
		Ignorant	**Experte**
Erwartungen	**niedrig**	Herausgefordert: Ich werde es ihnen zeigen	Bedroht: Ich kann es nicht
	hoch	Unbewegt: Die sind leicht zu beeindrucken	Unterstützt: Ich erfülle die Erwartungen

Wenn man für etwas brennt, ist es bedrohlich, von Experten in Zweifel gezogen zu werden. Sie mögen seriös sein, aber da sie Ihr Potenzial nicht erkennen, sind sie keine Coaches, die Ihnen helfen, sich zu verbessern. Dass sie nicht an Sie glauben, führt schnell dazu, dass Sie unsicher werden. Es erschüttert Ihr Selbstvertrauen und hemmt Ihre Entwicklung – eine selbsterfüllende Prophezeiung.

Die Forschung auf diesem Gebiet legt jedoch nahe, dass niedrige Erwartungen, wenn sie von einer uninformierten Person stammen, zu einer sich selbst widerlegenden Prophezeiung werden. Es motiviert einen dazu, diejenigen Lügen zu strafen, die nicht an ihren Erfolg glauben. Samir spricht hier auch vom Außenseitereffekt.

Von Neulingen angezweifelt zu werden ist hingegen eine Herausforderung. Es feuert einen an. Denn die Neulinge haben schließlich selbst keine Ahnung, also internalisiert man ihre niedrigen Erwartungen nicht – ignoriert sie aber auch nicht, sondern will sie stattdessen widerlegen. *Denen werde ich's zeigen.* Die Zweifel, die an Ihrem Selbstvertrauen nagen, können auch zu Feuerproben werden und Sie schließlich gestärkt daraus hervorgehen lassen. Man fühlt sich wie ein Außenseiter, der es entgegen allen Voraussetzungen schaffen kann.* So wie Alison Levine.

Nach ihrem gescheiterten Versuch 2002, den Gipfel des Mount Everest zu erreichen, bekam Alison die Kritiker nicht aus dem Kopf, obwohl ihr klar war, dass sie eigentlich nicht ernst zu nehmen waren. Die Online-Trolle, Journalisten und Bekanntschaften hatten keine Ahnung von den Bergen. Und der Bergsteiger, der sie so gedrängt hatte, wusste nichts darüber, wie es sich anfühlte, mit ihrem Körperbau einen solchen Gipfel zu erklimmen. »Meine Angst davor, es noch einmal nicht zu schaffen, war nicht so groß wie mein Wunsch, es den Krittlern zu zeigen«, sagte Alison. »Wenn ignorante Leute an dir zweifeln, fühlt es sich wie eine Herausforderung an. Ich wollte die Krittler nicht gewinnen lassen. Ich wollte, dass ihnen ihre Kommentare im Hals stecken bleiben.«

Um unsere größten Herausforderungen zu meistern, brauchen wir außer unserem stützenden Gerüst noch den Außenseitereffekt. Für Alison war der Drang, die Kritiker in die Schranken zu weisen, nicht genug, um sie dazu zu bringen, die Strapazen einer erneuten Besteigung des Mount Everest auf sich zu nehmen. Wenn sie noch einmal an ihren Stiefelschlaufen zog, würden sie vielleicht reißen. Ein zweiter Fehlschlag könnte das Ende ihrer Bergsteigerkarriere sein. Vielleicht würde sie nie wie-

* Der Außenseitereffekt betrifft nicht nur Menschen mit hohem Selbstvertrauen. Laut Samir können die Kommentare von unwissenden Nörglern einen unabhängig davon motivieren, ob man sich der Aufgabe gewachsen fühlt. Aber anhaltende Erfahrungen mit niedrigen Erwartungen können auch lähmend sein, wie Samir und seine Kollegen in zwei Experimenten mit Arbeitssuchenden gezeigt haben. (Siehe hierzu: Samir Nurmohamed, Timothy G. Kundro und Christopher G. Myers, »Against the Odds: Developing Underdog versus Favorite Narratives to Offset Prior Experiences of Discrimination«, *Organizational Behavior and Human Decision Processes* 167 (2021): S. 206–221.) Diejenigen, die signifikante Diskriminierung erfuhren, hatten größere Schwierigkeiten, einen Arbeitsplatz zu finden – ihr Selbstvertrauen war nachhaltig erschüttert. Doch diejenigen, die man nach dem Zufallsprinzip dazu aufforderte, eine Geschichte darüber zu erzählen, wie sie bereits einmal geringe Erwartungen übertroffen hatten, waren effektiver und hatten bessere Chancen auf einen Arbeitsplatz. Wenn man schon einmal Widrigkeiten überwunden hat, kann es helfen, sich dies in Erinnerung zu rufen, um wieder daran zu glauben, dass man es den anderen zeigen kann. Wie es die Oscar-Preisträgerin Michelle Yeoh ausdrückt: »Selbstgesetzte Grenzen muss man respektieren, von anderen gesetzte Grenzen muss man überwinden.« (Siehe hierzu: Michelle Yeoh, »Harvard Law School Class Day«, 24. Mai 2023: youtube.com/watch?v=PZ7YERWPftA.)

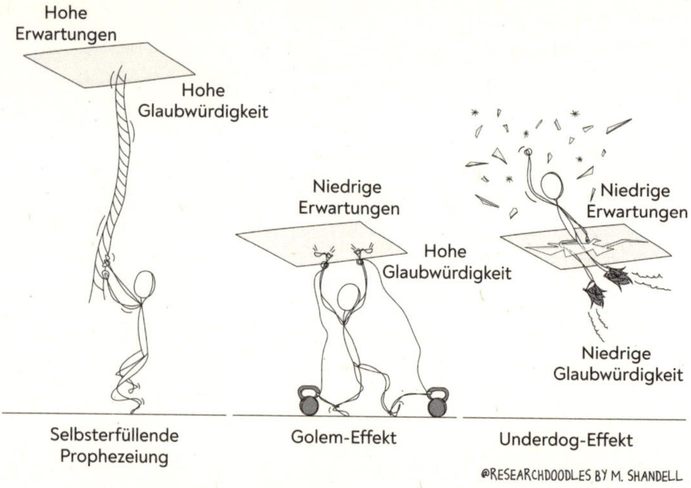

Abb. 37

der ein anderes Team oder einen anderen Sponsor finden. Sie brauchte einen wichtigeren Grund, um sich dem Risiko auszusetzen.

FACKELTRÄGER

Der Wunsch, anderen zu beweisen, dass sie im Unrecht sind, kann einen Motivationsfunken entfachen. Doch daraus eine Flamme werden zu lassen erfordert oft mehr. Ignorante Meckerer mögen uns etwas geben, *wogegen* wir ankämpfen können, aber ein brüllendes Feuer können wir nur entfachen, wenn wir etwas haben, *wofür* es sich zu kämpfen lohnt.

Es ist leichter, Hindernisse zu überwinden, wenn wir für andere, die uns wichtig sind, ins Feld ziehen. Wenn andere auf uns zählen, finden wir die notwendige Kraft, von der wir nicht einmal wussten, dass wir über sie verfügten. In einer Studie verglichen Marissa Shandell und ich die Leistung olympischer Turmspringer bei Einzelwettbewerben im Vergleich zum Synchronspringen mit einem Partner.[23] Synchron hatten die Studienteilnehmenden viel seltener bei genau denselben schwierigen Sprüngen Probleme als allein. Ein ähnliches Muster tritt bei Kindern bei einer bestimmten Version des Marshmallow-Tests auf. In Deutschland und Kenia wurden Experimente durchgeführt, bei denen Kinder die Möglichkeit hatten, jetzt sofort einen Keks zu essen oder ein paar Minuten zu warten, um mit einem zweiten belohnt zu werden. Sie zögerten die Belohnung länger hinaus, wenn sie wussten, dass ein Nachgeben auch ein anderes Kind den zusätzlichen Keks kosten würde.[24] Einen Partner zu haben kann verhindern, dass man über die eigenen Fähigkeiten nachgrübelt *(Schaffe ich das?)*, und einen entschlossener handeln lassen *(Ich werde nicht der Grund für dein Scheitern sein)*. Wie es Maya Angelou formulierte: »Ich tue mein Bestes, weil ich darauf zähle, dass du auf mich zählst.«[25]

Nach ihrer gescheiterten Everest-Expedition hatte Alison Levine jemanden, der auf sie zählte. Ihre Freundin Meg drängte sie, es noch einmal zu versuchen. »Nur wenn du mich begleitest«, antwortete Alison, die wusste, dass das unmöglich war. Meg war zwar eigentlich eine Spitzensportlerin, aber ein Lymphom, das noch einmal wiedergekehrt war, hatte ihre Lunge in Mitleidenschaft gezogen.

Meg verstarb leider im Jahre 2009 an den Folgen einer Lungeninfektion. Alison wollte etwas Bedeutendes tun, um ihr Vermächtnis zu ehren, und beschloss daher, den Everest in Megs Gedenken zu besteigen. Das war es aus ihrer Sicht wert, dafür zu kämpfen. Es vergingen nur wenige Monate, da hatte sie Megs Namen in ihren Eispickel geritzt und einen Flug nach Nepal gebucht, um an einer Expedition mit Bergsteigern teilzunehmen, die sie nicht kannte. Diesmal leitete sie kein handverlesenes Team, stattdessen würde sie in einem losen Verbund mit anderen unabhängigen Bergsteigern losziehen.

Als Alison den Khumbu-Eisfall durchstieg, dachte sie an all die Menschen, die an ihr gezweifelt hatten. Nicht nur an den Bergsteiger, der sie damals gedrängt hatte, und an die Online-Trolle, sondern auch an die Ärzte, die behauptet hatten, ihre Erkrankung wäre ein zu großes Risiko. *Alles, was ich tun muss, um all diesen Leuten das Gegenteil zu beweisen,* dachte sie, *ist, einen Fuß vor den anderen zu setzen.* Und wenn das nicht ausreichte, schaute sie auf ihren Eispickel und erinnerte sich: *Ich mache das für Meg.* Das gab ihr eine Extraportion Selbstvertrauen.

Nach langen Wochen war Alison schließlich wieder kurz vor dem Gipfel an jener Stelle angelangt, wo sie acht Jahre zuvor umkehren musste. Sie war am Ende ihrer Kräfte und begann an sich zu zweifeln. Dann hörte sie jemanden ihren Namen rufen: »Hey, Alison ... Du musst mir versprechen, dass du weitergehst als nur bis *hierher.*« Ein Guide einer anderen Expedition, Mike Horst, war zurückgeblieben, um sie zu ermutigen. »Ich spürte, wie mir eine Last von den Schultern fiel«, sagte sie mir. Sie vertraute ihm, weil er kompetent war und an sie glaubte. »Mike hatte den Everest mehrfach bestiegen. Wenn er glaubte, dass ich es schaffen könnte, dann konnte ich es auch.« Außer den ignoranten Nörglern, die es zu widerlegen galt, und einer geliebten Freundin, deren Andenken sie ehren wollte, hatte sie nun auch noch einen seriösen Unterstützer an ihrer Seite, der ihr die Daumen drückte. Sie schüttelte Mikes Hand und ging weiter.

Abb. 38

Als Alison schließlich am Gipfel ankam, hatte sie nicht nur ihr Ziel erreicht, den höchsten Berg der Erde zu besteigen. Auf dem Gipfel des Everest zu stehen war der letzte Schritt, der ihr noch zur Vollendung des Challenge Adventurers Grand Slam fehlte. Jetzt war sie einer der wenigen Menschen auf der Welt, die die höchsten Gipfel aller sieben Kontinente bestiegen und auf Skiern den Nord- und Südpol erreicht hatten. Zurückblickend sagte sie allerdings, am stolzesten sei sie nicht auf die letzten Schritte zum Gipfel, sondern darauf, die Strecke bis zu dem Punkt, wo sie damals umkehren musste, gemeistert zu haben.

Fortschritt bedeutet nicht immer, sich vorwärtszubewegen. Manchmal muss man erst einmal einen Schritt zurück, um wieder auf die Beine zu kommen. Der Fortschritt zeigt sich nicht nur an den Gipfeln, die wir erreichen, sondern auch an den Tälern, die wir durchqueren. Resilienz ist eine Form von Wachstum.

DEN WEG EBNEN

Die Goldenen Dreizehn fanden einen Sinn darin, für andere – und gegen niedrige Erwartungen – zu kämpfen. Sie hatten es mit weitaus Schlimmerem als den typischen Kritikern zu tun. Bei mehreren Gelegenheiten mussten Marineausbilder wegen ihrer Vorurteile zur Rechenschaft gezogen werden. »Viele von ihnen wollten nichts damit zu tun haben«, bedauert der weiße Leutnant John Dille. »Den Offizieren musste gesagt werden, dass eine bestimmte Haltung nicht in Ordnung ist. Dass sie die Schwarzen Rekruten genauso behandeln müssen, wie sie es mit ihresgleichen tun würden.« Selbst dann sagten ihnen mehrere Ausbilder immer noch, dass sie es niemals schaffen würden.

Den Goldenen Dreizehn war klar, dass diese Nörgler nicht qualifiziert waren, sie zu beurteilen. Ihr leitender Ausbilder hatte selbst erst vor zwei Jahren seinen Abschluss an der Marineakademie gemacht. Er hatte weniger Erfahrung als viele von ihnen – und sie spürten, dass er nicht das Geringste darüber wusste, was in ihnen steckte. Sie nutzten seine Zweifel als Motivationsschub und beschlossen, ihm das Gegenteil zu beweisen. »Einige hofften, dass wir scheitern würden, damit man eine Ausrede hätte, das Projekt ›Schwarze Offiziere‹ zu verwerfen, weil sie einfach nicht kompetent, nicht intelligent genug seien«, sagte Samuel Barnes. »Das hat uns sehr motiviert, auf den Erfolg hinzuarbeiten [...] Wir sagten: ›Wir werden das zu unserem Vorteil nutzen [...] Wir werden es schaffen, weil es Leute gibt, die erwarten, dass wir scheitern.‹« Und damit die Miesmacher nicht recht behalten würden, mussten sie es alle schaffen. Außerdem war es völlig klar, dass sie sich als Gemeinschaft nicht im Stich lassen würden.

Wir merken erst, wie viel Entschlossenheit tief in uns steckt, wenn die Mitglieder einer Gruppe sich aufeinander verlassen. Meine Kollegin Karren Knowlton hat gezeigt, dass wir uns, wenn wir ein starkes Gruppenzugehörigkeitsgefühl verspüren, für die anderen verantwortlich fühlen.[26] Das bringt uns dazu, uns gegen die niedrigen Erwartungen gegenüber unserer Gruppe aufzulehnen, um die Gemeinschaft vorwärtszubringen. Wir möchten uns dann nicht nur beweisen, sondern auch anderen einen Weg ebnen, den sie mit uns gehen können.

Die Goldenen Dreizehn wussten, dass sie etwas repräsentierten, das weit über sie hinausging. »Wir erkannten, dass wir hier Wege auf neuem Terrain ebneten«, sagte George Cooper. »Wenn wir scheiterten, gäbe es 120 000 Männer da draußen, denen man verflucht lange keine Chance mehr geben würde. [...] Es war eine krasse Verantwortung. Wir haben ständig darüber gesprochen.« Sie dachten also auch an die künftigen Generationen, wie Jesse Arbor bekräftigte: »Wir haben laufen gelernt, damit die, die nach uns kommen würden, rennen konnten.«

Die Goldenen Dreizehn schafften weit mehr, als Schwarzen die Offizierslaufbahn in der US Navy zu ebnen. Sie leisteten auch noch in vielen anderen Bereichen Pionierarbeit für die kommenden Generationen. Dalton Baugh absolvierte einen Master in Ingenieurwissenschaften am Massachusetts Institute of Technology (MIT) und wurde als erster Schwarzer leitender Ingenieur bei der Marine. Dennis Nelson stieg zum Lieutenant Commander auf und leitete ein Alphabetisierungsprogramm, an dem Tausende von Seeleuten teilnahmen, was viele in die Lage versetzte, zum ersten Mal wählen zu gehen. Reginald Goodwin leitete die Auswahlstelle der Marine. Samuel Barnes promovierte in Bildungsverwaltung und wurde zum erstem Schwarzen Präsidenten der National Collegiate Athletic Association (NCAA). Syl White arbeitete im Gouverneurskabinett von Illinois und wurde schließlich Richter. Er und George Cooper setzten sich, Jahrzehnte bevor dies üblich oder akzeptiert war, für die Rechte von Frauen und Schwulen in der Marine ein.

Es ist wichtiger, ein guter Vorfahr zu sein, als ein pflichtbewusster Nachkomme. Zu viele Menschen haben ihr Leben lang eher die Vergangenheit als die Zukunft im Blick. Wir sorgen uns mehr darum, unsere Eltern stolz zu machen; dabei sollten wir uns doch darauf konzentrieren, unsere Kinder stolz zu machen. Es ist nicht die Verantwortung einer jeden Generation, es unseren Vorgängern recht zu machen, sondern die Bedingungen unserer Nachfahren zu verbessern.

Trotz ihrer historischen Leistungen würdigte die Marine die Goldenen Dreizehn jahrelang überhaupt nicht. Nach Abschluss ihrer Offiziersausbildung im Jahre 1944 gab es keine Abschlusszeremonie. Zum Officers Club in Great Lakes hatten sie keinen Zutritt.

1987 kehrten die noch lebenden Mitglieder der Goldenen Dreizehn schließlich an jenen Ort in der Nähe von Chicago zurück, an dem alles angefangen hatte. Der erste Schwarze Marineadmiral führte den Vorsitz bei der Einweihung eines Gebäudes zum Gedenken an ihre Pionierarbeit. Wenn Rekruten also heute zur Grundausbildung kommen, betreten sie das Golden Thirteen Recruit In-Processing Center.

Doch mehr noch als von dem nach ihnen benannten Gebäude waren die Goldenen Dreizehn davon berührt, wie viele Menschen sie erreicht hatten. Bis zu ihrem ersten Wiedersehen, drei Jahrzehnte nach Abschluss der Ausbildung, hatten die meisten von ihnen selten mehr als eine Handvoll Schwarzer Offiziere auf einem Haufen gesehen. Jetzt war das ganze Auditorium voll davon, Hunderte, und sie alle hatten die Tür genutzt, die ihnen von den Goldenen Dreizehn geöffnet worden war. Ein Captain nach dem anderen kam auf sie zu, um seine Dankbarkeit auszudrücken: »Das verdanken wir alles Ihnen.«

So viele Menschen in ihrem Umfeld hatten die Goldenen Dreizehn früher angezweifelt. Und es hatte auch Momente gegeben, in denen sie an sich selbst zweifelten. Aber sie glaubten aneinander und waren entschlossen, den Weg für andere zu ebnen.

Es ist möglich, allein Hindernisse zu überwinden. Am weitesten kommen wir jedoch in der Gemeinschaft. Wenn uns mehrere Unterstützer ihr Vertrauen schenken, ist es vermutlich an der Zeit, ihrem Urteil zu vertrauen. Wenn aber ignorante Meckerer an uns zweifeln, dann sollten wir ihnen möglicherweise das Gegenteil beweisen. Und wenn wir ins Wanken geraten, lohnt es sich, daran zu denken, wofür wir kämpfen.

TEIL III

CHANCEN-SYSTEME

Türen und Fenster öffnen

Charakterstärken und Scaffolding können uns helfen, verborgenes Potenzial in uns selbst und in unserem Umfeld zu erschließen. Um noch weiteren Menschen eine Chance zu geben, sich zu Höchstleistungen aufzuschwingen, ist jedoch mehr erforderlich – bessere Systeme in unseren Schulen, Teams und Organisationen. Welcher Effekt sich durch das Eröffnen von Chancen ergibt, hat der Wirtschaftswissenschaftler Raj Chetty untersucht, den wir schon von seiner Forschungsarbeit über den Zusammenhang von in der Schule erlernten Charakterstärken und unserem zukünftigen Erfolg kennen.[1]

Chetty und sein Team gingen nun der Frage nach, wie die Tatsache, Entwicklungsmöglichkeiten zu haben, sich auf das spätere Leben auswirken kann. Sie argumentierten, dass einige Kinder in einem Umfeld aufwachsen würden, das ihnen besonderen Zugang zu Ressourcen ermöglichte. Also überprüften sie, ob es einen Zusammenhang zwischen der Einkommensteuererklärung von über einer Million US-Amerikanern und von Patentanmeldungen gab – und kamen zu einem verblüffenden Ergebnis. Diejenigen, deren Familien beim Einkommen zum obersten Prozent gehörten, meldeten zehnmal so wahrscheinlich ein Patent an wie solche, deren Familieneinkommen unter dem Durchschnitt lag.

Von 1000 in wohlhabenden Familien Aufgewachsenen meldeten später im Schnitt acht ein Patent an. Für die aus einkommensschwachen Familien Kommenden betrug das Verhältnis acht zu 10 000.

Das Familieneinkommen spielte auch dann eine Rolle, wenn man Personen mit dem gleichen Niveau kognitiver Fähigkeiten verglich. Auch wenn zwei Drittklässler beim Mathematiktest im 95. Perzentil landeten, hatte derjenige aus einer Familie mit hohem Einkommen mehr als doppelt so große Chancen, später eine Erfindung zu machen, wie der Drittklässler aus einer Familie mit niedrigem Einkommen. Schlimmer noch: Die Mathecracks aus einkommensschwachen Familien hatten immer noch eine geringere Aussicht darauf, Erfinder zu werden, als Gleichaltrige aus wohlhabenden Familien, die in denselben Mathematiktests unterdurchschnittliche Leistungen brachten.

Genies als Menschen mit außergewöhnlichen Fähigkeiten zu sehen lässt die Bedeutung der Lebensumstände, die sie prägen, außer Acht. Denn die aus wohlhabenden Familien Stammenden kriegen ihre Chance, wenn sie eine Idee haben, während bei den Einkommensschwächeren vielleicht ein paar Einsteins keine Entwicklungsmöglichkeit erhalten. Aus ihnen hätten auch große Erfinder werden können, wenn sie nur die Gelegenheit dazu bekommen hätten.

Es war kein Problem, herauszufinden, warum das so ist. Chettys Team entdeckte, dass ein Vorteil der Kinder aus reicheren Familien darin bestand, dass sie zu Hause und in der Nachbarschaft viel mehr Kontakt und Berührungspunkte mit Erfindern hatten. Sie hatten auch öfter jemanden an ihrer Seite, der sie an der Hand nahm. Und sie konnten ambitioniertere Träume realisieren und anspruchsvollere Ziele ansteuern.

Doch der Effekt von Chancen ist mehr als nur eine Korrelation und auch nicht auf den Wohlstand allein beschränkt, sondern hat auch etwas mit dem Wohnort zu tun. Hinter einigen Postleitzahlen verbergen sich die Kaderschmieden der Innovation. Chettys Forschungsarbeit ergab, dass Kinder aus Familien, die in Gegenden mit höherer Innovationsrate zogen, später sehr viel wahrscheinlicher Patente anmeldeten. Wenn Ihre Eltern also während Ihrer Kindheit die Taschen gepackt hätten und von New Orleans nach Austin gezogen wären und Sie damit vom 25. zum 75. Perzentil der Erfinder pro Kopf befördert hätten, dann wäre die Wahrscheinlichkeit, dass Sie später ein Patent anmelden werden, um 37 Prozent gestiegen. Der Standort ließ auch Schlüsse über den Bereich der Innovation zu. Wenn Sie ins Silicon Valley ziehen, steigen Ihre Chancen auf ein Patent im Bereich Computerwesen.

Doch die richtige Postleitzahl bietet nicht für jeden den gleichen Vorteil. Vorbilder sind wichtig, und unterrepräsentierte Gruppen tun sich oft schwer, eines zu finden. Den Daten zufolge hatten Mädchen nur eine bessere Chance auf eine Patentanmeldung, wenn sie in einer Gegend aufgewachsen waren, in der es viele Erfinderinnen gab – was selten der Fall war. Chetty und sein Team schätzen, dass sich die Patentraten von Frauen, wenn Mädchen so viel Kontakt zu Erfinderinnen hätten wie Jungen zu Erfindern, mehr als verdoppeln und damit den geschlechtsspezifischen Unterschied bei der Innovation mehr als zur Hälfte ausgleichen würden.

Gute Systeme verschaffen uns die Möglichkeit, große Entfernungen zurückzulegen. Sie öffnen Türen für Menschen, die nicht mit diesen Mitteln aufgewachsen sind, bieten Fenster für diejenigen, die an der Tür abgewiesen werden, und zerschlagen die gläserne Decke für die, denen allzu oft die Chance zum Durchbruch verwehrt wird. Wenn wir Systeme aufbauen, um das verborgene Potenzial in der Bevölkerung freizusetzen, verringern wir das Risiko, noch mehr Einsteins einzubüßen – und Carvers, Curies, Hoppers und Lovelaces.

Wenn wir Zulassungs- und Einstellungssysteme entsprechend gestalten, können sie das Potenzial von Spätzündern und

Quereinsteigern erkennen. Team- und Organisationssysteme könnten erfassen, dass gute Ideen nicht immer von oben kommen und nach unten durchsickern, und die Stimmen derjenigen, die sonst nicht gehört werden, nutzbar machen. Und Schulsysteme können Kindern, die am Anfang hinterherhinken, eine Chance bieten, sich zu entwickeln. Anstatt nur dort nach Genies zu suchen, wo wir sie erwarten, können wir das größte Potenzial der Menschheit erreichen, indem wir das Genie in jedem von uns pflegen.

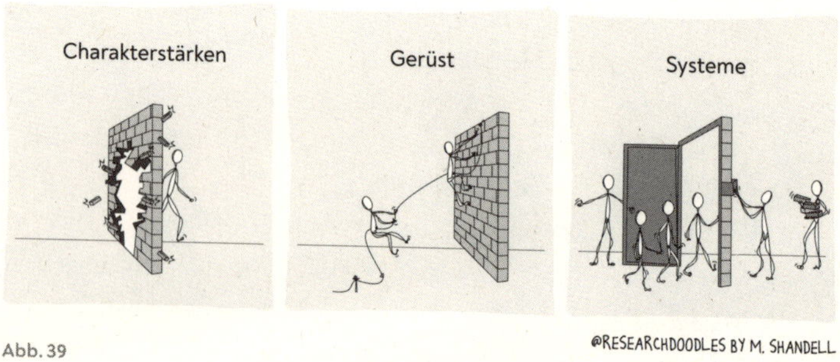

Abb. 39

7 Systeme, die Schule machen

Ein Schulsystem, das das Beste in jedem zum Vorschein bringt

So wie Michelangelo in jedem Marmorstück einen eingesperrten Engel sah, so sehe ich in jedem Schüler ein hochintelligentes Kind.
Marva Collins.[1]

Seit Beginn des neuen Jahrtausends gibt es einen internationalen Wettbewerb, in dem Tausende von Teenagern ihre Länder repräsentieren. Schon bald sollte er die Welt in Aufruhr versetzen, doch zunächst erregte er wenig Aufmerksamkeit. Es gab keine Showdowns in der Arena, keine jubelnden Menschenmassen und keine Medaillenverleihung – nur eine kleine Pressekonferenz in Paris, um die Ergebnisse zu verkünden.

Zum ersten Mal in der Geschichte hatten Experten einen Weg gefunden, die Fähigkeiten junger Menschen auf der ganzen Welt zu vergleichen. Ab 2000 würde die Organisation für wirtschaftliche Zusammenarbeit und Entwicklung (OECD) alle drei Jahre die 15-Jährigen aus Dutzenden von Ländern im Rahmen der PISA-Studie[2] prüfen, einem standardisierten Test für Mathematik, Lesen und wissenschaftliche Fähigkeiten. Die Ergebnisse sollten zeigen, welche Nation über die meisten klugen Schüler verfügte – und damit über die besten Schulen.

Die Ergebnisse waren nicht nur zum Angeben gedacht. Nichts ist so wichtig für die Entwicklungsbedingungen künftiger Generationen wie die Qualität unserer heutigen Bildungssysteme. Die Spitzenländer sollten zu Vorbildern für den Rest der Welt werden, für bessere Schulen und eine besser ausgebildete Gesellschaft.

Zu den Favoriten des ersten Wettbewerbs im Jahr 2000 gehörten Japan und Korea, denn diese Länder waren für ihre klugen, leistungsstarken Schüler bekannt. Doch die tatsächlichen PISA-Ergebnisse waren eine große Überraschung. Das beste Land lag nicht in Asien. Es gehörte auch nicht zu den üblichen Bildungssupermächten in Nord- oder Südamerika oder Europa. Es war weder Kanada noch das Vereinigte Königreich, Deutschland, Australien oder Südafrika. Der überraschende Gewinner war Finnland – ein klarer Außenseiter.[3]

Noch eine Generation zuvor hatte Finnland bei der Bildung als rückständig gegolten, gleichauf mit Malaysia und Peru und weit hinter den anderen skandinavischen Ländern. Im Jahr 1960 schafften es 89 Prozent der Finnen nicht einmal über die neunte Klasse hinaus. In den 1980er-Jahren waren finnische Schüler im internationalen Vergleichen der Abschlussquoten sowie der Leistungen bei der Mathematik- und Wissenschaftsolympiade immer noch mittelmäßig.

Selten verzeichnete ein Land in so kurzer Zeit eine solche Steigerung. Einige Beobachter hielten es für einen Glückstreffer. Doch die Studie 2003 bewies, dass sie falschlagen: Finnland belegte erneut den ersten Platz, mit einem noch besseren Ergebnis. 2006 errang das Land zum dritten Mal in Folge den Sieg und übertraf die anderen 56 Teilnehmerländer.

Natürlich haben alle Tests ihre Schwächen, aber Finnlands Bildungsexzellenz war nicht auf die PISA-Studie beschränkt – und auch nicht auf die Mittelschule. Im Jahr 2012, als die OECD über 165 000 Erwachsene aus Dutzenden von Ländern einem anderen Test unterzog, belegte Finnland den ersten Platz bei den Teenagern und Erwachsenen um die 20 in Mathematik und Lesen.[4]

Schulleiter, politische Entscheidungsträger und Journalisten pilgerten nach Finnland, in der Hoffnung, das Geheimrezept zu finden, um ihre eigenen Schulen umzukrempeln. Internationale Bildungsexperten warnten jedoch, dass man die Zutaten nicht so einfach exportieren könne. Einige wesentliche Elemente waren nämlich regional bestimmt: Finnland verfügte über eine wohlhabende, kulturell homogene Bevölkerung von nur fünf Millionen Menschen.

Obwohl diese Umstände bei der Entwicklung in Finnland eine Rolle gespielt haben dürften, lässt sich der kometenhafte Aufstieg des Landes jedoch nicht allein auf dieser Basis komplett

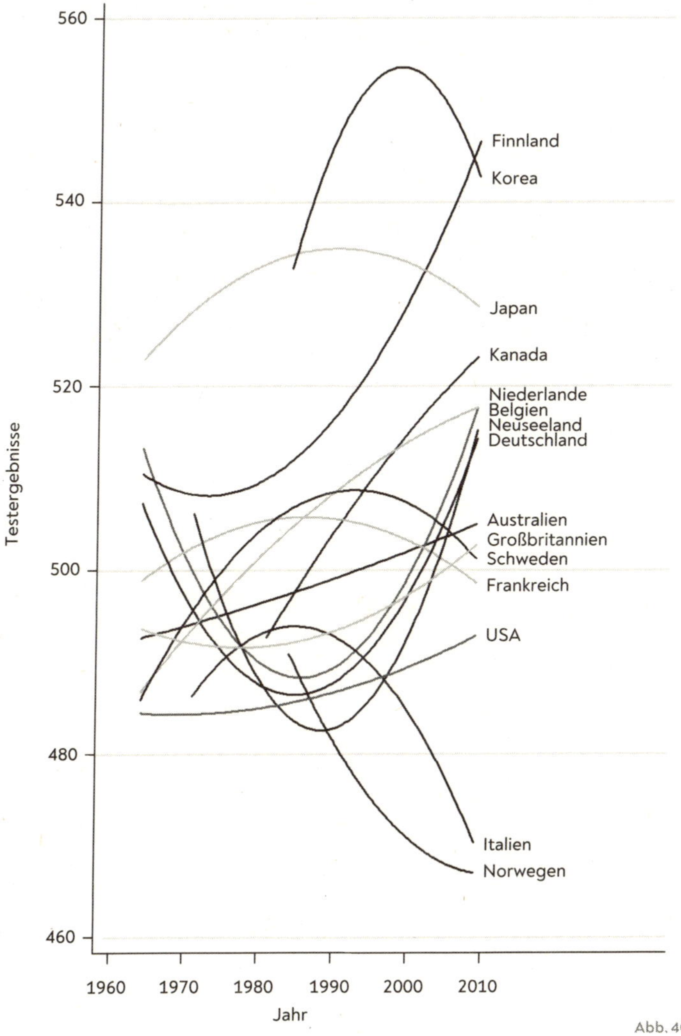

Abb. 40

erklären. Denn das benachbarte Norwegen verzeichnete sogar noch niedrigere Kinderarmutsraten und kleinere Klassen.[5] Seltsamerweise sanken im gleichen Zeitraum, in dem Finnland aufstieg, Norwegens Testergebnisse vehement.[6] Außerdem stellte Finnland auch die anderen skandinavischen Länder in den Schatten. Da musste also noch mehr dahinterstecken.

Während Finnland die Erwartungen immer wieder übertraf, blieben die USA stetig dahinter zurück. Bei den PISA-Tests 2006 erreichten die Vereinigten Staaten in Mathematik Platz 35 von 57 und in den Naturwissenschaften Platz 29. 2018 sah es nicht viel besser aus: Die USA belegten insgesamt Platz 25. Die amerikanischen Schulen hatten noch von Finnlands außergewöhnlicher Entwicklung zu lernen.

Auf der Suche nach dem Geheimrezept bin auch ich nach Finnland gereist. Nachdem ich mit einer Reihe von Bildungsexperten gesprochen und mich durch umfangreiche wissenschaftliche Studien gearbeitet hatte, war klar, dass Finnland nicht die eine Geheimzutat kennt – *nicht einmal der dort typische Heidelbeersaft ist es, der köstlich schmeckt.* Stichhaltige Indizien deuten darauf hin, dass einige ihrer besten Kniffe überall funktionieren können – und dass wir sogar noch Anpassungen daran vornehmen können, um sie zu verbessern. Nachdem ich mir genau angeschaut habe, was die Finnen anders machen, glaube ich, dass ein Großteil des Erfolgs auf der von ihnen geschaffenen Kultur beruht.

Diese gründet auf dem Glauben an das Potenzial aller Schüler. Anstatt sich auf die Besten und Begabtesten zu konzentrieren, haben die finnischen Schulen die Entwicklungsmöglichkeiten jedes Einzelnen im Blick. Nirgends sonst bei den teilnehmenden PISA-Ländern waren die Leistungsunterschiede zwischen den Schulen und zwischen den Schülern so gering wie in Finnland. Benachteiligt zu sein ist in Finnland weniger nachteilig als irgendwo sonst: Neben dem höchsten Anteil an Leistungsträgern haben sie auch die niedrigste Quote von schwächelnden Teilnehmenden.

In finnischen Schulen lautet ein beliebtes Mantra: »Wir können es uns nicht leisten, ein Gehirn zu verschwenden.«[7] Dieses

Ethos macht die finnische Bildungskultur aus. In Finnland weiß man, dass der Schlüssel zur Förderung des verborgenen Potenzials nicht darin liegt, in Schüler zu investieren, die früh Anzeichen einer hohen Begabung zeigen. Es geht darum, in jeden Schüler zu investieren, unabhängig von dessen offensichtlichen Fähigkeiten.

DAS LAND DER MÖGLICHKEITEN

Unsere Erfahrungen in der Schule können unser Wachstum entweder fördern oder bremsen. Manchen Schulen und Lehrern gelingt es, mit den ihnen zur Verfügung stehenden Mitteln eine Lernumgebung zu schaffen, die das Beste in uns zum Vorschein bringt. Es ist erwiesen, dass ein Vorankommen oder Zurückfallen von Kindern, egal wo auf der Welt, zum Teil von der Kultur in Schulen und Klassenzimmern abhängt.[8]

In der Organisationspsychologie hat die Kultur drei Elemente: Praktiken, Werte und zugrunde liegende Annahmen.[9] Praktiken sind die täglichen Routinen, in denen sich die Werte widerspiegeln und die diese bestärken. Werte sind gemeinsame Grundsätze hinsichtlich dessen, was wichtig und wünschenswert ist – was belohnt werden sollte und was bestraft. Die zugrunde liegenden Annahmen sind tief verwurzelt und werden oft als feststehende Überzeugungen davon angesehen, wie die Welt funktioniert.[10] Unsere Annahmen prägen unsere Werte, die wiederum unsere Praktiken bestimmen.

Das US-amerikanische Bildungssystem baut auf eine Kultur, in der alles den Gewinnern vorbehalten ist.[11] Wir gehen davon aus, dass das Potenzial in erster Linie in angeborenen Fähigkeiten begründet ist, die schon früh durchscheinen. Deshalb schätzen wir es, wenn hervorragende Leistungen offen gezeigt werden – was uns zu Praktiken veranlasst, Schüler, die offensichtliche Anzeichen einer hohen Begabung aufweisen, zu identifizieren und in sie zu investieren. Wenn Sie in der Intelligenzlotterie gewinnen, haben Sie besonders gute Chancen in Förderprogrammen.

Werden Sie jedoch als langsam abgestempelt, müssen Sie vielleicht eine Klasse wiederholen, was das Selbstwertgefühl nachhaltig schädigen kann. Und wenn Sie die Vermögenslotterie gewinnen, bekommen Sie leichter Zugang zu den besten Schulen und den besten Lehrkräften; Gleichaltrige aus ärmeren Familien haben hingegen einen schweren Stand. Um diesen benachteiligten Schülern eine Chance zu geben, hat der US-Kongress im Jahr 2001 das Bildungsgesetz No Child Left Behind Act verabschiedet. Dessen Ziel war es, in jeder Klasse 100 Prozent der Mathematik- und Lesekompetenz zu erreichen – und die Schulen in die Pflicht zu nehmen, sicherzustellen, dass ihre schwächsten Schüler nicht zurückblieben. Trotz überparteilicher Unterstützung ging der Plan jedoch nicht auf.[12] Noch immer gibt es erhebliche Leistungsunterschiede zwischen den Schulen und zwischen reicheren und ärmeren Schülern.

Im Gegensatz dazu hat das finnische Bildungssystem eine Kultur der Chancen für alle geschaffen. Dahinter steht die Annahme, dass Intelligenz sich in vielen Formen zeigt und jedes Kind das Potenzial hat, Großes zu erreichen. Aus dieser Prämisse ergeben sich Bildungsgerechtigkeit als zentraler Wert und eine Reihe von Methoden, die jedem Kind helfen sollen, Fortschritte zu machen.[13] Erfolg ist nicht nur den Begabten und Ta-

Unterschiedliche Ausbildungskulturen

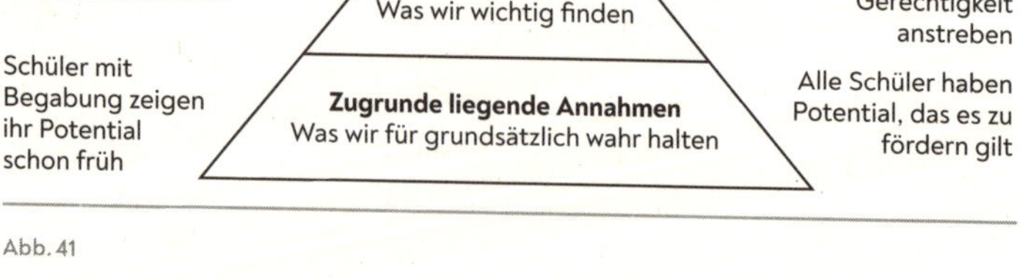

Abb. 41

lentierten vorbehalten; Ziel ist es, allen Schülerinnen und Schülern gute Lehrkräfte und einen personalisierten Fahrplan für ihre persönliche Entwicklung zur Verfügung zu stellen. Wenn Schüler zurückfallen, bleiben sie in der Regel nicht sitzen. Um sie wieder mit ins Boot zu holen, bieten Schulen frühzeitige Interventionen mit individueller Nachhilfe und zusätzliche Unterstützung an. Und sie konzentrieren sich auf die Entwicklung der individuellen Interessen jedes einzelnen Schülers – nicht nur auf die Förderung ihrer Leistungen.

Der übergeordnete Wert, den wir der Bildung beimessen, betrifft nicht nur Schulen, sondern die gesamte Gesellschaft. Wenn Sie jemanden in den USA fragen, welcher Beruf der angesehenste ist, dann lautet die häufigste Antwort »Arzt«.[14] In Finnland hingegen würden viele »Lehrer« sagen.[15]

Es mag jetzt wie ein beneidenswerter Zufall erscheinen, dass Bildung in der finnischen Kultur so gut gedeihen kann. Aber die Werte und Annahmen eines Landes über Bildung sind nicht gegeben, sie werden gewählt. Anfang der 1970er-Jahre brachte Finnland eine umfassende Reform zur Professionalisierung des Bildungswesens auf den Weg. Der Bildungsexperte Samuel Abrams erklärt, dass das Land den zentralen Wert von »Bildung als Instrument zur Nationenbildung«[16] gefördert habe.

Die Reform setzte zuerst beim Auswahl- und Ausbildungsprozess von Lehrern an. Anders als Norwegen forderte Finnland nun von all seinen Lehrkräften Masterabschlüsse von Spitzenuniversitäten. Das lockte hoch motivierte Kandidaten, die mit Herzblut dabei waren.[17] Außerdem wurden sie umfassend in evidenzbasierten Methoden geschult, wobei man sich viel von anderen Ländern abschaute.[18] Und Finnland bezahlte sein Lehrpersonal auch gut.

Doch diese Werte und Praktiken haben die Kultur nicht über Nacht verändert. Anfang der 1990er-Jahre forderte die neue Regierung weitere einschneidende Reformen, um »eine neue Bildungskultur«[19] zu schaffen. Politische Entscheidungsträger ließen Lehrkräfte und Schüler gemeinsam ihre ideale Kultur definieren.[20] Damit stellten sie eine neue Annahme auf – nämlich die von Lehrkräften als vertrauenswürdigen Fachleuten – und untermauerten diese mit neuen Praktiken, die den Lehrkräften die Freiheit und Flexibilität gaben, den zuvor so strengen Lehrplan zu gestalten.

Heute haben finnische Lehrerinnen und Lehrer viele Freiheiten, nach ihrem Urteilsvermögen die Entwicklung ihrer Schüler zu fördern. Man erwartet von ihnen, dass sie über die neuesten Forschungsergebnisse auf dem Laufenden bleiben und sich gegenseitig austauschen und coachen, um diese anzuwenden. Und sie müssen keine Zeit damit verschwenden, die Schüler nur auf Prüfungen vorzubereiten.*

Diese Reformen haben an finnischen Schulen die Voraussetzungen für eine Kultur der Chancen geschaffen. Sie maßen der Lehre eine solche Bedeutung bei und vermittelten damit die Annahme, dass jeder Mensch lernfähig ist. Wie die wichtigste Stimme in der finnischen Bildung, Pasi Sahlberg, es formulierte: »Eine leistungsfähige finnische Schule ist eine, in der alle Schüler die Erwartungen übertreffen.«

Um das Potenzial aller Schüler zu entdecken und zu entwickeln, gehen die Lehrkräfte von der Grundannahme aus, dass Bildung auf die Bedürfnisse eines jeden Einzelnen zugeschnitten sein sollte. Erstaunlicherweise sind dafür keine kleinen Klassen erforderlich, im Schnitt hat man als finnische Lehrkraft etwa 20 Schüler zu betreuen. Es geht vielmehr um eine Reihe von Methoden für personalisiertes Lernen. Finnische Schulen schaffen ihre Kultur der Chancen, indem sie es den Schülern ermöglichen, individuelle Beziehungen aufzubauen, individuelle Unterstützung zu erhalten und individuelle Interessen zu entwickeln.

* Finnland verfolgt den Fortschritt durch standardisierte Tests, die den gesamten Lehrplan abdecken, anhand sehr kleiner Stichproben von Schülern. Im Gegensatz zu ihren US-amerikanischen und norwegischen Altersgenossen legt die große Mehrheit der finnischen Schüler bis zum Ende der Oberschule, wenn die Studienbewerbung ansteht, keinen einzigen standardisierten Test ab. Vielleicht haben Sie schon einmal gehört, dass die Gehälter finnischer Lehrer niedriger seien als in den USA und Norwegen. Doch der Schein trügt, der Dollar ist in Finnland mehr wert, und außerdem gibt es großzügigere Zusatzleistungen, sodass die Lehrkräfte über mehr Kaufkraft verfügen. (Siehe hierzu: Abrams 2016.)

ZUSAMMENBLEIBEN

Wäre es nicht wunderbar, wenn es eine simple Methode gäbe, die jede Schule – mit den bereits vorhandenen Ressourcen – implementieren könnte und die den Schülern allgemein helfen würde, mehr zu erreichen? Finnland kennt so eine. Und sie ist auf die Förderung individualisierter Beziehungen ausgerichtet. Durch sie lernen die Lehrkräfte ihre Schüler kennen, nicht nur den Stoff. Diese Methode wurde kürzlich auch in den USA getestet.

Wirtschaftswissenschaftler stellten in einer Studie mit mehreren Millionen Grundschülern in North Carolina fest, dass bestimmte Viert- und Fünftklässler eher zu Spitzenleistungen in Mathematik und Lesen neigten als andere. Das ließ sich vor allem auf etwa 7000 Lehrkräfte zurückverfolgen. Ich wollte natürlich sofort wissen, was diese Lehrerinnen und Lehrer anders machten. Es stellte sich jedoch heraus, dass der entscheidende Unterschied vom Schulsystem abhing, nicht vom Lehrer.

Die Schüler, die signifikante Fortschritte machten, hatten nicht die besseren Lehrkräfte, sondern einfach zufällig zwei Jahre hintereinander denselben Lehrer.[21]

Man spricht hier vom »Looping«, statt dass ein Lehrer immer dieselbe Stufe unterrichtet und jedes Jahr neue Schüler hat, unterrichtet er seine Klasse auch im Folgejahr. Die Vorteile des Loopings beschränken sich nicht auf North Carolina. Ein anderes Team von Wirtschaftswissenschaftlern, das die Studie mit fast einer Million Grund- und Mittelschülern in Indiana wiederholte, kam zu denselben Ergebnissen.[22]

Wenn die Lehrer ein weiteres Jahr haben, um ihre Schüler persönlich kennenzulernen, können sie ihre Stärken und Schwächen besser einschätzen. Somit können sie ihre didaktische und emotionale Unterstützung so gestalten, dass sie jedem Schüler helfen, sein Potenzial voll auszuschöpfen.* Das nuan-

* Das Looping wirkt sich auch positiv auf andere Schüler aus. Solange mindestens 40 Prozent der Schüler einer Klasse den Lehrer auch schon im Vorjahr hatten, verbesserte sich auch eher der Rest der Klasse in Mathematik und ▸

cierte, unausgesprochene Wissen, das sie über jeden Schüler erwerben, geht bei der Übergabe an den Lehrer des nächsten Jahres nicht verloren.

Finnland liebt diese Looping-Strategie, und ich war überrascht, wie sehr sie darauf setzen. In Finnland ist es sogar üblich, dass Grundschüler denselben Lehrer über mehrere Klassenstufen haben, nicht nur zwei Jahre, sondern bis zu sechs Jahre in Folge.[23] Die Lehrer sind also nicht nur die Spezialisten für ihre Fächer, sondern werden auch zu Spezialisten für ihre Schüler. Ihre Rolle wandelt sich vom Ausbilder zum Coach und Mentor. Sie können also nicht mehr nur Inhalte vermitteln, sondern Schülern auch helfen, ihre Ziele zu erreichen und soziale und emotionale Herausforderungen zu bewältigen.

Bis ich diese Studie las, hatte ich nicht darüber nachgedacht, aber auch ich habe vom Looping profitiert. Meine Mittelschule startete damals nämlich ein Pilotprojekt, bei dem die Schüler drei Jahre lang dieselben zwei Hauptlehrer hatten. Als ich in Mathematik mit dem räumlichen Vorstellungsvermögen zu kämpfen hatte, zweifelte Frau Bohland nicht an meiner Begabung. Schließlich hatte sie gesehen, dass ich ein Jahr lang gut mit Algebra zurechtgekommen war; sie wusste, dass ich abstrakt denken konnte. Also zeigte sie mir, wie ich Gleichungen verwenden konnte, um Formen zu bestimmen, bevor ich sie in 3-D zeichnete. Und auch Frau Minninger kannte nach drei Jahren Sozial- und Geisteswissenschaften meine Interessen genau. Da sie einen Zusammenhang zwischen meiner Begeisterung für die Analyse der Charakterentwicklung in der griechischen Mythologie und dem Vorhersehen von Gegenargumenten in Rollenspiel-Prozessen sah, schlug sie vor, für mein Jahresabschlussprojekt ein Thema im Fachbereich Psychologie zu wählen. *Vielen Dank, Mama Minnie!*

▸ Lesen. Möglicherweise bemühten sich Lehrer, die bereits eine Beziehung zu einigen Schülern aufgebaut hatten, besonders darum, die anderen kennenzulernen, und konnten leichter mit der Klasse umgehen und eine positive Lernumgebung schaffen.

Doch Looping ist an US-amerikanischen Schulen bei Weitem nicht die Norm. In North Carolina nutzte man es zwischen 1997 und 2013 an 85 Prozent der Schulen überhaupt nicht, und nur drei Prozent der Schüler hatten zwei Jahre hintereinander denselben Lehrer. Kritiker hatten lange befürchtet, dass die Lehrer, wenn sie die Klassenstufen ständig wechselten, sich nicht spezialisieren konnten. Und Eltern beunruhigte die Vorstellung, dass ihre Kinder zweimal denselben Lehrer haben könnten. *Was ist, wenn mein Kind schon wieder in Lord Voldemorts Klasse kommt?* Aber die Daten zeigen, dass das Looping tatsächlich für die weniger leistungsfähigen Lehrer und schwächeren Schüler die größten Vorteile brachte. Ihre Beziehung auszubauen zahlte sich für diejenigen Lehrer und Schüler am meisten aus, die sich am schwersten taten. So hatten sie eine Chance, sich gemeinsam zu verbessern.

Aber was passiert, wenn die Schüler sich Herausforderungen stellen müssen, die über das hinausgehen, was ein einzelner Lehrer leisten kann? Wenn Schüler sich schwertun, brauchen sie mehr als individualisierte Beziehungen. Und bei der individuellen Unterstützung hat Finnland ein Fleißkärtchen verdient.

HILFE, DIE BLEIBT

Als Besart Kabashi Jahre zuvor in die sechste Klasse in der finnischen Stadt Espoo ging, hatte er Probleme, dem Unterricht zu folgen. Seine albanischstämmigen Eltern waren mit ihm während des Kosovo-Kriegs nach Finnland geflohen, und die Sprache war vollkommen neu für ihn. Bereits zu diesem ungewöhnlich frühen Zeitpunkt beschloss der Schulleiter Kari Louhivuori, zu handeln.[24] Er wollte Besart ein Jahr zurückstellen und von einem Sonderpädagogen unterrichten lassen. Aber um sicherzugehen, dass Besart es gut schaffte, setzte er noch einen drauf: »Ich unterrichtete Besart in diesem Jahr als Privatschüler.«

Während meiner Schulzeit in den USA hat meiner Erinnerung nach keiner meiner Schuldirektoren überhaupt einen Fuß in ein Klassenzimmer gesetzt, um den Schülern beim Lernen zuzusehen. Und dieser finnische Schulleiter zögerte nicht, freiwillig auch noch Privatstunden in seinen vollen Terminkalender zu quetschen. Karis Liebe zu den Schülern geht so weit, dass seine »Morgenübung« jahrelang darin bestand, beim Vorschulunterricht vorbeizuschauen und 45 lachende und jubelnde Kinder auf seine Schultern zu heben. Er dachte nicht lange darüber nach, Besart zu helfen. »Keine große Sache«, sagte er. »Das ist unser Tagesgeschäft: Kinder auf das Leben vorbereiten.«

Da kommt einem Benjamin Franklins berühmter Ausspruch in den Sinn: »Eine Unze Prävention ist so viel wert wie ein Pfund Therapie.«[25] Dutzende von Experimenten haben gezeigt, dass ein frühes Eingreifen Schülern mit Benachteiligungen und Lernproblemen helfen kann, sich in den Bereichen Mathematik und Lesen zu verbessern.[26] In den USA haben Schüler in vielen unterfinanzierten Schulen jedoch keinen Zugang zur dringend benötigten individuellen Unterstützung. Die Mehrheit der Staaten hält sich nicht einmal an die Bundesvorschriften für Sonderpädagogik[27] und hat in keiner Weise das Personal, um kostenlose Nachhilfe zu erteilen oder Schüler zu unterstützen, die hinterherhängen oder eine Sprachbarriere haben. Schüler wie Besart laufen hier große Gefahr, übersehen zu werden – und nur allzu oft passiert genau das.

In Finnland hingegen hat jeder Schüler Zugang zu individueller Hilfe und Unterstützung. Das fängt ganz oben an: Finnische Schulleiter sind nicht nur Verwalter. Sie sind dafür verantwortlich, den Fortschritt und das Wohlergehen jedes einzelnen Schülers im Blick zu haben. Und es wird erwartet, dass sie zumindest ein paar Stunden pro Woche selbst Klassen unterrichten.*

* Führungspersönlichkeiten, die sich mit den Kernaufgaben einer Organisation auskennen, bringen nicht nur in Schulen Vorteile. Die Forschung zeigt, dass Krankenhäuser, die von Ärzten geleitet werden, eine höhere Qualität bei der onkologischen, gastroenterologischen und kardiologischen Behandlung aufweisen. (Siehe hierzu: Amanda H. Goodall, »Physician-Leaders and Hospital Performance: Is There an Association?«, *Social Science & Medicine* 73, Nr. 4 (2011): S. 535–539, und »Highly Cited Leaders and the Performance of Research Uni- ▸

Die offizielle Berufsbezeichnung von Kari spricht Bände, sie lautet: »leitender Lehrer«. Jede Woche verbrachte er einen Teil seiner Zeit damit, eine dritte Klasse zu unterrichten. Und dieses Jahr übernahm er Besart mit in seinen Unterricht und half ihm mit dem Lesen, während die Drittklässler ihre Aufgaben machten. Außerdem aktivierte er den Tutoreneffekt, indem er Besart dazu aufforderte, den jüngeren Schülern zu helfen. Im Laufe des Jahres machten sich diese Unterstützungsmaßnahmen deutlich bemerkbar. Besart meisterte die neue Sprache, schloss zu den Gleichaltrigen auf und lernte, dass mehr in ihm steckte.

Im folgenden Jahr wechselte Besart auf eine andere Schule. Kari fragte regelmäßig bei seinem neuen Lehrer nach, um zu sehen, wie es ihm ging. Jahre später tauchte Besart auf Karis Weihnachtsfeier auf und überreichte ihm eine Flasche Brandy, um ihm für seine Hilfe zu danken. Kari strahlte vor Stolz, als er sah, dass Besart im Alter von 20 Jahren nicht nur ein, sondern gleich zwei Unternehmen leitete – eine Autowerkstatt und ein Reinigungsunternehmen.

Obwohl es in der Führungsebene mit der Unterstützung beginnt, hört sie dort nicht auf. Sie ist auf jeder Stufe des finnischen Bildungssystems implementiert. Alle Schulen in Finnland verfügen über ein multiprofessionelles Team.[28] Außer dem

▸ versities«, *Research Policy* 38, Nr. 7 (2009): S. 1079–1092.) Und wenn Universitäten versierte Akademiker als Leiter einsetzten, verbesserte sich ihre Forschungsarbeit. Ein tiefes Verständnis der Arbeit scheint es den Führungskräften leichter zu machen, talentierte Mitarbeiter anzuziehen, ihr Vertrauen zu gewinnen und wirksame Strategien zu entwickeln. Und es gibt Gründe, die dafürsprechen, dass, genau wie finnische Schulleiter weiterhin unterrichten, auch ärztliche Führungskräfte weiterhin Patienten sehen und Universitätsleiter weiterhin publizieren sollten. Meine Kollegin Sigal Barsade spricht hier von leading by doing, praktischem Führen. (Siehe hierzu: Sigal G. Barsade und Stefan Meisiek, »Leading by Doing«, in *Next Generation Business Handbook: New Strategies from Tomorrow's Thought Leaders*, Hg. Subir Chowdhury (New York: Wiley, 2004.) Sie empfiehlt, dass Führungskräfte, anstatt nur aus der Ferne zu managen, fünf bis zehn Prozent ihrer Zeit mit der eigentlichen Arbeit ihrer Teams verbringen sollten. Das ist ein guter Weg, um mit der Basis in Verbindung zu bleiben und zu signalisieren, dass die Tätigkeiten der für uns Arbeitenden nicht unter unserer Würde sind.

Klassenleiter sind in der Regel ein Psychologe, ein Sozialarbeiter, eine Pflegefachkraft, ein Sonderpädagoge und der Schulleiter Teil des Teams. So hatte Kari auch das erste Mal von Besarts Schwierigkeiten erfahren: in einer Teambesprechung, in der diskutiert wurde, wie man ihn am besten unterstützen könnte.

Dieses Unterstützungssystem ist wie ein soziales Sicherheitsnetz für die Schüler. In den meisten Fällen ist es eine Alternative dazu, Schüler bei Schwierigkeiten das Jahr wiederholen zu lassen.[29] Der Zugang zu kostenloser Nachhilfe gibt ihnen die Möglichkeit, aufzuholen, ohne dass sie vollends aus dem Tritt kommen. Aber sie ist nicht nur den extrem schwächelnden Schülern vorbehalten. Während ihrer ersten neun Schuljahre erhalten etwa 30 Prozent der finnischen Schüler zusätzliche Unterstützung.[30] Durch frühzeitiges Erkennen von Problemen lässt sich verhindern, dass diese überhandnehmen.

Dass der Fokus auf der Prävention liegt, ist der Grund dafür, warum Finnland seinen skandinavischen Nachbarn Norwegen abgehängt hat. Norwegens Bildungssystem beinhaltet nicht annähernd so viele frühzeitige Maßnahmen, wenn bei Schülern erste Schwierigkeiten auftreten.[31] In den USA haben einige Staaten aufgeholt: Alabama und West Virginia konnten die Highschool-Abschlussquoten steigern, indem sie die Schüler unterstützten, die der Wechsel von der Mittel- zur Oberstufe aus der Bahn geworfen hatte.[32]

In Finnland treffen sich ab Herbst im Kindergarten die Lehrkräfte, um individuelle Lernpläne für jeden Schüler zu entwickeln. Sie fragen sich jetzt wahrscheinlich, woher die Lehrerinnen und Lehrer die Zeit dafür nehmen. Finnland hat dieses Problem mit einer Lösung geknackt, die ich genauso vorzüglich finde wie ihren Heidelbeersaft. *Oder zumindest fast.*

Das Besondere am finnischen Schultag ist nicht die Länge, sondern der Zeitplan.[33] Im Vergleich zu den Vereinigten Staaten haben die Lehrer (und Schüler) dort eine Stunde mehr Pause. Das gibt den Lehrern genug Raum für Unterrichtsplanung, Benotung und persönliche Entwicklung während der Arbeitszeiten, sodass sie keine Nacht- und Wochenendschichten einlegen müssen. Im Grunde ist das auch eine Präventionsmaßnahme für die Lehrer: Die Anforderungen einzugrenzen und die Möglichkeit der Kontrolle mindern die Gefahr eines Burn-outs.[34] Wenn die Lehrer langfristig ein hohes Energielevel halten können, bleibt ihnen die Leidenschaft fürs Lehren, die wiederum vom ersten Schultag an bei den Schülern die Liebe zum Lernen weckt. Diese Liebe gedeiht in einem Umfeld, das den Schülern die Möglichkeit gibt, sich zu entfalten und ihre individuellen Interessen zu entwickeln.

EIN KINDERSPIEL

Eigentlich hatte ich mich ja damit beschäftigen wollen, was Finnland in der Frühpädagogik anders macht, als eine clevere Schlagzeile meine Aufmerksamkeit erregte.[35] Der Artikel »Die fröhlichen, ungebildeten Kindergartenkinder Finnlands« stammte vom US-amerikanischen Grundschullehrer Tim Walker, der über die Versuche, hervorragenden Unterricht für seine Schüler vorzubereiten, vollkommen ausgebrannt war. Da seine Frau Finnin war, beschlossen sie, für einen Neuanfang in ihr Heimatland zu ziehen.

Nachdem er in Helsinki angekommen war und eine Stelle als Lehrer bekommen hatte, hospitierte Tim ein paar Stunden, um ein Gefühl für die dortigen Abläufe zu bekommen. Als er einen öffentlichen Kindergarten besuchte, traute er seinen Augen kaum. Er hatte erwartet, dass die Schüler an ihren Tischen säßen und Arbeitsblätter ausfüllen würden, um ihre kognitiven Fähigkeiten auszubauen, wie es in den Vereinigten Staaten der Fall ist. Nach und nach haben sich die Kindergärten in den USA immer mehr in Richtung Vorschule entwickelt.[36] Die Schüler verbringen mehr Zeit mit Buchstabieren, Schreiben und Mathematik und weniger Zeit mit Dinosauriern, dem Weltall, Kunst und Musik sowie mit freiem Spielen. Wie sollten sie auch sonst Kernkompetenzen erwerben und in sieben Jahren bei standardisierten Tests bestehen?

In Finnland erlebte Tim etwas vollkommen anderes. Die Kinder saßen nur einen Tag pro Woche für Buchstabier-, Schreib- und Mathematikübungen an ihren Schreibtischen. Jede Unterrichtsstunde dauerte maximal 45 Minuten, gefolgt von 15 Minuten Pause – eine weitere Praxis, deren Nutzen die Forschung bestätigt. Ähnlich wie bei Erwachsenen helfen kurze Aktivitätspausen,[37] die Aufmerksamkeit von Kindern und einige Aspekte ihrer Lernfähigkeit zu verbessern.*

* Finnische Pädagogen halten nicht viel davon, im Kindergarten das Lesen zu lehren. Wissenschaftliche Studien verweisen darauf, dass die Teenager mit dem besten Leseverständnis nicht unbedingt diejenigen sind, die bereits im Kindergarten eine gute Lesekompetenz hatten, sondern diejenigen, die am besten sprechen und Geschichten erzählen konnten. (Siehe hierzu: Sebastian Suggate, Elizabeth Schaughency, Helena McAnally und Elaine Reese, »From Infancy to Adolescence: The Longitudinal Links between Vocabulary, Early Literacy Skills, Oral Narrative, and Reading Comprehension«, *Cognitive Development* 47 (2018): S. 82–95.) Mit Beendigung der Grundschule hatten die Kinder, denen man im Alter von sieben Jahren das Lesen beigebracht hatte, ihre Altersgenossen, die es mit fünf gelernt hatten, eingeholt – und waren manchmal sogar besser im Leseverständnis. (Siehe hierzu: Sebastian P. Suggate, Elizabeth A. Schaughency und Elaine Reese, »Children Learning to Read Later Catch Up to Children Reading Earlier«, *Early Childhood Research Quarterly* 28, Nr. 1 (2013): S. 33–48.) Viele Kindergartenkinder haben noch nicht den notwendigen Wortschatz, um Wörter entschlüsseln zu können, oder ein hinreichendes Verständnis dafür, Sätze zu verstehen und Geschichten folgen zu können. Es könnte kontraproduktiv sein, Kindergärtnern abzuverlangen, die Kinder aufs Lesen zu drillen und dies zu überwachen. Hilfreicher ist es für die Kinder, die Wörter eher nach Klang als nach Aussehen zu differenzieren. Aber es ist auch nicht so, dass in Finnland Lesenlernen im Kindergarten veboten wäre. Wenn die Schüler Interesse und Bereitschaft zeigen, wird es Teil ihres individuellen Lernplans. (Siehe hierzu: Sebastian Paul Suggate, »Does Early Reading Instruction Help Reading in the Long-Term? A Review of Empirical Evidence«, *Research on Steiner Education* 4, Nr. 1 (2019): S. 123–131; Daniel T. Willingham, »How to Get Your Mind to Read«, *The New York Times*, 25. November 2017; Nancy Carlsson-Paige, Geralyn Bywater und Joan Wolfsheimer Almon, »Reading Instruction in Kindergarten: Little to Gain and Much to Lose«, Alliance for Childhood/Defending the Early Years, 2015, verfügbar unter eric.ed.gov/?id=ED609172; Wolfgang Schneider, Petra Küspert, Ellen Roth, Mechtild Visé und Harald Marx, »Short-and Long-Term Effects of Training Phonological Awareness in Kindergarten: Evidence from Two German Studies«, *Journal of Experimental Child Psychology* 66, Nr. 3 (1997): S. 311–340.)

In der finnischen Früherziehung verbringen die Schüler den größten Teil ihrer Zeit mit Spielen. Montags stehen vielleicht erst Spiele oder ein Ausflug auf dem Programm, freitags sind dann beispielsweise Lieder und Aktivitätsstationen dran. Tim sah zu, wie die Kinder morgens Brettspiele spielten und nachmittags Staudämme bauten, wie sie am Singkreis teilnahmen oder sich eine Aktivität aussuchen durften. Einige wollten Burgen bauen, andere beschäftigten sich mit Handarbeit.

Dabei kauten ihnen die Pädagogen nichts entsprechend den sogenannten Lerntypen vor. Sie gaben ihnen reichlich Zeit, ihre individuellen Interessen zu entdecken. Als US-Amerikaner fragt man sich jetzt vielleicht, warum? Weil finnische Pädagogen davon ausgehen, dass die wichtigste Lektion für Kinder darin besteht, zu erleben, dass Lernen Spaß macht.

Und es gibt durchaus Indizien, die diese Annahme stützen. Britische Studien zeigen, dass Schüler, die im Alter von sechs Jahren gern zur Schule gehen, mit 16 besser in standardisierten Testverfahren abschneiden, auch wenn man ihre Intelligenz und den sozioökonomischen Status berücksichtigt.[38] Ein gängiger Spruch unter finnischen Lehrern fasst es gut zusammen: »Die Arbeit eines Kindes ist Spielen.«[39]

In den USA wird dies in Montessori-Schulen gelebt. In Finnland ist es das vorgeschriebene Kernkonzept aller Grundschulen. Die finnische Regierung besteht darauf, dass Kinder spielen, weil ihre politischen Entscheidungsträger verstehen, dass Spielen die Lust am Lernen fördert; es fördert die kognitiven Fähigkeiten und die Charaktereigenschaften.

In dem finnischen Kindergarten, den Tim besuchte, war eine der beliebtesten Aktivitäten das Eisladenspiel. Die Kinder kauften und verkauften mit Spielgeld imaginäres Eis. Sie benutzten eine Registrierkasse, nahmen Bestellungen auf, zählten das Wechselgeld ab und lernten so, proaktiv und prosozial zu sein und gleichzeitig grundlegende mathematische und sprachliche Fähigkeiten zu trainieren. Dutzende von Studien haben ergeben, dass diese Form des Deliberate Play oft effektiver ist, um Charaktereigenschaften wie Disziplin und Entschlossenheit zu vermitteln, als wenn man den Kindern direkte Anweisungen gibt.[40] Und wir wissen, dass die finnischen Schüler bei den PISA-Tests unter anderem deshalb so gut abgeschnitten haben, weil sie über eine besondere Energie verfügen, dranzubleiben.

ÄRGER IM PARADIES

Als ich vor einigen Jahren nach Finnland reiste, hatte ich erwartet, dass die Bürger dort stolz auf ihr Bildungssystem sein würden. Aber die Menschen, die ich traf – von der Ministerpräsidentin über Bildungsexperten und Eltern – äußerten sich allgemein eher kritisch über ihre Schulen. Zunächst hielt ich das für nordische Bescheidenheit. Ich hatte gelernt, dass der erste Grundsatz des skandinavischen Sozialkodex lautet: »Glaube nicht, dass du etwas Besonderes bist.«[41]

Doch bald merkte ich, dass es einen guten Grund für die Enttäuschung und Frustration der Menschen gab. Finnland hatte bei den PISA-Tests in den letzten Jahren seine Spitzenposition eingebüßt. Nach drei Siegen in Folge hatte sich zum ersten Mal

Finnlands Leistungstrend über mehrere PISA-Zyklen hinweg

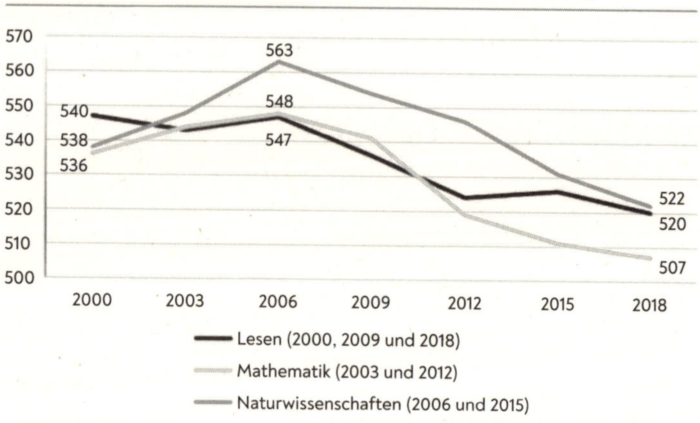

Abb. 42

ihr Punktestand in allen drei Fächern – Mathematik, Lesen und Naturwissenschaften – verschlechtert.[42]

Bei den folgenden drei Studien sanken diese Werte weiter. Bis 2018 wurde Finnland nicht nur von mehreren asiatischen Ländern in den Schatten gestellt, es belegte mittlerweile auch nur noch Platz zwei in Europa. Estland war trotz eines relativ geringen Budgets und seines schlechteren Betreuungsschlüssels auf den ersten Platz vorgerückt.[43]

Im Jahr 2018 lag Estland weltweit auf dem fünften Platz; die Niveauunterschiede zwischen den einzelnen Schulen und die Ungleichheit zwischen reichen und armen Schülern war in dem baltischen Land so gering wie fast nirgendwo sonst. Estlands politische Entscheidungsträger hatten das finnische Konzept studiert und es teilweise übernommen. Die estnischen Grund- und Sekundarschulen verfügten über ein hoch qualifiziertes Lehrpersonal; die Lehrer und Lehrerinnen mussten allesamt einen Masterabschluss vorweisen und genossen eine sehr große Entscheidungsfreiheit. Grundschüler hatten nun manchmal bis zur sechsten Klasse denselben Lehrer, und statt schwächelnde Schüler eine Klasse wiederholen zu lassen, erhielten sie viel Unterstützung in einem stabilen Fördersystem. Der Lehrplan war mittlerweile auf spielerisches Lernen ausgerichtet. Wenn es also in Estland funktionierte, warum war Finnland plötzlich im Rückstand?

Um es klar zu sagen: In Finnland mag es zwar einen Abwärtstrend gegeben haben, aber das bedeutete sicherlich nicht, dass der finnische Weg gescheitert war. Das Land war bei der PISA-Studie 2018 noch immer unter den besten zehn weltweit, und es gab noch immer nur geringe Leistungsunterschiede zwischen finnischen Schulen und zwischen den Schülern, die auf den sozioökonomischen Status zurückzuführen waren.[44] Aber es schien, als wären die Schüler irgendwie aus dem Tritt geraten.[45]

Schnell machten sich Experten daran, die vielen möglichen Gründe für die Krise zu untersuchen.[46] Hatte man sich auf seinen Lorbeeren ausgeruht, oder lag es an den Haushaltskürzungen infolge der Finanzkrise 2008? Man betonte, dass die Tatsache, dass andere Länder Finnlands Methoden übernommen hatten, um ihre Schüler auf den Test zu trimmen, Finnlands Standing schadeten. Aber es gab auch deutliche Hinweise, die eine andere Erklärung nahelegten: Motivationsprobleme bei den Jungs und in den Sekundarschulen.[47]

2018 berichteten 70 Prozent der Schüler in Finnland, dass sie bei PISA nicht ihr Bestes gaben.[48]* Und der Motivationsabfall war nicht nur auf die Studie beschränkt. Finnische Schülerinnen und Schüler erzielten weltweit nahezu die niedrigsten Werte hinsichtlich der Motivation, mit der Schule weiterzumachen und sich zu verbessern. Sie mussten irgendwann ihre Liebe zum Lernen eingebüßt haben, ebenjene intrinsische Motivation, die ihr System doch eigentlich kultivieren sollte.[49] Eine Kultur der Chancen ist nur dann erfolgreich, wenn die Schüler motiviert sind, diese auch zu nutzen.

* Selbst bei einem sorgfältig konzipierten Test wie der PISA-Studie wird die Leistung nicht nur von den Fähigkeiten, sondern auch von der Motivation beeinflusst. (Siehe hierzu: Angela Lee Duckworth, Patrick D. Quinn, Donald R. Lynam, Rolf Loeber und Magda Stouthamer-Loeber, »Role of Test Motivation in Intelligence Testing« *PNAS* 108, Nr. 19 (2011): S. 7716–1720.) Manche vermuten, dass die US-Amerikaner bei der PISA-Studie schlechter abschneiden, weil im Gegensatz zu den Aufnahmetests fürs College wenig auf dem Spiel steht. Das mag zwar mit hineinspielen, ist aber nicht der Hauptgrund für die schwachen Ergebnisse. Wirtschaftswissenschaftler führten ein Experiment durch, bei dem sie die Leistung der chinesischen und US-amerikanischen Highschool-Schüler bei Tests mit und ohne Anreize verglichen. Chinesische Schüler schnitten ungeachtet der Anreize gleich gut ab – vermutlich, weil kollektivistische Kulturen großen Wert darauf legen, die eigene Gruppe zu repräsentieren, selbst wenn man keinen individuellen Vorteil hat. US-amerikanische Schüler schnitten besser ab, wenn ihre Leistung sich auszahlte. Möglicherweise führte das Aufwachsen in einer individualistischen Kultur dazu, dass sie sich mehr anstrengten, wenn sie einen persönlichen Nutzen daraus zogen. Empirische Untersuchungen zeigen, dass die US-amerikanischen Schüler besser abschneiden würden, wenn die PISA-Studie mit einem höheren Einsatz verknüpft werden würde – allerdings würden sie nur die Hälfte des Rückstands zu den Spitzenländern Finnland, Südkorea und China aufholen.

DIE LIEBE AM LEBEN ERHALTEN

Die finnischen Politiker und Pädagogen haben ihre Werte angesichts der Herausforderung nicht aufgegeben. Als ihre Ergebnisse bei den PISA-Tests sanken, versuchten sie nicht, mit überhasteten Maßnahmen irgendwie ihre Rankings zu verbessern. Stattdessen führten sie umfassende Experimente durch, wie man die Schule motivierender gestalten könnte. Es gibt zahlreiche Indizien dafür, dass die Quelle der intrinsischen Motivation die Entscheidungsfreiheit ist, die eigenen Interessen zu erkunden.[50] Finnische Entscheidungsträger prüften also Möglichkeiten, den Schülern aller Stufen das Gefühl zu geben, dass sie ihre eigene Lernerfahrung gestalten können.

In einem Experiment sollten finnische Sechstklässler ein großes Projekt durchführen, dessen Höhepunkt die Verwaltung ihrer eigenen Miniaturstadt sein würde. Die Schüler betrieben dabei eine Bank, leiteten einen Lebensmittelladen und betreuten ein Krankenhaus. Sie gaben eine Zeitung heraus und hatten einen Bürgermeister aus ihren Reihen, der die Regierungsgeschäfte leitete. Am Ende des Planspiels hielt ein Schüler-Bürgermeister Hof mit einem hochrangigen Besucherpaar: dem tatsächlichen Königspaar Schwedens.

König Carl XVI. Gustaf und Königin Silvia waren nach Finnland gekommen, um sich über dieses neue Programm namens Me & MyCity zu informieren.[51] Die Initiative hat internationale Auszeichnungen für Bildungsinnovation und die Förderung des unternehmerischen Denkens erhalten. Ein eindrucksvolles Beispiel dafür, wie ein Planspiel für ältere Schüler aussehen kann, quasi eine Weiterentwicklung des Eisladenspiels.[52] Die Schüler bewerben sich auf die Rolle, die ihr Interesse weckt, und führen dann ein Vorstellungsgespräch mit ihrem Lehrer für den von ihnen gewünschten Beruf.

Me & MyCity war ein solcher Erfolg, dass nun die Mehrheit der finnischen Sechstklässler daran teilnimmt. Das Programm ist so wirkungsvoll, weil die Schüler ihr individuelles Lernen selbst in die Hand nehmen. Sie freuen sich darauf, wochenlang ihre Rollen vorzubereiten und die Entscheidungsfreiheit zu haben, wie genau sie sie spielen. Es liegt an ihnen, ihre Ziele festzulegen, ihr Geld zu verwalten und ihren Ruf zu wahren. Sie werden mit digitalen Gehältern bezahlt und erhalten Bankkarten, mit denen sie Waren und Dienstleistungen bei ihren Mitschülern erwerben können. Lehrer müssen keine große Überzeugungsarbeit leisten oder mit Preisen locken, um ihre Schüler zur Teilnahme zu ermutigen, denn deren Motivation kommt von innen. Und es sieht so aus, als könnte dieser Effekt erhalten bleiben: Vorläufige Untersuchungen deuten darauf hin, dass die Teilnehmenden an dem Programm nicht nur Wissen erwerben, sondern dass auch ihr Interesse für die Wirtschaft geweckt wird.[53]

Um mehr darüber zu erfahren, wie die finnischen Schulen die intrinsische Motivation fördern, habe ich mich noch einmal an Kari Louhivuori gewandt. Er ist jetzt Mitglied des finnischen Rats für kreative Bildung – genauso wie seine Tochter Nelli, eine beliebte Grundschullehrerin, die Schulen in aller Welt bei der Implementierung der finnischen Methoden berät. Das Vater-Tochter-Duo war so freundlich, mich ihr Familientreffen stören zu lassen.

Von ihnen erfuhr ich, dass erfahrungsbasierte Lernprogramme zwar ein Anfang seien, doch es gebe noch einen weiteren wichtigen Faktor für intrinsische Motivation. »Lesen ist die Grundfertigkeit für alle Fächer«, so Kari. »Wenn man nicht über die entsprechende Motivation zum Lesen verfügt, kann man in kein anderes Fach eintauchen.« Die Leselust zu fördern nährt die individuellen Interessen.

PAUSE MAL ANDERS

Die Leselust wird oftmals schon zu Hause geweckt. Die NGO The Finnish Reading Center stellte kürzlich fest, dass mehr als die Hälfte der Eltern die Meinung vertritt, dass sie ihren Kindern zu wenig vorlesen.[54] Jetzt bekommt jedes Neugeborene in Finnland eine Tasche voller Bücher geschenkt.[55]

Bücher in unser Heim zu holen mag zwar ein Anfang sein, reicht nach Ansicht von Psychologen jedoch nicht aus. Wenn wir wollen, dass unsere Kinder Spaß am Lesen haben, müssen wir Bücher zu einem Teil ihres Lebens machen.[56] Dazu gehört, dass wir während der gemeinsamen Mahlzeiten und Autofahrten über Bücher sprechen, in Bibliotheken oder Buchhandlungen gehen, Bücher verschenken und dafür sorgen, dass Kinder uns lesen sehen. Kinder achten darauf, worauf wir unsere Aufmerksamkeit richten. Das zeigt ihnen, was uns wichtig ist.

Abb. 43

Als meine Tochter Elena im Kindergartenalter war, fragte sie mich, warum ich keine Bücher lesen würde. Dabei ächzten die Regale unter dem Gewicht von Büchern. Wie konnte sie nur glauben, dass jemand, der selbst schrieb, nicht las? Als würde ein Schauspieler keine Filme sehen oder ein Maler sich weigern, einen Fuß in ein Museum zu setzen. Dann ging mir ein Licht auf. Sie hatte nie gesehen, wie ich einen Roman verschlang, weil ich im Bett las, wenn sie schon längst schlief. Am nächsten Abend sagte ich ihr, dass es an der Zeit sei, dass wir gemeinsam

Harry Potter und der Stein der Weisen lesen. Ihre ältere Schwester kam dazu, wir wechselten uns alle paar Seiten ab und lasen letztendlich das ganze Buch vor. Springen wir ein paar Jahre in die Zukunft: Vor ein paar Jahren haben unsere Kinder einen Familienbuchclub gegründet. Wenn sie eine Reihe entdecken, die sie mögen, lesen meine Frau Allison und ich sie und sprechen mit ihnen darüber. Eines Abends, als schon seit einer Stunde Schlafenszeit war, erwischte ich unsere drei Kinder mit eingeschalteten Lampen – heimliche Lesezeit. Ich konnte meine Freude kaum zügeln.

Lesen kann Chancen eröffnen, den Kindern den Weg ebnen, weiter zu lernen. Bücher stehen jedoch in immer stärkerem Wettbewerb mit dem Fernsehen, Computerspielen und sozialen Medien. Im Vergleich zum Jahr 2000 verbrachten die finnischen Teenager 2018 im Schnitt 77 Stunden weniger im Jahr mit freiwilligem Lesen. Und das gilt nicht nur in Finnland, in den USA nimmt die Lesebegeisterung der Kinder jedes Jahr weiter ab.[57] Im Highschool-Alter sind sie in der Regel irgendwo zwischen Indifferenz und völliger Ablehnung des Lesens angekommen.

Einer der größten Fehler des Englisch- und Literaturunterrichts in den USA besteht darin, die Schüler mit »Klassikern« zu quälen, anstatt ihnen die Möglichkeit zu geben, sich die Bücher auszuwählen, die sie interessieren. Eine wissenschaftliche Studie zeigt, dass Schüler, die ihre Bücher selbst für den Unterricht auswählen können, lesebegeisterter sind.[58] Und dieser positive Effekt verstärkt sich von selbst: Je mehr sie zum Vergnügen lesen, desto besser werden sie und desto lieber lesen sie.[59] Und je lieber sie lesen, desto mehr lernen sie und desto besser schneiden sie bei Prüfungen ab. Die Aufgabe der Lehrkräfte besteht nicht darin, sicherzustellen, dass die Schüler den Literaturkanon intus haben, vielmehr sollten sie die Begeisterung fürs Lesen wecken.

Als Nelli Louhivuori merkte, dass ihre Grundschüler unbedingt lesen wollten, führte sie ein neues Ritual ein. Jeden Montag unternahm sie mit ihren Schülern einen kleinen Ausflug und machte eine »Bibliothekspause«. Es gab keine vorgegebene Leseliste, die Kinder hatten die freie Wahl. Sie lernten auch die Bibliothekare kennen, die wiederum erfuhren, was die Kinder interessierte, und danach gelegentlich in Nellis Klasse vorbeikamen, um ihnen spannende Neuerscheinungen vorzustellen. Nachdem die Schüler ihre Bücher für die Woche ausgewählt hatten, überließ es ihnen Nellie auch, wo sie sie lesen wollten. Bald schon gab es eine neue Klassentradition: Sie nahmen ihre Bücher mit in einen nahe gelegenen Wald und schmökerten unter den Bäumen.

In jenem Schuljahr forderte Nelli die Schüler auch auf, Berichte über ihre Lieblingsbücher zu verfassen. Es sollte jedoch keine typische Buchbesprechung sein, bei der man sich durch eine Zusammenfassung quälte, um sie dem Lehrer vorzulegen. »Das inspiriert sie nicht«, sagte sie mir. Damit es ansprechend und interaktiv war, durften die Schüler immer, wenn ein Buch sie begeisterte, ihren Mitschülern davon erzählen. Das wurde zu einer weiteren Tradition – und plötzlich hatte Nelli eine Klasse angehender Buchkritiker vor sich.

So etwas kann überall für fast jedes Kind das Lernen in nahezu jedem Themenbereich spannend machen. Unser Interesse wächst, wenn wir wählen dürfen, was wir lernen, und es mit anderen teilen. Intrinsische Motivation ist ansteckend.[60] Wenn Schüler über die Bücher sprechen, die ihre Vorstellungskraft beflügeln, kristallisiert sich auch heraus, warum sie sie lieben – und dieser Enthusiasmus kann sich auf andere übertragen.

Nur die Zeit wird zeigen, ob derlei Möglichkeiten ausreichen, um die Lust am Lernen zu wecken und zu erhalten. Aber in der vielleicht wichtigsten Hinsicht bleibt Finnland ein Vorbild. Sosehr man die Bildung dort schätzt, am meisten beeindruckt mich an der finnischen Kultur, dass die Leistung nicht über das Wohlbefinden gestellt wird.

In zu vielen elitären Bildungssystemen bringen die Schüler Höchstleistungen und riskieren dabei ihre geistige Gesundheit.[61] Wissenschaftliche Studien in den USA zeigen, dass Schüler an Spitzen-Highschools gemessen am nationalen Durchschnitt drei- bis siebenmal so häufig depressiv und ängstlich sind.[62] 2018 führte China die PISA-Tests zwar an, war aber in puncto Lebenszufriedenheit weltweit unter den zehn Schlusslichtern.[63] Der Perfektionsdruck[64] und der Stress des stundenlangen Lernens[65] führten laut Angaben von über der Hälfte der chinesischen Schüler dazu, dass sie sich manchmal oder immer unglücklich fühlten, und über drei Viertel gaben an, manchmal oder immer traurig zu sein.

Im Gegensatz dazu waren in Finnland weniger als ein Drittel der Schüler im selben Alter unglücklich, und weniger als die Hälfte fühlte sich traurig. Sie erzielten gute Testergebnisse, während sie durchschnittlich nur 2,9 Stunden pro Woche Hausaufgaben machten – weniger als ein typischer chinesischer Teenager an einem einzigen Tag.[66] Bei der PISA-Studie 2018 lag Finnland bei der Leistung pro Lernstunde an erster Stelle aller 77 Länder. Das bedeutet, dass sie weiterhin ungeschlagen bei der ultimativen Metrik des Wachstums sind, der Lerneffizienz.[67]

Wie genau sie dies schaffen, ist zu komplex, um es auf eine einfache Formel zu bringen. Die meisten Experten glauben, dass es eine Mischung ist: aus qualitativ hochwertigem Unterricht und intrinsischer Motivation, die das Lernen fördert; hinzu kommen weniger Stress und Prüfungsangst, was zu einer besseren Konzentrationsfähigkeit führt, gepaart mit früh entwickelten Charakterstärken, die sich im Laufe der Zeit auszahlen. Soweit wir bisher wissen, ist weltweit kein Land besser als Finnland darin, den Schülern zu helfen, Fortschritte zu machen, ohne sie zeitlich vollends einzunehmen, ihr Leben auf den Kopf zu stellen oder sie dazu zu bringen, dass sie die Schule hassen. Vielleicht ist die wichtigste zugrunde liegende Annahme, dass man sich nicht entscheiden muss zwischen etwas gut machen und sich gut fühlen.

Ein Bildungssystem ist erst dann wirklich erfolgreich, wenn alle Kinder – unabhängig von ihrem sozialen Hintergrund und den Ressourcen – die Möglichkeit haben, ihr Potenzial voll auszuschöpfen. Wenn man Schulen so konzipieren will, dass die Schüler etwas schaffen, sollte man sich nicht auf einige wenige konzentrieren und sie zu Höchstleistungen treiben. Vielmehr sollte man eine Kultur pflegen, die es allen Schülern ermöglicht, intellektuell zu wachsen und sich emotional zu entfalten.

8 Nach Gold schürfen

Kollektive Intelligenz in Teams freisetzen

Andere Augen werden sich umblicken und das finden, was du nie gefunden hast.
Malvina Reynolds[1]

Sobald die Männer die Gesteinslawine sahen, die sich von oben den Schacht herabwälzte, suchten sie augenblicklich Deckung. Manche ihrer Kollegen konnten die Lawine noch nicht sehen, aber der Lärm war unverkennbar: ein unheilvolles, leises Grollen, das schnell zu ohrenbetäubendem Krach anschwoll. Ein Windstoß brachte einen der Männer zu Fall, ein anderer wurde durch die Luft geschleudert. Sie rappelten sich auf und versuchten, zu Fuß zu fliehen.

Weil sie wegen der überall um sie herum fallenden Gesteinsbrocken kaum etwas sehen oder hören konnten, fürchteten sie, sie würden es nicht schaffen. Dann sahen sie einen Lastwagen, der die Trasse entlangdonnerte. Sie hechteten an Bord und klammerten sich mit aller Kraft daran fest. Der Lastwagen stürzte zweimal beinahe um, aber irgendwann erreichten sie das untere Ende der Trasse und waren endlich vor der Lawine sicher. Aber außer Gefahr waren sie damit noch lange nicht. Sie waren 700 Meter unter der Erdoberfläche eingeschlossen.[2]

Am 5. August 2010 war eine Gold- und Kupfermine in der chilenischen Atacama-Wüste eingestürzt. Ein gigantischer Felsbrocken, so hoch wie ein 45 Stockwerke hohes Haus, hatte sich gelöst; der einzige Ausgang aus der Mine war von mehr als 700 000 Tonnen Fels blockiert. Insgesamt waren 33 Bergleute eingeschlossen, und man gab ihnen eine Überlebenschance von weniger als einem Prozent.

69 Tage später kehrten sie jedoch alle wohlbehalten zu ihren Familien zurück, nach einer monumentalen, wundersamen Rettungsaktion – niemals zuvor hatten Menschen eine ähnliche Situation so lange wie sie überlebt. Als ich zusah, wie die Rettungskapsel den ersten Kumpel sicher nach oben brachte, weinte ich Tränen der Freude und Erleichterung. Und wenn auch Sie zu der Milliarde Menschen gehören, die sich dieses Ereignis damals live im Fernsehen angesehen haben, ging es Ihnen wahrscheinlich genauso. Damals konzentrierte sich die Berichterstattung hauptsächlich darauf, wie die Kumpel es geschafft hatten zu überleben. Erst Jahre später begriff ich, wie viel wir von dem Rettungsteam darüber lernen konnten, wie Gruppen gemeinsam weit kommen können.

Zu Beginn der Rettungsmission wusste niemand, ob die Bergarbeiter überhaupt noch am Leben waren. Und dies ließ sich auch nicht ohne Weiteres herausfinden. Die Karten der Mine waren skizzenhaft und veraltet, insofern musste das Rettungsteam »blind bohren«.[3] Sie suchten also die Nadel in einem Heuhaufen, der ungefähr zweimal so hoch war wie der Eiffelturm. Sie mussten sowohl den wahrscheinlichsten Aufenthaltsort der Männer abschätzen als auch die exakte Krümmung des Bohrlochs berechnen, mit dem der riesige Bohrer zu ihnen vordringen würde. Wenn sie sich an der Oberfläche nur um ein paar Grad verrechneten, hätte es sein können, dass sie ihr Ziel in der Tiefe um 100 Meter verfehlten.

Am siebzehnten Tag gab es den ersten Hoffnungsschimmer für das Rettungsteam und die Verschütteten. Als einer der Bohrer endlich in dem Bereich ankam, in dem das Bergungsteam den Schutzraum vermutete, hämmerten sie gegen den Bohrer, um den Kumpeln in der Tiefe ein Signal zu geben. Und es hörte sich so an, als würde unten auch jemand hämmern. Tatsächlich: Als sie den Bohrer wieder nach oben an die Oberfläche holten, sahen sie, dass die Spitze mit orangeroter Signalfarbe beschmiert worden war, in der Papierstreifen klebten. Die eingeschlossenen Bergarbeiter hatten die Botschaft nach oben geschickt, dass sie alle noch am Leben waren. Und für den Fall, dass die Zettel beschädigt wurden oder sich lösten, hatten sie den Bohrer als Lebenszeichen besprüht.

Inzwischen waren die Kumpel allerdings am Ende ihrer Kräfte. Ihre Vorräte waren fast aufgebraucht, sie lebten von schmutzigem Wasser und einem Löffel Dosenthunfisch pro Mann alle drei Tage. Das Bergungsteam konnte ihnen mehr Zeit verschaffen, indem es noch zwei winzige Versorgungsbohrungen anlegte, die das Einsturzrisiko der Mine nicht erhöhen würden – eines für Nahrung und Wasser, das andere für die Sauerstoff- und Stromzufuhr. Aber nun mussten sie eine Möglichkeit finden, mehr als 600 Meter tief durch nackten Fels, der härter als Granit war, ein Loch zu bohren, das breit genug für Menschen war, ohne die Bergleute dabei lebendig zu begraben. Eine solche Rettungsaktion hatte bislang noch niemand gewagt – geschweige denn erfolgreich durchgeführt.

Wir wissen, dass wir komplexe, dringliche Probleme nicht allein lösen können. Also nehmen wir an, dass wir als Erstes die Leute zusammentrommeln sollten, die am meisten über das Thema wissen. Sobald wir die richtigen Experten gefunden haben, legen wir unsere Zukunft in ihre Hände.

Die Leiter der chilenischen Bergungsoperation machten jedoch etwas anderes. Statt sich nur auf eine exklusive Gruppe etablierter Experten zu verlassen, bauten sie ein System auf, um die Intelligenz eines größeren, tieferen Wissenspools an die Oberfläche zu holen. Ihren ersten Sprachkontakt zu den Verschütteten hatten sie dank der 10-Dollar-Erfindung eines kleinen Unternehmers. Und die Rettung wurde letztendlich durch die Vorschläge eines 24-jährigen Ingenieurs ermöglicht, der nicht einmal zum Kernteam gehörte.

Will man Gruppenintelligenz maximieren, reicht es nicht, ausschließlich Experten anzuheuern – und es gehört weit mehr dazu, als einfach nur Menschen zusammenzubringen, die gemeinsam ein Problem lösen sollen. Das verborgene Potenzial von Gruppen freizusetzen erfordert Führungspraktiken, Teamprozesse und Systeme, welche die Fähigkeiten und Beiträge aller Mitglieder bündeln können. Die besten Teams sind nicht die mit den größten Denkern, sondern diejenigen, die aus allen Mitgliedern die besten Ideen herauskitzeln und den größten Nutzen ziehen und beides gewinnbringend einsetzen.

TEAM IST NICHT GLEICH TEAM

In meinem dritten Studienjahr fragte ich mich, wie sich Gruppen zusammenfinden, um Großes zu erreichen. Es geschah in dem liebevoll »Psycho halb neun« genannten Kurs, dem ich meine lebenslange Faszination für Organisationspsychologie zu verdanken habe. Gerüchten zufolge hatte der Professor das Seminar auf diesen frühen Termin gelegt, weil er nur außergewöhnlich hoch motivierte Studenten anlocken wollte.

Als ich überpünktlich zur ersten Sitzung erschien, war der Seminarraum bereits überfüllt, aber der Professor noch nicht da. Ich schaute mich um und sah vor dem Fenster einen riesigen, zerzaust wirkenden Mann, der eine Pfeife in der einen Hand und in der anderen einen Papierstapel hielt, auf den er angestrengt starrte. Als er schließlich in den Seminarraum polterte, ging er aber nicht die Leseliste mit uns durch. Er verkündete uns stattdessen, er habe unser Land im Stich gelassen.

Es war der 13. September 2001.

Der Professor hieß Richard Hackman und war der beste Teamexperte der Welt. Er untersuchte schon seit beinahe einem halben Jahrhundert Teams in allen nur denkbaren Bereichen – von Pilotencrews bis hin zu Stationsteams im Krankenhaus und Symphonieorchestern.[4] Und er hatte herausgefunden, dass in den meisten Fällen leider viele Köche den Brei verderben.[5] Und das Ergebnis ist meist ungenießbar – wie jeder bestätigen kann, der jemals an der Uni ein Gruppenreferat halten musste. Die meisten Teams sind weniger als die Summe ihrer Teile.

Richard erforschte schon seit einigen Jahren Verbesserungsmöglichkeiten der Zusammenarbeit zwischen den großen

US-Nachrichtendiensten.[6] Er sagte uns, Analysten hätten zwar davor gewarnt, dass entführte Flugzeuge als Terrorwaffen eingesetzt werden könnten, aber die Nachrichtendienste hätten dieses Szenario nicht ernst genug genommen. Hätte seine Forschungsarbeit früher die nötigen Ergebnisse geliefert, wäre es vielleicht möglich gewesen, die Anschläge vom 11. September zu verhindern.

In den folgenden Jahren befasste sich Richard mit Anita Woolley, einer seiner besten Studentinnen, damit, wie man Teams schlauer machen konnte. Schließlich erzielten Anita und ihre Mitarbeiter einen Durchbruch: Sie entdeckten, was unbedingt nötig war, damit Teams mehr wurden als die Summe ihrer Teile.

Anita interessierte sich für Schwarmintelligenz – die Fähigkeit einer Gruppe, gemeinsam Probleme zu lösen. In einer Reihe bahnbrechender Studien untersuchten sie und ihre Kollegen, wie gut verschiedene Teams in den unterschiedlichsten Bereichen analytische und kreative Aufgaben bewältigten – also quasi ein IQ-Test für Gruppen. Ich erwartete, dass kollektive Intelligenz davon abhängen würde, wie gut die Aufgabe zu den Fähigkeiten der einzelnen Gruppenmitglieder passte. Ich dachte, Sprachkünstler würden Wortpuzzles dominieren, Mathegenies Geometrieprobleme am besten lösen und Teams mit lauter proaktiven Mitgliedern sich am besten schlagen, wenn es darum ging, Situationen zu planen und die Pläne dann durchzuführen. Aber da täuschte ich mich.

Erstaunlicherweise lieferten gewisse Gruppen konsistent hervorragende Leistungen ab, unabhängig davon, welcher Aufgabentyp ihnen vorgelegt wurde. Es war egal, vor welche Probleme Anita und ihr Team sie stellten: Sie waren immer besser als die anderen. Ich nahm an, dass sich in diesen Gruppen eine Menge Genies befinden mussten. Aber der Datenlage zufolge hatte kollektive Intelligenz nur wenig mit den IQs der einzelnen Gruppenmitglieder zu tun.[7] Wie sich herausstellte, bestanden die schlauesten Teams nicht aus den schlauesten Individuen.

Seit diesen ersten Studien ist das Interesse der Wissenschaft an Schwarmintelligenz geradezu explodiert und beleuchtet immer besser, was genau Teams dazu antreibt, Großes zu erreichen. In einer 22 Studien umfassenden Metaanalyse entdeckten Anita und ihre Kollegen, dass Gruppenintelligenz weniger von den kognitiven Fähigkeiten der einzelnen Mitglieder als von ihren prosozialen Fähigkeiten abhängt.[8] Die besten Teams haben die meisten Teamspieler – Leute, die hervorragend mit anderen zusammenarbeiten können.

Ein Teamspieler zu sein bedeutet nicht, dass man gern Händchen hält und »We shall overcome« singt. Genauso wenig bedeutet es, dass man mit den anderen immer einer Meinung ist und dafür sorgt, dass alle am gleichen Strang ziehen. Es geht vielmehr darum, herauszufinden, was die Gruppe braucht, und dafür zu sorgen, dass alle auf dieses Ziel hinarbeiten. Obwohl es ganz schön ist, das eine oder andere Superhirn im Team zu haben, bringt das nur wenig, wenn niemand sonst ihren Wert erkennt und alle nur ihr eigenes Süppchen kochen. Es ist hinreichend belegt, dass ein räudiges Schaf die ganze Herde ansteckt.[9] Wenn nur ein Einzelner nicht prosozial handelt, reicht das aus, um das ganze Team zu verdummen.[10]

Das Räudige-Schaf-Problem zeigt sich in einer Studie über NBA-Basketballteams – einem Setting, in dem Spieler ohne prosoziale Fähigkeiten als selbstsüchtig und narzisstisch auffallen. Psychologen entschlüsselten den Narzissmus der Spieler anhand ihrer Twitter-Profile. *Ja, das sind echte Muckis, und nein, ich habe kein größeres T-Shirt gefunden. Wenn ich in den Spiegel schaue, blickt mich wahre Größe an. Es ist nur schade, dass ich mich niemals selbst live spielen sehen kann.* Wenn in einer Mannschaft viele Narzissten waren – ein extremer Narzisst reichte aber auch aus –, verwandelten die Spieler seltener Vorlagen und gewannen weniger Spiele.[11] Sie schafften es auch seltener, sich im Laufe einer Spielzeit zu verbessern – vor allem dann, wenn ihr Point Guard (der wichtigste Passgeber und Spielmacher) narzisstische Züge aufwies. Narzissten sind Fummelpäpste, die den Ball partout nicht abgeben, und am sträflichsten unterschätzt werden die Spieler, die ihren Teamkameraden dabei helfen, Körbe zu machen.[12]

Teammitglieder mit prosozialen Fähigkeiten können gegenseitig das Beste aus sich herausholen. Die Gruppenintelligenz steigt, wenn Teammitglieder ihre Stärken erkennen, Strategien entwickeln, um sie gewinnbringend einzusetzen, und sich gegenseitig dazu motivieren, mit gebündelten Kräften ein gemeinsames Ziel anzustreben.[13] Will man verborgenes Potenzial freisetzen, braucht man nicht nur die besten Komponenten, sondern auch den besten Kleber, um sie zusammenzuhalten.

ES GEHT NICHT NUR UM MICH

Prosoziale Fähigkeiten sind der Kleber, der Gruppen in Teams verwandelt. Statt als einsame Wölfe zu arbeiten, werden die Teammitglieder zu einem kooperativen »Rudel« zusammengeschweißt. Bei dem Wort Verbundenheit denken wir oft an zwischenmenschliche Beziehungen, aber Teambuilding und Bonding-Übungen werden überbewertet.[14] Eisbrecher und Abseilkurse können zwar die Kameradschaft stärken, aber Metaanalysen deuten darauf hin, dass sie nicht zwangsläufig die Teamleistung verbessern. Hierzu müssen nämlich die Menschen erkennen, dass sie einander brauchen, um eine wichtige Mission zu erfüllen. Das befähigt sie, sich als Gleichgesinnte zu verbinden und zusammenzuhalten, um gemeinsame Ziele zu erreichen.

Diese Art Verbundenheit bauten auch die Goldenen Dreizehn auf, um gemeinsam ihr Marineoffizierstraining mit Auszeichnung zu bestehen. Und wie Richard Hackman schließlich herausfand, fehlte genau dieses Verbundenheitsgefühl bei vielen Nachrichtendiensteinheiten. Er fand heraus, dass die meisten Analysten spezifischen Einheiten zugeteilt waren, aber mehr als eine Zuteilung war es auch nicht. Sie hatten denselben Chef und aßen in derselben Kantine, ansonsten verband sie aber nicht viel. Sie verbrachten zu wenig Zeit damit, Ideen auszutauschen, sich gegenseitig zu coachen oder gemeinsam zu lernen. Wenn sie sich gegenseitig Berichte schickten, war das meist reine Formsache. Sie hakten einfach ein Kästchen ab.

Menschen in einer Gruppe zusammenzuführen macht sie nicht automatisch zu einem Team. Richard zeigte, dass die besten Gruppen von Nachrichtendienstanalysten sich zu echten Teams zusammengeschlossen hatten. Sie wurden nach ihren kollektiven Ergebnissen bewertet. Sie strebten nach einem gemeinsamen Ziel und wiesen jedem Teammitglied eine einzigartige Rolle zu. Sie wussten, dass die Ergebnisse vom Input aller abhingen, also teilten sie regelmäßig ihr Wissen miteinander und coachten sich gegenseitig. Dies ermöglichte es ihnen, zu einem großen Schwamm zu werden – sie konnten Informationen absorbieren und filtern und sich schnell anpassen, wenn sich etwas änderte oder weiterentwickelte.

Führungskräfte spielen eine wichtige Rolle dabei, eine solche Verbundenheit zu etablieren. Sie verfügen über die nötige Autorität, eine Ansammlung unabhängiger Individuen in ein verflochtenes Team zu verwandeln. Aber wenn es darum geht, zu entscheiden, wer das Steuer übernimmt, achten wir oft leider viel zu wenig auf diesen Klebstoff-Faktor.

Wenn wir Führungskräfte wählen, entscheiden wir uns meist nicht für diejenigen mit den besten Führungsqualitäten. Oft wählen wir einfach die Person, die am meisten redet. Das wird Babble Effect (Geplapper-Effekt) genannt. Wissenschaftliche Studien haben ergeben, dass Gruppen die Personen befördern, die besonders viel reden – unabhängig von ihrer Eignung oder ihrem Fachwissen.[15] Wir verwechseln Selbstbewusstsein mit Kompetenz, Selbstsicherheit mit Glaubwürdigkeit und Quantität mit Qualität. Wir folgen immer wieder den Menschen, die die Diskussion an sich reißen, statt denjenigen, die sie wirklich bereichern.

Es sind nicht nur die Lautesten, die in die Führungsriege aufsteigen, selbst wenn sie dazu nicht qualifiziert sind. Die schlimmsten Babbler sind die Fummelpäpste. In vielen Fällen übernehmen ausgerechnet die Leute mit den schlechtesten prosozialen Fähigkeiten und den größten Egos die Führung – was Teams und Organisationen großen Schaden zufügt. In einer Metaanalyse ergab sich, dass Narzissten mit der größten Wahrscheinlichkeit in Führungspositionen aufstiegen,[16] die Aufgaben, die diese Rollen mit sich brachten,[17] aber am wenigsten effektiv erfüllten.* Sie trafen eigennützige Entscheidungen und machten Erfolg zum Nullsummenspiel,[18] förderten skrupelloses Verhalten[19] und minderten Verbundenheit und Zusammenarbeit.

Abb. 44

Der Gruppenintelligenz ist mit einer anderen Art Führungsperson besser gedient. Es sollten diejenigen befördert werden, deren prosoziales Verhalten sie dazu befähigt, die Mission vor das Ego zu stellen – und Teamverbundenheit vor persönlichen Ruhm. Sie wissen, dass sie nicht selbst die hellste Leuchte sind, sondern alle Teammitglieder zum Strahlen bringen müssen.

ZUSAMMENGEKLEBT SIND WIR STARK

Nach dem Einsturz der chilenischen Mine herrschte bei der Rettungsmission in den ersten Tagen pures Chaos. Am Einsatzort befanden sich mehrere Polizeimannschaften, Bergbauexperten, Feuerwehrmänner, Rettungssanitäter und Bergretter. Dazu ka-

* Leider beginnt die Tendenz dazu, narzisstische Führungskräfte zu wählen, schon sehr früh: Psychologen haben herausgefunden, dass narzisstische Kinder von ihren Altersgenossen öfter als Anführer nominiert werden und behaupten, diese Rolle besonders gut ausfüllen zu können, selbst wenn das nicht stimmt. In 22 von 23 niederländischen Grund- und Oberschulen wurden besonders häufig Kinder zu Anführern bestimmt, die Aussagen wie »Kids wie ich verdienen eine Extrawurst« zustimmten. Wenn diese Narzissten erwachsen werden, bringen sie ihre Teams oft an den Rand des Ruins.

men Geologen und Ingenieure, die die technischen Möglichkeiten analysierten. Bergbaukonvois arbeiteten unorganisiert daran, sechs verschiedene Bohrertypen zum Einsatz zu bringen. Dies war eine Gruppe fähiger Einzelpersonen, aber kein verflochtenes Team, das kollektive Intelligenz freisetzen konnte. Nach vier Tagen setzte der chilenische Präsident schließlich einen Missionsleiter ein.

Für den Bergbauingenieur André Sougarret kam der Befehl so plötzlich, dass er später sagte, er habe das Gefühl gehabt, gekidnappt zu werden. Nach mehr als zwei Jahrzehnten Arbeit in Chile managte André damals das größte Bergwerk der Welt. Dort, knapp 1000 Kilometer vom Unglücksort entfernt, arbeitete er gerade, als ihn die dringende Aufforderung erreichte, sofort im Präsidentensitz vorstellig zu werden. Er trug noch seinen Grubenhelm, als er an Bord der Präsidentenmaschine ging, und erhielt seine Direktive in der Luft: Er sollte die Mission leiten, um die 33 verschütteten Männer im Bergwerk San José bei Copiapó zu retten.

Es war ein Wettlauf gegen die Zeit – jede Sekunde zählte. Unter einem derartig hohen Druck und in einer Situation, in der es um Menschenleben ging, würden viele von uns sicher Kommissköpfe einsetzen, um die Gruppe in Form zu prügeln und Ordnung herzustellen. Wenn allerdings alle bereits fest entschlossen sind, ihr Bestes zu geben, brauchen sie keinen Einsatzleiter, der nur Befehle bellt. Wissenschaftliche Studien haben gezeigt, dass selbst in Organisationskulturen, in denen Ergebnisse wichtiger sind als Beziehungen, diejenigen Führungskräfte die besten Resultate erzielen, denen etwas an ihren Mitarbeitern liegt.[20] Wenn alle sich nach Kräften bemühen, möglichst schnell Verschüttete zu retten, sollte jemand das Sagen haben, dem etwas an seinen Mitmenschen liegt.

Kompetenz ist zwar wichtig, aber nicht allein ausschlaggebend. André wurde zwar wegen seines technischen Fachwissens geschätzt, aber darüber verfügten auch viele andere. Was ihn auszeichnete, waren seine prosozialen Fähigkeiten. Er wurde für diese Aufgabe ausgewählt, weil er ein Talent dafür hatte, aus

Ganz oben geht es sehr extrovertiert zu

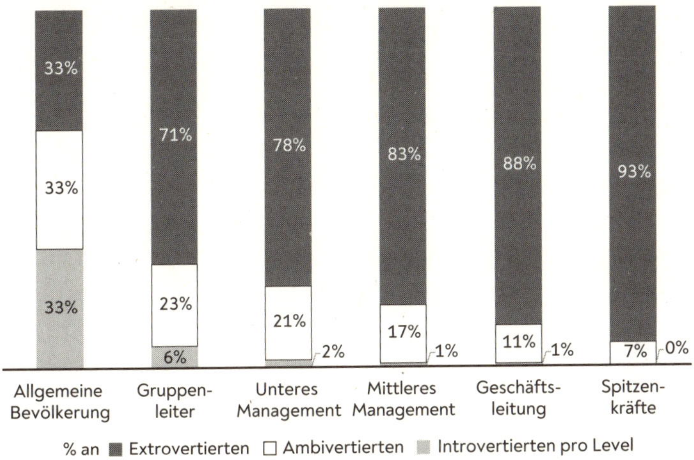

Abb. 45

Teams das Beste herauszuholen. »Er ist sehr geduldig«, sagte einer der Manager, der ihn empfohlen hatte. »Er kann außergewöhnlich gut zuhören und kluge Schlussfolgerungen treffen, wenn er sich von allen Seiten Informationen beschafft hat.«

Gut zuhören zu können steht normalerweise nicht auf unserer Liste von Führungsqualitäten. Auf der ganzen Welt gelten große Führungspersönlichkeiten stereotyp als dominant und extrovertiert. In den USA ist die große Mehrheit aller Führungskräfte und Manager überdurchschnittlich extrovertiert. Je näher man der Spitze kommt, desto extrovertierter wird es.[21] Sogar in Ländern wie zum Beispiel China, wo die Menschen traditionell eher introvertiert sind, gelten Extrovertierte als die prototypischen Anführer.[22] Als ich jedoch in einem Forschungsprojekt untersuchte, ob Extrovertierte tatsächlich effektivere Leiter sind als Introvertierte, ergab sich ein wesentlich nuancierteres Bild des idealen Führungsstils. Wie effektiv die Leitung war, hing von der Proaktivität des Teams ab.

Bei relativ reaktiven Teams, die auf Anweisungen von oben

warteten, erzielten extrovertierte Leiter die besten Resultate. Aber bei proaktiven Teams, die selbst viele Ideen und Vorschläge einbrachten, erzielten introvertierte Führungskräfte die besseren Leistungen. Die reservierten Teamleiter wirkten empfänglicher für den Input der Teammitglieder, was ihnen Zugang zu besseren Ideen verschaffte und die Motivation ihrer Mitarbeiter steigerte. Besteht ein Team aus Schwämmen, dann ist der beste Leiter nicht die Person, die am meisten redet, sondern diejenige, die am besten zuhören kann.[23]

In Chile war Andrés erste Amtshandlung als Missionsleiter, seine Zuhörkräfte spielen zu lassen. Trotz des Zeitdrucks handelte er nicht übereilt. Als er bei der Mine ankam, die den passenden Spitznamen Campamento Esperanza (Lager der Hoffnung) bekommen hatte, wurde er von bekannten Gesichtern begrüßt. Sein zweiunddreißigköpfiges Support-Team bestand aus Leuten, die er aus jahrelanger Zusammenarbeit gut kannte – darunter ein Krisenkommunikationspsychologe und Inspektoren, mit denen er zusammen ausgebildet worden war. Das gemeinsame Ziel war klar: die Bergleute finden und so schnell wie möglich retten.

Was fehlte, war eine funktionierende Strategie. André sprach mit den Experten vor Ort, um herauszufinden, was sie wussten. Dabei erfuhr er, dass sein ursprünglicher Plan, das Bergwerk durch die Tunnels zu betreten, keine Option darstellte. Er begriff, dass nur Bohrungen infrage kamen, und machte sich daran, die richtigen Einsatzleiter zu finden, um die Arbeiten zu koordinieren.

André besetzte die Führungspositionen absichtlich nicht mit besonders erfahrenen Bohrexperten oder dominanten Managern. Stattdessen setzte er die Leute als Einsatzleiter ein, deren prosoziale Fähigkeiten besonders ausgeprägt waren. Der Bergbauinspektor, der schließlich die Zusammenarbeit zwischen den verschiedenen Bohrmeistern koordinierte, war für seinen konsultativen Führungsstil bekannt. In strategischen Fragen legte er großen Wert auf den Input seiner Mitarbeiter und ließ sie bei jeder einzelnen Entscheidung, die er traf, an seinen Denkprozessen teilhaben.

Durch den Einsturz wurde das Bergwerk immer instabiler, und der Boden, auf dem die Ingenieure arbeiteten, verschob sich spürbar. Um die Rettungschancen zu steigern, trafen André und seine Kollegen eine wichtige Entscheidung: Statt sich auf ein Bohrloch zu konzentrieren, würden sie gleichzeitig mehrere Bohrpläne verfolgen.

André brauchte Ideen – schnell. Er traf sich täglich mit dem gesamten Missionsteam. Wie er es später ausdrückte, wusste er, »dass kein Superchef alle Antworten haben würde«. Es war an der Zeit, einen Teamprozess und ein Organisationssystem aufzubauen, mit dem die Schwarmintelligenz der Gruppe freigesetzt werden konnte.

JE MEHR GEHIRNE, DESTO BESSER

Wenn wir vor einem schwierigen Problem stehen, starten wir oft mit Brainstorming. Wir versuchen, so schnell wie möglich die besten Ideen aus den Teammitgliedern herauszulocken. Ich finde das toll – abgesehen von einem winzigen Manko: Brainstorming geht meist nach hinten los.

In Brainstorming-Meetings gehen viele gute Ideen verloren – und nur wenige werden gehört.[24] Es gibt eine Menge Belege dafür, dass wir es nicht schaffen, die Gruppenintelligenz zu maximieren, wenn wir zusammen Ideen ausbrüten. Brainstorming-Gruppen bleiben so weit hinter ihrem Potenzial zurück, dass wir mehr – und bessere – Ideen erhalten, wenn alle alleine arbeiten. Wie der Komiker Dave Barry es ausdrückte: »Wenn man ein Wort sucht, das beschreibt, warum die Menschheit bisher nicht ihr volles Potenzial erreicht hat und das auch niemals tun wird, dann ist dieses Wort *Meetings*.«[25]

Das Problem sind nicht die Meetings selbst, sondern wie wir sie abhalten. Denken Sie an all die Brainstorming-Sessions zurück, an denen Sie in ihrem Berufsleben teilgenommen haben. Sie haben wahrscheinlich miterlebt, wie sich Leute aus Angst vor Ego-Verlust (ich will nicht dumm wirken), wegen Lärm (wir können nicht alle auf einmal reden) oder Konformitätszwang (wir sollten alle den Chef unterstützen) auf die Zunge gebissen haben. Tschüss, Vielfalt – und hallo, Echokammer. Diese Herausforderungen sind für Menschen mit wenig Macht oder niedrigem Status noch schwerer zu bewältigen: die jüngste Person im Raum, die einzige Woman of Color in einem Team mit lauter bärtigen weißen Männern, der Introvertierte, der in einem Meer von Extrovertierten zu ertrinken droht.

Abb. 46

Um das verborgene Potenzial in Teams freizusetzen, sollten wir uns vom Brainstorming verabschieden und uns lieber einem Prozess zuwenden, der Brainwriting genannt wird.[26] Die ersten Schritte finden in Alleinarbeit statt. Man beginnt damit, dass man alle Teammitglieder bittet, für sich Ideen zu generieren, die man danach sammelt und anonym mit den anderen teilt. Um das individuelle Urteilsvermögen zu bewahren, muss jeder für sich allein die Ideen bewerten. Erst dann kommt das Team zusammen, um die besonders vielversprechenden Optionen auszuwählen und auszuarbeiten. Indem Ideen individuell entwickelt und beurteilt werden, bevor sie gemeinsam ausgewählt und ausgeführt werden, können Teams Möglichkeiten ans Tageslicht fördern und weiterentwickeln, die sonst vielleicht keine Aufmerksamkeit bekommen hätten.

Anhand der Forschungsarbeit von Anita Woolley und ihren Kollegen lässt sich erklären, warum diese Methode funktioniert.[27] Sie fanden heraus, dass ein weiterer Schlüssel zur Freisetzung kollektiver Intelligenz ausbalancierte Teilnahme ist.*

Bei Brainstorming-Meetings passiert es schnell, dass nur die größten Egos, die lautesten Stimmen und die mächtigsten Personen aktiv teilnehmen. Der Brainwriting-Prozess stellt sicher, dass alle Ideen begutachtet werden und alle Stimmen in der Konversation zu Gehör kommen. Und tatsächlich gibt es Belege dafür, dass Brainwriting vor allem in Gruppen besonders effektiv ist, denen es sonst schwerfällt, kollektive Intelligenz freizusetzen.[28]

Gruppenintelligenz beginnt mit individueller Kreativität. Aber das ist noch längst nicht alles. Einzelpersonen sind sowohl hinsichtlich der Anzahl als auch der Vielfalt neuer Ideen produktiver, wenn sie allein arbeiten. Das bedeutet, dass sie allein brillan-

* Interessanterweise arbeiten in schlaueren Teams oft proportional mehr Frauen mit. Der entscheidende Grund dafür ist, dass Frauen im Durchschnitt besser als Männer die Gedanken und Gefühle anderer erschließen können. Es ist unklar, ob sie eher als Männer in der Lage sind, prosoziale Fähigkeiten einzusetzen, oder ob es auf ausgeprägtere Motivation zurückzuführen ist; vieles spricht jedoch dafür, dass Frauen diese Fähigkeiten auch in ihre Teams einbringen. Sowohl Wirtschaftswissenschaftler als auch Psychologen haben herausgefunden, dass gute Teamspieler auch den Rest der Gruppe dazu motivieren, mehr beizutragen. Ein Juraprofessor hatte die Dynamiken von norwegischen Firmenvorständen studiert und fand dabei heraus, dass die Frauen, die es schließlich in die Vorstände schafften, mit größerer Wahrscheinlichkeit vor den Meetings alle Materialien gelesen hatten. Die Männer, die nicht unvorbereitet und inkompetent wirken wollten, passten sich daraufhin dieser Norm an und begannen ebenfalls, ihre Hausaufgaben zu machen. (Siehe hierzu: Benjamin Ostrowski, Anita Williams Woolley und Ki-Won Haan, »Translating Member Ability into Group Brainstorming Performance: The Role of Collective Intelligence«, *Small Group Research* 53, Nr. 1 (2022): S. 3–40; Riedl u. a., 2021; David Engel, Anita Williams Woolley, Lisa X. Jing, Christopher F. Chabris und Thomas W. Malone, »Reading the Mind in the Eyes or Reading between the Lines? Theory of Mind Predicts Collective Intelligence Equally Well Online and Faceto-Face«, *PLoS ONE* 9 (2014): e115212; William Ickes, Paul R. Gesn und Tiffany Graham, »Gender Differences in Empathic Accuracy: Differential Ability or Differential Motivation?«, *Personal Relationships* 7, Nr. 1 (2000): S. 95–109; Weidmann und Deming, 2021; J. Mark Weber und J. Keith Murnighan, »Suckers or Saviors? Consistent Contributors in Social Dilemmas«, *Journal of Personality and Social Psychology* 95, Nr. 6 (2008): S. 1340–1353.)

tere Ideen haben als Gruppen – aber auch deutlich schlechtere. Um die Spreu vom Weizen zu trennen, ist das kollektive Urteil der Gruppe nötig.[29]

Abb. 47

Beim Grubenunglück von San José bekam André die aussichtsreichsten Ideen nicht dadurch, dass er sein Team zu einer langen Brainstorming-Session antreten ließ; stattdessen etablierten er und seine Kollegen ein globales Brainwriting-System, um Vorschläge für die Rettungsmission aus einem vielfältigen Netzwerk von Kontaktpersonen crowdsourcen zu lassen. Um den Prozess von dem Chaos auf dem Bergwerksgelände abzuschirmen, stellten sie ein separates Team zusammen, das im Hunderte Kilometer entfernten Santiago Ideen sammelte und aussortierte.

Das Team sammelte über die Website des chilenischen Bergbauministeriums Beiträge aus aller Welt. Sie baten auch so unterschiedliche Quellen wie UPS, die NASA, die chilenische Marine, eine australische Firma, die sich auf 3-D-Mapping-Software spezialisiert hatte, und eine Gruppe US-amerikanischer Bohrexperten, die in Afghanistan stationiert gewesen waren, um ihre Ideen. Die Beiträge sortierten sie nach Umsetzbarkeit und interviewten dann diejenigen, die besonders vielversprechende Vorschläge eingereicht hatten.

Andrés Team erhielt Hunderte von Ideen, und einige waren ziemlich weit hergeholt. Ein Beiträger schlug vor, 1000 Mäuse mit Notrufknöpfen auszustatten und im Bergwerk freizulassen, in der Hoffnung, dass die Kumpel sie finden würden. Ein anderer hatte zwei Wochen damit verbracht, ein gelbes Minitelefon aus Plastik zu entwickeln, das er durch ein Bohrloch zu den Bergleuten schicken wollte. Es sah aus, als stammte es direkt aus dem Jahr 1986, und sorgte bei den Ingenieuren vor Ort für befreiendes Gelächter. Wie üblich ergab das Brainwriting also nicht nur zahlreiche, sondern auch sehr vielfältige Ideen.

Zum Glück hatten einige Einreichungen auch mehr als nur Unterhaltungswert. Ein unabhängig arbeitender Bergbauingenieur schlug vor, Nahrung und Wasser über Röhren mit knapp neun Zentimetern Durchmesser zu den Bergleuten zu transportieren. Das Team übernahm seinen Vorschlag, und diese Röhren wurden für die Bergleute überlebenswichtig. Auf diesem Weg wurden die Männer mit Nahrung und Trinkwasser versorgt, und man konnte schließlich auch mit ihnen kommunizieren.

Die Bergungsmannschaft schickte eine Hightech-Kamera zu den Bergleuten hinunter. Zum ersten Mal konnten sich die zwei Gruppen gegenseitig sehen. Aber die Audiofunktion versagte, und die Ingenieure konnten sie trotz aller Versuche nicht in Betrieb setzen. Schließlich schluckten sie ihren Stolz hinunter und ließen sich das winzige gelbe Telefon bringen. Nachdem sie es an ein fiberoptisches Kabel angeschlossen hatten, wurde das Plastikding, dessen Herstellung 10 Dollar gekostet hatte, die einzige Möglichkeit, mit den Bergleuten zu sprechen. Der Unternehmer Pedro Gallo, der es gebaut hatte, kommunizierte von nun an jeden Tag mit den eingeschlossenen Männern.

Nachdem das Rettungsteam die Bergleute gefunden und die Kommunikation ermöglicht hatte, wurde die Bergungsaktion mit voller Kraft vorangetrieben. Plan A sah vor, mit einem riesigen Bohrer ein Bergungsloch zu bohren. Das Problem war, dass mit einer Bohrzeit von vier Monaten gerechnet wurde und nicht garantiert werden konnte, dass das Bergwerk während der Bohrarbeiten stabil bleiben würde. Und niemand konnte vorhersagen, ob die Bergleute in dieser Zeit in medizinische Notlagen geraten oder psychische Zusammenbrüche erleiden würden.

Die ausführlichste Analyse über die Zusammenarbeit innerhalb des Rettungsteams fand unter der Leitung meiner Kollegin Amy Edmondson statt. Sie begann ihre Karriere als Ingenieurin, wurde Schülerin von Richard Hackman und gehört heute zu den bedeutendsten Teamexperten der Welt. Amy hatte viele entscheidende Personen der Rettungsmission interviewt, und sie ermutigte mich dazu, eine spezielle Geschichte genauer zu untersuchen. Sie sei Gold wert, versicherte sie mir.

Eines Tages war ein junger Ingenieur namens Igor Proestakis am Einsatzort erschienen, um Bohrausrüstung abzuliefern, als er zufällig auf die Geologen traf, die die Bohrungen beaufsichtigten. Er erzählte ihnen von seiner Idee, wie die Bergleute schneller erreicht werden könnten. Es war eine kühne Alternative zu Plan A: Statt langsam ein neues Loch zu bohren, könnten sie doch eine der bereits existierenden Versorgungsbohrungen verbreitern? Igor war der Ansicht, dass dies mit einem sogenannten Cluster-Hammer möglich sein müsste – einem speziellen Bohrer, dem kein noch so massiver Fels standhalten konnte.

Igor rechnete nicht damit, dass sein Vorschlag Gehör finden würde. Er gehörte zu den jüngsten, am wenigsten erfahrenen Ingenieuren am Einsatzort, und er hatte eigentlich nur die Aufgabe, die Bohrleiter darin einzuweisen, die Ausrüstung seiner Firma besonders effektiv einzusetzen. Aber als er den Geologen von seiner Idee berichtete, baten sie ihn, André Sougarret davon zu erzählen; ob ihm zwei Stunden reichen würden, um eine Präsentation vorzubereiten? »Was wollen die von mir?«, dachte Igor, wie er sich erinnert. Er wusste nicht, ob irgendjemand ihm zuhören würde. »Ich war nur ein Jungspund, der seine Meinung gesagt hatte.«

Igor machte sich augenblicklich an die Arbeit. Da er nicht wusste, ob ein Bohrer, wie er ihm vorschwebte, überhaupt existierte, rief er den Geschäftsführer einer amerikanischen Firma an, die Cluster-Hammer herstellte, und sie schmiedeten einen Plan. Sie rechneten aus, dass die Bohrung nur ungefähr anderthalb Monate dauern würde – aber mit der Geschwindigkeit stieg auch das Risiko. Die Technologie war noch nie in Chile eingesetzt worden, und es war damit noch nie ein so breites und gleichzeitig so tiefes Loch gebohrt worden. Außerdem musste die Firma für dieses Projekt einen speziellen Bohrkopf entwickeln, der vorab nicht getestet werden konnte.

Als Igor seine Idee später André präsentierte, wimmelte dieser ihn nicht ab. Er suchte nicht nach einer Ausrede, um den Vorschlag abzulehnen, sondern hörte aufmerksam zu, um Gründe dafür zu finden, die Idee anzunehmen. »Das war wahrscheinlich der wichtigste Auftrag seines Lebens«, erinnert sich Igor, »und obwohl ich so jung und unerfahren war, hörte er mir zu, stellte mir Fragen und gab der Sache eine Chance.« André bat Igor, einen Bericht für Chiles Bergbauminister zusammenzustellen. Dieser segnete die Idee kurze Zeit später ab. Sie war nun Plan B und würde gleichzeitig mit Plan A durchgeführt werden.

In vielen Organisationen hätte Igor erst gar nicht die Chance bekommen, seine Idee vorzutragen, und sie wäre auch niemals in Betracht gezogen worden. »In normalen Organisationen hätte er sich nicht zu Wort gemeldet«, sagte Amy Edmondson.[30] »Aber in dieser Situation war ein Klima geschaffen worden, das ihm das Gefühl verlieh, reden zu können – und das tat er auch.«

Normalerweise nennen wir ein solches Klima partizipationsfördernd und psychologisch sicher.[31] Es ist belegt, dass Menschen mit niedrigem Status schon allein dadurch zur Teilnahme ermutigt werden können, dass der Teamleiter sie anschaut.[32] Als ich mich jedoch intensiver in Amys Forschungsarbeit vertiefte, fiel mir etwas auf. Die Leiter der Rettungsmission hatten nicht nur ein partizipationsförderndes Klima geschaffen – sie hatten ein unkonventionelles System entwickelt, um sicherzustellen, dass alle Ideen sorgfältig evaluiert und nicht einfach abgetan wurden. Und meiner Erfahrung nach kann dieses System in allen möglichen Bereichen kollektive Intelligenz freisetzen.

DER ANGRIFF DER BARBAREN AUF DIE GATEKEEPER

In den meisten Arbeitsstätten entsprechen die Aufstiegschancen einer festgelegten Rangordnung. Die Person, die Ihnen direkt übergeordnet ist, trifft die Entscheidungen über Ihre berufliche Entwicklung. Ihr unmittelbarer Vorgesetzter legt Ihren Aufgabenbereich fest, bewertet Ihre Vorschläge und entscheidet, wann Sie für eine Beförderung bereit sind. Wenn Ihr Chef Ihnen nicht zuhört, können Sie Ihre Ideen vergessen.[33] Dieses System ist einfach. Aber es ist auch dumm – es gibt Einzelpersonen viel zu viel Macht darüber, Kreativität im Keim zu ersticken und Untergebene mundtot zu machen. Ein einzelnes Nein reicht aus, um eine Idee zu verwerfen – oder sogar eine Karriere stagnieren zu lassen.

Manager finden sehr leicht Gründe, Nein zu sagen.[34] Ihre Idee könnte eine Bedrohung für ihr Ego darstellen (wenn sie gut ist), oder ihren Ruf gefährden (wenn sie schlecht ist).[35] Möglicherweise werden Ihre Motive und Erläuterungen infrage gestellt. Wie meine Forschungsarbeit ergeben hat, bekommen nur als prosozial und vernünftig geltende Mitarbeiter die Chance, dass ihre Ideen bei Managern auf offene Ohren stoßen.[36]

In vielen Fällen sind unerprobte Ideen auch zu riskant und unsicher.[37] Manager wissen, dass es ihrer Karriere schaden kann, wenn sie sich für eine schlechte Idee starkmachen. Aber niemand wird je herausfinden, wie viele gute Ideen sie abgelehnt haben. Und auch wenn ein Manager selbst die vorgebrachte Idee gut findet, wird er sie als Verlustgeschäft ablehnen, wenn er der

Meinung ist, sie könnte seinem Vorgesetzten nicht gefallen.[38] Ein Gatekeeper reicht aus, um neue Wege zu versperren.

Diese Art Hierarchie ist sehr anfällig dafür, Ideen mit verborgenem Potenzial abzulehnen.[39] Das zeigt sich sehr deutlich in der Welt der Technik. Die Programmierer von Xerox entwickelten als Erste einen Personal Computer, konnten ihre Manager aber nicht davon überzeugen, damit in die Produktion zu gehen.[40] Ein Ingenieur von Kodak erfand die erste Digitalkamera, konnte aber sein Management nicht davon überzeugen, sich auf ihre Entwicklung zu konzentrieren.[41]

Dieses Problem können Organisationen mit einer anderen Hierarchiestruktur lösen. Eine starke Alternative zur Karriereleiter ist das Gittersystem. In der realen Welt kann ein Gitter dafür eingesetzt werden, das Wachstum von Rankpflanzen zu unterstützen. In Organisationen nimmt dieses Gitter die Form einer organisatorischen Landkarte an, in der zwischen den einzelnen Ebenen und verschiedenen Teams direkte Wege verlaufen. Statt nur einen Weg zur Spitze anzubieten, auf dem man ausschließlich den Leuten auf der nächsthöheren Leitersprosse gegenüber verantwortlich und kommunikationsberechtigt ist, bietet das Gittersystem mehrere Wege an die Spitze.

Ein Gittersystem ist keine Matrixorganisation, bei der man auf einmal acht Chefs Rede und Antwort stehen muss wie in

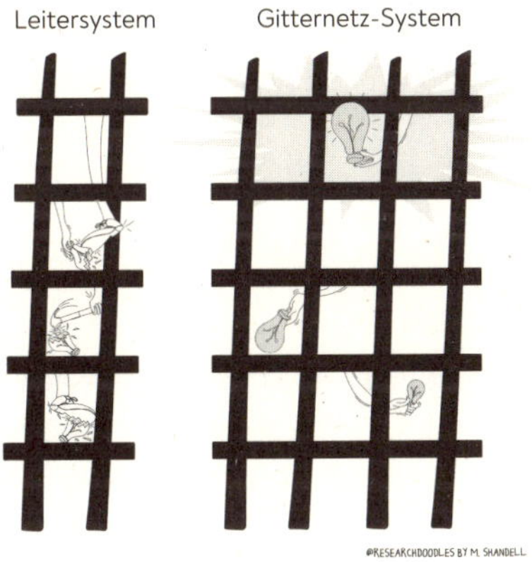

Abb. 48

dem Film *Alles Routine*. Es bedeutet nicht, dass mehrere Manager einen zurückhalten und abwimmeln können. Das Ziel ist es, allen Mitarbeitern Zugang zu mehreren Führungskräften zu gewähren, die bereit sind, sie zu unterstützen und beruflich zu fördern.

Das beste Beispiel für ein solches Gittersystem habe ich bei W. L. Gore entdeckt, der Firma, die für die wasserdichten Gore-Tex-Stoffe bekannt ist.[42] Mitte der 1990er-Jahre fand Dave Myers, ein bei Gore angestellter Medizintechniker, heraus, dass die Kabel der Gangschaltung an seinem Mountainbike viel besser gegen Dreck geschützt waren, nachdem er sie mit Gore-Tex umhüllt hatte. Er kam auf den Gedanken, dass Gore-Tex auch gut dafür sein könnte, Gitarrensaiten davor zu bewahren, mit den Hautrückständen unserer Hände verschmutzt zu werden und deshalb mit der Zeit ihren Klang einzubüßen.

Obwohl das eigentlich nicht zu seinem Job gehörte, ergriff Dave die Initiative und stellte einen Prototyp her. Er zeigte ihn seinen Vorgesetzten, aber die hielten die Idee für nicht verwertbar. Sie hatten technische Einwände. *Man kann kein vibrierendes Objekt mit Fluorpolymeren beschichten. Das ruiniert den Klang!* Sie hatten auch strategische Bedenken. *Wir sind nicht im Musikgeschäft. Warum sollten wir Gitarrensaiten produzieren?*

In einer typischen Organisation hätten diese Einwände ausgereicht, um die Idee im Keim zu ersticken. Aber Gore hat ein Gittersystem. Wenn jemand eine Idee hat, gewährt man ihm die Freiheit, sich an alle möglichen Führungskräfte zu wenden. Um ein Projekt zu starten, muss nur ein einziger Manager bereit sein, es zu sponsern. Also ging Dave weiter mit seiner Idee hausieren. Schließlich fand er in Richie Snyder einen Sponsor, der ihn mit einem Ingenieur namens John Spencer in Kontakt brachte.

Im folgenden Jahr widmeten Dave und John einen Teil ihrer Arbeitszeit ihrer unerprobten Idee. Statt solche Nebenprojekte als Ablenkung oder Ungehorsam zu betrachten, ermutigte Gore sie – Mitarbeiter hatten die Möglichkeit, im Rahmen ihrer Arbeitszeit Sachen auszutesten. Für die Weiterentwicklung ihrer

Gitarrensaiten mussten Dave und John nicht bei jedem Schritt Richies offizielle Erlaubnis einholen. Sie gaben ihm nur regelmäßig Updates, während sie Prototypen entwickelten und mit Tausenden von Musikern testeten.

Ein Gittersystem setzt die ungeschriebene Regel außer Kraft, die Leiterhierarchien kennzeichnet: Den eigenen Boss darf man niemals überspringen oder umgehen. Amy Edmundsons Forschungsarbeit weist darauf hin, dass diese unausgesprochene Regel viele Mitarbeiter davon abhält, das Wort zu ergreifen, oder sie verhindert, dass sie gehört werden.[43] Der Zweck eines Gittersystems ist es, Mitarbeitern die Freiheit zu gewähren, den Chef zu umgehen und zu überspringen.

Bei Gore hatten Dave und John kein Problem damit, auch Richie zu überspringen, wenn sie Ideen und Unterstützung brauchten. Sie nutzten die Möglichkeit, jeden jederzeit zu kontaktieren. Ein paarmal kam sogar der Firmenchef höchstpersönlich zu ihren Meetings und gab ihnen Ratschläge.

Dave, John und ihr provisorisches Team brauchten anderthalb Jahre, um ihr Produkt zu entwickeln und auf den Markt zu bringen. Und nur 15 Monate später waren ihre Elixir-Saiten Marktführer im Bereich akustische Gitarrensaiten. Es passiert nicht jeden Tag, dass eine Idee, die in einer Abteilung für Medizintechnik ausgebrütet wird, die Musikindustrie umkrempelt. Aber dank des Gittersystems hatte es diese geschafft.

Auch in Organisationen, die nach dem Leitersystem strukturiert sind, ist es möglich, im Einzelfall Gittersysteme zu erschaffen, um aufkeimenden Ideen eine Entwicklungsmöglichkeit zu gewähren. Ich sehe solche Systeme oft bei Innovationswettbewerben, die ausgeschrieben werden, um neue Lösungen für Probleme zu finden.[44] Dow Chemical rief einmal intern alle Mitarbeiter dazu auf, Vorschläge zum Energiesparen und zur Müllvermeidung einzubringen, und bot an, besonders vielversprechende Ideen von Angestellten zu sponsern, deren Umsetzung nicht mehr als 200 000 Dollar kosten und das Potenzial aufweisen würden, sich innerhalb eines Jahres zu amortisieren. Im folgenden Jahrzehnt setzten sie auf 575 auf diese Weise generierte Ideen, durch welche die Firma im Durchschnitt 110 Millionen Dollar jährlich einsparte.[45]

Bei dieser Art von Innovationswettbewerb liegt die Entscheidungsgewalt nicht bei individuellen Gatekeepern. Ein Gittersystem fordert Mitarbeiter unterschiedlicher Level dazu auf, Peer-Reviews der eingereichten Vorschläge anzufertigen. Dies verhindert, dass Beiträge vorschnell oder aus unfairen Gründen abgeschmettert werden, und sorgt dafür, dass alle Ideen angemessen begutachtet werden.

Schwache Führungspersönlichkeiten machen Mitarbeiter mundtot und erschießen den Boten. Starke Führungspersönlichkeiten lauschen vielen Stimmen und danken dem Boten. Große Führungspersönlichkeiten bauen Systeme, in denen alle Stimmen verstärkt und der Bote befördert wird.

LICHT AM BODEN DES TUNNELS

Als ich zum ersten Mal hörte, wie Igor Proestakis seinem Plan B Aufmerksamkeit verschafft hatte, erkannte ich sofort die Merkmale eines Gittersystems. Dank dieses Systems konnte er seine Idee den Geologen vortragen, die die Bohrungen überwachten – und dank ihm brachten sie ihn ungeachtet seiner Jugend und Unerfahrenheit direkt zum Teamleiter. Aber die Vorteile dieses Gittersystems wurden ungefähr einen Monat nach Beginn der Rettungsinitiative noch deutlicher sichtbar.

Plan A ging noch langsamer voran als befürchtet, und Plan B sah parallel immer besser aus. Igor hatte recht gehabt, was den Cluster-Hammer betraf: Er bohrte sich schnell und problemlos durch den Fels und war klar im Vorteil – bis er eines Tages gar nicht mehr funktionierte. Nach dem ersten Drittel seines Wegs drehte er sich zwar weiter, durchschnitt aber kein Gestein mehr.

Wie sich herausstellte, war er auf eine Reihe von Eisenträgern gestoßen, mit denen einige Bereiche des Bergwerks verstärkt worden waren. Sie hatten den Bohrkopf in Stücke zerschmettert. Eins dieser Stücke – ein Metallbrocken von der Größe eines Basketballs – blockierte jetzt das Loch, das zu den Bergleuten führen sollte. Das Team versuchte, das Metallstück zu zerschlagen und mit Magneten herauszuziehen, aber es bewegte sich nicht. Igors Plan B stand kurz vor dem Aus.

Am nächsten Tag hatte Igor noch eine Idee. Er erinnerte sich an ein Extraktionswerkzeug, von dem er in seiner Schulzeit gelesen hatte – die industrielle Version eines Jahrmarkt-Greifautomaten. Meine Frau Allison ist Meisterin im Bedienen solcher Maschinen, aber wir hatten keine Ahnung, dass sie auch einem wichtigeren Zweck dienen könnten, als einen Plüschteddy zu gewinnen. Genau das brauchten sie. Wenn sie einen Metallgreifarm in das Loch absenken und damit das Metallstück greifen konnten, das die Bohrung blockierte, könnten sie es herausholen und das Loch wieder frei bekommen.

Als Igor seine Idee mit dem Greifarm ein paar Leuten am Einsatzort erzählte, hörten sie nicht auf ihn. Aber wegen des Gittersystems wusste er, dass ihm noch weitere Routen offenstanden, um seiner Idee Gehör zu verschaffen. Nachdem seine Idee von den Verantwortlichen am Einsatzort zwei Tage lang ignoriert worden war, verschaffte sich Igor einen Termin beim chilenischen Bergbauminister höchstpersönlich, der der Idee sofort grünes Licht gab. Fünf Tage lang versuchte das Team vergeblich, das Metallstück zu packen, bis es ihnen endlich gelang. Sie holten das abgebrochene Stück Bohrkopf aus dem Loch und machten die Bohrung wieder frei. *Der beste Preis aller Zeiten.* Zur allgemeinen Erleichterung war Plan B wieder auf Kurs.

Einen Monat später wurde ein Rettungssanitäter spätabends in einer Kapsel durch dieses Loch in die Tiefe abgeseilt. Kurz vor Mitternacht erreichte die Kapsel mit dem ersten Bergmann an Bord wieder die Erdoberfläche. Und nur knapp 24 Stunden später trug die Kapsel den Schichtleiter als letzten der 33 verschütteten Männer in die Freiheit.

Igors Idee, einen Greifarm einzusetzen, rettete seinen Plan B – und seine Idee für Plan B lieferte einen wesentlichen Beitrag, 33 Leben zu retten. Es steht außer Frage, dass die kreativen und heldenhaften Anstrengungen des gesamten Rettungsteams unsere höchste Anerkennung verdienen. Aber lassen Sie uns auch die stillen Helden dieser Geschichte nicht vergessen: die Führungspraktiken, Teamprozesse und Chancensysteme, die es den Menschen ermöglichten, sich zu Wort zu melden und gehört zu werden.

Wenn wir nur der cleversten Person im Raum zuhören, verpassen wir die Cleverness, die alle anderen im Raum zu bieten haben. Unser größtes Potenzial ist nicht immer in uns selbst verborgen; manchmal entzündet sich der Funke zwischen uns, und manchmal eröffnet es sich außerhalb unseres eigentlichen Teams.

9 Rohdiamanten

In Hochschulzulassungsgremien und Bewerbungsgesprächen ungeschliffene Juwelen finden

Erfolg sollte nicht anhand der Position gemessen werden, die man im Leben erreicht hat, sondern anhand der Hindernisse […] die man beim Versuch, erfolgreich zu werden, überwunden hat.

Booker T. Washington[1]

An einem historisch bedeutsamen Abend des Jahres 1972 kniete der damals zehnjährige José Hernandez vor einem alten Schwarz-Weiß-Fernseher.[2] Er umklammerte mit beiden Händen die Antennen und verstärkte mit seinem Körper das Empfangssignal. Als das verschneite Bild auf dem Schirm deutlicher wurde, konnte José live mit anschauen, wie die letzten Apollo-Astronauten über die Mondoberfläche hüpften.

José war fasziniert von ihrem Moonwalk, sehnte sich aber nach einer noch besseren Aussicht. Er löste den Blick vom Bildschirm, rannte nach draußen, um den Mond am Himmel zu betrachten, und schaffte es dann gerade rechtzeitig wieder vor den Fernseher, um den letzten riesigen Sprung eines Astronauten mitzuerleben. José hoffte, dass auch er eines Tages seine Fußabdrücke neben den ihrigen auf der Mondoberfläche hinterlassen würde.

Viele Kinder machen eine Astronautenphase durch, aber José war fest entschlossen, seinen Traum Wirklichkeit werden zu lassen. Da er in der Schule vor allem in Mathematik und Naturwissenschaften gut war, entschied er, dass ein Ingenieurstudium seine Eintrittskarte zum Weltraum werden würde. Im Laufe der nächsten 20 Jahre machte er einen Bachelor- und einen Master-Abschluss in Elektrotechnik und bekam eine Stelle an einem staatlichen Forschungsinstitut. Er wollte seine Bewerbung bei der NASA so stark wie möglich unterfüttern.

1989 war José bereit für den nächsten Schritt. Er füllte sorgfältig alle 47 Abschnitte des Bewerbungsbogens für angehende Astronauten aus, legte seinen Lebenslauf und seine Zeugnisse bei und schickte seine Bewerbungsunterlagen nach Houston. Schon bald darauf schaute er täglich in den Briefkasten, weil er ungeduldig auf eine Antwort der NASA wartete. Nach zehn langen Monaten kam der Brief endlich. Er riss den Umschlag auf und las den Brief vom Leiter des Astronauten-Auswahlgremiums. Abgelehnt.

José ließ sich nicht beirren. Seine Träume waren kühn, aber seine Erwartungen bescheiden – er wusste, dass die Wahrscheinlichkeit, ausgewählt zu werden, sehr gering war. Er ergriff die Initiative, rief bei der NASA an und bat um Feedback zu seiner Bewerbung, gefolgt von einem Brief, in dem er fragte, wie er seine Chancen verbessern könnte.

> I would like to increase my chances during the next selection process by correcting or improving any deficiencies that I may be unaware of but were discovered in my application package. I would therefore deeply appreciate any feedback you can provide regarding the status of my application, the level of consideration it was given and any comments, if possible, made by reviewers concerning my application.
>
> A special thank you for taking time off your schedule to fulfill one of what must be thousands of requests.

Abb. 49

Die NASA meldete sich mit einer Nachricht zurück, die ihn enttäuschte. Weil José bereits in der ersten Auswahlrunde ausgeschieden war, hatten sie weder Bemerkungen noch Ratschläge für ihn, die er befolgen konnte. Unbeirrt bewarb er sich ein zweites Mal ... und wurde ein zweites Mal abgelehnt.

José gab die Hoffnung nicht auf. Er stieg wieder und wieder in den Ring – überarbeitete bei jeder Bewerbung seinen Lebenslauf, betonte seine Stärken und legte aktuelle Referenzen bei – und alles nur, um wieder und wieder abgelehnt zu werden. Er

National Aeronautics and
Space Administration

Lyndon B. Johnson Space Center
Houston, Texas
77058

NASA

January 26, 1990

AHX

Mr. Jose M. Hernandez
9619 Apple Blossom Way
Stockton, CA 95205

Dear Mr. Hernandez:

This letter is in response to your application for the Astronaut Candidate Program.

I regret to inform you that you were not selected for the Astronaut Candidate Program. The Johnson Space Center received more than 2,400 applications for the 16 mission specialist and 7 pilot positions filled. The large number of well-qualified applicants available made the selection process a difficult one. Regrettably, we were able to select only a small number of those with the potential to make a contribution to this nation's space program.

We intend to select a small number of Astronaut Candidates every 2 years as our needs dictate. We will continue to accept updates and applications for consideration for the next selection process.

We appreciate having had the opportunity to consider you for the Astronaut Candidate Program and wish you success in your future endeavors.

Sincerely,

Duane L. Ross
Manager, Astronaut
Selection Office

Abb. 50

AHX April 7, 1992

Dear Mr. Hernandez:

Thank you for applying for the Astronaut Candidate Program.

I regret to inform you that you were not selected for the Astronaut Candidate Program during the recent selection process. The Johnson Space Center received more than 2,200 applications for the 15 mission specialist and 4 pilot positions filled.

AHX December 20, 1994

Dear Mr. Hernandez:

Thank you for applying for the Astronaut Candidate Program.

I regret to inform you that you were not selected for the Astronaut Candidate Program during the recent selection process. The Johnson Space Center received more than 2,900 applications for the 9 mission specialist and 10 pilot positions filled.

AHX May 9, 1996

Dear Mr. Hernandez:

Thank you for applying for the Astronaut Candidate Program.

I regret to inform you that you were not selected for the Astronaut Candidate Program during the recent selection process. The Johnson Space Center received more than 2,400 applications for the 25 mission specialist and 10 pilot positions filled.

Abb. 51

schaffte es nicht einmal, zu einem Bewerbungsgespräch eingeladen zu werden.

Nach der achten Ablehnung im Jahr 1996 verlor José endgültig den Mut. Er hatte das schreckliche Gefühl, dass er für die NASA niemals gut genug sein würde. Also knüllte er den Brief zusammen und warf ihn in Richtung Mülleimer. Er war so enttäuscht, dass er ihn einfach liegen ließ, als er danebenwarf und der Papierknäuel auf dem Boden landete.

Im Leben hat nur wenig größere Konsequenzen als die Urteile, die Außenstehende über unser Potenzial fällen. Wenn Hochschulzulassungsgremien beurteilen, welche Studierenden sie aufnehmen wollen, und Arbeitgeber Bewerbungsgespräche führen, treffen sie Vorhersagen über den zukünftigen Erfolg der Bewerber. Diese Vorhersagen können Türen werden, die neue Chancen eröffnen. Ob diese Türen aufgehen oder zugeknallt werden, entscheidet sich anhand ihrer Einschätzungen.

Was José nicht wusste: Alle seine Bewerbungen waren bei der NASA völlig untergegangen. Die Raumfahrtbehörde suchte Kandidaten, die in der Lage waren, unter höchstem Druck Entscheidungen zu treffen. Sie erwartete, im Lebenslauf von Ingenieuren beachtenswerte Leistungen zu finden, und schaute sich nur die Bewerbungen an, deren Verfasser an der Spitze ihrer Jahrgänge gestanden hatten. Die NASA konzentrierte sich darauf, Leute zu finden, die bereits Großes geleistet hatten, und ihren Standards zufolge gehörte José nicht dazu. Aber was die Vorgehensweise der NASA übersah – und das gilt für viele andere Organisationen ebenso –, war das Potenzial der Kandidaten, Großes zu leisten.

In der Zeit zwischen den Bewerbungsrunden hatte José genau die ungewöhnliche Kombination aus Charaktereigenschaften, körperlichen Fähigkeiten und technischem Wissen entwickelt und demonstriert, auf welche die NASA angeblich so großen Wert legte. Mit der Hilfe eines Mentors an seinem Arbeitsplatz erlangte er ein staatliches Forschungsstipendium und entwickelte eine digitale Technik zur Krebsfrüherkennung, die viele Leben rettete. In seiner Freizeit lief José sieben Marathons mit einer persönlichen Bestzeit von unter drei Stunden – rannte also 42 Kilometer mit einer Durchschnittsgeschwindigkeit von mehr als 14 km/h. Er war aber nicht nur diszipliniert und entschlossen, sondern auch prosozial: Er gab ehrenamtlich Schülern Mathematiknachhilfe, eröffnete eine Geschäftsstelle einer beruflichen Genossenschaft für Wissenschaftler und Ingenieure mexikanischer Abstammung und übernahm eine Reihe ehrenamtlicher Führungspositionen in seiner Gemeinde und auf nationaler Ebene. Jedes Mal, wenn er sich erneut als Astronaut bewarb, hob er seine neuen Leistungen hervor, aber sie schienen niemanden zu beeindrucken.

Die NASA übersah die Anzeichen für Josés Potenzial, weil ihr Auswahlverfahren nicht darauf ausgerichtet war, sie zu erkennen. Der Behörde lagen Informationen über seine berufliche Erfahrung und seine Leistungen in der Vergangenheit vor, nicht aber über seine Lebenserfahrung und seinen Hintergrund. Die Beamten im Astronauten-Auswahlgremium wussten nicht, dass José in einer Familie von Wanderarbeitern groß geworden war. Sie wussten nicht, dass er kein Englisch gesprochen hatte, als er in Kalifornien in die Vorschule kam, und dass er sich erst mit zwölf

Jahren in dieser Sprache völlig sicher gefühlt hatte. Sie wussten nicht, dass er einen sehr weiten Weg zurückgelegt hatte, um studieren und Ingenieur werden zu können. Dass es seinen frühen Bewerbungen an messbaren Leistungen fehlte, bedeutete für die NASA, dass es ihm an Kompetenz fehlte. Dabei ließ sich ihnen nur entnehmen, dass er es ziemlich schwer gehabt hatte.

Es ist ein Fehler, Menschen ausschließlich nach ihren Bestleistungen zu beurteilen. Wenn Auswahlsysteme Kandidaten bevorzugen, die bereits Hervorragendes geleistet haben, unterschätzen und übersehen sie dabei die Kandidaten, die zu Großem fähig sein können.

Wenn wir vergangene Performance mit Zukunftspotenzial verwechseln, entgehen uns die Menschen, zu deren Leistungen es gehört, dass sie große Hindernisse überwunden haben. Wir müssen mit einbeziehen, wie steil der Berg war, den sie erklimmen mussten, wie weit sie gekommen und in welchem Maß sie sich auf dem Weg weiterentwickelt haben. Einen Rohdiamanten erkennt man nicht daran, dass er von Anfang an glänzt, sondern daran, wie er auf Hitze oder Druck reagiert.

DER SPRECHENDE HUT IST NICHT GUT BEI STIMME

In der Menschheitsgeschichte war die Chance auf sozialen Aufstieg lange Zeit ein Geburtsprivileg. Wer von edlem Geblüt war, dem gehörte die Welt. Wer nicht den richtigen Hintergrund hatte, musste sich mit sehr begrenzten Optionen zufriedengeben. Im Laufe der Jahrhunderte veränderte sich diese Dynamik in vielen Kulturen allmählich, da Menschen immer wieder gegen Monarchien, Aristokratien und Kastensysteme rebellierten. Im konfuzianischen China begannen die Herrscherdynastien nach und nach, Regierungsposten für alle zu öffnen, die eine schwierige Beamtenprüfung bestehen konnten. Das war allerdings nur ein erster Schritt, da Frauen und Menschen mit Behinderungen die Prüfung nicht ablegen durften. Im antiken Griechenland schlugen

Sokrates und Plato vor, Gesellschaften sollten von Philosophenkönigen regiert werden, die ihre Weisheit durch intensive Studien erlangt hatten. Damit wollten sie nicht nur neu denken, wie Führungspositionen vergeben werden: Sie wollten damit neue soziale Systeme schaffen, in denen der Einzelne für seinen Gestaltungswillen und seine Fähigkeiten belohnt wurde.

Heute zählt es zu den obersten Prioritäten von Universitäten und Arbeitgebern, qualifizierten Menschen die Tür zum Erfolg zu öffnen. Theoretisch betrachtet laden Bewerbungsprozesse Menschen aller sozialen Schichten dazu ein, zu zeigen, wozu sie fähig sind. Praktisch betrachtet lassen die Systeme, anhand derer wir diese Qualifikationen beurteilen, jedoch einiges zu wünschen übrig.

In Schulen und Universitäten sind Auswahlsysteme normalerweise darauf ausgerichtet, Exzellenz zu erkennen. Das bedeutet aber, dass die Bewerber, die noch auf dem Weg zur Exzellenz sind, kaum in Betracht gezogen werden.[3] Wir widmen diesen Menschen und ihren Wegen – die oft von Baustellen und Hindernissen gesäumt sind – zu wenig Aufmerksamkeit. Wenn wir es nicht schaffen, verborgenes Potenzial zu erkennen, dann zerstören wir nicht nur Lebensträume, sondern lassen uns auch all das entgehen, was diese Menschen zu bieten haben.

Wir machen solche Beurteilungsfehler in allen Stadien des Bewerbungsprozesses, da wir immer unter Zeitdruck stehen und meist viele Bewerbungen vorliegen haben. Bei der ersten Auswahlrunde ist es kaum möglich, alle Bewerber besser kennenzulernen.

Es gibt keinen Algorithmus, mit dem sich Rohdiamanten entdecken lassen, und wir haben nicht genug Zeit, um uns eingehend mit den Lebensgeschichten aller Bewerber zu beschäftigen. Gutachter treffen lebensverändernde Entscheidungen über Kandidaten, die auf ein dünnes Scheibchen an Informationen reduziert worden sind.[4]

In den ersten Bewerbungsrunden versuchen Arbeitgeber, dieser Herausforderung zu begegnen, indem sie sich auf Referenzen und Zeugnisse konzentrieren. Man nimmt an, dass die besten Universitäten die besten Studierenden aufgenommen haben und die besten Bewerber vorweisen können. Aber solche Stammbäume werden ziemlich überbewertet. In einer Studie mit mehr als 28 000 Studierenden schnitten diejenigen, die an Eliteuniversitäten eingeschrieben waren, bei Consultingprojekten nur minimal besser ab als ihre Altersgenossen von »normalen« Universitäten.[5] Bezogen auf die Qualität seiner Arbeit und seine Beiträge zur Zusammenarbeit war ein Yale-Student nur 1,9 Prozent besser als ein Student an der Cleveland State University.[6] Mehr als die Hälfte aller US-amerikanischen Arbeitskräfte besitzt nicht einmal einen Bachelor-Abschluss. Dies benachteiligt systematisch Kandidaten, die sich ihre Fähigkeiten auf alternativem Weg verschafft haben – zum Beispiel in Berufsschulen, zweijährigen Community Colleges, durch eine Ausbildung oder Militärdienst, durch Selbststudium oder in der Berufspraxis.[7]

Neben Universitätsabschlüssen verlassen sich viele Manager auch auf bisherige Berufserfahrungen, wenn sie sich einen ersten Eindruck von den Qualifikationen der Bewerber verschaffen wollen. Aber wie sich herausstellt, ist Berufserfahrung ebenfalls quasi irrelevant. In einer Metaanalyse von 44 Studien mit mehr als 11 000 Teilnehmern aus sehr unterschiedlichen Berufsfeldern hatte die bisherige Berufserfahrung kaum Einfluss auf die Performance.[8] Ein Bewerber mit 20 Jahren Berufserfahrung im Lebenslauf hat vielleicht nur dasselbe Erfahrungsjahr zwanzigmal wiederholt.

Man braucht also Erfahrung, um einen Job zu bekommen, braucht aber einen Job, um Erfahrungen zu sammeln ... und all das verrät nur wenig über das Potenzial eines Bewerbers.* Entscheidend ist nicht, wie lange jemand einen Job gemacht hat, sondern wie schnell er lernen kann, einen Job gut zu machen.

* Eine Ausnahme bilden extrem komplexe Berufe, in denen Erfahrung ein für die Leistung relevanter Faktor ist. Auf dieser Liste stehen nicht nur kognitiv fordernde Bereiche wie Chirurgie oder Astrophysik. Wie Sie aus dem Prolog und dem Kapitel über das Bildungssystem in Finnland bereits wissen, zählen dazu auch sozial und emotional herausfordernde Tätigkeiten wie frühkindliche Erziehung, in denen Berufserfahrung ebenfalls einen Unterschied macht.

Erforderliche Erfahrung

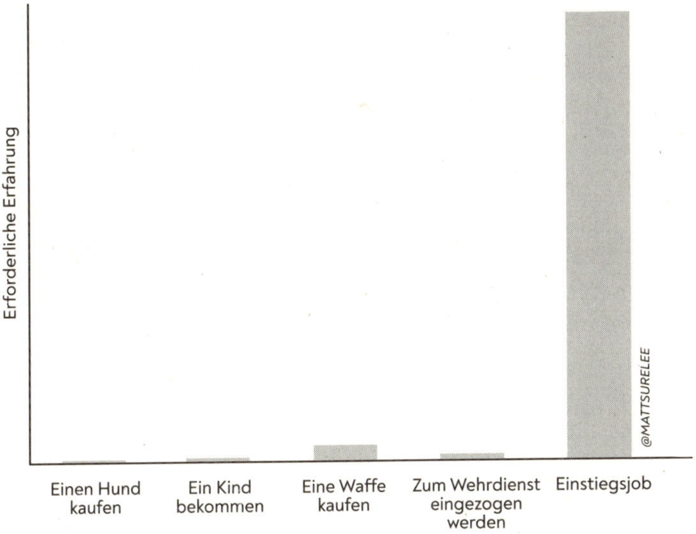

Abb. 52

Wenn Arbeitgeber entscheiden müssen, welche Bewerber in die nächste Runde vorrücken, richten viele von ihnen ihr Augenmerk auf bisherige Leistungen. Verglichen mit Referenzen und Berufserfahrung ist dies eine bessere Möglichkeit, Potenzial zu erkennen. Wie gut jemand in der Vergangenheit seinen Job erledigt hat, kann uns einen Eindruck von seinen gegenwärtigen Fähigkeiten vermitteln.[9] Aber diese Maßeinheit hat ebenfalls Nachteile, die dazu führen, dass wir das Potenzial zu vieler Menschen übersehen.

Bisherige Leistungen sind nur dann ausschlaggebend, wenn der neue Job ähnliche Fähigkeiten erfordert wie der bisherige. In einer Studie mit mehr als 38 000 Vertretern fanden Wirtschaftswissenschaftler heraus, dass die erfolgreichsten Verkäufer mit der größten Wahrscheinlichkeit auf Managerposten befördert wurden. Aber Verkaufstalente sind nicht dasselbe wie Führungsqualitäten – die Kandidaten, die besonders gut darin waren, Deals abzuschließen, waren schlechter darin, Untergebene zu managen.[10] Wie sich herausstellte, waren die besten Manager nicht die erfolgreichsten Geschäftsleute, sondern diejenigen mit den größten prosozialen Fähigkeiten – was sich darin zeigte, wie oft sie Verkäufe in Zusammenarbeit mit ihren Kollegen tätigten.

Dies ist ein Beispiel für das Phänomen namens Peter-Prinzip.[11] Es bedeutet, dass Menschen in Arbeitshierarchien bis zu ihrer »Stufe der Inkompetenz« befördert werden – sie steigen wegen ihres Erfolgs in ihren bisherigen Positionen weiter auf, bis sie schließlich in einer Rolle feststecken, die ihre Fähigkeiten übersteigt. In diesem Fall wurden die besten Verkäufer inkompetente Manager und die besten potenziellen Manager steckten in ihrem Job als mittelmäßige Verkäufer fest.*

Sogar wenn die bisherige Performance eines Bewerbers für seinen aktuellen Posten relevant ist, kann diese Maßeinheit nur geschliffene Diamanten entdecken, nicht die unbehauenen Edelsteine. Nehmen Sie nur Tom Brady: Ob Sie ihn nun lieben oder hassen, er gilt zweifellos als der größte Quarterback der Footballgeschichte. Als er jedoch in die NFL kam, stand er beim Aus-

* Die beste Lösung, die mir für dieses Problem bekannt ist, sind zweigleisige Beförderungsrouten: eine für die Führungsetage und eine für individuelle Leistungsträger, die sich von Status und Bezahlung her ähneln. Dieser Ansatz verbessert die Aufstiegschancen für Bewerber, denen die Motivation oder die Fähigkeit dazu fehlt, andere zu managen – und schafft starke Aufstiegsanreize für Menschen mit großem Managerpotenzial. (Siehe hierzu: Alan Benson, Danielle Li und Kelly Shue, »Research: Do People Really Get Promoted to Their Level of Incompetence«, *Harvard Business Review*, 8. März 2018.) Wir müssen allerdings vorsichtig damit sein, wie wir dieses Potenzial einschätzen. Wenn Kandidaten unseren stereotypen Vorstellungen für den Job nicht entsprechen, schleichen sich schnell Verzerrungen ein. Wirtschaftswissenschaftler haben herausgefunden, dass Frauen bei besseren Performancebewertungen weniger wahrscheinlich befördert werden als Männer, weil man ihnen weniger Potenzial zuschreibt. Das ist für beinahe die Hälfte des Gendergaps bei Beförderungen verantwortlich – obwohl Frauen, die tatsächlich befördert werden, bessere Leistungen erbringen als Männer und mit größerer Wahrscheinlichkeit den Job nicht wechseln. (Siehe hierzu: Alan Benson, Danielle Li und Kelly Shue, »›Potenzial‹ and the Gender Promotion Gap«, Arbeitspapier, 22. Juni 2022.)

wahlverfahren nur auf Rang 199. Ausgehend von seinen Leistungen im College und in den Auswahlspielen zweifelten die Talentscouts stark daran, dass Bradys Arm stark genug war, um die Würfe hinzulegen, die Gegnern die Tränen in die Augen treiben. Es war auch unwahrscheinlich, dass er schnell genug sein würde, um einer Blitzattacke zu entgehen.

Das Problem war, dass sich die Scouts auf Bradys Körper konzentrierten und seinen Geist außer Acht ließen. Was seine körperlichen Limits betraf, hatten sie recht: Er wog nur knapp 100 Kilo und wurde daher von 25 verschiedenen Linemen überholt, die fast 150 Kilo auf die Waage brachten. Aber die Scouts übersahen das, was Journalisten später Bradys »Drahtseilnerven« nannten.[12] »Sie haben ihm nicht die Brust geöffnet und sein Herz betrachtet«, klagte ein Trainer. Es heißt oft, Talent liefert den Ausgangspunkt und Charakter das Limit. Aber Brady überwand alle Limits, die man von ihm erwartet hatte: In seinem vierzigsten Lebensjahr rannte er den 40-Yard-Dash schneller als mit 20. *Natürlich lässt sich die Ausgangsleistung leicht steigern, wenn man so langsam ist wie Brady.*

Wenn angeborenes Talent bestimmt, wo Menschen starten, beeinflussen erlernte Charaktereigenschaften, wie weit sie kommen. Diese sind jedoch nicht immer offensichtlich und leicht zu erkennen. Wenn wir nicht unter die Oberfläche blicken, riskieren wir, das Potenzial für Spitzenleistungen zu übersehen, das sich in der Tiefe verbirgt.

UNGESCHLIFFENE JUWELEN

Als ich herausfinden wollte, wie sich verborgenes Potenzial identifizieren lässt, wusste ich, dass die NASA das ideale Studienobjekt dafür abgeben würde. Für die Raumfahrtbehörde steht viel auf dem Spiel: Den falschen Astronauten auszuwählen kann eine Mission gefährden und Besatzungen das Leben kosten. Das ist ein Grund dafür, warum die Behörde entschieden versucht, falsch-positive Ergebnisse zu vermeiden (ungeeignete Bewerber zu akzeptieren), falsch-negative Ergebnisse (gute Bewerber abzuweisen) aber bereitwillig in Kauf nimmt.

Um zu begreifen, warum wir Potenzial übersehen und wie wir es entdecken können, kontaktierte ich Duane Ross. Er war 40 Jahre lang Leiter des Astronauten-Auswahlgremiums der NASA gewesen und hatte alle Ablehnungsschreiben von Hand signiert – darunter auch alle von José. Ich wollte etwas über die Vorgehensweise erfahren, mit der Tausende Lebensträume begutachtet und die Zukunft unserer Weltraumforschung dann in die Hände einiger Auserwählter gelegt wurde.

Duane und seine Kollegin Teresa Gomez waren auf der Jagd nach den seltenen Bewerbern, bei denen alles stimmte.[13] Bei zwischen 2400 und 3100 Bewerbungen für nur ungefähr 11 bis 35 Plätze mussten sie schnell entscheiden, wer Potenzial hatte und wer nicht. Und José Hernandez' Bewerbung nach zu urteilen hatte er keines.

Die NASA hatte keine Ahnung, dass José von illegalen Einwanderern in Armut großgezogen worden war. Um zu überleben, machte sich die Familie jeden Frühling auf die lange Reise von Zentralmexiko nach Nordkalifornien. Sie hielten an allen landwirtschaftlichen Betrieben, an denen sie auf dem Weg vorbeikamen und pflückten dort Erdbeeren, Trauben, Tomaten oder Gurken. Im Herbst zogen sie für ein paar Monate zurück nach Mexiko und wiederholten das Ganze im folgenden Jahr erneut. Wegen dieser Reise fehlte José jedes Jahr monatelang in der Schule und musste sich in der restlichen Zeit in drei verschiedenen Schulbezirken irgendwie über Wasser halten. Nachdem José in die zweite Klasse gekommen war, nahm sein Vater alle Teilzeitjobs an, die er kriegen konnte, damit sie an einem Ort bleiben konnten, aber José musste am Wochenende trotzdem auf dem Acker arbeiten, um seine Familie zu unterstützen. Es blieb ihm also nur wenig Zeit für Hausaufgaben, und er konnte seine Eltern nicht um Hilfe bitten – die beiden waren nicht lange zur Schule gegangen.

Diese Geschichte blieb für die NASA unsichtbar. Bei ihrer Suche nach den richtigen Kandidaten hatten sie keinen Zugang zu den richtigen Informationen. »In dem Auswahlprozess sollte berücksichtigt werden, wie schwer es für die Bewerber war, ihren aktuellen Stand zu erreichen«, sagte Duane Ross mir kürzlich, nachdem er nach mehr als 50 Jahren bei der NASA in den Ruhestand gegangen war. »Anfangs hatten wir eigene Bewerbungsbögen, und da konnten wir danach fragen. Aber dann beschloss die Regierung, dass alle Bewerbungen genau dasselbe Format haben mussten, also ging uns das verloren.« Es bewarben sich jährlich mehrere Tausend Kandidaten, also konnten sie nur die Referenzen von 400 überprüfen und die besten 120 zu Bewerbungsgesprächen einladen.

Die erste Runde des staatlich regulierten Bewerbungsprozesses konzentrierte sich auf Berufserfahrung, Ausbildung, besondere Fähigkeiten, Auszeichnungen und Preise. Es wurde nicht nach unkonventionellen Fähigkeiten wie zum Beispiel dem Traubenpflücken gefragt. Nichts deutete darauf hin, dass das Erlernen von Englisch als Zweitsprache eventuell eine Auszeichnung wert sein könnte. In dem Abschnitt über die Preise war kein Platz dafür, in Physik das Klassenziel zu erreichen, obwohl man nach der Schule Feldarbeit leisten musste. Das System war nicht darauf ausgerichtet, die Widrigkeiten, welche die Bewerber überwunden hatten, zu identifizieren und abzuwägen.

Das bestärkte José in seiner Überzeugung, dass er seinen Hintergrund auch weiterhin verbergen musste.

Der letzte Abschnitt des Bewerbungsbogens fragte nach Erfahrungen in berufsverwandten Aktivitäten wie Fliegen. Als ich José fragte, warum er an dieser Stelle seine Geschichte als Wanderarbeiter nicht angegeben hatte, sagte er: »Ich hielt das nicht für relevant. Im Gegenteil. Ich hatte Angst, dass mir das in einer Welt, in der ich als professionell gelten wollte, sogar schaden könnte.« Hätte die NASA etwas von seiner Vergangenheit gewusst, wäre ihnen vielleicht aufgegangen, über welches Potenzial dieser Bewerber verfügte.

DAS UNMESSBARE MESSEN

Wir alle wissen, dass Leistung nicht nur von Fähigkeit abhängt – auch der Schwierigkeitsgrad ist Teil der Gleichung. Wie kompetent man wirkt, spiegelt oft hauptsächlich die Schwierigkeit der zu lösenden Aufgabe wider. Derselbe *Wer wird Millionär?*-Gast wird bei den 200-Euro-Fragen schlauer wirken als bei den 1000-Dollar-Kniffeleien. Derselbe Stand-up-Comedian wirkt vor den angeheiterten Gästen eines Nachtclubs witziger als vor einer Gruppe Banker beim Frühstück.

Wenn wir aber Potenzial beurteilen, konzentrieren wir uns oft nur auf die Ausführung und ignorieren den Schwierigkeitsgrad. Wir bevorzugen unvermeidlicherweise Bewerber, die bei leichten Aufgaben glänzen, und übergehen diejenigen, die schwierige Herausforderungen mit Mühe meistern. Wir sehen die Fähigkeiten nicht, die sie entwickelt haben, um Hindernisse zu überwinden – vor allem diejenigen, die nicht in einem Lebenslauf auftauchen.

Viele Systeme sind nicht darauf ausgerichtet, Schwierigkeitsgrade sichtbar zu machen und zu messen, weil das, na ja, schwierig ist. Manche haben es versucht – und sind krachend gescheitert. 2019 führte der Scholastic Assessment Test (SAT) einen Adversity Score ein und gab Schülern bis zu 100 Zusatzpunkte für die Schwierigkeiten, die sie in ihren Familien, Wohnvierteln und Schulen hatten. Der Backlash war so heftig, dass der Score sofort wieder abgeschafft wurde. Es herrschte keine Einigkeit darüber, welche Schwierigkeiten zählten und welche nicht, und erst recht nicht darüber, wie sie zu bewerten waren.

Sozialwissenschaftler wissen schon lange, dass Menschen extrem unterschiedlich auf ein und dasselbe Ereignis reagieren können.[14] Was für den einen eine traumatische Erfahrung ist, stellt sich für den anderen als kleiner Rückschlag dar. Was den einen blockiert, spornt den anderen zum Hürdenlauf an. Wir können den Schwierigkeitsgrad eines Turmsprungs berechnen, aber es gibt keine Einheit, mit der sich messen lässt, wie schwierig Lebensumstände sind.

Dieses Problem erschwert viele Bemühungen um Chancengleichheit schon seit Langem. Förderungsstrukturen zu schaffen, die unterrepräsentierte Gruppen bevorzugen, ist ein politisch heikles Thema. Liberale und Konservative führen erhitzte Debatten darüber, ob sie die Chancengleichheit erhöhen, indem sie historische Ungerechtigkeiten kompensieren, oder ob sie diese Ungerechtigkeit nur in Form »positiver« Diskriminierung fortsetzen.[15] Unabhängig von jeder ideologischen Ausrichtung ist es mein Job als Sozialwissenschaftler, die Beweislage zu sichten. Wie sich herausgestellt hat, ist eine solche gezielte Förderung oft ein zweischneidiges Schwert – selbst für die Menschen, denen sie eigentlich nützen soll.

In einer Metaanalyse von 45 Studien hatten Angehörige marginalisierter Gruppen größere Schwierigkeiten mit der Erfüllung ihrer Aufgaben und wurden schlechter bewertet, wenn ihre Organisationen gezielte Förderungsmaßnahmen ergriffen hatten.[16] Schon die bloße Tatsache, dass solche Fördermaßnahmen existierten, reichte aus, um Außenstehende (war diese Beförderung wirklich verdient?) oder sie selbst (habe ich diese Beförderung wirklich verdient?) an ihrer Kompetenz zweifeln zu lassen. Dieser Effekt zeigte sich auch in Experimenten, aus denen eindeutig hervorging, dass die fraglichen Frauen und Angehörigen marginalisierter Gruppen hoch qualifiziert waren.

Viele Gruppen werden immer noch durch kulturelle und strukturelle Fesseln behindert. Es ist wichtig, auf systemischer Ebene Wege zu finden, benachteiligten Personen Türen zu öffnen. Leider werden diese gut gemeinten Maßnahmen aber so umgesetzt, dass die Nutznießer – und andere – sich dabei fragen müssen, ob sie ihre Position wirklich verdient haben. Aber selbst wenn wir dieses Problem lösen könnten, wird es keine politische Strategie, mit der gruppenbezogene Benachteiligungen adressiert werden sollen, schaffen, all die Schwierigkeiten abzudecken, die Individuen in ihrem Leben aushalten mussten.

Als professionelle Orchester sich endlich bewusst darum bemühten, mehr Musikerinnen einzustellen, war eine beliebte

Lösung, alle Bewerber hinter einer Trennwand vorspielen zu lassen. Die Gutachter, die das Geschlecht der Bewerber nicht erkennen konnten, waren so gezwungen, sich auf ihre Fähigkeiten zu konzentrieren. Obwohl das die Chancen der Frauen erhöhte, konnte der Gendergap dadurch nicht vollständig behoben werden.[17] Da Frauen nicht denselben Zugang zu professioneller Ausbildung hatten wie Männer, würden Befürworter der gezielten Förderung hier für eine Frauenquote plädieren – oder dafür, die Anforderungen an Bewerberinnen vorübergehend zu senken, um die Nachteile auszugleichen, die sie als Gruppe erfahren hatten. Aber dies würde sicherlich Zweifel an der Kompetenz dieser Musikerinnen wecken. Bezieht man jedoch ihre individuellen Schwierigkeitsgrade in die Auswertung mit ein, könnte das den Weg zu einer hilfreichen Lösung ebnen: Die Erwartungen sollten sich daran orientieren, welche Privilegien die Bewerberinnen genossen hatten. Orchestervorspiele würden dann beispielsweise unterschiedliche Bewertungskriterien anlegen, je nachdem, ob die Bewerberinnen sich das Spielen auf ihrem Instrument selbst beigebracht oder an der Juilliard School studiert hatten.

Das Ziel, Schwierigkeitsgrade auf individueller Ebene zu messen, besteht nicht darin, Menschen mit schwierigen Lebensumständen einen Vorteil zu verschaffen. Vielmehr geht es darum, sie nicht zu benachteiligen, weil sie Schwierigkeiten durchgemacht haben. Persönliche Aufsätze von Studienanwärtern sollten uns eigentlich einen Einblick in die Herausforderungen erlauben, die sie zu bewältigen hatten, aber Studierende, die Schlimmes durchgemacht haben, schrecken verständlicherweise davor zurück, ihr Trauma vor der Welt auszubreiten und ihren Schmerz zu vermarkten.[18] Diejenigen, die das Glück hatten, ohne große Schwierigkeiten die Schule abzuschließen, fühlen sich andererseits unter Druck gesetzt, ihre Probleme zu übertreiben. Letztendlich ist der Schlüsselindikator für Potenzial nicht das Maß an Schwierigkeiten, mit denen Bewerber zu kämpfen hatten, sondern ihre Reaktionen darauf. Ein besseres Auswahlsystem würde dies berücksichtigen.

DAS UNSICHTBARE SICHTBAR MACHEN

Viel zu oft beurteilen unsere Auswahlsysteme Leistungen, ohne sie in den Kontext bewältigter Schwierigkeiten zu setzen. Wissenschaftliche Studien zeigen, dass die Aufnahmegutachter von Studierenden, die sich für ein Graduiertenkolleg bewarben, erstaunlich wenig Aufmerksamkeit darauf richteten, wie schwierig ihre Seminare und Fachrichtungen waren.[19] In leichten Kursen zu glänzen verbesserte die Aussicht darauf, aufgenommen zu werden, eher als zufriedenstellende Noten in schwierigen Kursen.

Überlegen Sie mal, wie unfair das ist. Wenn diese Gutachter Preisrichter beim olympischen Eiskunstlauf wären, würden sie einen Läufer, der einen mit sechs Punkten bewerteten vierfachen Axel springt, gegen einen anderen verlieren lassen, der mit einer einfachen Schleife acht Punkte geholt hat. Ginge es um die Auswahl eines Finanzberaters, würde derjenige den Job bekommen, der in einer Hausse hervorragende Gewinne erzielt hat, und nicht derjenige, der in einer Baisse gute Gewinne erzielen konnte. Ich werfe das diesen Gutachtern – oder Personalchefs – nicht vor. Viele wissen nicht, dass ihre Maßstäbe fehlerhaft sind, und nur wenige sind darauf trainiert worden, nach besseren Anzeichen für Potenzial Ausschau zu halten. Ich habe zwei Jahrzehnte lang in Ivy-League-Aufnahmegremien mitgearbeitet und Personalentscheidungen getroffen, und mir ist erst jetzt aufgegangen, dass es sinnvoller gewesen wäre, die Noten der Bewerber in Relation zum Schwierigkeitsgrad ihres Schwerpunktfaches zu bewerten. Weil ich nicht die Möglichkeit hatte, die Lehrpläne miteinander zu vergleichen, fehlte mir eigentlich die Grundlage dafür, die Leistungen unterschiedlicher Bewerber miteinander zu vergleichen. Ich hätte es besser wissen müssen.

Auswahlsysteme müssen Leistungen im richtigen Kontext betrachten, so wie Ringer auch nur in ihrer eigenen Gewichtsklasse antreten. Ein vielversprechender Ansatz besteht darin, Maßeinheiten zu entwickeln, die Studierende objektiv mit ihren

Jahrgangsgenossen vergleichen.[20] Auf Zeugnissen sollten nicht nur die Noten der Studierenden zu sehen sein, sondern auch die Notendurchschnitte und das Notenspektrum ihrer Universitäten und Hauptfächer.

Die Schwierigkeit der Aufgabe mit zu berücksichtigen ist nur eine Möglichkeit, Leistung zu kontextualisieren. Wir können auch außerschulische Schwierigkeiten mit einbeziehen, wenn wir Studierende mit Gleichaltrigen in ähnlichen Lebensumständen vergleichen. Manche Schulen haben den vielversprechenden Schritt gewagt, auf Zeugnissen die Noten der Schüler in Relation zu den Notendurchschnitten ihres Wohnviertels zu zeigen.[21] Im Rahmen wissenschaftlicher Studien hat sich gezeigt, dass dies den Gutachtern dabei helfen kann, das Potenzial von Schülern aus Geringverdienerfamilien besser zu erkennen, dabei aber nicht ihre Begeisterung für brillante Schüler aus wohlhabenden Familien zu verlieren. In Großbritannien haben Universitäten und Arbeitgeber damit begonnen, eindeutige Anzeichen für wirtschaftliche Schwierigkeiten in ihre Bewertungen mit einfließen zu lassen – wie zum Beispiel studienbegleitende Arbeit und Essensgutscheine.[22] Ich fragte Duane Ross, was er von dieser Idee hielt, und er sagte mir, wenn diese Informationen auf Josés Lebenslauf aufgetaucht wären, hätte die NASA ihn genauer unter die Lupe genommen. »Wenn sich ein ehemaliger Wanderarbeiter bei uns bewirbt, sollte uns das schon auffallen – vor allem, wenn er später eine so positive Entwicklung an den Tag gelegt hat.«

Dieser Ansatz kann uns zwar dabei helfen, einige ungeschliffene Juwelen zu finden, aber viele Schwierigkeiten sind subjektiver und schwieriger zu messen als strenge Benotung und finanzielle Schwierigkeiten. Wir brauchen eine Möglichkeit, den Weg zu vermessen, den Menschen zurückgelegt haben, um die einzigartigen Hindernisse auf ihrem Weg zu überwinden. Die gute Nachricht ist, dass Universitäten und Arbeitgeber bereits Zugang zu einer Reihe dafür sehr wertvoller Daten haben – wenn sie nur wüssten, wonach sie suchen sollten.

Abb. 53

AUFSTIEG PRO ZEITRAUM

In einer erstaunlichen Studie analysierte der Wirtschaftswissenschaftler George Bulman eine gigantische Datenmenge, die alle Highschool-Abgänger in Florida aus den Jahren 1999 bis 2002 umfasste. Die Studie sollte Aufschluss darüber geben, ob sich aus ihren Schulnoten auf ihren zukünftigen Erfolg schließen ließ – gemessen an Universitätsabschlüssen und ihrem Einkommen zehn Jahre später.

Die Noten im ersten Highschool-Jahr verrieten nichts über das Erfolgspotenzial der Schüler. Die Noten aus dem zweiten und dritten Jahr zählten – jeder GPA-Punkt* mehr war fünf Prozent mehr Jahreseinkommen wert. Und die Noten aus dem Abschlussjahr waren sogar doppelt so wichtig: Jeder GPA-Punkt war zehn Prozent mehr Jahreseinkommen wert.

Die präzisesten Vorhersagen hinsichtlich des Verdienstpoten-

* Der Grade Point Average (GPA) entspricht im US-Bildungssystem dem Notendurchschnitt.

zials lieferte jedoch der Umstand, ob sich die Schüler im Laufe dieser vier Jahre verbessert hatten. Leider radieren Universitäten diesen Entwicklungsverlauf normalerweise aus, indem sie alles zu einem einzelnen Notenwert zusammenfassen. Sie sortierten Schüler nach ihrem Notendurchschnitt aus den vergangenen vier Jahren und berücksichtigten dabei nicht, ob sie sich in dieser Zeit verbessert oder verschlechtert hatten.[23]

Ähnliche Muster zeigten sich auch bei der Wahrscheinlichkeit, das Studium abzuschließen. Studierende, deren Noten sich in der Highschool vom ersten bis zum vierten Schuljahr verbessert hatten, schlossen mit größerer Wahrscheinlichkeit ihr Studium ab – und brachen es weniger wahrscheinlich ab – als diejenigen, deren Schulnoten sich über denselben Zeitraum hin ver-

Abb. 54

schlechtert hatten. Aber die Gutachter berücksichtigten dieses Detail nicht.

Man kann gar nicht genug betonen, wie lächerlich das ist. Universitäten legen auf die Leistungen der Schüler vor drei Jahren genauso viel Wert wie auf ihre Leistungen von vor drei Monaten – und die neuesten und relevantesten Daten beachten sie nicht einmal. Wir bestrafen Menschen, die nach einem holprigen Start aufholen, anstatt sie für die Strecke zu belohnen, die sie gereist sind.

Es ist höchste Zeit, dass Universitäten und Arbeitgeber einen zusätzlichen Messwert einführen. Neben dem GPA sollten sie auch den GPT (Grade Point Trajectory) berücksichtigen, die Notenentwicklung. Sie können die Verbesserungsrate mit einer einfachen Teilaufgabe berechnen: Aufstieg pro Zeitraum. Anfängliches Scheitern, das von späterem Erfolg abgelöst wird, ist ein Anzeichen für verborgenes Potenzial.[24]

Auf der Basis seines Notendurchschnitts hob sich José nicht von den anderen Ingenieuren ab, die sich als Astronauten beworben hatten. Im College hatte er Chemie, Analysis und Programmieren mit der Note befriedigend abgeschlossen. Dies warf für die Gutachter die Frage auf, ob er die technischen Fähigkeiten dafür hatte, die ein Flugingenieur oder Missionsspezialist benötigte. Die NASA hatte keine Notendurchschnittsgrenze, was der Raumfahrtbehörde hoch anzurechnen ist. Aber dennoch bevorzugten die Mitglieder des Astronauten-Auswahlgremiums Bewerber mit herausragenden akademischen Leistungen. Und sie wussten schließlich nicht, warum Josés Noten eine Zeit lang schlechter wurden – und sich dann nach und nach verbesserten.

Um sich das Studium zu finanzieren, machte José Nachtschichten in einer Fabrik für Obst- und Gemüsekonserven, die um 22 Uhr begannen und bis 6 Uhr morgens dauerten. Für ihn war es schon eine Herkulesaufgabe, in seinen Kursen wach zu bleiben; den Stoff konnte er allerdings nicht bewältigen. Wenn die Obstsaison endete, arbeitete er nachts und am Wochenende als Kellner in einem Restaurant. Wegen seines enormen Arbeitspensums und wegen der schwierigen Kurse, die er belegt hatte, beendete er sein erstes Semester mit dem Notendurchschnitt befriedigend.

José fühlte sich wegen seiner Probleme im Studium bald wie ein Außenseiter und begann an seinen eigenen Fähigkeiten zu zweifeln. Es gibt zahlreiche Belege für die sogenannte soziale Leistungslücke: Studierende der ersten Generation erbringen im Studium aufgrund einer Reihe unsichtbarer Nachteile oft nur mittelmäßige Leistungen.[25] Da ihre Familie von ihnen erwartet, dass sie selbst für ihren Lebensunterhalt sorgen, scheuen sie sich oft davor, Hilfe in Anspruch zu nehmen.[26] Der Druck, unabhängig zu sein, die damit einhergehenden Selbstzweifel und das Gefühl, nicht dazuzugehören, beeinträchtigen ihre Fähigkeit, sich auf den Lernstoff zu konzentrieren.[27]

Das erste Semester im College war eine besonders schwierige Zeit für José. Seine Situation verbesserte sich, als er einen Job mit angemesseneren Arbeitszeiten fand, sich eine Alltagsroutine aufbaute, die ihn nicht völlig auslaugte, und sich Nachhilfelehrer suchte, um seine Wissenslücken zu schließen. Mit jedem Semester wurden seine Noten besser. Sein Durchschnitt stieg in seinem ersten Studienjahr von Herbst bis Frühjahr von 2,41 auf 2,9, und im nächsten Jahr auf 3,33 auf 3,56. Später schloss er viele Kurse mit sehr guten Noten ab und beendete sein Studium mit der Benotung cum laude. Er bekam ein Vollstipendium für einen Masterstudiengang im Ingenieurwesen an der University of California in Santa Barbara. Sein Notendurchschnitt war zwar nicht perfekt, seine Notenentwicklung dafür aber ausgezeichnet.

Es gibt eine Einschränkung, die beachtet werden muss, wenn man Verbesserung als Zeichen von Potenzial wertet: Es ist wichtig, keine überhöhten Erwartungen zu haben. In den ersten Ausleserunden sind steigende Notenentwicklungen ein Anzeichen dafür, dass die Bewerber Schwierigkeiten überwunden haben. Aber wir können nicht immer erwarten, dass es dann steil bergauf geht. Wenn Menschen schwere Rückschläge erleben, werden die Abhänge, die sie erklimmen müssen, steiler, und selbst den Notendurchschnitt zu halten kann schon eine echte Leistung sein.

Isolierte Verbesserungsaspekte sollten wir nicht als Maßstab heranziehen. Entwicklungen sind ein wertvoller Ausgangspunkt, aber sie liefern keinen schlüssigen Anhaltspunkt für Potenzial. Um abzuschätzen, welche Strecke Menschen an steilen Abhängen zurücklegen können, ist es auch wichtig, einen Blick auf die Fähigkeiten und das Wissen zu werfen, das sie sich bisher angeeignet haben. Statt uns auf vergangene Erfahrungen oder Leistungen zu konzentrieren, sollten wir herausfinden, was sie gelernt haben und wie gut sie lernen können. Und dafür müssen wir die Methode überdenken, nach der wir Bewerbungsgespräche führen. Besonders faszinierend finde ich in diesem Bereich den Ansatz eines israelischen Callcenters.

INTERVIEW OHNE DEN VAMPIR

Vor einigen Jahrzehnten merkte Gil Winch, ein Therapeut in der Ausbildung, dass ihn die klinische Psychologie nur noch frustrierte. Es reichte ihm nicht mehr, immer nur einem Klienten helfen zu können – er wollte Probleme in größerem Ausmaß lösen. Als Gil sich eines Tages mit einem gelähmten Nachbarn unterhielt, erfuhr er, dass es Menschen mit Behinderung auf der ganzen Welt sehr schwer gemacht wird, Arbeit zu finden. Leute, deren Gehör, Sicht, Bewegungen, Gedächtnis, Lernvermögen und Kommunikationsvermögen eingeschränkt ist, teilen diese gemeinsame Erfahrung. Egal, ob sie mit einer körperlichen Behinderung oder einer psychischen Erkrankung leben: Sie wissen aus ihrer lebenslangen Erfahrung mit Stigmatisierung und Ablehnung, dass sie mit großer Wahrscheinlichkeit unterschätzt und übersehen werden würden.

Gil fiel auf, dass Menschen mit Behinderung in Bewerbungsgesprächen benachteiligt wurden. Ein typisches Vorstellungsgespräch ist wie ein Verhör aufgebaut. Gutachter fragen Sie erbarmungslos nach Ihren Fehlern. Was sind Ihre größten Schwächen? *Hier ist eine chronologische Liste aller Fehler, die ich jemals gemacht habe.* Sie stellen Ihnen unmöglich zu beantwortende

Fragen über Ihre Zukunft: Wo sehen Sie sich in fünf Jahren? *In Ihrem Job, und dann stelle ich bessere Fragen.* Manche versuchen sogar, Sie mit kniffligen Fragen aus dem Konzept zu bringen: *Wie viele Golfbälle passen in einen Jumbojet?* Warum sollte irgendjemand ein Flugzeug mit Golfbällen füllen?* Sogar für Bewerber ohne Behinderungen verstärkt diese Methode nur Angstgefühle und Verlegenheit.

Der Stress, der durch solche Gespräche entsteht, verhindert, dass wir das volle Potenzial der Bewerber erkennen.[28] Und dieser Stress ist besonders ausgeprägt bei Menschen, die bereits in der Vergangenheit unterschätzt worden sind. Allein das Wissen, dass es über die Gruppe, der man angehört, stereotype Vorurteile gibt, reicht aus, um den psychischen Druck so sehr zu erhöhen, dass die Leistung sinkt. Die Angst davor, negative Vorurteile zu bestätigen, stört nachweislich die Konzentration und legt das Arbeitsgedächtnis lahm. Dies verschleiert die Fähigkeiten von Frauen in Mathematikprüfungen, Einwanderern bei Vokabeltests, Schwarzen Schülern im SAT, älteren Erwachsenen bei Kognitivtests und Studierenden mit körperlichen oder geistigen Behinderungen bei Prüfungen aller Art.[29] Sie können eigentlich nur scheitern.

Gil wollte die Fähigkeiten von Menschen mit Behinderungen in den Vordergrund stellen. Um sicherzustellen, dass ihre Besonderheiten sie nicht daran hindern würden, weit zu kommen, machte er etwas Radikales: Er gründete ein Callcenter, in dem ausschließlich Menschen mit Behinderungen beschäftigt wur-

* Kopfnüsse enthüllen zwar nichts Sinnvolles über Bewerber, dafür aber einiges über die Personen, die das Bewerbungsgespräch führen. In einer Studie zeigte sich, dass die Gutachter, die besonders gern Knobelaufgaben in das Gespräch einfließen ließen, allesamt Sadisten und Narzissten waren. Wenn man sich nicht stolz als Mitglied dieser Gruppe betrachtet, fühlt man sich nicht schlau, wenn man sieht, wie sich ein Bewerber verzweifelt windet – man fühlt sich wie ein Mistkerl. (Siehe hierzu: Adam Pasick, »Google Finally Admits That Its Infamous Brainteasers Were Completely Useless for Hiring«, *The Atlantic,* 20. Juni 2013; Scott Highhouse, Christopher D. Nye und Don C. Zhang, »Dark Motives and Elective Use of Brainteaser Interview Questions«, *Applied Psychology: An International Review* 68 (2019): S. 311–340.)

den. Er nannte es Call Yachol, was auf Hebräisch »zu allem fähig« bedeutet. Um Bewerbern zu ermöglichen, sich von ihrer besten Seite zu zeigen, drehte er den üblichen Bewerbungsprozess einfach um.[30] Das von ihm geschaffene System steckt voller Überraschungen.

Vor dem Vorstellungsgespräch muss jeder Bewerber einen Fragebogen über seine Leidenschaften ausfüllen – von geliebten Büchern bis zur Lieblingsmusik oder zu Hobbys. Alle sind aufgefordert, zu ihrer Unterstützung eine Begleitperson oder ein Haustier mitzubringen. Gleich nach der Ankunft wird klar, dass man nicht hier ist, um von den Personalchefs verhört zu werden: Hier sind sie Gastgeber.

Die Personalleiter veranstalten eine Tour durch das Firmengebäude, bieten Kaffee oder Tee an und behandeln alle Bewerber wie gern gesehene Gäste in ihrem Zuhause. Sie führen einen zu einer Art Wohnzimmer mit gemütlichen Sesseln und fragen die Bewerber danach, was sie antreibt und begeistert.

Das soll nicht nur für eine entspannte Atmosphäre sorgen, sondern gibt den Personalchefs auch die Chance, herauszufinden, was die Bewerber antreibt und zufrieden stimmt.

Als Nächstes darf man die eigenen Stärken zur Schau stellen. Statt die Bewerber mit unlösbaren Rätseln und unbekannten Problemen zu konfrontieren, hat Gil eine Reihe von Herausforderungen entwickelt, die den Bewerbern die Gelegenheit geben, ihre Fähigkeiten in ihnen vertrauten Situationen unter Beweis zu stellen. Wollen Sie Entschlossenheit zeigen, auch wenn Ihnen Steine in den Weg gelegt werden? Bereiten Sie sich darauf vor, Ihren schwierigen Nachbarn kennenzulernen, der alle Ihre Ideen, wie man das Haus renovieren könnte, rigoros abschmettert. Möchten Sie Ihren Blick für Details unter Beweis stellen? Dann ist es an der Zeit für *Bring Omi nicht um.* Sie ist gegen Erdnüsse allergisch, und Ihre Aufgabe ist es, aus einer langen Einkaufsliste alle Produkte auszuwählen, die sie gefahrlos essen kann. Ihre Stärken liegen im Bereich Überzeugung und Verhandlung? Dann sagen Sie uns, wie Sie einen Teenager dazu bringen würden, während des Abendessens sein Handy wegzulegen.

In der wissenschaftlichen Forschung zu Bewerbungsgesprächen gibt es einen Namen für diese Art von Demonstrationen: Arbeitsproben. Eine Arbeitsprobe ist eine Art Schnappschuss von den Fähigkeiten eines Bewerbers. Manchmal genügt es, ein Portfolio seiner Arbeiten einzureichen. Viele meiner Kollegen haben dies in ihre Aufnahmeprozesse eingebaut und fordern die Schüler dazu auf, ihre Kunstmappen aus der Schule mitzubringen. Als Musiker kann man Studioaufnahmen einsenden, als Dramatiker oder Drehbuchautor Leseproben, als Schauspieler, Sänger, Tänzer oder Zauberkünstler Videos.

Bereits erstellte Arbeitsproben sind jedoch auf ähnliche Weise limitiert wie vergangene Leistungen. Wir vergleichen damit Äpfel mit Birnen – und können keinesfalls die verschiedenen Schwierigkeiten berücksichtigen, die Bewerber bislang durchgemacht haben. Eine starke Alternative dazu ist es, Arbeitsproben in Echtzeit zu erschaffen: Stelle alle Bewerber vor dasselbe Problem, das sie an Ort und Stelle lösen sollen. Es gibt eine Menge Belege dafür, dass diese Live-Arbeitsproben Gesprächslücken schließen und die Fähigkeiten der Bewerber herausstellen können.[31] Statt sich ausschließlich darauf verlassen zu müssen, was einem gesagt wird, kann man in Echtzeit beobachten, wozu die Bewerber fähig sind – und das wissen diese zu schätzen.[32]

Zu Beginn meiner Karriere stolperte ich zum ersten Mal über solche Arbeitsproben, allerdings wusste ich da noch nicht, dass es einen Namen für sie gab. Ein Kollege und ich stellten ein Team von Vertriebsmitgliedern ein, und wir beschlossen, sie zu bitten, uns einen fauligen Apfel zu verkaufen. Den Pitch eines Bewerbers werde ich nie vergessen: »Dieser Apfel sieht zwar verfault aus, aber in Wirklichkeit ist er lange gereift und echt antik. Äpfel sind ja sehr gesund, und je länger sie gereift sind, desto gesünder werden sie! Und später kann man die Samen im Garten aussäen.« *Nachdem ich meine Bedenken bezüglich der Ehrlichkeit dieses speziellen Bewerbers überwunden hatte, stellte er sich als der beste Verkäufer heraus, den ich je einstellen würde.* Seitdem habe ich schon viele kreative Ansätze für Arbeitsproben in Echtzeit in allen möglichen Branchen erlebt. Zu meinen Favoriten zählen Schulen, die beurteilen, wie proaktiv ihre zukünftigen Lehrer sind, indem sie diese bitten, spontan eine Unterrichtsstunde vorzubereiten, und die Firmen, die die prosozialen Fähigkeiten ihrer Bewerber dadurch testen, dass sie sie gemeinsam einen Lego-Hubschrauber zusammenbauen lassen.

Arbeitsproben sind oft einmalige Angelegenheiten. Aber der erste Versuch ist nur selten der beste. Auch diesen Stolperstein hat Call Yachol für seine Bewerber aus dem Weg geräumt. Ihre Arbeitsproben sind darauf ausgerichtet, Bewerbern mehrere Chancen auf Erfolg zu geben. Wenn man nicht weiterkommt und Omi beinahe umgebracht hat, kann man um eine Auszeit bitten und sich Hilfe holen. Am Ende des Gesprächs wird man nicht bewertet, sondern darf selbst bewerten. Man muss seine Gesprächserfahrung benoten – war der Personalchef freundlich und einladend? Konnten Sie Ihre beste Leistung zeigen? Wenn Sie mit dem Gespräch nicht zufrieden sind, können Sie es wiederholen, und Sie werden gefragt, was die Arbeitgeber anders machen müssten, um Sie besser kennenzulernen.

Als ein Mann namens Harvey zu seinem zweiten Vorstellungsgespräch bei Call Yachol erschien, wurde schnell deutlich, dass es ihm schwerfiel, sich zu konzentrieren. Der Personalleiter unterbrach das Gespräch und fragte ihn, wie er sich fühle. Harvey war autistisch, und er erklärte, dass er sich heute Morgen beim Versuch, sich die Schuhe neu zu binden, Kaffee übers Hemd gekippt und deshalb seinen Bus verpasst hatte. Weil er sich so beeilt hatte, war er jetzt ganz durcheinander, und seine Schuhe waren immer noch nicht richtig gebunden. Der Personalleiter setzte eine Pause an und gab Harvey eine Stunde Zeit, um sich zu sammeln. Harvey absolvierte das zweite Gespräch mit Bravour und bekam den Job.

Arbeitsproben zu sammeln kostet Zeit. Aber inzwischen lassen sich viele Arbeitsproben auch online zuschicken – es ist einfacher als jemals zuvor, digitale Problemlösungsaufgaben zu entwickeln. Aber selbst wenn wir sie vor Ort durchführen, dauert dies auch nicht länger als ein traditionelles Bewerbungsgespräch. Wir investieren diese Zeit, weil wir wissen, wie wichtig es ist, sorgfältig zu prüfen, wen wir zur Tür hereinlassen. Und trotz aller Entwicklungen im Bereich der künstlichen Intelligenz habe ich noch keinen Algorithmus entdeckt, der das Potenzial erkannt hätte, das in Harvey steckte.* Er hat einen schwierigen Kaltakquisejob, in dem Unhöflichkeit und Ablehnung an der Tagesordnung sind. Die meisten geben nach ein paar Jahren auf, aber Harvey ist ein Musterbeispiel für Durchhaltevermögen und Resilienz. Er ist seit acht Jahren ein Star auf seinem Gebiet, der so gut wie immer seine Monatsziele erreicht und als Angestellter des Quartals vor der versammelten Belegschaft des Callcenters eine Auszeichnung überreicht bekam.

* Das soll nicht bedeuten, dass Algorithmen keinen Nutzen haben. Bei Auswahlentscheidungen sind Algorithmen generell besser als Menschen darin, die zukünftigen Noten, Leistungen und Beförderungsraten der Bewerber vorherzusagen. (Siehe hierzu: Nathan R. Kuncel, David M. Klieger, Brian S. Connelly und Deniz S. Ones, »Mechanical versus Clinical Data Combination in Selection and Admissions Decisions: A Meta-Analysis«, *Journal of Applied Psychology* 98, Nr. 6 (2013): S. 1060–1072.) Algorithmen sind auch besser darin, unterschiedliche Informationsquellen zu sammeln und abzuwägen, und wie einige Experten betonen, ist es einfacher, einem Algorithmus die Vorurteile auszutreiben als einem Menschen. (Siehe hierzu: Sendhil Mullainathan, »Biased Algorithms Are Easier to Fix Than Biased People«, *The New York Times,* 6. Dezember 2019.) Bei Bewerbungsaufsätzen für Universitäten kann maschinelles Lernen, das darauf trainiert ist, Charaktereigenschaften und Werte zu bewerten – von Durchhaltevermögen und prosozialer Entschlossenheit zu Zielorientiertheit, Führungsqualitäten und Teamwork –, besser als Noten und Testergebnisse vorhersagen, wie viele Studenten ihr Studium abschließen werden. (Siehe hierzu: Benjamin Lira, Margo Gardner, Abigail Quirk, Cathlyn Stone, Arjun Rao, Lyle Ungar, Stephen Hutt, Sidney K. D'Mello und Angela L. Duckworth, »Using Human-Centered Artificial Intelligence to Assess Personal Qualities in College Admissions«, Arbeitspapier (2023).) Aber Algorithmen sind auf grundlegende Weise begrenzt: Sie verlassen sich auf Daten aus der Vergangenheit, um Zukunftspotenzial vorherzusagen, und es wird immer wichtige Informationen geben, die ihnen nicht zur Verfügung stehen. Wenn Sie zum Beispiel einen Sportler in die Auswahlrunde aufnehmen wollen, wird der Algorithmus wahrscheinlich nicht mit einberechnen, dass sich Ihr Favorit gestern Abend bei einem Autounfall das Bein gebrochen hat und wegen Trunkenheit am Steuer verhaftet wurde. Ein Algorithmus kann einen Input geben, der Menschen das Beurteilen erleichtert – er kann sie aber nicht ersetzen. (Siehe hierzu: Adam Grant, »Reinventing the Job Interview«, *WorkLife,* 21. April 2020.)

Bracheninsider bezweifelten, dass Gils Anstellungsmodell funktionieren würde – vor allem in einem Callcenter. Sie rechneten nicht damit, dass Menschen mit Behinderungen in einer Arbeitsumgebung mit derartigen Stressfaktoren Erfolg haben würden. Es dauerte ein volles Jahr, bis Gil seinen ersten Kunden bekam. Als es 2009 endlich so weit war, engagierte er 15 Mitarbeiter mit unterschiedlichen Behinderungen und Störungen. Einmal war ein nahezu blinder Manager für einen gehörlosen Angestellten zuständig. Das klang nicht unbedingt nach einem Erfolgsrezept, aber Gil vertraute darauf, dass es funktionieren würde. Da er die Stärken seiner Mitarbeiter aus nächster Nähe gesehen hatte, wusste er, wie weit dieses Team kommen konnte.

Seine Erwartungen wurden nicht nur erfüllt – sie wurden haushoch übertroffen. Seitdem ist Call Yachol stetig gewachsen, und viele der dort arbeitenden Teams haben Branchenmaßstäbe im Bereich Abschlüsse pro Stunde und Kundengesprächszeit gesetzt und gelegentlich auch Teams mit Menschen ohne Behinderungen übertroffen.

Für Gil war das erst der Anfang. Er wusste, dass Menschen mit Behinderungen nicht die einzige gesellschaftliche Gruppe waren, deren Potenzial bisher ignoriert worden war. Er weitete sein Anstellungsmodell aus, um anderen benachteiligten Gruppen eine Chance zu geben – von Einwanderern bis zu ehemaligen Gefängnisinsassen. 2018 wurde sein Team ins israelische Parlament eingeladen und dafür ausgezeichnet, dass sie so viel Gutes getan hatten, sowohl individuell als auch gesellschaftlich.

Ein Bewerbungsmodell wie das von Call Yachol ist nicht nur eine überzeugende Möglichkeit, Underdogs Türen zu öffnen. Meiner Meinung nach ist es ein Weg, das Potenzial in allen zu erkennen – weil es den Bewerbern erlaubt, zu zeigen, was sie wirklich können. Verhöre jagen uns allen Angst ein, und jedem kann auf dem Weg zum Vorstellungsgespräch ein Missgeschick passieren. Fähigkeiten lassen sich am besten einschätzen, wenn Menschen zeigen, was sie können, statt nur darüber zu reden oder anzugeben, was sie bisher alles geleistet haben. Statt Bewerber aus dem Konzept zu bringen, sollten wir ihnen die

Chance geben, sich von ihrer besten Seite zu zeigen. Wie sie ihre zweite Chance nutzen, gibt einen weit informativeren Einblick in ihren Charakter als die Art, wie sie den ersten Versuch bewältigen.

EIN FENSTER ÖFFNET SICH

Da die NASA Bewerber dazu ermutigte, ihre Bewerbungen jedes Jahr neu einzureichen, bekam José jährlich eine neue Chance. Als er 1996 nach einer Reihe von Absagen kurz davor war, das Handtuch zu werfen, ermutigte ihn seine Frau Adela dazu, seinen Traum nicht aufzugeben. »Lass die NASA dich disqualifizieren«, beschwor sie ihn. »Disqualifiziere dich nicht selbst.«

José begriff, dass er sich noch besser qualifizieren konnte als bislang: Er würde »ein Schwamm werden«. Er erfuhr, dass die meisten Astronauten Piloten und Taucher waren, also machte er innerhalb eines Jahres seinen Pilotenschein und fuhr ein weiteres Jahr lang jedes Wochenende zum Tauchtraining, bis er alle Tauchscheine gemacht hatte, die es gab. Und als das staatliche Labor, in dem er arbeitete, ihm eine unkonventionelle Aufgabe anbot – die Gelegenheit, nukleare Proliferation in Sibirien einzuschränken –, nahm José unter einer Bedingung an: Zu seiner Arbeit sollte auch Russischunterricht gehören. Er hoffte, das würde ihm dabei helfen, im nächsten Bewerbungsverfahren der NASA herauszustechen.

1998 schickte José mit 36 Jahren ein weiteres Bewerbungsschreiben an die Raumfahrtbehörde. Und endlich war die Antwort ermutigend. Bei anfänglich 2500 Bewerbern war er unter den 120 Finalisten.

Endlich hatte José die Gelegenheit, eine Arbeitsprobe in Echtzeit abzuliefern. Er unterzog sich eine Woche lang körperlichen und psychologischen Tests im Johnson Space Center. Ehemalige Astronauten prüften ihn als Ingenieur, fragten ihn Flugdetails ab und testeten seine Teamwork- und Kommunikationsfähigkeiten. Er musste in Prüfungen Gegenstände vor seinem inne-

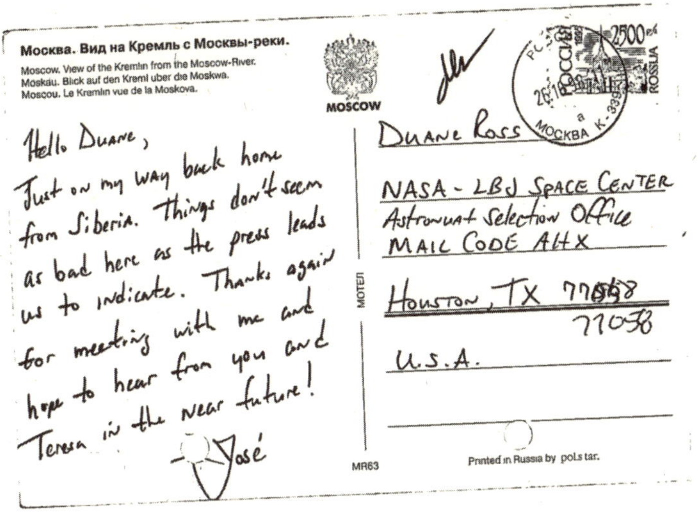
Москва. Вид на Кремль с Москвы-реки.
Moscow. View of the Kremlin from the Moscow-River.
Moskau. Blick auf den Kreml uber die Moskwa.
Moscou. Le Kremlin vue de la Moskova.
MOSCOW

Hello Duane,
Just on my way back home from Siberia. Things don't seem as bad here as the press leads us to indicate. Thanks again for meeting with me and hope to hear from you and Teresa in the near future!
José

Duane Ross
NASA - LBJ Space Center
Astronaut Selection Office
Mail Code AHX
Houston, TX 77058
U.S.A.

МОТЕЛ
MR63
Printed in Russia by polstar.

Abb. 55

ren Auge rotieren lassen und unter Hochdruck Probleme lösen. Von 99 möglichen Punkten erreichte er in der Endbewertung des Auswahlgremiums 91 Punkte.

Im Bewerbungsgespräch fragte man ihn nicht direkt danach, was er in seinem Leben durchgemacht hatte. Er bekam einfach eine Stunde Zeit, um über sein Leben zu sprechen. Da Josés Selbstvertrauen gestiegen war, weil er seine technischen Fähigkeiten unter Beweis gestellt hatte, öffnete er sich und erzählte den NASA-Mitarbeitern, dass er als Wanderarbeiter in die USA gekommen war. »Wenn jemand all das erreichen kann, was José erreicht hat, und das mit diesem Hintergrund, wer all das überwindet und sich so weit nach vorne arbeitet wie er, dann schafft man alles, was man sich vorgenommen hat«, sagt Duane Ross

Nach dem Gespräch rief Duane persönlich bei José an. Leider wurde er schon wieder abgelehnt. Aber diesmal gab es einen Silberstreif am Horizont. Die NASA bot ihm einen Job an … allerdings nicht als Astronaut, sondern als Ingenieur.

José hatte sich Jahr um Jahr erneut der Situation angepasst. Und das würde er auch diesmal wieder tun müssen. Obwohl er selbst vielleicht nicht in den Weltraum reisen würde, konnte er dennoch bei der Mission mitwirken, Menschen ins All zu schicken. Die Erfahrung lehrte ihn etwas: »Es gibt nicht nur einen Stern am Himmel und nicht nur ein Ziel oder einen Sinn im Leben.«

Nach einigen Jahren als NASA-Ingenieur klingelte 2004 Josés Telefon. Die Stimme am anderen Ende der Leitung fragte ihn, ob er in seinem Job ersetzbar sei. José sagte, er könne problemlos jemanden in seine Tätigkeiten einlernen. »Gut«, sagte der Manager. »Wie würde es dir gefallen, für das Astronautenbüro zu arbeiten?«

Nach 15 Jahren vergeblicher Bewerbungen wurde José ausgewählt, um in den Weltraum zu fliegen. »Als ich die gute Nachricht hörte«, erinnert er sich, »wurde mein ganzer Körper plötzlich taub.« Er eilte nach Hause und erzählte seiner Frau, seinen Kindern und seinen Eltern davon, was passiert war. Die Familie feierte, tanzte und umarmte ihn.

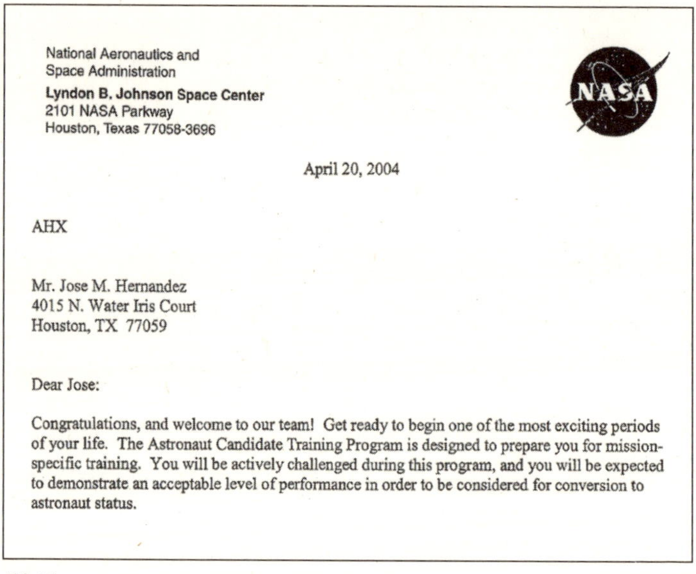

National Aeronautics and
Space Administration
Lyndon B. Johnson Space Center
2101 NASA Parkway
Houston, Texas 77058-3696

April 20, 2004

AHX

Mr. Jose M. Hernandez
4015 N. Water Iris Court
Houston, TX 77059

Dear Jose:

Congratulations, and welcome to our team! Get ready to begin one of the most exciting periods of your life. The Astronaut Candidate Training Program is designed to prepare you for mission-specific training. You will be actively challenged during this program, and you will be expected to demonstrate an acceptable level of performance in order to be considered for conversion to astronaut status.

Abb. 56

Im August 2009, wenige Wochen nach seinem 47. Geburtstag, betrat José das Space Shuttle. Er setzte sich, schnallte sich an und bereitete sich auf den Take-off vor.

Kurz vor Mitternacht hörte er den Countdown und sah, wie die Motoren aufleuchteten. Achteinhalb Minuten nach dem Start schaltete sich der Motor aus, und José traute seinen Augen nicht. Um sich davon zu überzeugen, dass er nicht träumte, warf er ein Werkzeug in die Luft. Er betrachtete, wie es über seinem Kopf schwebte, und sagte staunend: »Ich glaube, wir sind wirklich im Weltraum!«

José war vom heimatlosen Erdbeerpflücker zu den Sternen aufgestiegen. Im Laufe der zwei Wochen, die er im Weltraum verbrachte, legte er mehr als acht Millionen Kilometer zurück. Aber verglichen mit dem Weg, den er gegangen war, um endlich einen Raumanzug tragen zu können, war das ein Katzensprung.

Abb. 57

Josés Erfolg erfüllt einen natürlich mit Freude, aber das genügt noch nicht. Sein Erfolg zeigt uns vor allem, was uns bei so vielen anderen entgeht. José musste sich unfassbar anstrengen, um es in einem kaputten System zu schaffen. Er ist eine Ausnahme, aber eigentlich sollte er die Regel sein.

Wenn wir Menschen bewerten, gibt es nichts, was lohnender wäre, als einen Rohdiamanten zu finden. Unsere Aufgabe ist es nicht, den Druck anzuwenden, der ihm seinen Glanz verleiht. Wir müssen dafür sorgen, dass wir diejenigen bemerken, die diesen Druck bereits erfahren haben – und erkennen, dass sie das Potenzial haben zu glänzen.

Epilog

Weit gekommen

Haltet an euren Träumen fest
Denn wenn die Träume sterben
Ist das Leben ein Vogel mit gebrochenen Flügeln
Der nicht fliegen kann.

Langston Hughes[1]

Wenn ich Leuten erzählte, dass ich ein Buch über »Potenzial« schreibe, fragten sie mich mitunter, ob es dabei um Träume ginge. *Handelt es davon, wie man seinen Traum lebt? Sollen die Leser dazu ermutigt werden, von Großem zu träumen?* Doch das war nicht mein Ziel – das war mir zu kitschig, zu kindisch. So würden wohl eher Selbsthilfegurus daherreden, keine ernsthaften Sozialwissenschaftler.

Wenn man über die Vision, Würde und moralische Überlegenheit eines Martin Luther King Jr. verfügt, dann kann man sich so etwas vielleicht erlauben. *Doch selbst Kings Berater fürchteten, dass von einem Traum zu sprechen »abgedroschen und banal« klingen würde.*[2] Und was uns andere angeht, so hielt ich Träume für etwas, das wir besser auf unsere Kindheit beschränken sollten.

Doch dann stieß ich auf neue Anhaltspunkte, dass Menschen, die große Träume hatten, auch mehr erreichten. Wirtschaftswissenschaftler begleiteten Tausende Probanden von Geburt an bis zum Alter von 55 Jahren, und ausgehend von den Zielen, die sie sich als Jugendliche setzten, ließ sich die Entwicklung ihres Erwachsenenlebens erahnen. Junge Menschen, die große Träume hatten, kamen in der Schule weiter und stiegen auch im Beruf weiter auf.[3] Selbst wenn man zahlreiche andere Faktoren – ihre kognitiven Fähigkeiten, Charakterstärken, das Familieneinkommen sowie den Bildungsgrad, Beruf und die Ziele der Eltern – berücksichtigte, beeinflussten die eigenen Träume Entwicklung und Werdegang nachhaltig. Und auch ich hätte ohne meine Träume und die vielen Menschen, die mir dabei halfen, sie zu erfüllen, dieses Buch nicht schreiben können.

Zum Ende der Highschool-Zeit hatte ich eigentlich vor, in Michigan zu bleiben und dort aufs College zu gehen. Doch in einer Septembernacht träumte ich plötzlich, dass ich in Harvard studieren würde. Dabei war das kein Weg, über den ich vorher jemals nachgedacht hatte. Mir war klar, dass es ein Wagnis war. Ich wusste nicht, ob ich überhaupt gut genug dafür wäre, und meine Eltern konnten sich eigentlich das Schulgeld in einem anderen Bundesstaat nicht leisten. Doch da ich kurz zuvor den Film *Good Will Hunting* gesehen hatte, ließ mich die Idee nicht mehr los.

In meinem Heimatort am Rande von Detroit hing Status von so oberflächlichen Dingen wie Geld und Schönheit ab. Diejenigen an meiner Schule, die beliebt waren, waren meist auch reich oder schön. Cambridge hingegen stellte ich mir so vor, dass es dort cool war, klug zu sein. Im Studentenheim würde ich mit einem Haufen anderer Nerds wohnen, und in den Seminaren würde ich das Wissen der klügsten Köpfe der Welt aufsaugen.

In diesem Herbst schlüpfte ich also in meinen einzigen Anzug und traf mich zum Aufnahmegespräch mit einem Harvard-Absolventen in einer Kanzlei in der Nähe. Als ich gerade zur Haustür heraus war, kam mir eine Idee; ich rannte schnell zurück, schnappte mir ein kleines Päckchen von der Kommode und steckte es in die Jackentasche.

Als ich beim Termin ankam, zitterte ich. Es war mein erstes Bewerbungsgespräch überhaupt, und ich hatte auch noch nie einen Harvard-Absolventen getroffen. Was, wenn ich nichts von dem verstehen würde, was er sagte?

Der Termin war für eine Stunde angedacht, dauerte letztendlich aber drei. Ich hatte keine Ahnung, was das bedeuten sollte. Danach war meine erste Amtshandlung, wenn ich aus dem Schulbus stieg, nervös in den Briefkasten zu schauen. Im Dezember kam dann endlich der Brief von Harvard.

Es war eine Zusage, sogar inklusive finanzieller Unterstützung – wobei ich natürlich noch die restliche Schulzeit bestehen musste. Ich war so überwältigt, dass ich meine strikte Abneigung gegen das Tanzen überwand und einen Freudentanz aufführte. *Später sollte ich erfahren, dass ich von nun an immer, wenn ich etwas Dummes tat, zu hören bekommen würde: »Und DU willst in Harvard gewesen sein?!«*

Als ich im Frühling meine zukünftigen Kommilitonen bei Treffen und per Mailaustausch kennenlernte, begann ich, ein Muster zu erkennen. Harvard schien zwei Extreme anzuziehen: einerseits Studierende, die sich als Geschenk Gottes sahen; andererseits diejenigen, die sich für den einen Irrtum hielten. Letzteren gehörte auch ich an. Ich hatte es irgendwie geschafft, aber ich wusste nicht, ob mein Grips ausreichen würde, um es auch durchzuhalten.

Und schon in meiner ersten Woche auf dem Campus konnte ich herausfinden, ob ich schlau genug war.

Bevor die Kurse losgingen, musste jeder neue Studierende eine schriftliche Prüfung ablegen, die über unsere Einstufung in ein Schreibseminar für Studienanfänger entscheiden würde. Wenn wir bestanden, würde das ein Semester Schreibseminar nach sich ziehen, und das wär's dann. Wer durchfiel, musste zunächst noch ein Semester lang einen Förderkurs absolvieren. Ein Student im zweiten Studienjahr sagte, ich solle mir keine Sorgen machen, der Grundlagenkurs sei für Sporttrottel und internationale Studierende, die Englisch als fünfte Sprache gelernt hatten.

An die genaue Aufgabenstellung kann ich mich nicht mehr erinnern, aber ich weiß noch, dass ich einen Text über *Good Will Hunting* verfasste. Ein paar Tage später erhielt ich die schlechte Nachricht in einem Umschlag, der unter meiner Tür durchgeschoben wurde: Ich hatte nicht bestanden.

Mein Traum drohte zu platzen.

Abb. 58

Es war das erste Mal, dass Harvard über meinen Intellekt richtete – und das Urteil war vernichtend. *Schuldig im Sinne der Anklage, nicht schlau genug*. Es war kein Fall von Hochstapler-Syndrom, ich war tatsächlich ein Versager. Mein Mitbewohner, ein viel umworbener Football-Quarterback, hatte hingegen bestanden.

Ich vereinbarte einen Termin mit den Experten vom Studienbereich Schreiben, die meinen Text bewertet hatten, um über meine Optionen zu sprechen. Sie erklärten mir, dass die Studierenden letztendlich selbst entscheiden könnten, in welchen Kurs sie gingen, aber dass sie mir sehr ans Herz legen würden, den Förderkurs zu belegen. Denn Studierende, die den Test nicht bestanden hatten und trotzdem gleich in den regulären Kurs gingen, schafften nie eine bessere Zensur als eine Zwei. Und so wie sie meinen Essay beurteilten, hielten sie es bei mir noch für ein größeres Risiko. Mein Text sei so unpräzise und unstrukturiert gewesen, dass ich ohne den Förderkurs wohl eher eine Drei bekommen würde.

Ich war am Boden zerstört. Einerseits wollte ich mir meinen Notendurchschnitt nicht versauen; außerdem mochte ich Schreiben und wollte mich verbessern. Andererseits war mir die Vorstellung, zurückgestuft zu werden, peinlich, und ich wollte auch nicht auf ein Wahlfach verzichten.

Ich brauchte jemanden, der mich bei der Entscheidung unterstützte. Aber die Menschen, die mich am besten kannten, wussten nichts über Harvard ... und die Harvardianer kannten mich nicht. Schließlich fiel mir der Harvard-Absolvent vom Vorstellungsgespräch ein, der Anwalt John Gierak. Seit Jahrzehnten war er am Harvard-Auswahlverfahren beteiligt und hatte viel Zeit darauf verwendet, mich kennenzulernen.

Einige Monate zuvor hatte ich ihn bei einer Willkommensveranstaltung für die Neuen gesehen und ihn gefragt, warum ich angenommen worden war. Er habe nicht im Entscheidungsgremium gesessen, wisse es also nicht genau, sagte er mir. Doch er habe etwas in seinem Bericht über unser Gespräch für Harvard hervorgehoben, das nicht aus meiner Bewerbung hervorgegangen sei.

Im vorherigen Herbst, als ich für das Bewerbungsgespräch in Johns Kanzlei gekommen war, fragte er mich zuerst nach meinen Hobbys und Interessen. »Ich habe gesehen, dass Sie Auftritte als Magier hatten«, sagte er. »Was ist Ihr Lieblingstrick?«

Ich tastete in meiner Tasche nach dem Päckchen, das ich noch eingesteckt hatte, und holte es hervor. Es war ein Kartenspiel. »Kann ich Ihnen den vielleicht einfach zeigen?«

John lächelte. Ich mischte die Karten und begann, eine Geschichte mit dem gesamten Stapel zu erzählen. Immer, wenn ich eine Karte erwähnte, tauchte sie magischerweise ganz oben im Stapel auf, auch nachdem ich John abheben ließ.

Normalerweise fragt das Publikum am Ende, wie ich das gemacht habe. Aber John wollte wissen, wie ich das gelernt hatte.

Ich erzählte ihm, dass ich mit zwölf gesehen hatte, wie ein Zauberer den Trick im Fernsehen vormachte, und daraufhin meine eigene Variante entwickelte.

John wollte wissen, ob ich das auch mit fremden Karten hinkriegen würde. Er ging in seiner Kanzlei auf die Suche und kam ein paar Minuten später mit einem Kartenspiel zurück. Also zeigte ich ihm noch ein paar andere Tricks, einige kannte ich aus Büchern, andere hatte ich mir selbst ausgedacht.

Bei der Willkommensveranstaltung sagte mir John, dass es nicht die Zaubertricks an sich gewesen seien, durch die ich ihm aufgefallen sei, sondern wie engagiert ich sie mir selbst beigebracht hätte und wie mutig ich bei dieser spontanen Vorführung gewesen sei. *Es war mein erstes Bewerbungsgespräch überhaupt – ich wusste nicht, dass man sich dabei normalerweise nur unterhält. Und erst als Organisationspsychologe wurde mir klar, dass ich ihm eine Arbeitsprobe geliefert hatte.*

Als John mir mitteilte, was an meinem Gespräch besonders gewesen sei, lieferte er mir einen Crashkurs über den Stellenwert von Charakterstärke. Mein Erfolg würde nicht von meiner Ausgangsfähigkeit abhängen, sondern von meiner Fähigkeit und Motivation zu lernen.

In Harvard beim Schreibtest durchzufallen bedeutete nicht, dass sie mich grundsätzlich als Versager abstempelten. Sie wussten ja gar nichts über mich, also beschloss ich, es ihnen zu zeigen. Ich wollte es schaffen: erst durchgefallen und dann die Klasse mit Bravour bestanden.

Also entschied ich mich gegen den Förderkurs und schrieb mich in den regulären ein. Ich wurde zu einem Schwamm und nahm das unangenehme Gefühl in Kauf, mir immer wieder die konstruktive Kritik des Lehrers und aller anderen, die meine Texte lasen, anzuhören. An Thanksgiving fuhr ich nicht nach Hause, sondern blieb in Harvard und überarbeitete einen Essay immer und immer wieder. Zum Ende des Semesters war ich weit gekommen, und der Kursleiter gratulierte mir zur einzigen Eins der Klasse.

Da war er also, mein persönlicher Turnaround.

Das Hochstapler-Syndrom lässt uns denken: »Ich hab keine Ahnung, was ich da tue. Es ist nur eine Frage der Zeit, bis es jemand merkt.«

Das Wachstumsdenken hingegen sagt uns: »Ich weiß noch nicht, wie es geht. Es ist nur eine Frage der Zeit, bis ich es lerne.«

Und das Scaffolding gibt uns die notwendige Unterstützung, damit wir es hinkriegen.

Ich habe John Gierak seit 20 Jahren nicht gesehen. Aber was er mir über den Stellenwert der Charakterstärken vermittelte, war für mich ein unabdingbarer Teil des Scaffolding. Es wurde zu meinem Kompass, der meinen Fortschritt jahrelang begleitet hat.

Wenn ich so zurückschaue, denke ich, dass ich, wenn ich mich nicht an das reguläre Seminar herangetraut hätte, vielleicht niemals Autor geworden wäre – oder Psychologe. Im Rahmen des Seminars wurden verschiedene Themen behandelt, und in dem Herbst, in dem ich es belegte, ging es um sozialen Einfluss. Auf der Leseliste stand zufälligerweise auch das Buch eines Psychologen, Robert Cialdini. Es hat mich so sehr gefesselt, dass ich es, als es für einen anderen Kurs noch einmal auf der Liste stand, ein zweites Mal las. Zum ersten Mal kam mir in den Sinn, Psychologe werden zu wollen. Und ich träumte davon, irgendwann einmal selbst ein solches Buch zu schreiben.

Doch in der Folgezeit trat dieser Traum in den Hintergrund. Als ich selbst Dozent wurde, musste ich zunächst herausfinden, wie man lehrt. Und selbst als ich meine Unsicherheit langsam unter Kontrolle bekam, war ich noch immer sehr steif. Bis mir eine Mentorin, Jane Dutton, einen Hinweis gab: Ich solle meinen inneren Magier herauslassen.

Also brachte ich überraschende, kontraintuitive Studienergebnisse und unerwartete Wendungen beim experimentellen Lernen in meinen Unterricht mit ein. Ich konzentrierte mich darauf, Stunden zu konzipieren, die den Studierenden in Erinnerung blieben, und auf lohnenswerte Forschungsthemen. Und irgendwann bekam ich die Stelle an der Wharton School. Da ich nun auf dem Gipfel angekommen war, wollte ich mehr dafür tun, dass andere ihre persönlichen Berge erklimmen konnten. Ich fühlte mich verantwortlich dafür, meine Erkenntnisse weiterzugeben, und zwar über den Kontext eines Kurses oder einer wissenschaftlichen Publikation hinaus – an ein Publikum, das nicht nur Studierende und Forschende umfasste.

Einige Wochen später kontaktierte mich ein Mentor und erzählte mir, dass er sein nächstes Buchprojekt beginnen wolle. Es würde von Anreizen handeln, und da ich mich mit dem Thema Motivation beschäftigt hatte, habe er überlegt, ob ich gern mitschreiben wolle. Er war eines meiner Vorbilder, und ich erzählte meinen Studierenden, wie geehrt und aufgeregt ich war, dass er mich dabeihaben wollte. Doch sie gingen auf die Barrikaden: *Wenn Sie schon ein Buch schreiben wollen, dann doch mit Ihren eigenen Ideen! Haben Sie denn schon vergessen, was Sie uns beigebracht haben? Die schlechteste Art von Erfolg ist es, die Ziele anderer Leute zu erreichen. Nicht den Traum eines anderen leben.* Sie hatten recht. Und deshalb entschied ich, mich an mein eigenes Buchprojekt zu wagen.

Von mehreren Kollegen hatte ich bereits viel Gutes über den Literaturagenten Richard Pine gehört, der mich unter seine Fittiche nahm. Im Juni, nachdem ich viele Wochen lang intensives Brainwriting betrieben hatte, verkündete Richard, es sei nun an der Zeit, ein Exposé zu verfassen, das man potenziellen Verlagen vorlegen könne. Da ich über Jahre zu dem Thema geforscht hatte, floss der Text nur so aus mir heraus. Im August schickte ich dem Agenten ein Dokument mit 103 914 Wörtern. Innerhalb von zwei Monaten hatte ich den Entwurf für ein gesamtes Buch vorgelegt.

Ich konnte Richards Reaktion kaum erwarten. Er erklärte mir freundlich, dass es zu akademisch sei. Das war wohl reichlich untertrieben, langweilig hätte es besser getroffen. *Anders gesagt, nicht gerade ein Pageturner.* Das Manuskript war dermaßen forschungslastig, dass selbst meine Unikollegen nicht dranbleiben würden. Mein Agent ermutigte mich, noch einmal das gesamte Konzept zu überdenken und bei null zu beginnen.

Blockade pur. Ich kam nicht weiter. Mir war auch völlig unklar, wo ich anfangen sollte, und ich wusste auch nicht, ob ich es überhaupt hinkriegen würde. Da war es wieder, das Hochstapler-Syndrom war zurückgekehrt, um Rache zu nehmen. Wie hatte ich mir nur einbilden können, dass ich ein Buch schreiben könnte? Warum sollte irgendjemand lesen wollen, was ich zu sagen hatte. Richard wechselte aus dem Beurteilungs- in den Coachmodus und riet mir, nicht weiter an mir zu zweifeln. »Natürlich kriegst du das hin! Schreib einfach, wie du auch lehren würdest, nicht wie für eine Fachzeitschrift.«

Ich vertraute ihm. Richard war nicht nur glaubwürdig und hatte Vertrauen in mich, er war auch der Guide, der mir einen besseren Weg wies. Also strich ich 102 000 Wörter, nur etwa vier Seiten waren noch zu retten, und dann schrieb ich mein erstes Buch. So zu schreiben, wie ich lehre, ist seitdem zu meinem Kompass geworden. Das war es, was mir half, Bücher zu schreiben, die man tatsächlich gern lesen würde.

Oder zumindest eins ... Ich hoffe, Sie bereuen es nicht.

Erst vor Kurzem wurde mir klar, dass das Hochstapler-Syndrom ein Paradoxon ist:

- Andere glauben an dich
- Du glaubst nicht an dich
- Trotzdem glaubst du dir und nicht ihnen

Wenn du an dir selbst zweifelst, solltest du dann nicht auch deine schlechte Meinung von dir selbst anzweifeln?

Mittlerweile glaube ich, dass das Hochstapler-Syndrom ein Anzeichen für verborgenes Potenzial ist. Es fühlt sich so an, als würden die anderen einen überschätzen, wahrscheinlicher ist es jedoch, dass man sich selbst unterschätzt. Die anderen erkennen in Ihnen eine Fähigkeit, sich weiterzuentwickeln, die Sie nicht sehen können. Wenn mehrere Menschen an Sie glauben, dann könnte es Zeit sein, es ihnen nachzutun.

Viele träumen davon, Ziele zu erreichen. Sie messen ihren Fortschritt anhand des Status, den sie erreichen, und daran, wie viel Lob sie einheimsen. Aber die Errungenschaften, die am

Abb. 59

meisten zählen, sind am schwierigsten greifbar. Das wichtigste Wachstum betrifft nicht unsere Karriere, sondern unsere Charakterentwicklung.

Erfolg ist mehr, als nur unsere Ziele zu erreichen – es geht darum, unsere Werte zu leben. Und es gibt keinen wichtigeren Wert, als danach zu streben, morgen besser zu sein als heute. Die größte aller Leistungen ist es, unser verborgenes Potenzial freizusetzen.

Kurz und knapp – die Top 40

Unter https//adamgrant.net können Sie ein Quiz zu Ihrem verborgenen Potenzial machen. Der Lernprozess ist mit dem Wissenserwerb nicht abgeschlossen, sondern erst, wenn wir dieses Wissen konsequent anwenden. Hier sind meine Top-40-Tipps, um verborgenes Potenzial freizusetzen und Großes zu erreichen.

I Entwickeln Sie Charakterstärke

1. Setzen Sie mithilfe Ihrer Charakterstärken Ihr verborgenes Potenzial frei. Es sind nicht unbedingt die Klügsten, die es schaffen, sich am weitesten zu entwickeln, sondern diejenigen, die sich selbst und andere klüger machen wollen. Suchen Sie, wenn die Gelegenheiten nicht einfach so an Ihre Tür klopfen, nach Möglichkeiten, eine Tür zu bauen – oder klettern Sie durch ein Fenster.

A Freunden Sie sich mit dem Unbehagen an

2. Trauen Sie sich an einen neuen Stil heran. Nehmen Sie, statt an Ihrer bevorzugten Lernweise festzuhalten, das Unbehagen in Kauf, die Methode an die Aufgabe anzupassen. Durch Lesen und Schreiben fördert man in der Regel das kritische Denken am besten. Zuhören ist ideal für das Verstehen von Emotionen, und Aktivitäten helfen, Informationen zu behalten.

3. Nur durch die Praxis können wir lernen. Steigen Sie in den Ring, bevor Sie sich bereit fühlen. Sie müssen sich nicht erst wohlfühlen, um Ihre Fähigkeiten trainieren zu können; vielmehr werden Sie sich mit zunehmender Übung immer wohler fühlen. Wie uns die Polyglotten gezeigt haben, müssen selbst die Profis sich schon an Tag eins überwinden.

4. Suchen Sie das Unbehagen. Versuchen Sie nicht nur, etwas zu lernen, sondern suchen Sie auch aktiv das Unbehagen. Denn so werden Sie sich schneller weiterentwickeln. Wenn Sie es richtig machen wollen, muss es sich erst einmal falsch anfühlen.

5. Legen Sie eine Fehlerquote fest. Bestimmen Sie eine Mindestanzahl der Fehler, die Sie pro Tag oder pro Woche machen wollen, damit Sie nicht vor der Methode Versuch und Irrtum zurückscheuen. Denn wenn Sie schon damit rechnen, Fehler zu machen, denken Sie weniger darüber nach – und werden besser.

B Verwandeln Sie sich in einen menschlichen Schwamm

6. Steigern Sie Ihre Aufnahmefähigkeit. Schauen Sie sich nach neuen Kenntnissen, Fähigkeiten und Perspektiven um, die Ihre Entwicklung fördern und nicht nur ihr Ego streicheln. Fortschritt hängt von der Qualität der Informationen ab, die Sie aufnehmen, nicht von deren Quantität.

7. Bitten Sie um Rat, nicht um Feedback. Feedback ist rückwärtsgewandt und verleitet die Befragten dazu, Sie zu kritisieren oder zu bauchpinseln. Ratschläge hingegen sind vorausschauend und bringen die anderen dazu, Sie zu coachen. Ihre Kritiker und Fans werden sich eher wie Coaches verhalten, wenn Sie ihnen diese einfache Frage stellen: »Was könnte ich das nächste Mal besser machen?«

8. Finden Sie heraus, welche Quellen vertrauenswürdig sind. Entscheiden Sie, welche Informationen es wert sind, aufgegriffen zu werden, und welche sie lieber herausfiltern. Hören Sie auf Coaches mit einschlägiger Expertise (Glaubwürdigkeit), die Sie gut kennen (Vertrautheit) und das Beste für Sie wollen (Fürsorglichkeit).

9. Seien Sie selbst der Coach, den Sie sich wünschen. Leben Sie vor, dass Ehrlichkeit der höchste Ausdruck von Loyalität ist. Seien Sie selbst ein Vorbild als Coach, indem Sie in Ihrer Art zu beraten zuvorkommend und respektvoll sind. Führen Sie vor, wie einfach es ist, eine harte Wahrheit von jemandem zu hören, der an Ihr Potenzial glaubt und sich für Ihren Erfolg einsetzt.

C Werden Sie zum Antiperfektionisten

10. *Streben Sie nach Spitzenleistungen, nicht nach Perfektion.* Fortschritt entsteht durch Aufrechterhaltung hoher Standards, nicht dadurch, jeden Makel auszumerzen. Leben Sie nach dem Prinzip des Wabi Sabi, also der Kunst, die Schönheit in der Unvollkommenheit zu würdigen, indem Sie einige Unzulänglichkeiten herausstellen, mit denen Sie leben können. Überlegen Sie, auf welchem Gebiet Sie wirklich am besten sein möchten und auf welchem Sie sich dafür mit »gut genug« zufriedengeben können. Überprüfen Sie Ihre Entwicklung anhand der Fragen von Eric Best: Haben Sie sich heute verbessert? Haben Sie heute jemandem geholfen, sich zu verbessern?

11. Ziehen Sie Außenstehende hinzu, um Ihre Fortschritte zu beurteilen. Um herauszufinden, ob es Ihnen gelungen ist, zumindest ein Minimum Lovable Product zu erschaffen, bitten Sie ein paar Leute, Ihre Arbeit auf einer Skala von null bis zehn unabhängig zu bewerten. Egal, welche Punktzahl Sie erhalten, fragen Sie sie, wie Sie näher an die Zehn herankommen können. Setzen Sie sich sowohl ein akzeptables Ergebnis als auch ein Wunschergebnis als Ziel – und vergessen Sie nicht, dass Sie, wenn Sie höhere Werte bei Ihren Hauptprioritäten erzielen wollen, möglicherweise niedrigere Werte bei den anderen in Kauf nehmen müssen.

12. Seien Sie Ihr eigener letzter Richter. Es ist besser, andere zu enttäuschen als sich selbst. Prüfen Sie, bevor Sie mit etwas an die Öffentlichkeit gehen, ob es Sie gut repräsentiert. Wenn dies Ihre einzige Arbeit wäre, die an die Öffentlichkeit gelangt, wären Sie stolz darauf?

13. Reisen Sie in die Vergangenheit. Wenn es Ihnen schwerfällt, Ihre Fortschritte wertzuschätzen, überlegen Sie, wie Ihr früheres Ich Ihre jetzigen Errungenschaften beurteilen würde. Wenn Sie schon vor fünf Jahren gewusst hätten, was Sie bis jetzt erreicht haben würden, wie stolz wären Sie damals gewesen?

II Bauen Sie ein unterstützendes Gerüst auf, um Hindernisse zu überwinden

14. Halten Sie immer nach der entsprechenden Unterstützung zur rechten Zeit Ausschau. Für jede Herausforderung braucht es die passende Unterstützung. Diese ist nicht dauerhaft gedacht, sondern als temporäre Struktur, die Ihnen hilft, Fuß zu fassen, oder Ihnen einen kleinen Schubs gibt, sodass Sie sich weiter nach oben vorarbeiten können.

A Spielerisches Üben

15. Verwandeln Sie die tägliche Plackerei in etwas, das Ihnen Freude bereitet. Geben Sie, damit Ihre Leidenschaft sich weiter harmonisch entwickeln kann, Ihrer Praxis etwas Spielerisches. Stellen Sie sich spannende, fördernde Aufgaben, wie Evelyn Glennie, die lernte, ein Bach-Stück auf einer Snare Drum zu spielen; wie Stephen Curry, der versucht, in einer Minute 21 Punkte zu erzielen; oder wie die Medizinstudierenden, die ihre nonverbalen Kommunikationsfähigkeiten durch das Einbauen von Nonsens-Wörtern in Impro-Comedy-Sessions verbesserten.

16. Treten Sie gegen sich selbst an. Messen Sie Ihren Fortschritt im Zeitverlauf und nicht anhand eines Gegners. Denn wenn Sie gegen andere antreten, besteht das Risiko, dass Sie gewinnen, ohne besser zu werden. Wenn man jedoch gegen sich selbst antritt, kann man nur gewinnen, indem man wächst.

17. Geißeln Sie sich nicht mit Ihrer festen Routine. Burn-out und Bore-out lassen sich dadurch vermeiden, dass man Neues und Abwechslung in die Praxis einbaut. Sie können zwischen den verschiedenen Fähigkeiten, an denen Sie arbeiten, hin und her springen oder bessere Werkzeuge und Übungsmethoden dafür verwenden. Selbst kleine Änderungen können einen großen Unterschied machen.

18. Suchen Sie proaktiv Ruhe und Erholung. Warten Sie nicht mit Pausen, bis Sie ausgebrannt oder gelangweilt sind. Bauen Sie sie in Ihren Zeitplan ein. Sich eine Auszeit zu nehmen kann die harmonische Leidenschaft erhalten, neue Ideen aufkommen lassen und dazu beitragen, das Erlernte zu vertiefen. Entspannung ist keine Zeitverschwendung, sondern eine Investition in Ihr Wohlbefinden.

B Auf Umwegen zum Fortschritt

19. Kehren Sie um, wenn Sie nicht weiterkommen; nur so werden Sie zum Ziel gelangen. Wenn man in einer Sackgasse landet, könnte es an der Zeit sein, umzukehren und einen neuen Weg einzuschlagen. Das mag sich wie ein Rückschritt anfühlen, ist aber oft die einzige Möglichkeit in Richtung Fortschritt.

20. Finden Sie einen Kompass. Sie brauchen keine Karte, um einen neuen Weg einzuschlagen – nur einen Kompass, um zu sehen, ob Sie in die richtige Richtung gehen. Ein guter Kompass ist eine glaubwürdige Quelle, die einem zeigt, wann man vom Kurs abkommt.

21. Setzen Sie auf mehrere Unterstützer. Verlassen Sie sich nicht auf einen einzigen Experten oder Mentor. Denken Sie daran: Die besten Tipps erhalten Sie, wenn Sie mehrere Guides befragen. Fragen Sie sie nach den Meilensteinen und Wendepunkten ihrer eigenen Reisen – und erzählen Sie ihnen von den Wegen, die Sie bisher gegangen sind. Anhand der Stecknadeln, mit denen die anderen ihren Weg auf der Karte markieren, können Sie eine geeignete Route für sich zusammenstellen.

22. Finden Sie ein Nebenprojekt. Wenn Sie merken, dass Sie nicht weiterkommen, kann es Ihnen neuen Schwung verleihen, wenn Sie einen Umweg zu einem neuen Ziel nehmen. Fortschritte und kleine Siege in einem Nebenprojekt oder Hobby können Sie daran erinnern, dass ein Vorwärtskommen möglich ist.

C Am eigenen Schopf in luftige Höhen

23. Lehren Sie, was Sie lernen wollen. Der beste Weg, etwas zu lernen, besteht darin, selbst zu lehren. Man versteht Sachverhalte besser, nachdem man sie erklärt hat – und man kann sie sich besser merken, wenn man sich die Zeit genommen hat, sie sich noch einmal genau vor Augen zu führen. Das kann man – so wie die Goldenen Dreizehn – als Gruppe machen, wobei jedes Mitglied eine bestimmte Fähigkeit oder spezifisches Wissen beiträgt.

24. Bauen Sie Selbstvertrauen auf, indem Sie andere coachen. Wenn Sie daran zweifeln, dass Sie ein bestimmtes Hindernis überwinden können, sollten Sie nicht um Rat fragen, sondern selbst Ratschläge erteilen. Andere bei einer Herausforderung zu begleiten ruft Ihnen in Erinnerung, dass Sie bereits über die Ressourcen verfügen, die Sie benötigen, um das Problem zu lösen. Der Ratschlag, den Sie erteilen, ist in der Regel der, den Sie selbst befolgen sollten.

25. Nutzen Sie sowohl hohe als auch niedrige Erwartungen als Motivation. Sehen Sie es als Herausforderung, wenn unwissende Nörgler an Ihnen zweifeln. Nutzen Sie die Chance, ihnen das Gegenteil zu beweisen, anstatt sich von ihnen unterkriegen zu lassen. Und wenn Sie glaubwürdige Unterstützer hinter sich wissen, können Sie sich der Situation gewachsen zeigen und deren Erwartungen erfüllen.

26. Seien Sie ein guter Vorfahre. Sollten Sie ins Wanken geraten, dann erinnern Sie sich daran, für wen Sie kämpfen. Unsere verborgenen Reserven an Widerstandsfähigkeit kommen aus dem Wissen, dass andere auf uns zählen.

III Chancensysteme schaffen

27. Eröffnen Sie denjenigen Chancen, die unterschätzt und übersehen werden. Wir sollten Systeme aufbauen, die in alle investieren und jedem Chancen eröffnen, nicht nur den begabten Schülern und Potenzialträgern. Ein gutes System gibt Außenseitern und Spätzündern die Möglichkeit, zu zeigen, wie weit sie es bringen können.

A Schulen so gestalten, dass sie das Beste bei allen Schülern hervorbringen

28. Keine Gehirne verschwenden. Erkennen Sie an, dass es viele verschiedene Arten von Intelligenz gibt und jedes Kind das Potenzial hat, Großes zu leisten. Wir müssen uns für eine wachstumsorientierte Denkweise bei Lehrkräften, nicht nur bei Schülern, einsetzen. Den Erfolg sollten wir dabei an den Fortschritten aller Schüler, nicht nur an dem der Spitzenreiter messen.

29. Professionalisierung der Ausbildung. Dem finnischen Beispiel folgen und Lehrer als vertrauenswürdige Fachleute ausbilden und behandeln. Wenn Lehrkräfte auf dem neuesten Forschungsstand sind und dazu ermutigt werden, diesen zu halten, wenn sie sich gegenseitig coachen und den Lehrplan gestalten, dann kann die nächste Generation mehr erreichen.

30. Schüler sollten über mehrere Jahre hinweg dieselben Lehrer haben. Das sogenannte Looping ermöglicht den Lehrkräften, Spezialisten für ihre Schüler und nicht nur für ihre Fächer zu werden. Wenn Lehrer länger Zeit haben, jeden Schüler persönlich kennenzulernen, können sie zu Coaches und Mentoren werden, die ihre pädagogische und emotionale Unterstützung passgenau auf die Schüler abstimmen, damit diese ihr volles Potenzial ausschöpfen.

31. Den Schülern die Freiheiten geben, ihre individuellen Interessen zu entdecken und zu teilen. Die wichtigste Lektion, die man den Schülern vermitteln kann, besteht darin, dass Lernen Spaß macht. Wenn sie die Aktivitäten, Bücher und Projekte auswählen können, die sie interessieren, entwickeln sie eher eine intrinsische Motivation. Und wenn sie Themen vorstellen, für die sie sich begeistern, verstärkt das ihre Leidenschaft – und vielleicht reißen sie ihre Mitschüler sogar mit.

B Kollektive Intelligenz in Teams entdecken

32. Gruppen in Teams verwandeln. Kollektive Intelligenz ist eine Frage des Zusammenhalts. Sie ist abhängig davon, dass wir ein Team koordinieren und ihm eine gemeinsame Verantwortung für eine sinnvolle Mission übertragen. Wenn wir glauben, dass wir uns gegenseitig brauchen, um ein wichtiges Ziel erreichen zu können, werden wir mehr als die Summe unserer Teile.

33. Führungspersönlichkeiten nach ihren prosozialen Fähigkeiten auswählen. Statt Schwätzer und Egoisten zu befördern, sollten wir Menschen unterstützen, denen die Mission wichtiger ist als ihr Ego – Menschen, die den Zusammenhalt des Teams über den persönlichen Ruhm stellen. Wenn Teams gern etwas beitragen wollen, ist der beste Anführer nicht der Lauteste, sondern der beste Zuhörer.

34. Vom Brainstorming zum Brainwriting. Für eine ausgewogenere Beteiligung und bessere Lösungen sollte man, bevor man sich in der Gruppe trifft, eigenständig Ideen sammeln und diese evaluieren. Sobald alle Ideen auf dem Tisch liegen und alle Stimmen gehört werden können, sollte die Gruppe die vielversprechenden Möglichkeiten auswählen und daran arbeiten.

35. Gittersystem statt Karriereleiter. Damit nicht ein einziger Vorgesetzter Vorschläge ablehnen kann, sollte es verschiedene Wege geben, sich einzubringen. Wenn die Möglichkeit eröffnet wird, sich an mehr als eine Führungsperson wenden zu können, kann ein einziges Nein nicht die ganze Idee zu Fall bringen – und ein einziges Ja mag ausreichen, um sie zu retten.

C Ungeschliffene Diamanten bei Vorstellungsgesprächen und Hochschulbewerbungen entdecken

36. Keine Referenzen und Erfahrung mehr fordern. Hüten Sie sich bei der Bewertung anderer davor, frühere Leistungen und Erfahrung mit Zukunftspotenzial zu verwechseln. Der Hintergrund und das Talent sagen etwas über den Ausgangspunkt einer Person aus, aber die Charaktereigenschaften bestimmen darüber, wie weit sie aufsteigen kann.

37. Berücksichtigen Sie den Schwierigkeitsgrad. Sich schwerzutun bedeutet nicht unbedingt, dass man etwas nicht kann, sondern zeigt oft nur, dass es Widrigkeiten gibt. Um die Hindernisse zu berücksichtigen, mit denen die Kandidaten konfrontiert wurden, sollte man ihre Leistungen vor dem Kontext von Gleichaltrigen in ihrer Schule, ihrem Studiengang und ihrer Nachbarschaft bewerten.

38. Verlaufsdaten in Bewertungen miteinfließen lassen. Es reicht nicht aus, sich die letzten Leistungen oder die Ergebnisse im Schnitt anzuschauen; die Entwicklung im Laufe der Zeit ist viel wichtiger. Eine steigende Tendenz ist ein Anzeichen dafür, dass jemand viele Widrigkeiten überwunden hat.

39. Gestalten Sie Vorstellungsgespräche so, dass sie erfolgversprechend für die Kandidaten sind. Anstatt die Situation maximal stressig zu halten, sollten Sie den Kandidaten die Möglichkeit geben zu glänzen. Lassen Sie die Bewerber zeigen, wofür sie brennen und was ihre Stärken sind. Fragen Sie sie anschließend, ob sie der Meinung sind, dass sie sich gerade so darstellen konnten, wie sie sind. Wenn sie dies verneinen, sollten Sie ihnen eine zweite Chance geben.

40. Definieren Sie Erfolg neu. Die bedeutendste Form von Leistung ist Fortschritt. Der ultimative Maßstab für Potenzial ist nicht die Höhe des Gipfels, den man erklimmt, sondern die Strecke, die man zurückgelegt hat – und bei deren Bewältigung man anderen geholfen hat.

Dank

Dieses Buch wäre ohne die Initiative meines Superagenten Richard Pine und den hervorragenden Lektor Rick Kot hinter seinem Potenzial zurückgeblieben. Richard hat mich von der ersten bis zur letzten Seite dazu angeregt, größer und mutiger zu denken. Rick hat es geschafft, Unsinn in Prosa zu verwandeln und Entwürfe in Rekordzeit umzukrempeln. Gemeinsam haben die beiden mich an die Hand genommen, wenn ich mich in eine Sackgasse verrannt hatte, und mich dazu gebracht, mit Freude neue Wege zu erkunden.

Ein Buch zu schreiben kann eine einsame Tätigkeit sein, aber ich hatte das große Glück, dass ich mit dem ultimativen dynamischen Duo aus Juroren und Coaches zusammenarbeiten konnte. Marissa Shandell und Karren Knowlton haben unglaublich viel zu jeder Seite dieses Buches beigetragen. Wenn sie auf eine unausgegorene Idee stießen, haben sie diese fix auseinandergenommen und meisterhaft zu etwas Stärkerem zusammengebaut. Sie haben mit ihrem Einfallsreichtum jede einzelne der Geschichten mitgestaltet, mit ihrem Intellekt jeden Satz geschärft und ihre Energie darauf verwendet, jede Illustration und jede Botschaft auf den Punkt zu bringen. Marissa hatte Lösungen für Probleme parat, die mir nicht aufgefallen waren; sie setzte Stecknadeln, von denen ich nicht bemerkt hatte, dass sie fehlten, und sie brachte Ordnung ins Chaos. Karren ebnete den Weg, damit wir uns gemeinsam am Schopf aus dem Sumpf arbeiten konnten, die grundlegende Reihenfolge der Ideen überdenken und sie über die Kapitel hinweg miteinander verflechten konnten. Nie zuvor habe ich erlebt, wie ein paar Menschen ein kreatives Projekt so grundlegend verbessert haben.

Auch eine Gruppe von aufmerksamen Lesern hat einen unschätzbaren Beitrag zu diesem Buch geleistet. Der Qualitätskontroll-Guru Paul Durbin überprüfte akribisch alle Fakten und beschäftigte sich tiefgehend mit allen Geschichten und Studien, damit jedes Detail stimmt. Etwaige Fehler gehen allein auf mein Konto. Eine wahre Königin im Hinweisgeben ist Grace Rubenstein, die wichtige Aspekte glatt gezogen und holprige Übergänge bemerkt hat und die mich auch dazu drängte, die Thesen in einen Kontext zu stellen. Der Meister der Ideenfindung Reb Rebele brachte mich dazu, beim großen »Aha-Erlebnis« aufzudrehen und den konzeptionellen Zusammenhang zu überprüfen. Die Buchdetektivin Stacey Kalish hat Geschichten für mich gesucht und Meta-Scaffolding betrieben. Außerdem entdeckte sie ein faszinierendes Paradoxon, wenn der Tutoreneffekt dem Fluch des Wissens weicht: Man kann durch Lehren lernen, aber wenn man einmal etwas gut kann, kann das Lehren schwieriger werden.

Der BlackBerry-Befürworter Malcolm Gladwell hat mich ermutigt, die großen Ideen und Geschichten atmen zu lassen, mehr Übergänge zwischen die Abschnitte zu packen und dabei den Erzählbogen zu variieren. Die überqualifizierte Profilektorin Sheryl Sandberg hat mir geholfen, den grundlegenden Unterschied zwischen Natur und Kultur, zwischen genetischer Anlage und gesellschaftlichen Prägungen herauszustellen. Perfektionistin im besten Sinne: Susan Grant hat mich auf schablonenhafte Geschichten aufmerksam gemacht und Grammatik- sowie Tippfehler ausgemerzt. Der Bildungsexperte Sam Abrams korrigierte falsche Vorstellungen von Unterrichtszeiten, Lehrergehältern, standardisierten Tests, Schulausgaben und PISA. Von ihm weiß ich außerdem, dass in Finnland nicht nur im Bildungsbereich auf Looping gesetzt wird. Die renommierten Ausbildungsprogramme im Eishockey sehen vor, dass junge Spieler bis zum Alter von 15 Jahren denselben Trainer haben und während der folgenden fünf Jahre von denselben Proficoaches betreut werden.

Liz Fosslien, Matt Shirley und Marissa saßen kreativ und fröhlich an den extra für das Buch gestalteten Illustrationen. Dan Pink, Lindsay und Allie Miller, Justin Berg und die 238 Society haben mich vor einer Latte an schlechten Titeln bewahrt. Und eine Vielzahl an Menschen hat mir netterweise dabei geholfen, Interviews führen zu können. Ein Dankeschön an Kelly Stoetzel, die Maurice Ashley versichert hat, dass ich kein Stalker bin; Bjarke Ingels für den Hinweis auf Tadao Ando; Shane Battier, der mich Brandon Payne vorgestellt hat (und an Danny Southwick, der mir erstmals von dessen Geschichte berichtete); Paul Stillwell und Janis Jorgensen, die einen wahren Schatz an Informationen über die Goldenen Dreizehn hüteten; David Epstein und Jon Wertheim für ihre Hilfe mit R. A. Dickey; Cady Coleman für den Kontakt zu José Hernandez; und Bozoma Saint John, die mich mit GOAT in Verbindung brachte. Ich danke ihnen allen.

Die Arbeit an diesem Buch war ganz wunderbar dank der Unterstützung durch die großartigen Teams bei InkWell (ja, Alexis Hurley, Nathaniel Jacks, Eliza Rothstein, ihr seid gemeint) und Viking. Wenn Sie noch nie ein Buch geschrieben haben, wirkt es komisch, jemand mit diesem Pitch überzeugen zu wollen: »Hallihallo, bitte investieren Sie Ihre kostbare Zeit in eine Reise durch meine Gedanken. Es wird Ihnen gefallen, versprochen!« Doch die Öffentlichkeitsarbeit von Carolyn Coleburn, Whitney Peeling, Lindsay Prevette und Julia Falkner machte es ganz angenehm und leicht, und die kreativen Marketingideen von Kate Stark, Molly Fessenden und Chantal Canales eröffneten vollkommen neue Wege, die Leserschaft zu erreichen. Lydia Hirt setzte hier noch einen drauf, indem sie meinen Granted-Newsletter beim Onlinedienst Substack unterbrachte (und sie schuldet mir noch eine Partie Pickleball). Besonderer Dank gebührt Jason Ramirez für den Einsatz seines künstlerischen Genies; Camille LeBlanc, die noch jedes lose Ende entdeckt hat; Tricia Conley und Eric Wechter, die Großartiges im Bereich Redaktion und Produktion geleistet haben; Daniel Lagin für sein elegantes Buchdesign; Claire Vaccaro für die künstlerische Leitung, Julie Wilson und Lauren Klein, die das Hörbuch in Musik verwandelten, obwohl ich nicht singen kann; Brian Tart und Andrea Schulz dafür, dass sie das Potenzial dieses Buches erkannt haben und mir Glatzkopf vertrauten.

Unsere Kinder haben mich jeden Tag daran erinnert, dass wir das verborgene Potenzial direkt vor unserer Nase haben. Es war wunderbar, zuzuschauen, wie sie ihre Charakterstärken ausbildeten. Als Henry in der dritten Klasse war, überraschte er mich mit seinen Erkenntnissen darüber, das Unbehagen zuzulassen (»Achterbahnen existieren aus drei Gründen: zum Spaßhaben, um sich seinen Ängsten zu stellen und um sich selbst herauszufordern«) und mit seinem kognitiven Geschick (beim Anstehen für die Achterbahn: »Ich bereue es!«). Zum Abschluss der Grundschulzeit sammelte Elena Ideen für neue Streiche, die sie ihrer Lehrerin spielen konnte (eine Fake-Ratte mitbringen, um sie zu erschrecken) und passte sich dann an die erwartbaren Hindernisse an (»Für den Fall, dass es mit Harrison nicht klappt, habe ich eine Ersatzratte!«). Als sie dann auf die Highschool kam, nahm sie freudig jegliche Unvollkommenheit an (»Hidden Potential könnte ein wenig langweilig klingen, aber zumindest beschreibt es das Buch«) und war wieder daran beteiligt, das Cover zum Leben zu erwecken.

In den letzten zwei Jahrzehnten hat Allison Sweet Grant mein Potenzial als Autor und als Mensch gefördert. Sie ist die Erste, die etwas Vielversprechendes in einer neuen Richtung erkennt – und auch die Erste, die mich darauf hinweist, wenn ich auf dem Holzweg bin. So auch wieder bei diesem Buch: Sie fand unsichtbare Edelsteine, polierte holprige Absätze auf und strich irrelevante Details aus den Beschreibungen. Sie hat mich überzeugt, dass es besser ist, keinen Titel zu haben als einen schlechten (tschüs, *Leaps and Bounds* oder *Freaks of Nurture*). Ich weiß nicht, wie ich meine Wertschätzung in Worte fassen soll – für ihren brillanten Geist, ihre Fürsorge und ihre endlose Geduld damit, dass ich unfähig bin, das Wort *Mayonnaise* richtig auszusprechen.

BILDNACHWEIS

Abb. 1, 5, 6, 7, 13, 17, 20, 21, 23, 26, 27, 29, 33, 34, 35, 38: Liz Fosslien.

Abb. 22, 25, 32, 37, 39, 47, 48, 54: @researchdoodles Shandell.

Abb. 4, 8, 18, 24, 36, 52: Matt Shirley.

Abb. 15 a: Foto der Kirche auf dem Wasser von Tadao Ando: Shutterstock.

Abb. 15 b: Foto der U-Bahn-Station Shibuya von Tadao Ando: Becris/Shutterstock.

Abb. 15 c: Foto vom Hügel des Buddha von Tadao Ando: Anucha Cheechong/Shutterstock.

Abb. 15 d: Screenshot der Luftaufnahme vom Hügel des Buddha: *Hokkaido Fan Magazine.*

Abb. 15 e: Foto des Modern Art Museum von Tadao Ando in Fort Worth: ShengYing Lin/Shutterstock.

Abb. 15 f: Foto des Benesse House Museum von Tadao Ando in Naoshima: Avim Wu/Shutterstock.

Abb. 16: Foto des Azuma-Hauses von Tadao Ando in Sumiyoshi: Hiromitsu Morimoto.

Abb. 19: Foto der Kirche des Lichts von Tadao Ando: Jaykhunakorn/Shutterstock.

Abb. 30: Foto von Michael Baron/SNY.

Abb. 31: Janis Ozolins, ozolinsjanis.com.

Abb. 43: Cartoon © Flavita Banana.

Abb. 46: »Meetings« © Despair, Inc. – Demotivators® ist ein Markenzeichen von Despair, Inc.

Abb. 49, 50, 51, 55, 56, 57: Reproduktionen von Schriftstücken und Foto mit freundlicher Genehmigung von José Moreno Hernandez, Tierra Luna Engineering LLC. Schriftstücke auf Seite 251 f. auch mit freundlicher Genehmigung von Duane L. Ross.

Abb. 53: Cartoon © Guy Downes, officeguycartoons.com.

Abb. 58: Cartoon © WorkChronicles, workchronicles.com.

Abb. 59: Cartoon © Ryan Harby, 2019.

QUELLENNACHWEIS DER GRAFIKEN

Abb. 2: Raj Chetty, John N. Friedman und Jonah E. Rockoff, »Measuring the Impacts of Teachers II: Teacher Value Added and Student Outcomes in Adulthood«, *American Economic Review* 104, Nr. 9 (2014): S. 2633–2679.

Abb. 3: Raj Chetty et al., »How Does Your Kindergarten Classroom Affect Your Earnings? Evidence from Project Star«, *The Quarterly Journal of Economics* 126, Nr. 4 (2011): S. 1593–1660; »$320,000

Kindergarten Teachers«, *Kappan,* November 2010.

Abb. 10, 11: Sascha O. Becker und Ludger Woessmann, »Was Weber Wrong? A Human Capital Theory of Protestant Economic History«, *The Quarterly Journal of Economics* 124, Nr. 2 (2009): S. 531–596.

Abb. 28: John S. Chen und Pranav Garg, »Dancing with the Stars: Benefits of a Star Employee's Temporary Absence for Organizational Performance«, *Strategic Management Journal* 39, Nr. 5 (2018): S. 1239–1267.

Abb. 40: Ripley, *The Smartest Kids in the World*; Hanushek und Woessmann, *The Knowledge Capital of Nations.* Für die Jahre vor der Einführung des PISA-Tests erarbeiteten Wirtschaftswissenschaftler einen gemeinsamen Maßstab, um die in den einzelnen Ländern durchgeführten individuellen Tests zu vergleichen.

Abb. 42: Arto K. Ahonen, »Finland: Success through Equity – The Trajectories in PISA Performance«, in: *Improving a Country's Education,* Nuno Crato (Hg.) (Cham: Springer, 2021).

Abb. 52: George Bulman, »Weighting Recent Performance to Improve College and Labor Market Outcomes«, *Journal of Public Economics* 146 (2017): S. 97–108.

Anmerkungen

Prolog

1 Tupac Shakur, *The Rose That Grew from Concrete* (New York: Pocket Books, 2002): S. 3.
2 Persönliche Interviews mit Maurice Ashley, 10. Januar 2022, und Francis Idehen, 20. Dezember 2021, 10. Januar 2022 und 23. Februar 2022; Maurice Ashley, *Chess for Success* (New York: Broadway Books, 2007); Henry Louis Gates Jr., *America Behind the Color Line* (New York: Grand Central, 2007); Franz Lidz, »The Harlem Gambit«, *Sports Illustrated,* 11. November 1991, und »Master Mind«, *Sports Illustrated,* 30. Mai 1994; Steve Fishman, »Day for Knight«, *New York Magazine,* 22. Juni 1998; Charlotte Wilder, »How Maurice Ashley, the First Black Chess Grandmaster, Uses the Game to Change Inner-City Kids' Lives«, *USA Today,* 19. Mai 2016; Dave Von Drehle, »Chess Players Destroy Nerd, Black Stereotypes«, *The Seattle Times,* 2. Juni 1991; The Tim Ferris Show, »Grandmaster Maurice Ashley – and Strategies of World-Class Mastery«, 30. Juli, 2020; John Tierney, »Harlem Teen-Agers Checkmate a Stereotype«, *The New York Times,* 26. April 1991; »Maurice Ashley 2. 1. 2008«, City Club of Cleveland, YouTube, 13. August 2015, youtu.be/riiQoBkMhfo; Joe Lemire, »A Star of the ›Raging Rooks‹ He Helped Change the Face of N. Y. C. Chess«, *The New York Times,* 6. November 2020; Philippe Boulet-Gercourt, »The Incredible Story of the 8 ›Kids‹ Harlem Chess Players«, *Chess in the Schools,* 26. Dezember 2020.
3 Benjamin Bloom, *Developing Talent in Young People* (New York: Ballantine Books, 1985).
4 Kenneth R. Koedinger, Paulo F. Carvalho, Ran Liu und Elizabeth A. McLaughlin, »An Astonishing Regularity in Student Learning Rate«, *PNAS* 120, Nr. 13 (2023): e2221311112
5 Chia-Jung Tsay und Mahzarin R. Banaji, »Naturals and Strivers: Preferences and Beliefs about Sources of Achievement«, *Jour-*

nal of Experimental Social Psychology 47, Nr. 2 (2011): S. 460–465.
6 Agnes Callard, *Aspiration: The Agency of Becoming* (New York: Oxford University Press, 2018).
7 Raj Chetty, John N. Friedman, Nathaniel Hilger, Emmanuel Saez, Diane Whitmore Schanzenbach und Danny Yagan, »How Does Your Kindergarten Classroom Affect Your Earnings? Evidence From Project Star«, *The Quarterly Journal of Economics* 126, Nr. 4 (2011): S. 1593–1660, und »$320,000 Kindergarten Teachers«, *Kappan*, November 2010.
8 Aristoteles, *Nikomachische Ethik*, übersetzt von Gernot Krapinger (Stuttgart: Reclam, 2017).
9 Alexander P. Burgoyne, Giovanni Sala, Fernand Gobet, Brooke N. Macnamara, Guillermo Campitelli und David Z. Hambrick, »The Relationship between Cognitive Ability and Chess Skill: A Comprehensive Meta-Analysis«, *Intelligence* 59 (2016): S. 72–83.
10 Guillermo Campitelli und Fernand Gobet, »Deliberate Practice: Necessary but Not Sufficient«, *Current Directions in Psychological Science* 20, Nr. 5 (2011): S. 280–285.
11 James J. Heckman und Tim Kautz, »Hard Evidence on Soft Skills«, *Labour Economics* 19, Nr. 4 (2012): 45164; Tim Kautz, James Heckman, Ron Diris, Bas ter Weel und Lex Borgans, »Fostering and Measuring Improving Cognitive and Non-Cognitive Skills to Promote Lifetime Success«, Working Paper 20749, Dezember 2014.
12 Laura E. Berk und Adam Winsler, *Scaffolding Children's Learning: Vygotsky and Early Childhood Education* (Washington, DC: National Association for the Education of Young Children, 1995).
13 Giovanni Sala und Fernand Gobet, »Do the Benefits of Chess Instruction Transfer to Academic and Cognitive Skills? A Meta-Analysis«, *Educational Research Review* 18 (2016): S. 46–57; Michael Rosholm, Mai Bjørnskov Mikkelsen und Kamilla Gumede, »Your Move: The Effect of Chess on Mathematics Test Scores«, *PLoS ONE* 12 (2017): e0177257; William M. Bart, »On the Effect of Chess Training on Scholastic Achievement«, *Frontiers in Psychology* 5 (2014): S. 762; John Jerrim, Lindsey Macmillan, John Micklewright, Mary Sawtell und Meg Wiggins, »Does Teaching Children How to Play Cognitively Demanding Games Improve Their Educational Attainment?«, *Journal of Human Resources* 53, Nr. 4 (2018): S. 993–1021; Fernand Gobet und Guillermo Campitelli, »Educational Benefits of Chess Instruction: A Critical Review«, in *Chess and Education: Selected Essays from the Koltanowski Conference*, Hg. Tim Redman (Dallas: University of Texas, 2006).

Teil I

1 William James, *The Principles of Psychology*, vol. 2 (New York: Holt, 1890).

2 Francisco Campos, Michael Frese, Markus Goldstein, Leonardo Iacovone, Hillary C. Johnson, David McKenzie und Mona Mensmann, »Teaching Personal Initiative Beats Traditional Training in Boosting Small Business in West Africa«, *Science* 357, Nr. 6357 (2017): S. 1287–1290.

3 Paul G. Whitmore, John P. Fry, »Soft Skills: Definition, Behavioral Model Analysis, Training Procedures«, *ERIC Clearinghouse Professional Paper*: S. 3–74 (1974).

Kapitel 1

1 Hellen Keller, *Helen Keller's Journal* (New York: Doubleday, 1938).

2 Sara Maria Hasbun: Persönliches Interview, 14. Februar 2022; »Interview with Sara Maria Hasbun«, International Association of Hyperpolyglots, 2022, polyglotassociation.org/members/sara-maria-hasbun; John Fotheringham, »Polyglot & Miss Linguistic Founder Sara Maria Hasbun on How to Learn a Language Like a Linguist«, *Language Mastery*, 3. Mai 2019; Sara Maria Hasbun, »I've Learned 9 Languages, All After the Age of 21«, *MissLinguistic*, 21. August 2018, misslinguistic.com/i-learned-nine-languages; »Interview with Sara Maria Hasbun« *Glossika*, YouTube, 21. November 2019, youtu.be/isErps6IuoA.

3 Benny Lewis: Private Korrespondenz, 2. April 2023; Martin Williams, »Natural-Born Linguists: What Drives Multi-Language Speakers?«, *The Guardian*, 5. September 2013; Andreas Laimboeck, »How Far Did Benny Lewis Get to Learn Fluent Mandarin in Three Months?«, LTL Language School, 28. Februar 2023; Benny Lewis, *Fluent in 3 Months: How Anyone at Any Age Can Learn to Speak Any Language from Anywhere in the World* (New York: HarperOne, 2014) und fluentin3months.com.

4 Kenji Hakuta, Ellen Bialystok und Edward Wiley, »Critical Evidence: A Test of the Critical-Period Hypothesis for Second-Language Acquisition«, *Psychological Science* 14, Nr. 1 (2003): S. 31–38; Frans van der Slik, Job Schepens, Theo Bongaerts und Roeland van Hout, »Critical Period Claim Revisited: Reanalysis of Hartshorne, Tenenbaum and Pinker (2018) Suggests Steady Decline and Learner-Type Differences« *Language Learning* 72, Nr. 1 (2022): S. 87–112.

5 Philip M. Newton und Atharva Salvi, »How Common Is Belief in the Learning Styles Neuromyth, and Does It Matter?« A Pragmatic Systematic Review«, *Frontiers in Education* 5 (2020): 602451.

6 Harold Pashler, Mark McDaniel, Doug Rohrer und Robert Bjork, »Learning Styles: Concepts and Evidenc«, *Psychological Science in the Public Interest* 9, Nr. 3 (2008): S. 105–119.

7 Laura J. Massa und Richard E. Mayer, »Testing the ATI Hypothesis: Should Multimedia Instruction Accommodate Verbalizer-Visualizer Cognitive Style?«, *Learning and Individual Differences* 16, Nr. 4 (2006): S. 321–335.

8 Polly R. Husmann und Valerie Dean O'Loughlin, »Another Nail in the Coffin for Learning Styles? Disparities among Undergraduate Anatomy Students' Study Strategies, Class Performance, and Reported VARK Learning Styles«, *Anatomical Sciences Education* 12, Nr. 1 (2019): S. 6–19.

9 Donggun An und Martha Carr, »Learning Styles Theory Fails to Explain Learning and Achievement: Recommendations for Alternative Approaches«, *Personality and Individual Differences* 116, Nr. 1 (2017): S. 410–416.

10 Steve Martin, *Born Standing Up: A Comic's Life* (New York: Scribner, 2007), *Cruel Shoes* (New York: G. P. Putnam's Sons, 1979) und *Pure Drivel* (New York: Hyperion, 1998); Harry Shearer und Steve Martin, »Not Wild but Witty Repartee with Martin, Shearer«, *Los Angeles Times*, 9. Dezember 1998; Catherine Clinch, »No Art Comes from the Conscious Mind«, *Creative Screenwriting*, 8. März 2016; Steven Gimbel, *Isn't That Clever: A Philosophical Account of Humor and Comedy* (New York: Taylor & Francis, 2017).

11 Tim Urban, »Why Procrastinators Procrastinate«, *Wait But Why*, 30. Oktober 2013.

12 Fuschia M. Sirois, *Procrastination: What It Is, Why It's a Problem, and What You Can Do About It* (Washington, DC: APA LifeTools, 2022); Adam Grant, »The Real Reason You Procrastinate«, *WorkLife*, 10. März 2020.

13 Adam Grant, »Steve Martin on Finding Your Authentic Voice«, *Re:Thinking*, 4. Mai 2023.

14 Steve Martin, Moderator, *The 75th Annual Academy Awards*, 23. März 2003.

15 Ted Lasso, »Pilot«, 14. August 2020.

16 David B. Daniel und William Woody, »They Hear, but Do Not Listen: Retention for Podcasted Material in a Classroom Context«, *Teaching of Psychology* 37, Nr. 3 (2010): S. 199–203.

17 Janet Geipel und Boaz Keysar, »Listening Speaks to Our Intuition while Reading Promotes Analytic Thought«, *Journal of Experimental Psychology: General* (2023) 152 (4): S. 1054–1068.

18 Daniel T. Willingham, »Is Listening to a Book the Same Thing as

Reading It?«, *The New York Times,* 8. Dezember 2018.

19 Natsuko Shintani, »The Effectiveness of Processing Instruction and Production-Based Instruction on L2 Grammar Acquisition: A Meta-Analysis«, *Applied Linguistics* 36 Nr. 3 (2015): S. 306–325; Natsuko Shintani, Shaofeng Li und Rod Ellis, »Comprehension-Based versus Production-Based Grammar Instruction: A Meta-Analysis of Comparative Studies«, *Language Learning* 63, Nr. 2 (2013): S. 296–329.

20 Joseph P. Vitta und Ali H. Al-Hoorie, »The Flipped Classroom in Second Language Learning: A Meta-Analysis«, *Language Teaching Research* (2020): S. 1–25.

21 Kaitlin Woolley und Ayelet Fishbach, »Motivating Personal Growth by Seeking Discomfort«, *Psychological Science* 33, Nr. 4 (2022): S. 510–523.

22 Patricia J. Brooks und Vera Kempe, »More Is More in Language Learning: Reconsidering the Less-Is-More Hypothesis«, *Language Learning* 69, Nr. S1 (2019): S. 13–41; Lindsay Patterson, »Do Children Soak Up Language Like Sponges?«, *The New York Times,* 16. April 2020.

23 Kate B. Wolitzky-Taylor, Jonathan D. Horowitz, Mark B. Powers und Michael J. Telch, »Psychological Approaches in the Treatment of Specific Phobias: A Meta-Analysis«, *Clinical Psychology Review* 28, Nr. 6 (2008): S. 1021–1037.

24 Lori A. Zoellner, Jonathan S. Abramowitz, Sally A. Moore und David M. Slagle, »Flooding« in: *Cognitive Behavior Therapy: Applying Empirically Supported Techniques in Your Practice,* Hg. William T. O'Donohue und Jane E. Fisher (New York: Wiley, 2008).

25 Annemarie Landman, Eric L. Groen, M. M. (René) van Paassen, Adelbert W. Bronkhorst und Max Mulder, »The Influence of Surprise on Upset Recovery Performance in Airline Pilots«, *The International Journal of Aerospace Psychology* 27, Nr. 1–2 (2017): S. 2–14; Stephen M. Casner, Richard W. Geven und Kent T. Williams, »The Effectiveness of Airline Pilot Training for Abnormal Events«, *Human Factors* 55, Nr. 3 (2013): S. 477–485.

26 Janet Metcalfe, »Learning Errors«, *Annual Review of Psychology* 68 (2017): S. 465–489.

27 Robert Eisenberger, »Learned Industriousness«, *Psychological Review* 99, Nr. 2 (1992): S. 248–267.

Kapitel 2

1 »It Is Not the Strongest of the Species That Survives but the Most Adaptable«, *Quote Investigator*, 4. Mai 2014, quoteinvestigator.com/2014/05/04/adapt/.

2 David P. G. Bond und Stephen E. Grasby, »Late Ordovician Mass Extinction Caused by Volcanism, Warming, and Anoxia, Not Cooling and Glaciation«, *Geology* 48, Nr. 8 (2020): S. 777–781; Jack Longman, Benjamin J. W. Mills, Hayley R. Manners, Thomas M. Gernon und Martin R. Palmer, »Late Ordovician Climate Change and Extinctions Driven by Elevated Volcanic Nutrient Supply« *Nature Geoscience* 14, Nr. 12 (2021): S. 924–929; Xianqing Jing, Zhenyu Yang, Ross N. Mitchell, Yabo Tong, Min Zhu und Bo Wan, »Ordovician-Silurian True Polar Wander as a Mechanism for Severe Glaciation and Mass Extinction«, *Nature Communications* 13 (2022): S. 7941; Cody Cottier, »The Ordovician Extinction: Our Planet's First Brush with Death«, *Discover*, 16. Januar 2021.

3 Joseph P. Botting, Lucy A. Muir, Yuandong Zhang, Xuan Ma, Junye Ma, Longwu Wang, Jianfang Zhang, Yanyan Song und Xiang Fang, »Flourishing Sponge-Based Ecosystems after the End-Ordovician Mass Extinction«, *Current Biology* 27, Nr. 4 (2017): S. 556–562.

4 Frankie Schembri, »Earth's First Animals May Have Been Sea Sponges«, *Science*, 17. Oktober 2018.

5 Sally P. Leys und Amanda S. Kahn, »Oxygen and the Energetic Requirements of the First Multicellular Animals«, *Integrative and Comparative Biology* 58, Nr. 4 (2018): S. 666–676.

6 Niklas A. Kornder, Yuki Esser, Daniel Stoupin, Sally P. Leys, Benjamin Müller, Mark J. A. Vermeij, Jef Huisman und Jasper M. de Goeij, »Sponges Sneeze Mucus to Shed Particle Waste from Their Seawater Inlet Pores«, *Current Biology* 32, Nr. 17 (2022): S. 3855–3861.

7 Steven E. Mcmurray, James E. Blum und Joseph R. Pawlik, »Redwood of the Reef: Growth and Age of the Giant Barrel Sponge *Xestospongia muta* in the Florida Keys«, *Marine Biology* 155 (2008): S. 159–171.

8 Sabrina Imbler, »A Swirling Vortex Is No Match for This Deep-Sea Sponge«, *The New York Times*, 9. September 2021.

9 Carmel Mothersil und Brian Austin, *Aquatic Invertebrate Cell Culture* (London: Springer, 2000).

10 Persönliches Interview, 17. November 2021; Adam Grant, »Mellody Hobson on Taking Tough Feedback«, *Re:Thinking*, 15. Juni 2021.

11 Max Weber, *Die protestantische Ethik und der Geist des Kapitalis-*

mus (München: C. H. Beck Verlag, 2010).

12 Amy Wrzesniewski, Clark McCauley, Paul Rozin und Barry Schwartz, »Jobs, Careers, and Callings: People's Relations to Their Work«, *Journal of Research in Personality* 31, Nr. 1 (1997): S. 21–33.

13 J. Stuart Bunderson und Jeffery A. Thompson, »The Call of the Wild: Zookeepers, Callings, and the Double-Edged Sword of Deeply Meaningful Work«, *Administrative Science Quarterly* 54, Nr. 1 (2009): S. 32–57.

14 Sascha O. Becker und Ludger Wößmann, »Was Weber Wrong? A Human Capital Theory of Protestant Economic History«, *The Quarterly Journal of Economics* 124, Nr. 2 (2009): S. 531–596.

15 Wesley M. Cohen und Daniel A. Levinthal, »Absorptive Capacity: A New Perspective on Learning and Innovation«, *Administrative Science Quarterly* 35, Nr. 1 (1990): S. 128–152.

16 Adam M. Grant und Susan J. Ashford, »The Dynamics of Proactivity at Work«, *Research in Organizational Behavior* 28 (2008): S. 3–34.

17 Susan J. Ashford, Ruth Blatt und Don Vande Walle, »Reflections on the Looking Glass: A Review of Research on Feedback-Seeking Behavior in Organizations«, *Journal of Management* 29 (2003): S. 773–799; Adam M. Grant, Sharon Parker und Catherine Collins, »Getting Credit for Proactive Behavior: Supervisor Reactions Depend on What You Value and How You Feel«, *Personnel Psychology* 62, Nr. 1 (2009): S. 31–55; Lukasz Stasielowicz, »Goal Orientation and Performance Adaptation: A Meta-Analysis«, *Journal of Research in Personality* 82 (2019): 103 847.

18 Persönliche Korrespondenz 9. September 2022 und 8. März 2023; Erin C. J. Robertson, »Get to Know Julius Yego, Kenya's Self-Taught Olympic Javelin-Thrower Dubbed ›The Youtube Man‹«, *OkayAfrica*, https://www.okayafrica.com/get-know-julius-yego-kenyas-self-taught-olympic-javelin-thrower-dubbed-youtube-man/; »Julius Yego – The YouTube Man«, *GoPro*, YouTube, 19. Mai 2016, youtu.be/lO1fzo1aCHU; Roy Tomizawa, »No Coach, No Problem: Silver Medalist Javelin Thrower Julius Yego and the YouTube Generation«, *The Olympians*, 5. September 2016; David Cox, »How Kenyan Javelin Thrower Julius Yego Mastered His Sport By Watching YouTube Videos«, *Vice*, 16. August 2016.

19 Mike Rowbottom, »Ihab Abdelrahman El Sayed, Almost the Pharoah of Throwing«, *World Athletics*, 16. September 2015; »Throw Like an Egyptian«, *World Athletics*, 12. Januar 2015.

20 Jackie Gnepp, Joshua Klayman, Ian O. Williamson und Sema Barlas, »The Future of Feedback: Motivating Performance Impro-

vement through Future-Focused Feedback«, *PLoS ONE* 15, Nr. 6 (2020): e0234444; Hayley Blunden, Jaewon Yoon, Ariella S. Kristal und Ashley Whillans, »Soliciting Advice Rather Than Feedback Yields More Developmental, Critical, and Actionable Input«, Harvard Business School Working Paper Nr. 20–021, August 2019 (überarbeitet April 2021).

21 C. Neil Macrae, Galen V. Bodenhausen und Guglielmo Calvini, »Contexts of Cryptomnesia: May the Source Be with You«, *Social Cognition* 17, Nr. 3 (1999): S. 273–297.

22 Emily S. Wong, Dawei Zheng, Siew Z. Tan, Neil I. Bower, Victoria Garside, Gilles Vanwalleghem, Federico Gaiti, Ethan Scott, Benjamin M. Hogan, Kazu Kikuchi, Edwina McGlinn, Mathias Francois und Bernard M. Degnan, »Deep Conservation of the Enhancer Regulatory Code in Animals«, *Science* 370, Nr. 6517 (2020): eaax8137; Riya Baibhawi, »Sea Sponge Unravels 700-Million-Year-Old Mystery of Human Evolution«, *Republic World,* 21. November 2020.

23 Danielle Hall, »Sea Sponges: Pharmacies of the Sea«, *Smithsonian,* November 2019.

24 Carl Zimmer, »Take a Breath and Thank a Sponge«, *The New York Times,* 13. März 2014; Megan Gannon, »Sponges May Have Breathed Life into Ancient Oceans«, *LiveScience,* 11. März 2014; Michael Tatzel, Friedhelm von Blanckenburg, Marcus Oelze, Julien Bouchez und Dorothee Hippler, »Late Neoproterozoic Seawater Oxygenation by Siliceous Sponges«, *Nature Communications* 8 (2017): S. 621.

Kapitel 3

1 Leonard Cohen, »Anthem«, *The Future* (Columbia, 1992).

2 Tadao Ando, *Tadao Ando: Endeavors* (New York: Flammarion, 2019); Michael Auping, *Seven Interviews with Tadao Ando* (London: Third Millennium, 2002); Kanae Hasegawa, »Tadao Ando Interview«, *Frame,* 6. Dezember 2014; Sharon Waxman, »A Natural Designer«, *Chicago Tribune,* 28. Mai 1995; Jocelyn Lippert, »Japanese Architect Ando Speaks at TD Master's Tea«, *Yale Daily News,* 12. Oktober 2001; »CNN Talk Asia Program – Japanese Architect, Tadao Ando«, Daniel J. Stone, YouTube, 13. Januar 2010, https://youtu.be/dZuSoBCR-_I; Walter Mariotti, »Tadao Ando: The World Must Change«, *Domus,* 3. Dezember 2020; Bianca Bosker, »Haute Concrete«, *The Atlantic,* April 2017; Julie V. Iovine, »Building a Bad Reputation«, *The New York Times,* 8. August 2004; »Artist Talk: Tadao Ando«, Art

Institute of Chicago, YouTube, 27. November 2018, youtu.be/cVohiUcFFG8.

3 Adam Grant, »What Straight-A Students Get Wrong«, *The New York Times,* 8. Dezember 2018.

4 Thomas Curran und Andrew P. Hill, »Perfectionism Is Increasing Over Time: A Meta-Analysis of Birth Cohort Differences from 1989 to 2016«, *Psychological Bulletin* 145, Nr. 4 (2019), S. 410–429.

5 Thomas Curran und Andrew P. Hill, »Young People's Perceptions of Their Parents' Expectations and Criticism Are Increasing Over Time: Implications for Perfectionism«, *Psychological Bulletin* 148, Nr. 1–2 (2022), S. 10728.

6 Andrew P. Hill und Thomas Curran, »Multidimensional Perfectionism and Burnout: A Meta-Analysis«, *Personality and Social Psychology Review* 20, Nr. 3 (2016), S. 269–288.

7 Dana Harari, Brian W. Swider, Laurens Bujold Steed und Amy P. Breidenthal, »Is Perfect Good? A Meta-Analysis of Perfectionism in the Workplace«, *Journal of Applied Psychology* 103, Nr. 10 (2018), S. 1121–1144.

8 Kathryn D. Sloane und Lauren A. Sosniak, »The Development of Accomplished Sculptors«, in: Benjamin Bloom, *Developing Talent in Young People* (New York: Ballantine Books, 1985).

9 Donald W. Mackinnon, »The Nature and Nurture of Creative Talent«, *American Psychologist* 17 (1962), S. 484–495.

10 Adam Grant, »Breaking Up with Perfectionism«, *WorkLife,* 3. Mai 2022.

11 Leonard Koren, *Wabi-Sabi for Artists, Designers, Poets & Philosophers* (Point Reyes, CA: Imperfect Publishing, 2008).

12 Ivana Osenk, Paul Williamson und Tracey D. Wade, »Does Perfectionism or Pursuit of Excellence Contribute to Successful Learning? A Meta-Analytic Review«, *Psychological Assessment 32,* Nr. 10 (2020), S. 972–983.

13 Edwin A. Locke und Gary P. Latham, »Building a Practically Useful Theory of Goal Setting and Task Motivation: A 35-Year Odyssey«, *American Psychologist* 57, Nr. 9 (2002), S. 705–717, und »Work Motivation and Satisfaction: Light at the End of the Tunnel«, *Psychological Science 1* (1990), S. 240–246; Gerard Seijts, Gary P. Latham, Kevin Tasa und Brandon W. Latham, »Goal Setting and Goal Orientation: An Integration of Two Different Yet Related Literatures«, *Academy of Management Journal* 47, Nr. 2 (2004), S. 227–239.

14 Thomas Suddendorf, Donna Rose Addis und Michael C. Corballis, »Mental Time Travel and the Shaping of the Human Mind«, in *Predictions in the Brain: Using Our Past to Generate a Future,* Mohse Bar (Hg.) (New York: Oxford, 2011).

15 Daniel J. Madigan, »A Meta-Analysis of Perfectionism and Academic Achievement«, *Educatio-*

nal Psychology Review 31 (2019), S. 967–989.

16 Alice Moon, Muping Gan und Clayton Critcher, »The Overblown Implications Effect«, *Journal of Personality and Social Psychology* 118, Nr. 4 (2020), S. 720–742.

17 Glenn D. Reader und Marilynn B. Brewer, »A Schematic Model of Dispositional Attribution in Interpersonal Perception«, *Psychological Review* 86, Nr. 1 (1979), S. 61–79.

18 Twyla Tharp, *The Creative Habit: Learn It and Use It for Life* (New York: Simon & Schuster, 2009); Robin Pogrebin, »Movin' Out beyond Missteps; How Twyla Tharp Turned a Problem in Chicago into a Hit on Broadway«, The *New York Times*, 12. Dezember 2002; Michael Phillips, »In Chaotic ›Movin Out‹, Dancing Off to the Vietnam War«, *Los Angeles Times*, 22. Juli 2022, und »Tharp Reshapes ›Movin Out‹ before It Goes to Broadway«, *Chicago Tribune*, 22. August 2022; Tim Harford, »Bless the Coal-Black Hearts of the Broadway Critics«, *Cautionary Tales*, 20. Mai 2022.

19 Richard P. Larrick, Albert E. Mannes und Jack B. Soll, »The Social Psychology of the Wisdom of Crowds«, in *Social Judgment and Decision Making*, Joachim I. Kruger (Hg.) (New York: Psychology Press, 2012).

20 Leigh Thompson, »The Impact of Minimum Goals and Aspirations on Judgments of Success in Negotiations«, *Group Decision and Negotiation* 4 (1995): S. 513–524.

21 Andrew P. Hill, Howard K. Hall und Paul R. Appleton, »The Relationship between Multidimensional Perfectionism and Contingencies of Self-Worth«, *Personality and Individual Differences* 50, Nr. 2 (2011): S. 238–242.

22 Karina Limburg, Hunna J. Watson, Martin S. Hagger und Sarah J. Egan, »The Relationship between Perfectionism and Psychopathology: A Meta-Analysis«, *Journal of Clinical Psychology* 73, Nr. 10 (2017): S. 1301–1326.

23 Emma L. Bradshaw, James H. Conigrave, Ben A. Steward, Kelly A. Ferber, Philip D. Parker und Richard M. Ryan, »A Meta-Analysis of the Dark Side of the American Dream: Evidence for the Universal Wellness Costs of Prioritizing Extrinsic over Intrinsic Goals«, *Journal of Personality and Social Psychology* 124, Nr. 4 (2023): S. 873–899.

24 Jennifer Crocker und Lora E. Park, »The Costly Pursuit of Self-Esteem«, *Psychological Bulletin* 130, Nr. 3 (2004): S. 392–414.

Teil II

1 Emily A. Holmes, Ella L. James, Thomas Coode-Bate und Catherine Deeprose, »Can Playing the Computer Game ›Tetris‹ Reduce the Build-Up of Flashbacks for Trauma? A Proposal from Cognitive Science«, *PLoS ONE* 4 (2009): e4153; Emily A. Holmes, Ella L. James, Emma J. Kilford und Catherine Deeprose, »Key Steps in Developing a Cognitive Vaccine against Traumatic Flashbacks: Visuospatial Tetris versus Verbal Pub Quiz«, *PLoS ONE* 7 (2012), 10.1371.

2 Amalia Badawi, David Berle, Kris Rogers und Zachary Steel, »Do Cognitive Tasks Reduce Intrusive-Memory Frequency after Exposure to Analogue Trauma? An Experimental Replication«, *Clinical Psychological Science 8*, Nr. 3 (2020): S. 569–583.

3 Thomas Agren, Johanna M. Hoppe, Laura Singh, Emily A. Holmes und Jörgen Rosén, »The Neural Basis of Tetris Gameplay: Implicating the Role of Visuospatial Processing«, *Current Psychology* (2021); Rebecca B. Price, Ben Paul, Walt Schneider und Greg J. Siegle, »Neural Correlates of Three Neurocognitive Intervention Strategies: A Preliminary Step Towards Personalized Treatment for Psychological Disorders«, *Cognitive Therapy und Research* 37, Nr. 4 (2013): S. 657–672.

4 Ella L. James, Alex Lau-Zhu, Hannah Tickle, Antje Horsch und Emily A. Holmes, »Playing the Computer Game Tetris Prior to Viewing Traumatic Film Material and Subsequent Intrusive Memories: Examining Proactive Interference«, *Journal of Behavior Therapy and Experimental Psychiatry* 53 (2016): S. 25–33.

5 Ella L. James, Michael B. Bonsall, Laura Hoppitt, Elizabeth M. Tunbridge, John R. Geddes, Amy L. Milton und Emily L. Holmes, »Computer Game Play Reduces Intrusive Memories of Experimental Trauma via Reconsolidation-Update Mechanisms«, *Psychological Science* 26, Nr. 8 (2015): S. 1201–1215.

Kapitel 4

1 Bernard DeKoven, *The Well-Played Game: A Player's Philosophy* (Cambridge, MA: MIT Press, 2013).

2 Persönliches Interview, 8. August 2022; Evelyn Glennie, *Good Vibrations: My Autobiography* (London: Hutchinson, 1990), *Listen World!* (London: Balestier Press, 2019) und »How to Truly Listen«, TED Talk, 2003, ted.com/talks/evelyn_glennie_how_to_truly_

listen; Sofia Pasternack, »Evelyn Glennie on the Olympics Opening Ceremony«, *Tom Tom,* Februar 2013.

3 Brooke N. Macnamara, David Z. Hambrick und Frederick L. Oswald, »Deliberate Practice and Performance in Music, Games, Sports, Education, and Professions: A Meta-Analysis«, *Psychological Science* 25, Nr. 8 (2014): S. 1608–1618.

4 Maynard Solomon, *Mozart: A Life* (New York: HarperCollins, 2005.

5 Wolfgang Amadeus Mozart, *The Letters of Mozart and His Family,* Stanley Sadie und Fiona Smart (Hg.) (London: Macmillan, 1985).

6 Robert Spaethling, *Mozart's Letters, Mozart's Life* (New York: Norton, 2000).

7 Malissa A. Clark, Jesse S. Michel, Ludmila Zhdanova, Shuang Y. Pui und Boris B. Baltes, »All Work and No Play? A Meta-Analytic Examination of the Correlates and Outcomes of Workaholism«, *Journal of Management* 42, Nr. 7 (2016), S. 1836–1873.

8 Erin C. Westgate und Timothy D. Wilson, »Boring Thoughts and Bored Minds: The MAC Model of Boredom and Cognitive Engagement«, *Psychological Review* 125, Nr. 5 (2018): S. 689–713; A. Mohammed Abubakar, Hamed Rezapouraghdam, Elaheh Behravesh und Huda A. Megeirhi, »Burnout or Boreout: A Meta-Analytic Review and Synthesis of Burnout and Boreout Literature in Hospitality and Tourism«, *Journal of Hospitality Marketing & Management* 31, Nr. 8 (2022): S. 458–503.

9 Lauren A. Sosniak, »Learning to Be a Concert Pianist«, in Benjamin Bloom, *Developing Talent in Young People* (New York: Ballantine Books, 1985).

10 Arielle Bonneville-Roussy, Geneviève L. Lavigne und Robert J. Vallerand, »When Passion Leads to Excellence: The Case of Musicians«, *Psychology of Music* 39 (2011): S. 123–138.

11 Jon M. Jachimowicz, Andreas Wihler, Erica R. Bailey und Adam D. Galinsky, »Why Grit Requires Perseverance and Passion to Positively Predict Performance«, *PNAS* 115, Nr. 40 (2018): S. 9980–9985.

12 Jean Côté, »The Influence of the Family in the Development of Talent in Sport«, *The Sport Psychologist* 13, Nr. 4 (1999): S. 395–417.

13 Jean Côté, Joseph Baker und Bruce Abernethy, »Practice and Play in the Development of Sport Expertise«, in *Handbook of Sport Psychology,* Gershon Tenenbaum und Robert C. Eklund (Hg.) (New York: Wiley, 2007); Jackie Lordo, »The Development of Music Expertise: Applications of the Theories of Deliberate Practice and Deliberate Play«, *Update: Applications of Research in Music Education* 39, Nr. 3 (2021), S. 56–66.

14 Adam M. Grant, Justin M. Berg und Daniel M. Cable, »Job Titles as Identity Badges: How Self-Re-

flective Titles Can Reduce Emotional Exhaustion«, *Academy of Management Journal* 57, Nr. 4 (2014): S. 1201–1225.

15 Katie Watson und Belinda Fu, »Medical Improv: A Novel Approach to Teaching Communication and Professionalism Skills«, *Annals of Internal Medicine* 165, Nr. 8 (2016): S. 591–592.

16 Katie Watson, »Serious Play: Teaching Medical Skills with Improvisational Theater Techniques«, *Academic Medicine* 86, Nr. 10 (2011): S. 1260–1265.

17 Kevin P. Boesen, Richard N. Herrier, David A. Apgar und Rebekah M. Jackowski, »Improvisational Exercises to Improve Pharmacy Students' Professional Communication Skills«, *American Journal of Pharmaceutical Education* 73, Nr. 2 (2009): S. 35.

18 Richard A. Rocco und D. Joel Whalen, »Teaching *Yes, And* … Improv in Sales Classes: Enhancing Student Adaptive Selling Skills, Sales Performance, and Teaching Evaluations«, *Journal of Marketing Education* 36, Nr. 2 (2014): S. 197–208.

19 Arne Güllich, Brooke N. Macnamara, David Z. Hambrick, »What Makes a Champion? Early Multidisciplinary Practice, Not Early Specialization, Predicts World-Class Performance«, *Perspectives on Psychological Science* 17, Nr. 1 (2022): S. 6–29.

20 Shelby Waldron, J. D. DeFreese, Brian Pietrosimone, Johna Register-Mihalik und Nikki Barczak, »Exploring Early Sport Specialization: Associations with Psychosocial Outcomes«, *Journal of Clinical Sport Psychology* 14 (2019): S. 182–202.

21 Daniel Memmert, *Teaching Tactical Creativity in Sport: Research and Practice* (London: Routledge, 2015).

22 Pablo Greco, Daniel Memmert und Juan C. P. Morales, »The Effect of Deliberate Play on Tactical Performance in Basketball«, *Perceptual and Motor Skills* 110, Nr. 3 (2010): S. 849–856.

23 Persönliches Interview, 22. Juli 2022; Seerat Sohi, »Meet the Coaches Who Scrutinize the World's Greatest Shot«, *Yahoo! Sports*, 20. Januar 2021; Tom Haberstroh, »The Story of Luka Doncic's Undercover Steph Curry Work-out«, *NBC Sports*, 24. Januar 2019.

24 Jihae Shin und Adam M. Grant, »Bored by Interest: Intrinsic Motivation in One Task Can Reduce Performance in Other Tasks«, *Academy of Management Journal* 62 (2019): S. 1–22.

25 Nick Greene, »8 Early Criticisms of Stephen Curry That Sound Absurd in Retrospect«, *Mental Floss*, 17. Mai 2016; »How Stephen Curry Went from Ignored College Recruit to NBA MVP«, *Yahoo! Sports*, 23. April 2015; Hanif Abdurraqib, »The Second Coming of Stephen Curry«, *GQ*, 10. Januar 2022; Lee Tran, »Muggsy Bogues on Stephen Curry as a Child«, *Fadeaway*

World, 17. Januar 2021; Mark Medina, »›He's in Love with Getting Better‹: How Stephen Curry Has Maintained Peak Conditioning«, NBA.com, 13. Juni 2022, und »After Offseason Focused on Perfection, Stephen Curry Could Be Even More Unstoppable«, NBA.com, 22. Oktober 2021.

26 Brian M. Galla und Angela L. Duckworth, »More Than Resisting Temptation: Beneficial Habits Mediate the Relationship between Self-Control and Positive Life Outcomes«, *Journal of Personality and Social Psychology* 109, Nr. 3 (2015): S. 508–525.

27 Walter Mischel, Yuichi Shoda und Monica L. Rodriguez, »Delay of Gratification in Children«, *Science* 244, Nr. 4907 (1989): S. 933–938; Yuichi Shoda, Walter Mischel und Philip K. Peake, »Predicting Adolescent Cognitive and Self-Regulatory Competencies from Preschool Delay of Gratification: Identifying Diagnostic Conditions«, *Developmental Psychology* 26, Nr. 6 (1990): S. 978–986.

28 Armin Falk, Fabian Kosse und Pia Pinger, »Re-Revisiting the Marshmallow Test: A Direct Comparison of Studies by Shoda, Mischel und Peake (1990) und Watts, Duncan und Quan (2018)«, *Psychological Science* 31, Nr. 1 (2020): S. 100–104.

29 Matthias Brunmair und Tobias Richter, »Similarity Matters: A Meta-Analysis of Interleaved Learning and Its Moderators«, *Psychological Bulletin* 145 (2019): S. 1029–1052.

30 Nicholas F. Wymbs, Amy J. Bastian und Pablo A. Celnik, »Motor Skills Are Strengthened through Reconsolidation«, *Current Biology* 26, Nr. 3 (2016): S. 338–343; Johns Hopkins Medicine, »Want to Learn a New Skill? Faster? Change Up Your Practice Sessions«, *ScienceDaily,* 28. Januar 2016.

31 »I Trained Like Steph Curry for 50 Days to Improve My Shooting«, *Goal Guys,* YouTube, 18. August 2021, youtu.be/2Cfon7PmMJo; Philip Ellis, »An Average Guy Trained Like Golden State Warrior Steph Curry for 50 Days to Improve His Shooting«, *Men's Health,* 19. August 2021.

32 Patricia Albulescu, Irina Macsinga, Andrei Rusu, Coralia Sulea, Alexandra Bodnaru und Bogdan Tudor Tulbure, »›Give Me a Break!‹ A Systematic Review and Meta-Analysis on the Efficacy of Micro-Breaks for Increasing Well-Being and Performance«, *PLoS ONE* 17, Nr. 8 (2022): e0272460

33 Laura M. Giurge und Kaitlin Woolley, »Working during Non-Standard Work Time Undermines Intrinsic Motivation«, *Organizational Behavior and Human Decision Processes* 170, Nr. 1 (2022): 104134.

34 Maddy Shaw Roberts, »How Many Hours a Day Do the World's Greatest Classical Mu-

sicians Practice?«, *Classic FM,* 21. Juni 2021.

35 Ut Na Sio und Thomas C. Ormerod, »Does Incubation Enhance Problem Solving? A Meta-Analytic Review«, *Psychological Bulletin* 135 (2009): S. 94–120.

36 Jihae Shin und Adam M. Grant, »When Putting Work Off Pays Off: The Curvilinear Relationship between Procrastination and Creativity«, *Academy of Management Journal* 64, Nr. 3 (2021): S. 772–798.

37 Adam Grant, »Lin-Manuel Miranda Daydreams, and His Dad Gets Things Done«, *Re:Thinking,* 29. Juni 2021.

38 Mason Currey, »Tchaikovsky, Beethoven, Mahler: They All Loved Taking Long Daily Walks«, *Slate,* 25. April 2013; Oliver Burkeman, »Rise and Shine: The Daily Routines of History's Most Creative Minds«, *The Guardian,* 5. Oktober 2013.

39 Michaela Dewar, Jessica Alber, Christopher Butler, Nelson Cowan und Sergio Della Sala, »Brief Wakeful Resting Boosts New Memories over the Long Term«, *Psychological Science* 23, Nr. 9 (2012): S. 955–960; David Robson, »An Effortless Way to Improve Your Memory«, *BBC,* 12. Februar 2018.

40 Jaap M. J. Murre und Joeri Dros, »Replication and Analysis of Ebbinghaus' Forgetting Curve«, *PLoS ONE* 10, Nr. 7 (2015): e0120644

41 Nikhil Sonnad, »You Probably Won't Remember This, but the ›Forgetting Curve‹ Theory Explains Why Learning Is Hard«, *Quartz,* 28. Februar 2018.

Kapitel 5

1 George Eliot, *Middlemarch,* Finale, überarbeitete Fassung basierend auf der Übersetzung von Emil Lehmann, E-Book (Red Ediciones, 2015): S. 2053/2071. Engl: George Eliot, *Middlemarch,* Finale (London: Pan Macmillan, [1872], 2018).

2 Persönliches Interview, 2. Januar 2023; R. A. Dickey, *Wherever I Wind Up: My Quest for Truth, Authenticity, and the Perfect Knuckleball* (New York: Plume, 2012) und »Reaching the Summit of Kilimanjaro«, *The New York Times,* 14. Januar 2012; Tim Kurkjian, »The Knuckleball Experiment«, *ESPN,* 1. Dezember 2012; Kevin Bertha, »A Missing Ligament and the Knuckleball: The Story of R. A. Dickey«, *Bleacher Report,* 11. April 2010; Alan Schwarz, »New Twist Keeps Dickey's Career Afloat«, *The New York Times,* 27. Februar 2008; Jeremy Stahl, »Master of the Knuckleball«, *Slate,* 29. Oktober 2012; Brian Costa, »Knuckleballs of Kilimanjaro: Dickey Plots Ascent«, *The Wall Street Journal,*

27. Dezember 2011; Ben Maller, »Mets Pitcher R. A. Dickey Risking $ 4 Million Salary to Climb Mount Kilimanjaro«, *ThePostGame,* 2. November 2011; Aditi Kinkhabwala, »Rocket Boy vs. the Baffler«, *The Wall Street Journal,* 3. Juli 2010; James Kaminsky, »R. A. Dickey: Did Mt. Kilimanjaro Turn New York Mets Pitcher into an All-Star?«, *Bleacher Report,* 6. Juni 2012; »R. A. Dickey Climbed Mount Kilimanjaro, the Mets' Knuckleballer Again Beats Fear with Staunch Belief«, *Yahoo! Sports,* 29. Juni 2012.

3 Alex Speier, »What Is a Baseball Player's Prime Age?«, *Boston Globe,* 2. Januar 2015; Rich Hardy, Tiwaloluwa Ajibewa, Ray Bowman und Jefferson C. Brand, »Determinants of Major League Baseball Pitchers' Career Length«, *Arthroscopy* 33 (2017): S. 445–449.

4 Wayne D. Gray und John K. Lindstedt, »Plateaus, Dips, and Leaps: Where to Look for Inventions and Discoveries during Skilled Performance«, *Cognitive Science* 41, Nr. 7 (2017): S. 1838–1870.

5 Eldad Yechiam, Ido Erev, Vered Yehene und Daniel Gopher, »Melioration and the Transition from Touch-Typing Training to Everyday Use«, *Human Factors* 45, Nr. 4 (2003): S. 671–684.

6 Yoni Donner und Joseph L. Hardy, »Piecewise Power Laws in Individual Learning Curves«, *Psychonomic Bulletin & Review* 22, Nr. 5 (2015), S. 1308–1319.

7 Jerry Slocum, David Singmaster, Wei-Hwa Huang, Dieter Gebhardt und Geert Hellings, *The Cube: The Ultimate Guide to the World's Bestselling Puzzle* (New York: Black Dog & Leventhal, 2009).

8 John S. Chen und Pranav Garg, »Dancing with the Stars: Benefits of a Star Employee's Temporary Absence for Organizational Performance«, *Strategic Management Journal* 39, Nr. 5 (2018): S. 1239–1267.

9 H. Colleen Stuart, »Structural Disruption, Relational Experimentation, and Performance in Professional Hockey Teams: A Network Perspective on Member Change«, *Organization Science* 28, Nr. 2 (2017), S. 283–300.

10 Danny Lewis, »Physicists May Have Finally Figured Out Why Knuckleballs Are So Hard to Hit«, *Smithsonian,* 20. Juli 2016.

11 David N. Figlio, Morton O. Schapiro und Kevin B. Soter, »Are Tenure Track Professors Better Teachers?«, *The Review of Economics and Statistics* 97, Nr. 4 (2015): S. 715–724.

12 Colin Camerer, George Loewenstein und Martin Weber, »The Curse of Knowledge in Economic Settings: An Experimental Analysis«, *Journal of Political Economy* 97, Nr. 5 (1989): S. 1232–1254.

13 Sian Beilock, »The Best Players Rarely Make the Best Coaches«, *Psychology Today,* August 16, 2010.

14 Walter Isaacson, *Einstein: His Life and Universe* (New York: Simon & Schuster, 2007); Dennis Overbye, *Einstein in Love: A Scientific Romance* (New York: Penguin, 2001); Peter Smith, *Einstein* (London: Haus, 2005).

15 George Bernard Shaw, *Man and Superman* (New York: Penguin Classics, [1903] 1963).

16 Asha Thomas und Vikas Gupta, »Tacit Knowledge in Organizations: Bibliometrics and a Framework-Based Systematic Review of Antecedents, Outcomes, Theories, Methods and Future Directions«, *Journal of Knowledge Management* 26 (2022): S. 1014–1041.

17 Kristin E. Flegal und Michael C. Anderson, »Overthinking Skilled Motor Performance: Or Why Those Who Teach Can't Do«, *Psychonomic Bulletin & Review* 15 (2008), S. 927–932; Joseph M. Melcher und Jonathan W. Schooler, »The Misremembrance of Wines Past: Verbal and Perceptual Expertise Differentially Mediate Verbal Overshadowing of Taste Memory«, *Journal of Memory and Language* 35 (1996), S. 231–245.

18 David E. Levari, Daniel T. Gilbert und Timothy D. Wilson, »Tips from the Top: Do the Best Performers Really Give the Best Advice?«, *Psychological Science 33*, Nr. 5 (2022): S. 685–698.

19 Monica C. Higgins und David A. Thomas, »Constellations and Careers: Toward Understanding the Effects of Multiple Developmental Relationships«, *Journal of Organizational Behavior* 22 (2001): S. 223–247.

20 Richard D. Cotton, Yan Shen und Reut Livne-Tarandach, »On Becoming Extraordinary: The Content and Structure of the Developmental Networks of Major League Baseball Hall of Famers«, *Academy of Management Journal* 54, Nr. 1 (2011): S. 15–46.

21 Corey L. M. Keyes, »The Mental Health Continuum: From Languishing to Flourishing in Life«, *Journal of Health and Social Behavior* 43, Nr. 2 (2002): S. 207–222.

22 Vanessa M. Hill, Amanda L. Rebar, Sally A. Ferguson, Alexandra E. Shriane und Grace E. Vincent, »Go to Bed: A Systematic Review and Meta-Analysis of Bedtime Procrastination Correlates and Sleep Outcomes«, *Sleep Medicine Reviews* 66 (2022): 101 697; Lui-Hai Liang, »The Psychology behind ›Revenge Bedtime Procrastination‹«, *BBC*, 25. November 2020.

23 Hudson Sessions, Jennifer D. Nahrgang, Manuel J. Vaulont, Raseana Williams und Amy L. Bartels, »Do the Hustle! Empowerment from Side-Hustles and Its Effects on Full-Time Work Performance«, *Academy of Management Journal* 64, Nr. 1 (2021): S. 235–264.

24 Ciara M. Kelly, Karoline Strauss, John Arnold und Chris Stride, »The Relationship between Leisure Activities and Psychological Resources That Support a Sustai-

nable Career: The Role of Leisure Seriousness and Work-Leisure Similarity«, *Journal of Vocational Behavior* 117 (2020), 103340.

25 Teresa Amabile und Steven Kramer, *The Progress Principle: Using Small Wins to Ignite Joy, Engagement, and Creativity at Work* (Boston: Harvard Business Review Press, 2011).

26 Karl E. Weick, »Small Wins: Redefining the Scale of Social Problems«, *American Psychologist* 39, Nr. 1 (1984): S. 40–49.

Kapitel 6

1 Stephen Colbert beim Correspondents Association Dinner im Weißen Haus, 29. April 2006.

2 Paul Stillwell, *The Golden Thirteen: Recollections of the First Black Naval Officers* (Annapolis: Naval Institute Press, 1993); Dan C. Goldberg, *The Golden 13: How Black Men Won the Right to Wear Navy Gold* (Boston: Beacon, 2020); Ron Grossman, »Breaking a Naval Blockade«, *Chicago Tribune*, 8. Juli 1987; »The Golden Thirteen«, *Naval History and Heritage Command*, 25. November 2020; Kevin Michael Briscoe, »Remembering the Sacrifices of the ›Golden 13‹«, *Zenger*, 26. November 2020.

3 Nathan P. Podsakoff, Jeffery A. LePine und Marcie A. LePine, »Differential Challenge Stressor-Hindrance Stressor Relationships with Job Attitudes, Turnover Intentions, Turnover, and Withdrawal Behavior: A Meta-Analysis«, *Journal of Applied Psychology* 92, Nr. 2 (2007): S. 438–454.

4 David S. Yeager, Jamie M. Carroll, Jenny Buontempo, Andrei Cimpan, Spencer Woody, Robert Crosnoe, Chandra Muller, Jared Murray, Pratik Mhatre, Nicole Kersting, Christopher Hulleman, Molly Kudym, Mary Murphy, Angela Lee Duckworth, Gregory M. Walton und Carol S. Dweck, »Teacher Mindsets Help Explain Where a Growth-Mindset Intervention Does and Doesn't Work«, *Psychological Science* 33 (2022): S. 18–32; David S. Yeager, Paul Hanselman, Gregory M. Walton, Jared S. Murray, Robert Crosnoe, Chandra Muller, Elizabeth Tipton, Barbara Schneider, Chris S. Hulleman, Cintia P. Hinojosa, David Paunesku, Carissa Romero, Kate Flint, Alice Roberts, Jill Trott, Ronaldo Iachan, Jenny Buontempo, Sophia Man Yang, Carlos M. Carvalho, P. Richard Hahn, Maithreyi Gopalan, Pratik Mhatre, Ronald Ferguson, Angela L. Duckworth und Carol S. Dweck, »A National Experiment Reveals Where a Growth Mindset Improves Achievement«,

Nature 573, Nr. 7774 (2019): S. 364–369.

5 J. Richard Hackman und Ruth Wageman, »Asking the Right Questions about Leadership«, *American Psychologist* 62 (2007): S. 43–47; J. Richard Hackman und Michael O'Connor, »What Makes for a Great Analytic Team Individual vs. Team Approaches to Intelligence Analysis«, *Semantic Scholar,* Februar 2004, Corpus ID: 148 068 550.

6 Eliot L. Rees, Patrick J. Quinn, Benjamin Davies und Victoria Foterhingham, »How Does Peer Teaching Compare to Faculty Teaching: A Systematic Review and Meta-Analysis«, *Medical Teacher* 38, Nr. 8 (2016): S. 829–837.

7 Kim Chau Leung, »An Updated Meta-Analysis on the Effect of Peer Tutoring on Tutors' Achievement«, *School Psychology International* 40, Nr. 2 (2019): S. 200–214.

8 Peter A. Cohen, James A. Kulik und Chen-Lin C. Kulik, »Educational Outcomes of Tutoring: A Meta-Analysis of Findings«, *American Educational Research Journal* 19 (1982): S. 237–248.

9 Robert B. Zajonc und Frank J. Sulloway, »The Confluence Model: Birth Order as a Within-Family or Between-Family Dynamic?«, *Personality and Social Psychology Bulletin* 33, Nr. 9 (2007): S. 1187–1194.

10 Aloysius Wei Lun Koh, Sze Chi Lee und Stephen Wee Hun Lim, »The Learning Benefits of Teaching: A Retrieval Practice Hypothesis«, *Applied Cognitive Psychology* 32, Nr. 3 (2018): S. 401–410.

11 John F. Nestojko, Dung C. Bui, Nate Kornell und Elizabeth Ligon Bjork, »Expecting to Teach Enhances Learning and Organization of Knowledge in Free Recall of Text Passages«, *Memory & Cognition* 42, Nr. 7 (2014): S. 1038–1048.

12 Henry Cabot Lodge, in: *Proceedings of the Massachusetts Historical Society* (Cambridge: The University Press, 1918).

13 Hunter Drohojowska-Full Bloom: *The Art and Life of Georgia O'Keeffe* (New York: Norton, 2005).

14 John Preskill, »Celebrating Theoretical Physics at Caltech's Burke Institute«, *Quantum Frontiers,* 24. Februar 2015; »John Preskill on Quantum Computing«, *YCombinator,* 15. Mai 2018.

15 Lauren Eskreis-Winkler, Katherine L. Milkman, Dena M. Gromet und Angela L. Duckworth, »A Large-Scale Field Experiment Shows Giving Advice Improves Academic Outcomes for the Advisor«, *PNAS* 116, Nr. 30 (2019): S. 14 808–14 810; Lauren Eskreis-Winkler, Ayelet Fishbach und Angela L. Duckworth, »Dear Abby: Should I Give Advice or Receive It?«, *Psychological Science* 29, Nr. 11 (2018): S. 1797–1806.

16 Adam Grant, *Geben und Nehmen. Warum Egoisten nicht immer gewinnen und hilfsbereite Menschen weiterkommen* (Droemer, 2016);

Adam M. Grant und Jane Dutton, »Beneficiary or Benefactor: Are People More Prosocial When They Reflect on Giving or Receiving?«, *Psychological Science* 23, Nr. 9 (2012): S. 1033–1039; Adam M. Grant, Jane E. Dutton und Brent D. Rosso, »Giving Commitment: Employee Support Programs and the Prosocial Sensemaking Process«, *Academy of Management Journal* 51, Nr. 5 (2008): S. 898–918.

17 Persönliches Interview, 28. November 2022; Alison Levine, *On the Edge: The Art of High-Impact Leadership* (New York: Grand Central, 2014); Sarah Spain, »Alison Levine Proves She's All Heart«, *ESPN*, 27. Dezember 2011; Associated Press, »Climber Conquers Everest and Records Grand Slam«, *The New York Times*, 14. August 2010.

18 D. Brian McNatt, »Ancient Pygmalion Joins Contemporary Management: A Meta-Analysis of the Result«, *Journal of Applied Psychology* 85, Nr. 2 (2000): S. 314–322.

19 Robert Rosenthal, »Interpersonal Expectancy Effects: A 30-Year Perspective«, *Current Directions in Psychological Science* 3 (1994); S. 176–179.

20 Oranit B. Davidson und Dov Eden, »Remedial Self-Fulfilling Prophecy: Two Field Experiments to Prevent Golem Effects among Disadvantaged Women«, *Journal of Applied Psychology* 85, Nr. 3 (2000): S. 386–398; Dennis Reynolds, »Restraining Golem and Harnessing Pygmalion in the Classroom: A Laboratory Study of Managerial Expectations and Task Design«, *Academy of Management Learning & Education* 4 (2007): S. 475–483.

21 Lee Jussim und Kent D. Harber, »Teacher Expectations and Self-Fulfilling Prophecies: Knowns and Unknowns, Resolved and Unresolved Controversies«, *Personality and Social Psychology Review* 9, Nr. 2 (2005): S. 131–155.

22 Samir Nurmohamed, »The Underdog Effect: When Low Expectations Increase Performance«, *Academy of Management Journal* 63, Nr. 4 (2020): S. 1106–1133.

23 Marissa Shandell und Adam M. Grant, »Losing Yourself for the Win: How Interdependence Boosts Performance Under Pressure«, Diskussionspapier, 2023.

24 Rebecca Koomen, Sebastian Grueneisen und Esther Herrmann, »Children Delay Gratification for Cooperative Ends«, *Psychological Science* 31, Nr. 2 (2020): S. 139–148.

25 Maya Angelou, *Rainbow in the Cloud: The Wisdom and Spirit of Maya Angelou* (New York: Random House, 2014).

26 Karren Knowlton, »Trailblazing Motivation and Marginalized Group Members: Defying Expectations to Pave the Way for Others« (PhD. Diss., University of Pennsylvania, 2021).

Teil III

1 Alex Bell, Raj Chetty, Xavier Jaravel, Neviana Petkova und John Van Reenen, »Who Becomes an Inventor in America? The Importance of Exposure to Innovation«, *The Quarterly Journal of Economics* 134, Nr. 2 (2019): S. 647–713.

Kapitel 7

1 Marva Collins und Civia Tamarkin, *Marva Collins' Way* (New York: TarcherPerigee, 1990).

2 OECD, »PISA 2000 Technical Report« (2002), »Learning for Tomorrow's World: First Results from PISA 2003« (2004) und »PISA 2006« (2008), alle verfügbar unter pisa.oecd.org.

3 Pasi Sahlberg, *Finnish Lessons 3.0: What Can the World Learn from Educational Change in Finland?* (New York: Teachers College Press, 2021) und »The Fourth Way of Finland«, *Journal of Educational Change* 12 (2011): S. 173–185; OECD, »Top-Performer Finland Improves Further in PISA Survey as Gap Between Countries Widens«.

4 PIAAC, »International Comparisons of Adult Literacy and Numeracy Skills Over Time«, Institute of Education Sciences (NCES 2020–127), https://nces.ed.gov/surveys/piaac/international_context.asp.

5 Dylan Matthews, »Denmark, Finland, and Sweden Are Proof That Poverty in the U. S. Doesn't Have to Be This High«, *Vox*, 11. November 2015.

6 Eric A. Hanushek und Ludger Wößmann, *The Knowledge Capital of Nations: Education and the Economics of Growth* (Cambridge, MA: MIT Press, 2015); Amanda Ripley, *The Smartest Kids in the World: And How They Got That Way* (New York: Simon & Schuster, 2013).

7 Christine Gross-Loh, »Finnish Education Chief: ›We Created School System Based on Equality‹«, *The Atlantic*, 17. März 2014.

8 Doris Holzberger, Sarah Reinhold, Oliver Lüdtke und Tina Seidel, »A Meta-Analysis on the Relationship between School Characteristics and Student Outcomes in Science and Maths: Evidence from Large Scale Studies«, *Studies in Science Education* 56 (2020): S. 1–34; Faith Bektas, Nazim Çogaltay, Engin Karadag und Yusuf Ay, »School Culture and Academic Achievement of Students: A Meta-Analysis Study«, *The Anthropologist* 21, Nr. 3 (2015): S. 482–488; Selen Demirtas-Zorbaz, Cigdem Akin-Arikan und Ragip Terzi, »Does School Climate That Includes

Students' Views Deliver Academic Achievement? A Multilevel Meta-Analysis«, *School Effectiveness and School Improvement* 32 (2021): S. 543–563; Roisin P. Corcoran, Alan C. K. Cheung, Elizabeth Kim und Chen Xie, »Effective Universal School-Based Social and Emotional Learning Programs for Improving Academic Achievement: A Systematic Review and Meta-Analysis of 50 Years of Research«, *Educational Research Review* 25 (2018): S. 56–72.

9 Edgar H. Schein, »Organizational Culture«, *American Psychologist* 45, Nr. 2 (1990): S. 109–119; Daniel R. Denison, »What *Is* the Difference between Organizational Culture and Organizational Climate? A Native's Point of View on a Decade of Paradigm Wars«, *Academy of Management Review* 21 (1996): S. 619–654; Charles A. O'Reilly und Jennifer A. Chatman, »Culture as Social Control: Corporations, Cults, and Commitment«, *Research in Organizational Behavior* 18 (1996): S. 157–200.

10 Mark E. Koltko-Rivera, »The Psychology of World-views«, *Review of General Psychology* 8, Nr. 1 (2004): S. 3–58; Jeremy D. W. Clifton, Joshua D. Baker, Crystal L. Park, David B. Yaden, Alicia B. W. Clifton, Paolo Terni, Jessica L. Miller, Guang Zeng, Salvatore Giorgi, H. Andrew Schwartz und Martin E. P. Seligman, »Primal World Beliefs«, *Psychological Assessment* 31, Nr. 1 (2019): S. 82–99.

11 Robert Frank und Philip J. Cook, *The Winner-Take-All Society: Why the Few at the Top Get So Much More Than the Rest of Us* (New York: Penguin, 1996); Daniel Markovits, *The Meritocracy Trap: How America's Foundational Myth Feeds Inequality, Dismantles the Middle Class, and Devours the Elite* (New York: Penguin, 2019).

12 Lily Eskelsen García und Otha Thornton, »›No Child Left Behind‹ Has Failed«, *The Washington Post*, 13. Februar 2015; Rajashri Chakrabarti, Incentives and Responses under *No Child Left Behind:* Credible Threats and the Role of Competition«, *Federal Reserve Bank of New York Staff Report* No. 525, November 2011; Ben Casselman, »No Child Left Behind Worked: At Least in One Important Way«, *FiveThirtyEight*, 22. Dezember 2015; »Achievement Gaps«, National Center for Education Statistics, https://nces.ed.gov/nationsreportcard/studies/gaps/.

13 Linda Darling-Hammond, *The Flat World and Education: How America's Commitment to Equity Will Determine Our Future* (New York: Teachers College Press, 2015).

14 Matthew Smith und Jamie Ballard, »Scientists and Doctors Are the Most Respected Professions Worldwide«, *YouGovAmerica*, 8. Februar 2021.

15 Pasi Sahlberg, »The Secret to Finland's Success: Educating Teachers«, Stanford Center for Opportunity Policy in Education Research Brief, September 2010.

16 Samuel E. Abrams, *Education and the Commercial Mindset* (Boston: Harvard University Press, 2016).

17 Pasi Sahlberg, »Q: What Makes Finnish Teachers So Special? A: It's Not Brains«, *The Guardian,* 31. März 2015.

18 Valerie Strauss, »Five U. S. Innovations That Helped Finland's Schools Improve but That American Reformers Now Ignore«, *The Washington Post,* 25. Juli 2014.

19 Vilho Hirvi, zitiert in Sahlberg, 2021.

20 Pasi Sahlberg und Timothy D. Walker, *In Teachers We Trust: The Finnish Way to World-Class Schools* (New York: W. W. Norton, 2021).

21 Andrew J. Hill und Daniel B. Jones, »A Teacher Who Knows Me: The Academic Benefits of Repeat Student-Teacher Matches«, *Economics of Education Review* 64 (2018): S. 1–12.

22 NaYoung Hwang, Brian Kisida und Cory Koedel, »A Familiar Face: Student-Teacher Rematches and Student Achievement« *Economics of Education Review* 85 (2021): S. 102 194.

23 Mike Colagrossi, »10 Reasons Why Finland's Education System is the Best in the World«, World Economic Forum, 10. September 2018.

24 Persönliches Interview, 24. Februar 2023; LynNell Hancock, »Why Are Finland's Schools Successful?«, *Smithsonian,* September 2011.

25 Benjamin Franklin, »On Protections Towns from Fire«, *The Pennsylvania Gazette,* 4. Februar 1735.

26 Gena Nelson und Kristen L. McMaster, »The Effects of Early Numeracy Interventions for Students in Preschool and Early Elementary: A Meta-Analysis«, *Journal of Educational Psychology* 111, Nr. 6 (2019): S. 1001–1022; Steven M. Ross, Lana J. Smith, Jason Casey und Robert E. Slavin, »Increasing the Academic Success of Disadvantaged Children: An Examination of Alternative Early Intervention Programs«, *American Educational Research Journal* 32, Nr. 4 (1995): S. 773–800; Frances A. Campbell und Craig T. Ramey, »Cognitive and School Outcomes for High-Risk African-American Students at Middle Adolescence: Positive Effects of Early Intervention«, *American Educational Research Journal* 32, Nr. 4 (1995): S. 743–772.

27 John M. McLaughlin, »Most States Fail Education Obligations to Special Needs Students: So, What Else Is New?«, *USA Today,* 10. August 2020.

28 Timothy D. Walker, *Teach Like Finland: 33 Simple Strategies for Joyful Classrooms* (New York: W. W. Norton, 2017).

29 Eva Hjörne und Roger Säljö, »The Pupil Welfare Team as a Discourse Community: Accounting for School Problems«, *Linguistics and Education* 15 (2004): S. 321–338.

30 Hancock, 2011.

31 Rune Sarromaa Hausstätter und Marjatta Takala, »Can Special Education Make a Difference? Exploring the Differences of Special Educational Systems between Finland and Norway in Relation to the PISA Results«, *Scandinavian Journal of Disability Research* 13, Nr. 4 (2011): S. 271–281.

32 Andrew Van Dam, »Why Alabama and West Virginia Suddenly Have Amazing High-School Graduation Rates«, *The Washington Post,* 18. November 2022.

33 Sarah D. Sparks, »Do U. S. Teachers Really Teach More Hours?«, *Education Week,* 2. Februar 2015; Abrams, 2016.

34 Margot van der Doef und Stan Maes, »The Job-Demand-Control (-Support) Model and Psychological Well-Being: A Review of 20 Years of Empirical Research, *Work & Stress* 13, Nr. 2 (1999): S. 87–114; Gene M. Alarcon, »A Meta-Analysis of Burnout with Job Demands, Resources, and Attitudes«, *Journal of Vocational Behavior* 79, Nr. 2 (2011): S. 549–562; Nina Santavirta, Svetlana Solovieva und Töres Theorell, »The Association between Job Strain and Emotional Exhaustion in a Cohort of 1028 Finnish Teachers«, *British Journal of Educational Psychology* 77 (2007): S. 213–228; Adam Grant, »Burnout Is Everyone's Problem«, *WorkLife,* 17 März 2020.

35 Timothy D. Walker, »The Joyful, Illiterate Kindergartners of Finland«, *The Atlantic,* 1. Oktober 2015.

36 Daphna Bassok, Scott Latham und Anna Rorem, »Is Kindergarten the New First Grade?«, *AERA Open* 1, Nr. 4 (2016): S. 1–31.

37 Alvaro Infantes-Paniagua, Ana Filipa Silva, Rodrigo Ramirez Campillo, Hugo Sarmento, Francisco Tomás González-Fernández, Sixto González-Villora und Filipe Manuel Clemente, »Active School Breaks and Students' Attention: A Systematic Review with Meta-Analysis«, *Brain Sciences* 11, Nr. 6 (2021): S. 675; D. L. I. H. K. Peiris, Yanping Duan, Corneel Vandelanotte, Wei Liang, Min Yang und Julien Steven Baker, »Effects of In-Classroom Physical Activity Breaks on Children's Academic Performance, Cognition, Health Behaviours and Health Outcomes: A Systematic Review and Meta-Analysis of Randomised Controlled Trials«, *International Journal of Environmental Research and Public Health* 19, Nr. 15 (2022): S. 9479.

38 Tim T. Morris, Danny Dorling, Neil M. Davies und George Davey Smith, »Associations between School Enjoyment at Age 6 and Later Educational Achievement: Evidence from a UK Cohort

Study«, *NPJ Science of Learning* 6 (2021): S. 18.

39 Pasi Sahlberg und William Doyle, »To Really Learn, Our Children Need the Power of Play«, 2019, https://pasisahlberg.com/to-really-learn-our-children-need-the-power-of-play/.

40 Kayleigh Skene, Christine M. O'Farrelly, Elizabeth M. Byrne, Natalie Kirby, Eloise C. Stevens und Paul G. Ramchandani, »Can Guidance during Play Enhance Children's Learning and Development in Educational Contexts? A Systematic Review and Meta-Analysis«, *Child Development* 93, Nr. 4 (2022): S. 1162–1180.

41 Aksel Sandemose, *A Fugitive Crosses His Tracks* (New York: Knopf, 1936).

42 Arto K. Ahonen, »Finland: Success through Equity – The Trajectories in PISA Performance«, in *Improving a Country's Education*, Nuno Crato (Hg.) (Cham: Springer, 2021).

43 Sarah Butrymowicz, »Is Estonia the New Finland?«, *The Atlantic,* 23. June 2016, und »Everyone Aspires to Be Finland, But This Country Beats Them in Two Out of Three Subjects«, *The Hechinger Report,* 23. Juni 2016; Branwen Jeffreys, »Pisa Rankings: Why Estonian Pupils Shine in Global Tests«, BBC, 2. Dezember 2019; Rachel Sylvester, »How Estonia Does It: Lessons from Europe's Best School System«, *The Times* (London), 27. Januar 2022; Thomas Hatch, »10 Surprises in the High-Performing Estonian Education System«, *International Education News,* 2. August 2017; John Roberts, »Estonia: Pisa's European Success Story«, *Tes Magazine,* 3. Dezember 2019; Marri Kangur, »Estonia's Education Is Accessible to Everyone – Thanks to Social Support and an Adaptable System«, *Estonian World,* 27. Dezember 2021, und »Kindergarten Teaching in Estonia Balances between Education Goals and Game-Based Learning«, *Estonian World,* 12. Oktober 2021; Alexander Kaffka, »Gunda Tire: ›Estonians Believe in Education, and This Belief Has Been Essential for Centuries‹«, *Caucasian Journal,* 1. April 2021; Adam Grant, »Estonia's Prime Minister Kaja Kallas on Leading with Strength and Sincerity«, *Re:Thinking,* 31. Januar 2023.

44 »PISA 2018 Worldwide Ranking«, OECD, factsmaps.com/pisa-2018-worldwide-ranking-average-score-of-mathematics-science-reading/.

45 Chester E. Finn Jr. und Brandon L. Wright, »A Different Kind of Lesson from Finland«, *Education-Week,* 3. November 2015.

46 Pasi Sahlberg und Andy Hargreaves, »The Leaning Tower of PISA«, *Washington Post,* 24. März, 2015; Adam Taylor, »Finland Used to Have the Best Education System in the World – What Happened?«, *Business In-*

sider, 3. Dezember 2013; Thomas Hatch, »What Can the World Learn from Educational Change in Finland Now? Pasi Sahlberg on Finnish Lessons 3.0«, *International Education News,* 28. Februar 2021.

47 Sanna Read, Lauri Hietajärvi und Katariina Salmela-Aro, »School Burnout Trends and Sociodemographic Factors in Finland 2006–2019«, *Social Psychiatry and Psychiatric Epidemiology* 57 (2022): S. 1659–1669.

48 Uri Gneezy, John A. List, Jeffrey A. Livingston, Xiangdong Qin, Sally Sadoff und Yang Xu, »Measuring Success in Education: The Role of Effort on the Test Itself«, *American Economic Review: Insights* 1, Nr. 3 (2019): S. 291–308.

49 Martin Thrupp, Piia Seppänen, Jaakko Kauko und Sonja Kosunen, Hg., *Finland's Famous Education System: Unvarnished Insights into Finnish Schooling* (Singapur: Springer, 2023).

50 Erika A. Patall, Harris Cooper und Jorgianne Civey Robinson, »The Effects of Choice on Intrinsic Motivation and Related Outcomes: A Meta-Analysis of Research Findings«, *Psychological Bulletin* 134, Nr. 2 (2008): S. 270–300.

51 Timothy D. Walker, »Where Sixth-Graders Run Their Own City«, *The Atlantic,* 1. September 2016; Eanna Kelly, »How Finland Is Giving 12-Year-Olds the Chance to Be Entrepreneurs«, *Science/Business,* 22. März 2016.

52 Olivia Johnston, Helen Wildy und Jennifer Shand, »Teenagers Learn through Play Too: Communicating High Expectations through a Playful Learning Approach«, *The Australian Educational Researcher* (2022).

53 Panu Kalmi, »The Effects of Me and My City on Primary School Students' Financial Knowledge and Behavior«, vorgestellt beim vierten Cherry Blossom Financial Education Institute, Global Financial Literacy Excellence Center, George Washington University, Washington, D. C., 12. bis 13. April 2018.

54 »10 Facts about Reading in Finland 2020«, Lukukeskus Läscentrum, lukukeskus.fi/en/10-facts-about-reading-in-finland/.

55 »Read Aloud-Program and Book Bag Every Baby Born in Finland«, Lue Lapselle, https://luelapselle.fi/read-aloud/.

56 Daniel T. Willingham, *Raising Kids Who Read: What Parents and Teachers Can Do* (San Francisco: Jossey-Bass, 2015); Adriana G. Bus, Marinus H. van Ijzendoorn und Anthony D. Pellegrini, »Joint Book Reading Makes for Success in Learning to Read: A Meta-Analysis on Intergenerational Transmission of Literacy«, *Review of Educational Research* 65, Nr. 1 (1995): S. 1–21; Joe Pinsker, »Why Some People Become Lifelong Readers«, *The Atlantic,* 19. September 2019.

57 »Moving Educational Psychology into the Home: The Case of Rea-

ding«, *Mind Brain and Education* 9, Nr. 2 (2015): S. 107–111.

58 Gary P. Moser und Timothy G. Morrison, »Increasing Students' Achievement and Interest in Reading«, *Reading Horizons* 38, Nr. 4 (1998): S. 233–245.

59 Jessica R. Toste, Lisa Didion, Peng Peng, Marissa J. Filderman und Amanda M. McClelland, »A Meta-Analytic Review of the Relations between Motivation and Reading Achievement for K-12 Students«, *Review of Educational Research* 90, Nr. 3 (2020): S. 420–456; Suzanne E. Mol und Adriana G. Bus, »To Read or Not to Read: A Meta-Analysis of Print Exposure from Infancy to Early Childhood«, *Psychological Bulletin* 137, Nr. 2 (2011): S. 267–296.

60 Rémi Radel, Philippe G. Sarrazin, Pascal Legrain und T. Cameron Wild, »Social Contagion of Motivation between Teacher and Student: Analyzing Underlying Processes«, *Journal of Educational Psychology* 102, Nr. 3 (2010): S. 577–587.

61 Xiaojun Ling, Junjun Chen, Daniel H. K. Chow, Wendan Xu und Yingxiu Li, »The ›Trade-Off‹ of Student Well-Being and Academic Achievement: A Perspective of Multidimensional Student Well-Being«, *Frontiers in Psychology* 13 (2022): S. 772 653.

62 Suniya S. Luthar, Nina L. Kumar und Nicole Zillmer, »High-Achieving Schools Connote Risks for Adolescents: Problems Documented, Processes Implicated, and Directions for Interventions«, *American Psychologist* 75 (2020): S. 983–995.

63 Yingyi Ma, »China's Education System Produces Stellar Test Scores. So Why Do 600 000 Students Go Abroad Each Year to Study?«, *The Washington Post*, 17. Dezember 2019.

64 Andrew S. Quach, Norman B. Epstein, Pamela J. Riley, Mariana K. Falconier und Xiaoyi Fang, »Effects of Parental Warmth and Academic Pressure on Anxiety and Depression Symptoms in Chinese Adolescents«, *Journal of Child and Family Studies* 24 (2015): S. 106–116.

65 Mark Mohan Kaggwa, Jonathan Kajjimu, Jonathan Sserunkuma, Sarah Maria Najjuka, Letizia Maria Atim, Ronald Olum, Andrew Tagg und Felix Bongomin, »Prevalence of Burnout among University Students in Low- and Middle-Income Countries: A Systematic Review and Meta-Analysis«, *PLoS ONE* 16, Nr. 8 (2021): e0256402; Xinfeng Tang, Suqin Tang, Zhihong Ren und Daniel Fu Keung Wong, »Prevalence of Depressive Symptoms among Adolescents in Secondary School in Mainland China: A Systematic Review and Meta-Analysis«, *Journal of Affective Disorders* 245 (2019): S. 498–507; Ziwen Teuber, Fridtjof W. Nussbeck und Elke Wild, »School Burnout among Chinese High School Stu-

dents: The Role of Teacher-Student Relationships and Personal Resources«, *Educational Psychology* 41, Nr. 8 (2021): S. 985–1002; Alan Ye, »Copying the Long Chinese School Day Could Have Unintended Consequences«, *The Conversation*, 24. Februar 2014.

66 Joyce Chepkemoi, »Countries Who Spend the Most Time Doing Homework«, *WorldAtlas*, 4. Juli 2017.

67 Jenny Anderson, »Finland Has the Most Efficient Education System in the World«, *Quartz*, 3. Dezember 2019.

Kapitel 8

1 Malvina Reynolds, »This World« (Schroder Music Company, [1961] 1989).

2 Amy C. Edmondson und Kerry Herman, »The 2010 Chilean Mining Rescue, (A) & (B)«, *Harvard Business School Teaching Plan 613–012*, Mai 2013; Jonathan Franklin, *33 Men: Inside the Miraculous Survival and Dramatic Rescue of the Chilean Miners* (New York: G. P. Putnam's Sons, 2011); Héctor Tobar, *Deep Down Dark: The Untold Stories of 33 Men Buried in a Chilean Mine, and the Miracle That Set Them Free* (New York: Farrar, Straus and Giroux, 2014); Manuel Pino Toro, *Buried Alive: The True Story of the Chilean Mining Disaster and the Extraordinary Rescue at Camp Hope* (New York: St. Martin's Press, 2011); Faazia Rashid, Amy C. Edmondson und Herman B. Leonard, »Leadership Lessons from the Chilean Mine Rescue«, *Harvard Business Review*, Juli–August 2013: S. 113–119; Michael Useem, Rodrigo Jordán und Matko Koljatic, »How to Lead during Crisis: Lessons from the Rescue of the Chilean Miners«, *MIT Sloan Management Review*, 18. August 2011; Korn Ferry, »The Man behind the Miracle«: kornferry.com/insights/briefings-magazine/issue-6/34-the-man-behind-the-miracle.

3 Connie Watson, »The Woman Who Helped Find the Needle in the Haystack«, *CBC News*, 22. Oktober 2010.

4 J. Richard Hackman, *Leading Teams: Setting the Stage for Great Performances* (Boston: Harvard Business School Press, 2002) und »Learning More by Crossing Levels: Evidence from Airplanes, Hospitals, and Orchestras«, *Journal of Organizational Behavior* 24, Nr. 8 (2003): 90522.

5 J. Richard Hackman, (Hg.), *Groups That Work, (and Those That Don't)* (San Francisco: Jossey-Bass, 1991).

6 J. Richard Hackman, *Collaborative Intelligence: Using Teams to Solve Hard Problems* (San Fran-

cisco: Berrett-Koehler, 2011); Hackman und O'Connor, 2004.
7 Anita Williams Woolley, Christopher F. Chabris, Alex Pentland, Nada Hashmi und Thomas W. Malone, »Evidence for a Collective Intelligence Factor in the Performance of Human Groups«, *Science* 330, Nr. 6004 (2010): S. 686–688.
8 Christoph Riedl, Young Ji Kim, Pranav Gupta, Thomas W. Malone und Anita Williams Woolley, »Quantifying Collective Intelligence in Human Groups«, *PNAS* 118, Nr. 21 (2021): e2005737II.
9 Patrick D. Dunlop und Kibeom Lee, »Workplace Deviance, Organizational Citizenship Behavior, and Business Unit Performance: The Bad Apples Do Spoil the Whole Barrel«, *Journal of Organizational Behavior* 25, Nr. 1 (2004): S. 67–80; Will Felps, Terence R. Mitchell und Eliza Byington, »How, When, and Why Bad Apples Spoil the Barrel: Negative Group Members and Dysfunctional Groups«, *Research in Organizational Behavior* 27, Nr. 3 (2006), S. 175–122.
10 Nicoleta Meslec, Ishani Aggarwal und Petru L. Curseu, »The Insensitive Ruins It All: Compositional and Compilational Influences of Social Sensitivity on Collective Intelligence in Groups«, *Frontiers in Psychology* 7 (2016): S. 676.
11 Emily Grijalva, Timothy D. Maynes, Katie L. Badura und Steven W. Whiting, »Examining the ›I‹ in Team: A Longitudinal Investigation of the Influence of Team Narcissism Composition on Team Outcomes in the NBA«, *Academy of Management Journal* 63, Nr. 1 (2020), S. 7–33.
12 Peter Arcidiacono, Josh Kinsler und Joseph Price, »Productivity Spillovers in Team Production: Evidence from Professional Basketball«, *Journal of Labor Economics* 35, Nr. 1 (2017): S. 191–225.
13 Ben Weidmann und David J. Deming, »Team Players: How Social Skills Improve Group Performance«, *NBER Working Paper 27071*, Mai 2020.
14 Eduardo Salas, Drew Rozell, Brian Mullen, James E. Driskell, »The Effect of Team Building on Performance: An Integration«, *Small Group Research 30*, Nr. 3 (1999), S. 309–329; Cameron Klein, Deborah DiazGranados, Eduardo Salas, Huy Le, C. Shawn Burke, Rebecca Lyons und Gerald F. Goodwin, »Does Team Building Work?«, *Small Group Research* 40, Nr. 2 (2009): S. 181–222.
15 Neil G. MacLaren, Francis J. Yammarino, Shelley D. Dionne, Hiroki Sayama, Michael D. Mumford, Shane Connelly, Robert W. Martin, Tyler J. Mulhearn, E. Michelle Todd, Ankita Kulkarni, Yiding Cao und Gregory A. Ruark, »Testing the Babble Hypothesis: Speaking Time Predicts Leader Emergence in Small Groups«, *The Leadership Quarterly* 31 (2020): 101409.

16 Emily Grijalva, Peter D. Harms, Daniel A. Newman, Blaine H. Gaddis und R. Chris Fraley, »Narcissism and Leadership: A Meta-Analytic Review of Linear and Nonlinear Relationships«, *Personnel Psychology* 68, Nr. 1 (2015): S. 1–47.

17 Eddie Brummelman, Barbara Nevicka und Joseph M. O'Brien, »Narcissism and Leadership in Children«, *Psychological Science* 32, Nr. 3 (2021): S. 354–363.

18 Hemant Kakkar und Niro Sivanathan, »The Impact of Leader Dominance on Employees' Zero-Sum Mindset and Helping Behavior«, *Journal of Applied Psychology* 107 (2022): S. 1706–1724.

19 Charles A. O'Reilly III, Jennifer A. Chatman und Bernadette Doerr, »When ›Me‹ Trumps ›We‹: Narcissistic Leaders and the Cultures They Create«, *Academy of Management Discoveries* 7 (2021): S. 419–450.

20 Chad A. Hartnell, Angelo J. Kinicki, Lisa Schurer Lambert, Mel Fugate und Patricia Doyle Corner, »Do Similarities or Differences between CEO Leadership and Organizational Culture Have a More Positive Effect on Firm Performance? A Test of Competing Predictions«, *Journal of Applied Psychology* 101, Nr. 6 (2016): S. 846–861.

21 Deniz S. Ones und Stephan Dilchert, »How Special Are Executives? How Special Should Executive Selection Be? Observations and Recommendations«, *Industrial and Organizational Psychology* 2 (2009), S. 163–170.

22 Sing Lim Leung und Nikos Bozionelos, »Five-Factor Model Traits and the Prototypical Image of the Effective Leader in the Confucian Culture«, *Employee Relations* 26 (2004): S. 62–71.

23 Adam M. Grant, Francesca Gino und David A. Hofmann, »Reversing the Extraverted Leadership Advantage: The Role of Employee Proactivity«, *Academy of Management Journal* 54, Nr. 3 (2011), S. 528–550.

24 Brian Mullen, Craig Johnson und Eduardo Salas, »Productivity Loss in Brainstorming Groups: A Meta-Analytic Integration«, *Basic and Applied Social Psychology* 12 (1991), S. 3–23.

25 Dave Barry, *Dave Barry Turns 50* (New York: Ballantine Books, 1998).

26 Paul B. Paulus und Huei-Chuan Yang, »Idea Generation in Groups: A Basis for Creativity in Organizations«, *Organizational Behavior and Human Decision Processes* 82, Nr. 1 (2000), S. 76–87.

27 Anita Williams Woolley, Ishani Aggarwal und Thomas W. Malone, »Collective Intelligence and Group Performance«, *Current Directions in Psychological Science* 24, Nr. 6 (2015): S. 420–424.

28 Aaron A. Dhir, *Challenging Boardroom Homogeneity: Corporate Law, Governance, and Diversity*

(New York: Cambridge University Press, 2015).

29 Ethan Bernstein, Jesse Shore und David Lazer, »How Intermittent Breaks in Interaction Improve Collective Intelligence«, *PNAS* 115 (2018): S. 8734–8739.

30 Adam Grant, »Is It Safe to Speak Up?«, *WorkLife*, 20. Juli 2021.

31 Amy C. Edmondson, *The Fearless Organization: Creating Psychological Safety in the Workplace for Learning, Innovation, and Growth* (New York: Wiley, 2018); Elizabeth W. Morrison, Sara L. Wheeler-Smith und Dishan Kamdar, »Speaking Up in Groups: A Cross-Level Study of Group Voice Climate and Voice«, *Journal of Applied Psychology* 96, Nr. 1 (2011): S. 183–191.

32 So-Hyeon Shim, Robert W. Livingston, Katherine W. Phillips und Simon S. K. Lam, »The Impact of Leader Eye Gaze on Disparity in Member Influence: Implications for Process and Performance in Diverse Groups«, *Academy of Management Journal* 64, Nr. 6 (2021): S. 1873–1900.

33 James R. Detert, Ethan R. Burris, David A. Harrison und Sean R. Martin, »Voice Flows to and around Leaders: Understanding When Units Are Helped or Hurt by Employee Voice«, *Administrative Science Quarterly* 58, Nr. 4 (2013): S. 624–668.

34 Justin M. Berg, »Balancing on the Creative Highwire: Forecasting the Success of Novel Ideas in Organizations«, *Administrative Science Quarterly* 61, Nr. 3 (2016): S. 433–468; Jennifer Mueller, Shimul Melwani, Jeffrey Loewenstein und Jennifer J. Deal, »Reframing the Decision-Makers' Dilemma: Towards a Social Context Model of Creative Idea Recognition«, *Academy of Management Journal* 61, Nr. 1 (2018): S. 94–110.

35 Nathanael J. Fast, Ethan R. Burris und Caroline A. Bartel, »Managing to Stay in the Dark: Managerial Self-Efficacy, Ego Defensiveness, and the Aversion to Employee Voice«, *Academy of Management Journal* 57, Nr. 4 (2014): S. 1013–1034; Ethan R. Burris, »The Risks and Rewards of Speaking Up: Managerial Responses to Employee Voice«, *Academy of Management Journal* 55, Nr. 4 (2012): S. 851–875.

36 Grant, Parker und Collins, 2009; Adam M. Grant, »Rocking the Boat but Keeping It Steady: The Role of Emotion Regulation in Employee Voice«, *Academy of Management Journal* 56, Nr. 6 (2013): 1703–1723.

37 Damon J. Phillips und Ezra W. Zuckerman, »Middle-Status Conformity: Theoretical Restatement and Empirical Demonstration in Two Markets«, *American Journal of Sociology* 107, Nr. 2 (2001), S. 379–429; Jennifer S. Mueller, Shimul Melwani und Jack A. Goncalo, »The Bias against Creativity: Why People Desire but Reject Creative Ideas«,

Psychological Science 23, Nr. 1 (2012): S. 13–17.

38 James R. Detert und Linda K. Treviño, »Speaking Up to Higher-Ups: How Supervisors and Skip-Level Leaders Influence Employee Voice«, *Organization Science* 21 (2010): S. 249–270; Andrea C. Vial, Victoria L. Brescoll und John F. Dovidio, »Third-Party Prejudice Accommodation Increases Gender Discrimination«, *Journal of Personality and Social Psychology* 117, Nr. 1 (2019): S. 73–98.

39 Charalampos Mainemelis, »Stealing Fire: Creative Deviance in the Evolution of New Ideas«, *Academy of Management Review* 35, Nr. 4 (2010): S. 558–578.

40 Douglas K. Smith und Robert C. Alexander, *Fumbling the Future: How Xerox Invented, Then Ignored, the First Personal Computer* (Lincoln, NE: iUniverse, 1999).

41 Claudia H. Deutsch, »At Kodak, Some Old Things Are New Again«, *The New York Times*, 2. Mai 2008.

42 Adam Grant, »Rethinking Flexibility at Work«, *WorkLife*, 19. April 2022.

43 James R. Detert und Amy C. Edmondson, »Implicit Voice Theories: Taken-for-Granted Rules of Self-Censorship at Work«, *Academy of Management Journal* 54, Nr. 3 (2011), S. 461–488.

44 »Why Some Innovation Tournaments Succeed and Others Fail«, *Knowledge at Wharton*, Februar 2014.

45 Christian Terwiesch und Karl T. Ulrich, *Innovation Tournaments: Creating and Selecting Exceptional Opportunities* (Boston: Harvard Business School Press, 2009).

Kapitel 9

1 Booker T. Washington, *Up from Slavery: An Autobiography* (New York: Doubleday, 1907).

2 Persönliches Interview mit José Hernandez, 31. August 2022; José Hernandez, *Reaching for the Stars: The Inspiring Story of a Migrant Farmworker Turned Astronaut* (New York: Center Street, 2012); Jocko Willink, »310: Relish the Struggle and Keep Reaching for the Stars with José Hernandez«, *Jocko Podcast*, 1. Dezember 2021; Octavio Blanco, »How This Son of Migrant Farm Workers Became an Astronaut«, *CNN Business*, 14. März 2016; »An Interview with Astronaut José Hernandez«, *UCSB College of Engineering*, YouTube, 18. Dezember 2014, youtu.be/2fLdKrv8zkM; José Hernandez, »Dreaming the Impossible«, *Talks at Google*, YouTube, 15. Oktober 2010, youtu.be/lwVqVu5Tl-k.

3 Elanor F. Williams und Thomas Gilovich, »The Better-Than-My-Average Effect: The Relative Impact of Peak and Average Performances in Assessments of the Self and Others«, *Journal of Experimental Psychology* 48, Nr. 2 (2012), S. 556–561.

4 Noah Eisenkraft, »Accurate by Way of Aggregation: Should You Trust Your Intuition-Based First Impressions?«, *Journal of Experimental Social Psychology* 49, Nr. 2 (2013); Alfredo Jiménez, Anna Svirina, Weng Si Lei und Grishma Shah, »The Predictive Power of University Pedigree on the Graduate's Performance in Global Virtual Teams«, *European Journal of International Management* 16, Nr. 4 (2021): S. 555–584.

5 Vasyl Taras, Marjaana Gunkel, Alexander Assouad, Ernesto Tavoletti, Justin Kraemer, Alfredo Jiménez, Anna Svirina, Weng Si Lei und Grishma Shah, »The Predictive Power of University Pedigree on the Graduate's Performance in Global Virtual Teams«, *European Journal of International Management* 16, Nr. 4 (2021): S. 555–584.

6 Vasyl Taras, Grishma Shah, Marjaana Gunkel, Ernesto Tavoletti, »Graduates of Elite Universities Get Paid More. Do They Perform Better?«, *Harvard Business Review*, 4. September 2020.

7 Peter Q. Blair und Shad Ahmed, »The Disparate Racial Impact of Requiring a College Degree«, *The Wall Street Journal*, 28. Juni 2020; Peter Q. Blair, Tomas G. Castagnino, Erica L. Groshen, Papia Debroy, Byron Auguste, Shad Ahmed, Fernardo Garcia Diaz und Cristian Bonavida, »Searching for STARs: Work Experience as a Job Market Signal for Workers without Bachelor's Degrees«, *NBER Working Paper 26844*, März 2020.

8 Chad H. Van Iddekinge, John D. Arnold, Rachel E. Frieder, Philip L. Roth, »A Meta-Analysis of the Criterion-Related Validity of Prehire Work Experience«, *Personnel Psychology* 72, Nr. 4 (2019): S. 571–598.

9 Leaetta M. Hough, »Development and Evaluation of the ›Accomplishment Record‹ Method of Selecting and Promoting Professionals«, *Journal of Applied Psychology* 69 (1984): S. 135–146; Charlene Zhang und Nathan R. Kuncel, »Moving beyond the Brag Sheet: A Meta-Analysis of Biodata Measures Predicting Student Outcomes«, *Educational Measurement* 39 (2020): S. 106–121.

10 Alan Benson, Danielle Li und Kelly Shue, »Promotions and the Peter Principle«, *The Quarterly Journal of Economics* 134, Nr. 4 (2019): S. 2085–2134.

11 Laurence J. Peter und Raymond Hull, *The Peter Principle: Why Things Always Go Wrong* (New York: Harper Business, [1969] 2014).

12 Steven Ruiz, »Re-scouting Tom Brady at Michigan: Why NFL

Teams Had No Excuse for Passing on Him«, *USA Today,* 20. Oktober 2017; ZeeGee Cecilio, »Huge Mistake: Kurt Warner Admits Rams Overlooked Tom Brady in Super Bowl 36«, *Blasting News,* 30. Dezember 2019: S. 2.

13 Persönliche Interviews mit Duane Ross, 26. August 2022 und 3. April 2023; David J. Shayler und Colin Burgess, *NASA's First Space Shuttle Astronaut Selection* (Switzerland: Springer, 2020); Tom Wolfe, *The Right Stuff* (New York: Farrar, Straus and Giroux, 1979).

14 Peggy A. Thoits, »Undesirable Life Events and Psychophysiological Distress: A Problem of Operational Confounding«, *American Sociological Review* 46, Nr. 1 (1981): S. 97–109.

15 Philip E. Tetlock, Ferdinand M. Vieider, Shefali V. Patil und Adam M. Grant, »Accountability and Ideology: When Left Looks Right and Right Looks Left«, *Organizational Behavior and Human Decision Processes* 122 (2013): S. 22–35.

16 Lisa M. Leslie, David M. Mayer und David A. Kravitz, »The Stigma of Affirmative Action: A Stereotyping-Based Theory and Meta-Analytic Test of the Consequences for Performance«, *Academy of Management Journal* 57, Nr. 4 (2014), S. 964–989.

17 Claudia Goldin und Cecilia Rouse, »Orchestrating Impartiality: The Impact of ›Blind‹ Auditions on Female Musicians«, *American Economic Review* 90, Nr. 4 (2000), S. 715–741.

18 Elijah Megginson, »When I Applied to College, I Didn't Want to ›Sell My Pain‹«, *The New York Times,* 9. Mai 2021.

19 Michael A. Bailey, Jeffrey S. Rosenthal, Albert H. Yoon, »Grades and Incentives: Assessing Competing Grade Point Average Measures and Postgraduate Outcomes«, *Studies in Higher Education* 41 (2016): S. 1548–1562; siehe auch: Michael N. Bastedo, Joséph E. Howard und Allyson Flaster, »Holistic Admissions after Affirmative Action: Does ›Maximizing‹ the High School Curriculum Matter?«, *Educational Evaluation and Policy Analysis* 38, Nr. 2 (2016): S. 389–409.

20 Michael N. Bastedo, Nicholas A. Bowman, Kristen M. Glasener und Jandi L. Kelly, »What Are We Talking about When We Talk about Holistic Review? Selective College Admissions and Its Effects on Low-SES Students«, *The Journal of Higher Education* 89, Nr. 5 (2018): S. 782–805.

21 Michael N. Bastedo, D'Wayne Bell, Jessica S. Howell, Julian Hsu, Michael Hurwitz, Greg Perfetto und Meredith Welch, »Admitting Students in Context: Field Experiments on Information Dashboards in College Admissions«, *The Journal of Higher Education* 93, Nr. 3 (2022), S. 327–374; Michael N. Bastedo,

Kristen M. Glasener, K. C. Deane und Nicholas A. Bowman, »Contextualizing the SAT: Experimental Evidence on College Admission Recommendations for Low-SES Applicants«, *Educational Policy* 36, Nr. 2 (2022): S. 282–311.

22 Raphael Mokades, »Only Posh Kids Get City Jobs? This Man Has an Algorithm to Change That«, *The Times* (London), 19. April 2022.

23 George Bulman, »Weighting Recent Performance to Improve College and Labor Market Outcomes«, *Journal of Public Economics* 146 (2017): S. 97–108.

24 Jerker Denrell, Chengwei Liu, David Maslach, »Underdogs and One-Hit Wonders: When Is Overcoming Adversity Impressive?«, *Management Science* 69 (9) (2023), S. 5461–5481.

25 Sarah S. M. Townsend, Nicole M. Stephens und MarYam G. Hamedani, »Difference-Education Improves First-Generation Students' Grades throughout College and Increases Comfort with Social Group Difference«, *Personality and Social Psychology Bulletin* 47, Nr. 10 (2021): S. 1510–1519.

26 Nicole M. Stephens, Stephanie A. Fryberg, Hazel Rose Markus, Camille S. Johnson und Rebecca Covarrubias, »Unseen Disadvantage: How American Universities' Focus on Independence Undermines the Academic Performance of First-Generation College Students«, *Journal of Personality and Social Psychology* 102, Nr. 6 (2012): S. 1178–1197.

27 Mary C. Murphy, Maithreyi Gopalan, Evelyn R. Carter, Katherine T. U. Emerson, Bette L. Bottoms und Gregory M. Walton, »A Customized Belonging Intervention Improves Retention of Socially Disadvantaged Students at a Broad-Access University«, *Science Advances* 6, Nr. 29 (2020): eaba4677.

28 Deborah M. Powell, David J. Stanley und Kayla N. Brown, »Meta-Analysis of the Relation between Interview Anxiety and Interview Performance«, *Canadian Journal of Behavioural Science* 50, Nr. 4 (2018): S. 195–207.

29 Claude M. Steele, »A Threat in the Air: How Stereotypes Shape Intellectual Identity and Performance«, *American Psychologist* 52, Nr. 6 (1997): S. 613–629; Hannah-Hanh D. Nguyen und Ann Marie Ryan, »Does Stereotype Threat Affect Test Performance of Minorities and Women? A Meta-Analysis of Experimental Evidence«, *Journal of Applied Psychology* 93, Nr. 6 (2008), S. 1314–1334; Markus Appel, Silvana Weber und Nicole Kronberger, »The Influence of Stereotype Threat on Immigrants: Review and Meta-Analysis«, *Frontiers in Psychology* 6 (2015): S. 900; Claude M. Steele und Joshua Aronson, »Stereotype Threat and the Intellectual Performance of African Americans«, *Journal*

of Personality and Social Psychology 69 (1995), S. 797–811; Ruth A. Lamont, Hannah J. Swift und Dominic Abrams, »A Review and Meta-Analysis of Age-Based Stereotype Threat: Negative Stereotypes, Not Facts, Do the Damage«, *Psychology and Aging* 30, Nr. 1 (2015): S. 180–193; Stephanie L. Haft, Caroline Greiner de Magalhães und Fumiko Hoeft, »A Systematic Review of the Consequences of Stigma and Stereotype Threat for Individuals with Specific Learning Disabilities«, *Journal of Learning Disabilities* 56, Nr. 3 (2023): S. 193–209.

30 Gil Winch, *Winning with Underdogs: How Hiring the Least Likely Candidates Can Spark Creativity, Improve Service, and Boost Profits for Your Business* (New York: McGraw Hill, 2022); Adam Grant, »It's Time to Stop Ignoring Disability«, *WorkLife,* 13. Juni 2022.

31 Philip L. Roth, Philip Bobko und Lynn A. McFarland, »A Meta-Analysis of Work Sample Test Validity: Updating and Integrating Some Classic Literature«, *Personnel Psychology* 58, Nr. 4 (2005): S. 1009–1037.

32 Neil Anderson, Jesús F. Salgado und Ute R. Hülsheger, »Applicant Reactions in Selection: Comprehensive Meta-Analysis into Reactionization versus Situational Specificity«, *International Journal of Selection and Assessment* 18, Nr. 3 (2010): S. 291–304.

Epilog

1 »Hold fast to dreams
For if dreams die
Life is a broken-winged bird
That cannot fly«,
Langston Hughes, *The Collected Poems of Langston Hughes* (New York: Knopf, 1994).

2 Jim Polk und Alicia Stewart, »9 Things about MLK's Speech and the March on Washington«, *CNN,* 21. Januar 2019.

3 Warn N. Lekfuangfu und Reto Odermatt, »All I Have to Do Is Dream? The Role of Aspirations in Intergenerational Mobility and Well-Being«, *European Economic Review* 148 (2022): S. 1–24.